本书是国家社科重大项目“中国特色人权发展道路研究”（批准号：11&ZD072，首席专家薛进文教授）子课题“中国特色人权保障政策研究”的研究成果。

南开大学人权研究系列丛书

中国人权保障政策研究

常健　郝亚明 等◎著

中国社会科学出版社

图书在版编目(CIP)数据

中国人权保障政策研究／常健等著．—北京：中国社会科学出版社，2016.5

ISBN 978-7-5161-7868-3

Ⅰ.①中…　Ⅱ.①常…　Ⅲ.①人权—研究—中国　Ⅳ.①D621.5

中国版本图书馆CIP数据核字(2016)第063142号

出版人	赵剑英
责任编辑	冯春凤
责任校对	张爱华
责任印制	张雪娇
出版	中国社会科学出版社
社址	北京鼓楼西大街甲158号
邮编	100720
网址	http://www.csspw.cn
发行部	010-84083685
门市部	010-84029450
经销	新华书店及其他书店
印刷	北京君升印刷有限公司
装订	廊坊市广阳区广增装订厂
版次	2016年5月第1版
印次	2016年5月第1次印刷
开本	710×1000　1/16
印张	23.5
插页	2
字数	382千字
定价	86.00元

凡购买中国社会科学出版社图书，如有质量问题请与本社营销中心联系调换
电话：010-84083683

目　录

序　言

国家尊重和保障人权的实现方式，可以分为法律保障和政策保障两大类。在中国，人权除了通过建立和修改相关法律法规来加以保障之外，还通过制定和实施各种相关的公共政策来更加具体地加以保障。由于中国正处于社会转型期，幅员辽阔、情况复杂，国家实行单一制，因此，人权保障政策在人权保障方面发挥着比联邦制国家更为重要的作用，也成为中国人权保障的一个重要特色。

国内外对人权保障的研究主要聚焦于法律层面，对法律以外的政策层面的研究相对薄弱。但在对中国特色人权发展道路研究的过程中，我们发现，由于中国特殊的历史经历，人权的政策保障在人权事业发展中占有相比其他国家更加重要的地位。首先，新中国成立以来，由于法律体系建设的相对滞后，政府履行人权保障义务在很长时期都主要是通过各项具体的政策来实现的。其次，在建设法治社会的过程中，党和政府在人权保障方面的总体规划和指导意见仍然发挥着重要的推动作用。再次，在人权保障的立法过程中，往往是政策先行，待政策的实施效果得到实践检验取得预期效果后，才在政策的基础上进行正式立法。最后，中国各地区差异较大，法律的一般性使其无法针对各地的不同情况作出有别的规定，因此需要各地政府根据本地区的特殊情况制定更具体的人权保障的政策措施。

本课题集中研究了中国人权政策保障的具体形式和主要特点，分析了人权政策保障的优势和局限，人权政策保障与法律保障的关系，以及中国人权政策保障的地位和发展趋势。在此基础上，具体研究了中国政府在经济、社会、文化、公民和政治权利的政策保障措施，并从主体角度研究了中国政府对妇女、儿童、老年人、残疾人、少数民族和农民居民人权的政策保障措施。但这种研究只是初步的，特别是对人权政策保障的推动和实施机制的研究还有待进一步展开。希望这一研究成果能够引起更多人权学者对这一研究领域的关注，也特别希望得到人权研究者们对本研究成果的批评指正。

本研究是薛进文主持的国家社科重大项目“中国特色人权发展道路研究”（批准号：11&ZD072）中的子课题“中国特色人权保障政策研究”。本研究中的一些内容已经反映在该重大项目结项的总报告和出版的相关著作之中。

第一章　中国人权政策保障的形式与特点

与人权的法律保障相比，人权的政策保障既有其优势，也有相应的局限。中国人权的政策保障有其独特的形式和特点，其地位也随着社会转型过程而正在发生变化。①

第一节　中国人权政策保障的具体形式

中国政府为尊重和保障人权所采用的政策手段主要包括以下 4 种形式。

1. 制订和实施国家人权行动计划

国家人权行动计划是 1993 年联合国大会所倡导的促进各国人权保障的重要措施。截至 2009 年世界有 29 个国家制订了国家人权行动计划，其中有 8 个国家制订了两期行动计划。中国先后于 2009 年和 2012 年制订了两期国家人权行动计划，并于 2011 年对第一期行动计划的执行情况作出了评估。在国家人权行动计划中，一方面从宏观角度提出了依法推进、全面推进和务实推进中国人权事业的三项基本原则；另一方面又从微观角度确定了在经济社会文化权利、公民权利和政治权利、特殊群体权利、人权教育以及国际人权义务的履行等方面的各项具体目标和实现指标。它标志着中国人权事业进入了有计划、持续稳健、全面推进的新阶段。

2. 发布指导意见、规定、办法和通知

针对各领域在人权保障方面存在的一些具体问题，国务院、有关部委

① 本章的内容和资料请参见常健《科学理解和把握中国人权保障政策》，《理论探索》2013 年第 5 期，该文是本课题研究阶段性成果。

和各地政府会发布专门的指导意见、规定、办法和通知，促进这些问题的有效解决。例如，针对乙肝歧视，卫生部和劳动保障部联合发布了《关于维护乙肝表面抗原携带者的就业权利的意见》，中央组织部和人事部印发的《公务员录用规定（试行)》，人事部和卫生部共同制定的《公务员录用体检通用标准（试行)》；针对农民工权利保障方面存在的问题，国务院颁布的《关于解决农民工问题的若干意见》；针对侵犯工作权利的问题，中华全国总工会印发的《工会法律援助办法》；针对食品安全问题，国家质检总局发布的《食品召回管理规定》；为全面推进社会保障体系建设，国务院办公厅转发的人力资源和社会保障部以及财政部的《城镇企业职工基本养老保险关系转移接续暂行办法》，国务院颁布的《国务院关于开展新型农村社会养老保险试点的指导意见》；为推进住房保障制度建设所制定的《国务院关于深化城镇住房制度改革的决定》和《国务院关于解决城市低收入家庭住房困难的若干意见》；为改善农村居民教育权保障而制定的《国务院关于进一步加强农村教育工作的决定》；为保障公民平等享受文化成果的权利，中宣部、财政部、文化部和国家文物局联合发布的《关于全国博物馆、纪念馆免费开放的通知》；针对房屋拆迁中存在的侵犯公民权利的事件，国务院发布的《关于认真做好城镇房屋拆迁工作维护社会稳定的紧急通知》和《关于控制房屋拆迁规模严格拆迁管理的通知》，建设部发布的《城市房屋拆迁估价指导意见》和《城市房屋拆迁行政裁决工作规程》；在孙志刚事件曝光后，最高人民法院、最高人民检察院和公安部联合发出的《关于严格执行刑事诉讼法，切实纠防超期羁押的通知》；针对拐卖妇女儿童的问题，最高人民法院、最高人民检察院、公安部、民政部、司法部、全国妇联联合发出《关于打击拐卖妇女儿童犯罪有关问题的通知》；在环境权利保护方面，国务院办公厅转发的原环保总局、发展改革委员会、财政部、原建设部和水利部共同制定的《关于加强重点湖泊水环境保护工作的意见》，全国人大常委会法制工作委员会印发的《对违法排污行为适用行政拘留处罚问题的意见》，国家发展改革委员会同有关部门制定的《节能减排综合性工作方案》，以及《节能减排统计监测及考核实施方案和办法》，等等。这些指导意见、规定、办法和通知对于遏制一些突出的侵犯人权问题能够产生积极的效果。

3. 开展专项行动

专项行动是政府针对一些集中和突出的侵犯人权的问题在一段时间开展的集中打击和整治行动，它通常是由国务院或相关部委单独或联合开展的。例如，针对山西省“黑砖窑”事件暴露出来的奴工问题在全国开展的整治非法用工和打击违法犯罪行为的专项行动；针对安全生产方面出现的问题在重点行业和领域开展安全生产隐患排查治理的专项行动；针对食品、药品、医用品、化妆品安全问题开展的全国食品药品专项整治工作、化妆品专项整治工作、全国奶站专项整治行动、打击违法添加非食用物质和滥用食品添加剂专项整治行动、学校食堂食品安全专项整治行动、打击非法行医专项行动和非法采供血专项整治行动；为实现西部地区基本普及九年义务教育、基本扫除青壮年文盲（简称“两基”）的目标所制订的《国家西部地区“两基”攻坚计划（2004—2007 年）》；为改善农村教育设施所开展的全国中小学危房改造工程；为保障农村地区居民的文化生活权利而开展的全国文化信息资源共享工程；针对侵犯知识产权行为开展的打击侵犯知识产权和制售假冒伪劣商品专项行动、全国知识产权执法维权专项行动；针对超期羁押开展的清理超期羁押的专项整治行动；针对职务侵权开展的严肃查办国家机关工作人员利用职权侵犯人权犯罪专项活动；针对枪支泛滥对公民生命权的威胁开展的治爆缉枪专项行动；针对酒驾对公民生命安全的威胁开展的严厉整治酒后驾驶交通违法行为专项行动；针对“牢头狱霸”侵犯服刑人员权利的问题开展的全国看守所监管执法专项检查活动；针对拐卖妇女儿童问题开展的“打击人贩子、解救被拐卖妇女儿童”专项斗争，以及制订的《中国反对拐卖妇女儿童行动计划（2008—2012 年）》；针对环境污染和生态破坏的问题开展的整治违法排污企业保障群众健康环保专项行动、全国水土保持监督执法专项行动、重金属污染企业专项检查、粉尘与高毒物品危害治理专项行动，等等。这些专项行动对于解决那些长期积存、难以解决的“老大难”问题可以产生即时性效果。

4. 建立保障机制

相对来说，保障机制是一种更具有持续性的长效措施，它通过一种常规化的制度设置来使权利得到稳定的尊重、保护和救济。例如，为了使国家人权行动计划得到切实的实施，就建立了联席会议机制，由与所保障的权利相关的各国家部委和人民团体组成，既负责行动计划的各项任务目标和指标的制定，又负责这些任务目标和指标的实施与监督。第一期人权行动计划联席会议由53个部门和团体构成，第二期行动计划的联席会议由56个部门和人民团体构成。再如，针对拖欠农民工工资、侵犯农民工的劳动报酬权的问题，建立了农民工工资保证金制度和农民工工资支付监控制度。对那些在拖欠农民工工资方面有不良记录的企业，要求它们提前缴付农民工工资保证金，一旦出现拖欠现象，便可以用保证金来支付农民工工资。还有，针对企业不合理压低工人的工资和福利的问题，建立了工资集体协商制度，特别是企业、工会和政府三方集体协商的机制，从而达成劳资双方都能够接受的劳动报酬方案。最后，为了防止刑讯逼供，保障犯罪嫌疑人的权利，建立了讯问全程录音录像制度，以及审讯前后的医疗检查制度，使得能够及时发现审讯过程中的刑讯逼供行为，同时也有效防止了受审的犯罪嫌疑人的恶意诬告。

第二节　中国人权政策保障的主要特点

中国人权保障政策的特点可以从过程和内容两个角度来分析。

一　过程特点

中国人权保障政策过程的特点，可以概括为六个方面。

第一，民间最初发动。新的人权保障政策的产生，最初都是由民间提出涉及人权的事件和实际问题。这些问题通常涉及基本民生和人格尊严，并往往以某个事件为最初起因。例如：孙志刚事件，躲猫猫事件，张先著乙肝歧视事件，家中看黄碟事件，嘉禾强制拆迁事件，深圳妓女游街事件、开胸验肺事件、农民工子女甄峰事件、三鹿奶粉事件、苏丹红事件、黑砖窑事件、黑监狱事件、佘祥林冤案、铬渣污染事件，等等。

第二，媒体跟踪报道。民间对问题探讨的影响力是非常有限的，而媒体的跟踪报道会使对问题的讨论进入公众视线。媒体报道在政策过程中的作用主要表现在：（1）使更多的公众聚焦该问题，形成公共议题；（2）提供表达渠道，使公众可以广泛发表各种不同意见；（3）提供交流平台，使各种不同意见和主张相互碰撞交流，形成相互限制和制约；（4）

形成初步倾向性共识，产生舆论压力，促进政策之窗开启。

第三，政府危机回应。当舆论压力形成之后，政府会给予积极的回应，表明尊重和保障人权的基本态度，并承诺会采取各种有效措施保障公民的基本人权。

第四，政策措施先行。在政府选择采取的措施中，首先出台的是各种政策措施，如发布通知、决定，制订各种计划和标准，实施专项行动或工程，建立有效的保障机制等。相关法律的建立或修改往往会滞后很长一段时间。

第五，地方先试先行。政策措施有些是由地方提出，有些是由中央提出的。地方提出的通常是比较具体的办法和措施，中央提出的通常是宏观的要求和指导原则，需要地方政府根据各地的情况采取更具体有效的措施来实施这些原则。从具体做法来说，往往是事件发生地的政府率先采取某些举措，当这些举措被证明行之有效时，其他地方政府便纷纷学习效仿，形成扩散效应。例如，温州的民主恳谈、杭州的网络问政、上海的地方政府信息公开、深圳的政府财政预算公开，等等。

第六，形成统一政策。当某些实施办法在各地被证明为确实有效可行时，中央政府会进一步提出更具体的政策，并在必要性提出相关的立法或修法建议。

以上只是通常出现的政策过程。在一些情况下，如果事件涉及重大和普遍事项，或遭遇强大的舆论压力，国务院也可能先行建立或修改相关的行政法规。如在孙志刚事件中，由于民间提出对《城市流浪乞讨人员收容遣送办法》进行违宪审查，国务院便于事件发生后 3 个月就制定实施了《城市生活无着的流浪乞讨人员救助管理办法》，同时废止了原先的收容遣送办法。

二　内容特点

从内容上看，中国人权的政策保障有三个比较突出的特点。

首先，经济、社会和文化权利的保障成为各项保障政策的主要内容。

其次，各种弱势群体成为人权政策保障的最重要主体。在中国的人权保障政策中，主要涉及的群体包括妇女、儿童、老年人、残疾人、少数民族、生活贫困者、失业人群、农村和西部居民、农民工等。而那些涉及普遍主体的事项最终都会通过立法或修法的方式来解决。

最后，有关公民权利和政治权利的政策带有更多的探索和试验性质，因此更多的是在各地试行。这些权利的统一保障更多地依赖于立法或修法。

三　作用特点

从人权保障政策与人权立法的相互关系来看，人权保障政策有三个重要的作用，即它们是人权保障法律的先行者、补充者和具体化。

首先，法律是人权保障的最具强制力和约束性的手段，因此法律的制定需要特别审慎，往往需要更严格的程序和反复的质疑推敲。这使得法律的制定在时间上不可避免地具有滞后性。相对于法律而言，政策的约束力、强制性相对较弱，持续时间也相对较短。因此，在立法和修法之前，先制定相关的政策来解决某些人权保障问题，可以发挥法律先行者的作用，为立法积累现实的经验，揭示可能出现的问题。在这个意义上，政策先行会为更合理地立法奠定经验基础，使得后来的立法更具有可行性和实效性。

其次，人权法律的保障范围具有普适性，在时间上具有持续性，但有些人权保障要解决的问题具有局部性和短暂性，不适于以立法的方式来加以规范。在这种情况下，以人权政策的方式来处理这类人权保障问题，就可以补充人权法律保障范围的局限和内容的不足。

最后，人权法律在内容表述上具有一般性，但人权保障不仅要靠一般性规范，而且要有具体的实现机制。因此，通过制定相应的人权政策，建立各种具体的实现机制，可以使人权保障的一般原则能够得到更具体地实现。

第三节　人权政策保障的优势与局限

与人权的法律保障相比，人权的政策保障既具有一定优势，也有相应的局限。

一　人权政策保障的优势

以人权政策来保障人权的优势主要在于针对性、及时性和灵活性三个方面。

首先是针对性强。与具有普适性的人权保障法律相比，人权保障政策更能够针对人权保障的特定群体、特定问题和特定时期制定具体的人权保障措施。

其次是及时提供。制定具有普适性的人权保障法律需要更加审慎，因此需要更漫长的时间。这使得许多人权问题在出现很久之后才得到控制，而相比之下，制定人权保障政策所需的时间相对较短。因此，人权保障政策能够在相应的人权问题产生的初期便及时制定、及时实施，防止这类问题的蔓延扩散和恶化。

最后是灵活易调。人权保障法律具有相对的稳定性，不会轻易变更；同时各种法律之间的关系也要保持高度的一致性，往往伤一发而动全身。因此，当情况出现变化时，人权保障法律往往不能及时作出反应，而且也难于作出调整。相比之下，人权保障政策具有更大的灵活性，能够根据情况变化及时作出调整、改变甚至废止。因此，当现实情况出现快速变化时，人权保障政策就会发挥更加重要的作用，防止由于法律的僵化而产生的人权保障欠缺。

二 人权政策保障的局限

人权是普遍享有、平等享有、稳定享有的权利。但以人权政策来保障人权，会面临权利保障的平等性、均衡性、一致性和稳定性的问题。

首先，不易实现平等保障。人权保障政策中有许多是针对某些特定群体的特殊人权保障问题或特定事项上的人权保障问题。尽管相应的人权政策可以强化对这些特殊群体的保障和这些特殊事项上的人权保障，但相对于其他群体和事项的人权保障，有可能出现保障的平等性问题。

其次，人权保障水平不易均衡。人权保障政策可以分为国家政策和地方政策。在国家的人权保障政策中，大部可以适用于全国各个地区，但也有一些是针对某些特定地区的；而地方的人权保障政策则是针对当地人权保障事项的。这样，以政策方式来保障人权，可能会出现各地人权保障水平不均衡的问题。

再次，各种人权政策之间经常会缺乏一致性。政策保障的优势在于在时间上更快捷，但由于它更注重当下问题的解决，因此往往会出现与其他人权政策如何协调的问题，甚至会出现与相应的人权法律之间的协调问题。

最后，不易实现对人权保障的稳定预期。相对人权法律来说，人权政策的调整较为频繁，持续的周期相对较短，使人们对人权保障的预期难以保持稳定。

第四节　中国人权政策保障的地位与发展趋势

与一些发达国家相比，中国现阶段的人权政策保障相对占有更重要的位置，发挥着更为重要的作用。尽管人权立法正在不断丰富和完善，但大量的人权保护规定和机制是以人权保障政策的方式作出和实施的。这一局面主要是由中国特殊的国情、国家体制和社会与改革的发展阶段等因素决定的。

从中国国情来看，中国幅员辽阔，各地情况差异巨大，情况复杂。在这种情况下，法律的普遍适用性受到一定的限制，各地在人权方面呈现出的特殊的、各自不一的人权问题，难以用统一的法律来加以规范。如果片面强调要用普适性的法律来作出统一的规定，往往会顾此失彼。

解决由于各地情况的差异性而无法以统一法律来规范某些人权事项的问题的另一种方式，就是由各地方政府分别立法。然而，从中国国家体制来看，国家实行单一制而非联邦制。尽管地方政府具有一定的立法权，但这种立法权与联邦制下的地方立法权相比仍然具有质的差异。这使得中国不能完全通过地方立法来解决各地人权状况的差异性问题。在这种体制下，更具针对性和灵活性的人权保障政策便获得了更大的发挥作用的空间，对大量具有差异性的人权问题，都是通过有差别的人权政策来加以规范和约束。

从社会发展阶段来看，中国正处于一个重要的社会转型期，社会变化幅度显著增大，速度明显加快。社会的宽幅和快速变化，使得具有相对稳定性的人权保障法律会显著滞后于社会的发展。尽管法律一般总会滞后于社会的发展，但当社会变化过快、变化幅度过大时，这种滞后就会形成许多法律约束的真空地带，使社会成员的行为缺乏必要的法律约束，从而使正常的社会秩序受到威胁。在这种情况下，及时制定相应的人权保障政策来弥补法律约束的不足，就是一个必需而且明智的选择，它对于转型期的社会稳定无疑具有重要的作用。

从中国改革的进程来看，改革一般可以分为解冻、变革和再冻三个阶段。在解冻阶段，主要的任务是解放思想，破除原来那些不适应社会发展的法律制度；在变革阶段，主要的任务是探索和尝试建立新的法律制度；在再冻阶段，主要任务是将那些被证明为适应社会发展并且行之有效的法律制度固定下来。中国近 30 多年来，主要处于改革过程的解冻阶段和变革阶段，还没有完全进入再冻阶段。在这样的历史时期，法律制度明显会供给不足，各项法律制度之间会出现不匹配、不一致、不协调的情况，许多重要的法律不健全、不完备。在这种情况下，用人权保障政策来弥补法律供给的不足，补充法律的未尽之处，协调法律间的关系，就是维持社会规范所必须采取的方式。这是顺利推进改革过程必须要付出的代价。

既然中国人权政策保障与法律保障的相互关系是由特殊的国情、国家体制和社会发展阶段等多种因素共同决定的，那么其未来发展也会因这些因素的变化状况呈现出比较复杂的状态。对中国人权保障政策的未来发展大体可以作出以下三个判断。

首先，中国幅员辽阔、各地发展不均衡、情况复杂的基本国情不会出现大的变化，只要单一制的国家体制不出现根本性的变化，那么以法律的方式对全国的人权保障方式作出统一规范，其内容和范围的适用性就仍然会受到较大的限制。在这个意义上，对人权的政策保障在中国仍然会发挥较为重要的作用，而不仅仅是一个权宜之计。

第二，随着中国社会转型的逐步完成，社会的结构性变化幅度会不断缩小，变化的速度会相对放缓，这会使以法律的方式对人权作出相对稳定和持续的保障提供更适合的条件，从而使对人权的政策保障的救急功能的需求相对降低。在这个意义上，作为救急措施的人权保障政策的作用会显著降低。

第三，随着中国特色社会主义法律体系的建立和不断健全，对法律临时替代者和协调者的需求也会不断减弱。在这个意义上，作为人权法律保障的临时替代者和临时协调者的人权政策保障的地位肯定会相应降低。

根据以上分析，未来中国人权政策保障仍然会发挥人权法律保障的补充者的作用。但它作为人权法律保障的临时替代者、协调者和救急者的作用，会随着社会结构性变化幅度的缩小和中国人权法律保障体系的不断健全而趋向于逐渐递减，但仍然会在一定程度上发挥人权法律保障的先行者的功能。

因此，作为人权保障政策的制定者，我们应当根据中国人权政策保障的特点、功能和变化趋势来确定人权保障政策的适用范围，将人权保障政策与人权保障法律有机地结合起来，以人权保障政策补充人权保障法律的局限，并促进成熟的人权保障政策转化为人权保障立法。

第二章　人权保障的总体政策规划

除了对人权的立法和司法保障之外，中国人权保障的一个重要特点，是针对人权方面存在的具体问题，制定了相应的政策，采取行之有效的措施和行动，使人权问题能够得到及时和有效的解决。这些政策和措施主要包括国家全面的人权行动计划和各种特定的人权规划，提升人权保障水平的专项工程，打击侵犯人权的专项行动，以及建立保障人权的长效机制，制订和实施国家人权行动计划，发表人权白皮书和与人权有关的白皮书。

第一节　国家人权行动计划

根据在维也纳召开的世界人权大会的呼吁，以及联合国人权高专办的要求，中国于2009年制订了《国家人权行动计划（2009—2010年）》，并于2011年对行动计划的执行情况进行了评估，发表了《〈国家人权行动计划（2009—2010年）〉执行情况报告》。在总结经验的基础上，中国政府又于2012年制订了《国家人权行动计划（2012—2015年）》，并于2014年对执行情况进行了中期评估。据统计，当时全世界共有29个国家制订了国家人权行动计划，其中只有8个国家制订了两期或以上的国家人权行动计划。

2009年制订的第一期《行动计划》开篇明确提出，实现充分的人权是人类长期追求的理想，也是中国人民和中国政府长期为之奋斗的目标。同时，它提出了制订行动计划的三个基本原则，即依法推进、平衡推进和科学推进。该《行动计划》分为六个部分，包括导言，经济、社会和文化权利保障，公民权利和政治权利保障，少数民族、妇女、儿童、老年人和残疾人的权利保障，人权教育，以及国际人权义务的履行及国际人权领域交流与合作。

与第一期国家人权行动计划相比，2012 年制订的第二期行动计划有一些新的亮点。

在经济权利方面，第二期行动计划特别提出，要在保持经济平稳较快发展的基础上，使城镇和农村居民人均收入与国内生产总值保持同步增长，努力提高居民收入在国民收入分配中的比重。针对收入差距扩大的趋势，计划要求大力调整收入分配格局，增加中低收入者收入，提高劳动报酬在初次分配中的比重。在扶贫工作方面，计划要求逐步提高扶贫标准，实施集中连片特殊困难地区扶贫攻坚工程，对 2.4 万个村整村推进。在住房保障方面，计划要求制定基本住房保障条例，加快廉租住房、公共租赁住房、经济适用房等保障性住房建设，积极推进各类棚户区改造，力争使城镇中等偏下和低收入家庭住房困难问题得到基本解决，新就业职工住房困难得到缓解，外来务工人员居住条件得到明显改善。

在社会权利方面，计划提出新型农村社会养老保险和城镇居民社会养老保险要实现制度全覆盖，医疗保险要基本覆盖城乡居民，工伤保险要完善工伤预防、工伤补偿、工伤康复相结合的工伤保险制度体系，社会救助制度要逐步实现城乡均等覆盖，低保标准年均增幅达到 10%，农村五保供养标准达到当地农村居民平均生活水平，逐步降低或取消医疗救助起付线。

在环境权利方面，计划要求将人权保障与生态文明建设结合起来，加快转变经济发展方式，着力解决重金属、饮用水源、大气、土壤、海洋污染等关系民生的突出环境问题，并特别提出将细颗粒物（PM2.5）项目监测覆盖所有地级以上城市；治理沙化土地面积新增 1000 万公顷以上，治理水土流失综合面积新增 20 万平方公里。

在公民权利方面，计划特别强调要调整和细化逮捕、取保候审、监视居住等强制措施的适用条件和管理规定，增加可操作性；积极为律师在侦查阶段参与刑事诉讼创造条件，保障律师在执业活动中的人身权、辩护权和辩论权；完善非法证据排除制度，严禁刑讯逼供和以其他非法方法收集证据，不得强迫任何人证实自己有罪；依法扩大缓刑制度和社区矫正的适用范围；防止不必要的羁押；加强对刑事羁押期限的监督；健全被羁押人权利保障机制。

在政治权利方面，计划特别强调要推进政府信息公开、办事公开、审计工作信息公开，领导干部任免信息公开，以及公共企事业单位的办事公开、厂务公开和村务公开；促进社会组织有序参与社会建设，进一步发展和完善基层群众自治制度；加强对新闻机构和新闻从业人员合法权益的制度保障，依法保障新闻从业人员的知情权、采访权、发表权、批评权、监督权，维护新闻机构、采编人员和新闻当事人的合法权益；加大对安全生产、食品药品质量、征地拆迁、环境污染等责任事故的问责力度；对举报事项、举报情况以及举报人的信息严格保密，及时纠正阻拦、压制、打击报复举报人的行为，切实保护举报人的合法权益；鼓励新闻媒体发挥舆论监督作用。

在特殊群体权利保障方面，计划特别提出要加强少数民族文化遗产保护工作，对濒危项目和年老体弱的代表性传承人实施抢救性保护，对少数民族非物质文化遗产集聚区实施整体性保护，建设中国少数民族濒危语言数据库；要进一步促进性别平等，消除性别歧视，进一步加强性别统计工作，完善对经济和社会发展领域的分性别数据的收集和发布；学生在校期间每天至少参加 1 小时的体育锻炼活动，保障儿童享有闲暇和娱乐的权利，加强校车和校园安全管理，建立附条件不起诉制度和犯罪记录封存制度；完善老年人口户籍迁移管理政策，为老年人随赡养人迁徙提供条件，健全家庭养老保障和照料服务扶持政策；到 2015 年，城镇残疾人新增就业 80 万人，为 80 万农村残疾人提供实用技术培训。

在人权教育、培训和知识普及方面，计划明确提出要“广泛开展各种形式的人权教育和培训，在全社会传播人权理念，普及人权知识”。要求将人权教育纳入公务员培训计划，将国家人权行动计划作为人权教育和培训的重要内容；加强中小学人权教育，在中小学营造尊重人权的教育环境；鼓励高等院校开设人权公选课程和专业课程，支持人权相关学科和专业的建设，鼓励开展人权理论研究；鼓励并推动企事业单位普及人权知识，形成尊重和保障人权的企业文化；鼓励新闻媒体传播人权知识，形成全社会重视人权的舆论氛围；发挥高等院校中的国家人权教育与培训基地的作用，新增 5 个国家人权教育与培训基地。

最后，新一期行动计划还专设了“实施和监督”一章。在这一章中，除了强调联席会议机制的作用之外，还特别强调要创新管理机制，发挥社会组织在人权保障中的建设性作用，鼓励新闻媒体在行动计划的宣传、实施和监督方面发挥积极作用。

中国政府为了有效实施国家人权行动计划，建立了联席会议机制，并要求各级政府以及政府各部门依照“各司其职、分工负责”的原则，将《行动计划》纳入本地区和本部门的工作职责积极认真地予以落实。要求各类企事业单位、社会团体、非政府组织、新闻媒体和社会公众积极参与《行动计划》的宣传和落实。国家人权行动计划联席会议机制负责统筹协调《行动计划》的执行、监督与评估工作。

第二节　经济和社会发展规划中的人权保障政策规划

在制定国家经济和社会发展规划中提出人权保障的要求，是人权总体政策规划的另一种形式。《中华人民共和国国民经济和社会发展第十二个五年规划纲要》为“十二五”时期中国人权事业的发展提出了指导思想和总体规划。本节就以“十二五”规划为例，来分析国家如何通过经济和社会发展规划来确定人权保障总体要求。[①]

一　“十二五”时期人权事业发展的背景和总体趋势

中国共产党十七届五中全会和六中全会以及国家的“十二五”规划，都对“十二五”时期的人权事业发展提出了明确的要求，可以看作是“十二五”时期人权事业发展的基本指导思想。

在“十二五”时期，中国人权事业发展处于可以大有作为的重要战略机遇期，既面临难得的历史机遇，也面对诸多可以预见和难以预见的风险挑战。伴随着中国改革开放和科学发展的推进，中国在人权事业领域取得的成就越来越广泛地在世界各国传播；国内在人权实现和保障方面也将在更广阔的领域展开，这一切是中国人权事业发展的重要机遇。与此同时，国外带着意识形态偏见和具有顽固不化的冷战思维的各种势力，还会

---

① 本部分内容请参见李君如、常健：《中国人权事业“十一五”时期的发展与“十二五”时期的展望》，李君如主编《中国人权事业发展报告（2012 年）》，社会科学文献出版社 2012 年版，第 28—33 页。该文是本课题研究的阶段性成果。

继续制造各种压力；国内社会矛盾加剧也会给维护和保障人权提出许多新课题。这一切说明，中国人权事业发展将面临众多挑战，而这些挑战又意味着中国人权事业发展尚有很大空间，也可以转化为中国人权事业发展的机遇。

在这种背景下，“十二五”时期中国人权事业发展的总体目标是：加强人权保障，促进人权事业全面发展。在发展趋势上，它将体现为四个方面的特征：第一，推进人权事业发展与推进经济发展相结合。保障人民的生存权、发展权将继续被置于人权保障的首位，为顺应各族人民过上更好生活的新期待，政府会更加注重保障和改善民生，保障公民的各项经济权利。第二，推进人权事业发展与推进社会建设相结合。政府将鼓励以改革创新精神解决社会领域中的各项问题，积极化解社会矛盾，维护社会的和谐和稳定，保障公民的各项社会权利，使人民学有所教、劳有所得、病有所医、老有所养、住有所居，使发展成果更公平地惠及全体社会成员。第三，推进人权事业发展与加强民主法治建设相结合。政治体制改革将积极稳妥推进，保障人权的各项制度将不断完善，保障人权的各项法律、法规的实施将不断强化，公民的基本权利和自由将得到更全面的维护，公民的知情权、参与权、表达权、监督权将依法得到更充分的保障，公民有序的政治参与将不断扩大。第四，推进人权事业发展与社会主义文化建设相结合。人权教育、培训和知识普及将会更广泛地展开，以便使尊重和保障人权成为社会主义核心价值体系的重要组成部分，使尊重和维护每一个人的尊严和基本权利，维护社会平等，防止社会歧视，鼓励宽容、理解和相互尊重，促进社会公平、正义与和谐成为社会的基本价值信念和行为准则。

二　“十二五”规划对推进中国人权事业发展的具体规划

在“十二五”发展规划中，对推进人权保障的重点作出了具体的规划。它特别体现在以下7个方面。

1. 实施统筹发展战略，提高经济不发达地区的人权保障水平

缩小人权保障水平的地区差异和城乡差异，是“十二五”时期中国人权事业发展需要完成的一项重要任务。

在缩小地区间人权保障水平差距方面，“十二五”规划提出，要实施区域发展总体战略，提高不发达地区人权保障水平。其具体措施包括：推

进新一轮西部大开发，全面振兴东北地区等老工业基地；大力促进中部地区崛起，加大对革命老区、民族地区、边疆地区和贫困地区扶持力度；深化区域合作，推进区域良性互动发展，逐步缩小区域发展差距。

在缩小城乡人权保障水平差距方面，“十二五”规划提出，将实施强农惠农政策，提高对农村地区的人权保障水平。其具体措施包括：完善以工促农、以城带乡长效机制；进一步拓宽农民增收渠道，加大引导和扶持力度，提高农民职业技能和创收能力，巩固提高家庭经营收入，努力增加工资性收入，大力增加转移性收入，促进农民收入持续较快增长；进一步改善农村生产生活条件，提高乡镇村庄规划管理水平，加强农村基础设施建设，强化农村公共服务，推进农村环境综合整治；进一步完善农村发展体制机制，坚持和完善农村基本经营制度，建立健全城乡发展一体化制度，稳步推进农业转移人口转为城镇居民。

2. 建立健全基本公共服务体系，完善经济和社会权利保障

经济和社会权利的保障，需要国家采取积极措施，提供基本公共服务。“十二五”规划从提高基本公共服务水平和推进基本公共服务均等化两个方面作出了规划。

在提高基本公共服务水平方面，“十二五”规划提出，要履行政府公共服务职责，提高政府保障能力，建立健全基本公共服务体系，创新公共服务供给方式，优先发展公共交通，完善就业、收入分配、社会保障、医疗卫生、住房等保障和改善民生的制度安排，保障食品药品安全，严格安全生产管理，

在推进基本公共服务均等化方面，“十二五”规划强调，要逐步缩小城乡间、区域间基本公共服务差距，努力使发展成果惠及全体人民。特别是要创造平等就业机会，整顿和规范收入分配秩序，健全覆盖城乡居民的社会保障体系，建立健全基本医疗卫生制度，加强公共卫生服务体系建设，加大保障性住房供给，大力促进教育公平。

3. 大力发展文化事业和文化产业，提高文化权利保障水平

随着经济和经济生活水平的快速提高，公众文化生活的需求呈现出更加广泛、强烈和多样化的趋势。“十二五”规划从促进文化事业和文化产业发展两个方面对满足公众文化需求作出了规划。

在促进文化事业发展方面，“十二五”规划提出，要大力发展文化事

业，增强公共文化产品和服务供给；公共博物馆、图书馆、文化馆、纪念馆、美术馆等公共文化设施免费向社会开放；鼓励扶持少数民族文化产品创作生产；注重满足残疾人等特殊人群的公共文化服务需求；建立健全公共文化服务体系；以农村基层和中西部地区为重点，继续实施文化惠民工程；改善农村文化基础设施，支持老少边穷地区建设和改造文化服务网络；完善城市社区文化设施，促进基层文化资源整合和综合利用；广泛开展群众性文化活动。

在促进文化产业发展方面，“十二五”规划提出，要大力发展文化产业，实施重大文化产业项目带动战略，加强文化产业基地和区域性特色文化产业群建设；推进文化产业结构调整，大力发展文化创意、影视制作、出版发行、印刷复制、演艺娱乐、数字内容和动漫等重点文化产业；培育骨干企业，扶持中小企业，鼓励文化企业跨地域、跨行业、跨所有制经营和重组，提高文化产业规模化、集约化、专业化水平；加快中西部地区中小城市影院建设，鼓励和支持非公有制经济以多种形式进入文化产业领域。

4. 建设资源节约型、环境友好型社会，强化环境权利保障

在经济快速发展的背景下，环境污染和生态破坏成为中国人权事业发展中不容忽视的问题。“十二五”规划从防止污染和生态保护与建设两个方面对推进环境权利保护作出了规划。

在防治环境污染方面，“十二五”规划提出，要以解决饮用水不安全和空气、土壤污染等损害群众健康的突出环境问题为重点，加强综合治理，明显改善环境质量；要强化污染物减排和治理，防范环境风险，加强环境监管。

在促进生态保护和修复方面，“十二五”规划提出，要坚持保护优先和自然修复为主，加大生态保护和建设力度，从源头上扭转生态环境恶化趋势；将构建生态安全屏障，强化生态保护与治理，建立生态补偿机制；推进能源多元清洁发展，控制温室气体排放。

5. 创新社会管理体制，促进公民参与社会管理

随着社会结构的变化，在社会管理中如何发挥公民的自主性，促进社会的良治，成为中国社会可持续发展必须要解决的一个迫切问题。“十二五”规划提出，要创新社会管理体制机制，加强社会管理能力建设，建

立健全中国特色社会主义社会管理体系。在社会管理格局的建设上，要坚持多方参与、共同治理，统筹兼顾、动态协调的原则；在社会协同方面，要发挥人民团体、基层自治组织、各类社会组织和企业事业单位的协同作用，推进社会管理的规范化、专业化、社会化和法制化；在公众参与方面，要广泛动员和组织群众依法有序参与社会管理，培养公民意识，履行公民义务，实现自我管理、自我服务、自我发展；在社会组织建设方面，要坚持培育发展和管理监督并重，推动社会组织健康有序发展，发挥其提供服务、反映诉求、规范行为的作用；在机制建设方面，要进一步完善维护群众权益机制，拓宽社情民意表达渠道，完善社会矛盾调解机制。将社会管理体制的创新，将有力地促进公民权利在社会中的实现。

6. 发展社会主义民主政治，为公民政治权利实现提供更有效方式

经济和社会的发展，要求国家的政治生活作出相应的调整，更充分地保障公民的政治权利。“十二五”规划明确提出，国家将进一步发展社会主义民主政治，不断推进社会主义政治制度自我完善和发展。在发展方向上，要健全民主制度，丰富民主形式，拓宽民主渠道，依法实行民主选举、民主决策、民主管理、民主监督，保障人民的知情权、参与权、表达权、监督权。在具体机制上，要完善重大事项决策机制，建立健全公众参与、专家咨询、风险评估、合法性审查和集体讨论决定的决策程序。根据决策内容的不同性质，需要采取不同的民主决策形式：对涉及经济社会发展全局的重大事项，要广泛征询意见，充分协商和协调；对专业性、技术性较强的重大事项，要认真进行专家论证、技术咨询、决策评估；对同群众利益密切相关的重大事项，要实行公示、听证等制度。具有中国特色的社会主义民主政治的发展，将有力地促进公民政治权利的更充分实现。

7. 强化特殊群体权利保障

随着社会利益结构的复杂化，在社会中处于弱势地位的特殊群体成员的权利需要予以特殊保障。“十二五”规划对特殊群体的保护提出了比较具体的要求。

在农民工权利保障方面，“十二五”规划提出，要努力实现农民工与城镇就业人员同工同酬，提高农民工工资水平；坚持因地制宜、分步推进，把有稳定劳动关系并在城镇居住一定年限的农民工及其家属逐步转为城镇居民；对暂时不具备在城镇落户条件的农民工，要改善公共服务，加

强权益保护；以流入地全日制公办中小学为主，保证农民工随迁子女平等接受义务教育，并做好与高中阶段教育的衔接；将与企业建立稳定劳动关系的农民工纳入城镇职工基本养老和医疗保险；建立农民工基本培训补贴制度，推进农民工培训资金省级统筹；多渠道多形式改善农民工居住条件，鼓励采取多种方式将符合条件的农民工纳入城镇住房保障体系。

在妇女权利保障方面，“十二五”规划提出，要加强妇女劳动保护、社会福利、卫生保健、扶贫减贫及法律援助等工作，完善性别统计制度，改善妇女发展环境，严厉打击暴力侵害妇女、拐卖妇女等违法犯罪行为。

在儿童权利保障方面，“十二五”规划提出，要坚持儿童优先原则，实施儿童发展纲要，依法保障儿童生存权、发展权、受保护权和参与权。特别是，要改善儿童成长环境，提升儿童福利水平，消除对女童的歧视，促进儿童身心健康发展；切实解决留守儿童教育、孤残儿童、艾滋病孤儿和流浪未成年人救助等问题；严厉打击拐卖儿童、弃婴等违法犯罪行为。

在老年人权利保障方面，“十二五”规划提出，将积极应对人口老龄化，建立以居家为基础、社区为依托、机构为支撑的养老服务体系。其具体措施包括：加快发展社会养老服务，培育壮大老龄事业和产业，加强公益性养老服务设施建设，鼓励社会资本兴办具有护理功能的养老服务机构，每千名老人拥有养老床位数达到30张；拓展养老服务领域，实现养老服务从基本生活照料向医疗健康、辅具配置、精神慰藉、法律服务、紧急援助等方面延伸；增加社区老年活动场所和便利化设施。

在残疾人权利保障方面，“十二五”规划提出，要实施重点康复和托养工程、0—6岁残疾儿童抢救性康复工程和“阳光家园”计划，推进残疾人“人人享有康复服务”；大力开展残疾人就业服务和职业培训；加大对农村残疾人生产扶助和生活救助力度；丰富残疾人文化体育生活；构建辅助器具适配体系，推进无障碍建设；制订和实施国家残疾预防行动计划，有效控制残疾的发生和发展。

第三节 中共十八大报告提出的人权保障政策方针

十八大报告明确提出，要使“人权得到切实尊重和保障”。这一要求在十八大报告中进一步体现为对经济权利、社会权利、文化权利、环境权利、公民权利、政治权利以及各种特殊群体权利的具体保障要求。①

在经济权利方面，十八大报告一方面强调平等权利和公平竞争，要求保证各种经济主体“依法平等使用生产要素、公平参与市场竞争、同等受到法律保护”，形成有利于“社会公平的税收制度”；另一方面要求加大对贫困地区和群体扶助，特别是“加大对革命老区、民族地区、边疆地区、贫困地区扶持力度”，“深入推进新农村建设和扶贫开发，全面改善农村生产生活条件”。十八大报告还特别强调对财产、收入和就业权利的保障。在财产权利方面，要求“依法维护农民土地承包经营权、宅基地使用权、集体收益分配权”；在宏观收入分配方面，提出“初次分配和再分配都要兼顾效率和公平，再分配更加注重公平”，要努力实现“居民收入增长和经济发展同步、劳动报酬增长和劳动生产率提高同步，提高居民收入在国民收入分配中的比重，提高劳动报酬在初次分配中的比重”；在工作收入方面，要“推行企业工资集体协商制度，保护劳动所得”；在就业权利方面，提出“实施就业优先战略和更加积极的就业政策”。

在社会权利方面，十八大报告提出，要“在学有所教、劳有所得、病有所医、老有所养、住有所居上持续取得新进展”。在社会保障权利方面，要“坚持全覆盖、保基本、多层次、可持续方针，以增强公平性、适应流动性、保证可持续性为重点，全面建成覆盖城乡居民的社会保障体系”；在教育权利保障方面，要“均衡发展九年义务教育”，“大力促进教育公平”，教育资源“重点向农村、边远、贫困、民族地区倾斜”，“提高家庭经济困难学生资助水平，积极推动农民工子女平等接受教育”；在健康权利保障方面，要推进综合改革，完善国民健康政策，“为群众提供安全有效方便价廉的公共卫生和基本医疗服务”。

在文化权利方面，十八大报告一方面强调保障公民参与文化创造活动的权利，要求“坚持百花齐放、百家争鸣的方针”，“发扬学术民主、艺术民主，为人民提供广阔文化舞台”，使“人民基本文化权益得到更好保障”；另一方面强调保障全体社会成员平等享受文化成果的权利，要求

---

① 本部分内容和资料参见李君如、常健：《中国人权事业“十一五”时期的发展与“十二五”时期的展望》，李君如主编《中国人权事业发展报告（2012 年）》，社会科学文献出版社 2012 年，第 9—12 页。该文是本课题研究的阶段性成果。

“加快推进重点文化惠民工程，加大对农村和欠发达地区文化建设的帮扶力度，继续推动公共文化服务设施向社会免费开放”，“完善公共文化服务体系，提高服务效能”；同时还强调文化创造者对作品的收益权利，要求“实施知识产权战略，加强知识产权保护”。

在环境权利方面，十八大报告特别强调生态文明建设与环境权利保障之间的关系，指出“良好生态环境是人和社会持续发展的根本基础”，建设生态文明“是关系人民福祉、关乎民族未来的长远大计”，要“为人民创造良好生产生活环境”，“给子孙后代留下天蓝、地绿、水净的美好家园”。在此基础上进一步提出，要“把生态文明建设放在突出地位，融入经济建设、政治建设、文化建设、社会建设各方面和全过程，努力建设美丽中国，实现中华民族永续发展”。

在公民权利方面，十八大报告着重强调要保障公民享有获得公正审判的权利，要求推进“公正司法”，坚持“法律面前人人平等”，通过深化司法体制改革，“确保审判机关、检察机关依法独立公正行使审判权、检察权”，强调“任何组织或者个人都不得有超越宪法和法律的特权，绝不允许以言代法、以权压法、徇私枉法”。在迁徙权保障方面，报告指出要“加快改革户籍制度，有序推进农业转移人口市民化”。

在政治权利方面，十八大报告突出强调对公民民主权利的保障，指出要通过积极稳妥推进政治体制改革，“发展更加广泛、更加充分、更加健全的人民民主”，“更加注重健全民主制度、丰富民主形式，保证人民依法实行民主选举、民主决策、民主管理、民主监督”，“保证人民依法享有广泛权利和自由”，保障人民的“知情权、参与权、表达权、监督权”。在选举民主方面，报告提出要“提高基层人大代表特别是一线工人、农民、知识分子代表比例，降低党政领导干部代表比例”，“在人大设立代表联络机构，完善代表联系群众制度”；在协商民主方面，报告提出要“完善协商民主制度和工作机制，推进协商民主广泛、多层、制度化发展”；在基层民主方面，报告提出要“完善基层民主制度”，指出“在城乡社区治理、基层公共事务和公益事业中实行群众自我管理、自我服务、自我教育、自我监督，是人民依法直接行使民主权利的重要方式”；在党内民主方面，报告特别提出要“积极发展党内民主”，指出“党内民主是党的生命。要坚持民主集中制，健全党内民主制度体系，以党内民主带动人民民主。保障党员主体地位，健全党员民主权利保障制度，开展批评和自我批评，营造党内民主平等的同志关系、民主讨论的政治氛围、民主监督的制度环境，落实党员知情权、参与权、选举权、监督权”。为此，十八大报告提出了一系列党内民主的制度建设，包括“完善党的代表大会制度，提高工人、农民代表比例，落实和完善党的代表大会代表任期制，试行乡镇党代会年会制，深化县（市、区）党代会常任制试点，实行党代会代表提案制”；“完善党内选举制度，规范差额提名、差额选举，形成充分体现选举人意志的程序和环境”；“强化全委会决策和监督作用，完善常委会议事规则和决策程序，完善地方党委讨论决定重大问题和任用重要干部票决制”；“扩大党内基层民主，完善党员定期评议基层党组织领导班子等制度，推行党员旁听基层党委会议、党代会代表列席同级党委有关会议等做法，增强党内生活原则性和透明度”。

在特殊群体权利方面，十八大报告强调要“保障少数民族合法权益”；“坚持男女平等基本国策，保障妇女儿童合法权益”；“积极应对人口老龄化，大力发展老龄服务事业和产业”；“健全残疾人社会保障和服务体系，切实保障残疾人权益”；“加大强农惠农富农政策力度，让广大农民平等参与现代化进程、共同分享现代化成果”。

在国际社会层面，十八大报告强调和平权、发展权、主权平等、国际公平正义和国际关系民主化，指出“要和平不要战争，要发展不要贫穷，要合作不要对抗，推动建设持久和平、共同繁荣的和谐世界，是各国人民共同愿望”，主张“在国际关系中弘扬平等互信、包容互鉴、合作共赢的精神，共同维护国际公平正义”；坚持“国家不分大小、强弱、贫富一律平等，推动国际关系民主化”；提出包容互鉴，“尊重世界文明多样性、发展道路多样化，尊重和维护各国人民自主选择社会制度和发展道路的权利”。

第四节　全面深化改革决定中有关人权保障的要求

2013 年 11 月 12 日，中国共产党第十八届中央委员会第三次全体会议通过了《中共中央关于全面深化改革若干重大问题的决定》（以下简称《决定》）。《决定》再次强调“国家尊重和保障人权”，并提出“完善人权司法保障制度”。它将十八届三中全会公报中提出的五大领域改革原则细化为各项具体的改革措施，其中许多措施涉及人权保障和人权发展。[①]

一 经济体制改革所涉及的人权保障与发展

在经济体制改革方面，主要涉及财产权特别是农民财产权利的保障，就业权利和平等就业权利的保障，工作报酬权利以及劳动者表达权利的保障，如表2—1所示。

表2—1 经济体制改革所涉及的人权保障与发展

涉及权利	相关措施
个人财产权利	完善产权保护制度。公有制经济财产权不可侵犯，非公有制经济财产权同样不可侵犯。国家保护各种所有制经济产权和合法利益。
平等权利	保证各种所有制经济依法平等使用生产要素、公开公平公正参与市场竞争、同等受到法律保护。坚持权利平等、机会平等、规则平等，废除对非公有制经济各种形式的不合理规定，消除各种隐性壁垒，制定非公有制企业进入特许经营领域具体办法。 允许农村集体经营性建设用地出让、租赁、入股，实行与国有土地同等入市、同权同价。 维护农民生产要素权益，保障农民工同工同酬，保障农民公平分享土地增值收益。
农民财产权利	赋予农民更多财产权利。保障农民集体经济组织成员权利，赋予农民对集体资产股份占有、收益、有偿退出及抵押、担保、继承权。保障农户宅基地用益物权；慎重稳妥推进农民住房财产权抵押、担保、转让，探索农民增加财产性收入渠道。建立农村产权流转交易市场，推动农村产权流转交易公开、公正、规范运行。坚持农村土地集体所有权，依法维护农民土地承包经营权，赋予农民对承包地占有、使用、收益、流转及承包经营权抵押、担保权能，允许农民以承包经营权入股发展农业产业化经营。 缩小征地范围，规范征地程序，完善对被征地农民合理、规范、多元保障机制。建立兼顾国家、集体、个人的土地增值收益分配机制，合理提高个人收益。

① 本节内容和资料请参见常健：《中共十八届三中全会文件的人权解读》，李君如主编《中国人权事业发展报告（2014年）》，社会科学文献出版社，2014年。该文是本课题研究的阶段性成果。

续表

涉及权利	相关措施
就业权利	健全促进就业创业体制机制。建立经济发展和扩大就业的联动机制，健全政府促进就业责任制度。完善扶持创业的优惠政策，形成政府激励创业、社会支持创业、劳动者勇于创业新机制。完善城乡均等的公共就业创业服务体系，构建劳动者终身职业培训体系。增强失业保险制度预防失业、促进就业功能，完善就业失业监测统计制度。促进以高校毕业生为重点的青年就业和农村转移劳动力、城镇困难人员、退役军人就业。
平等就业的权利	规范招人用人制度，消除城乡、行业、身份、性别等一切影响平等就业的制度障碍和就业歧视。
获得工作报酬权利	形成合理有序的收入分配格局。着重保护劳动所得，努力实现劳动报酬增长和劳动生产率提高同步，提高劳动报酬在初次分配中的比重。健全工资决定和正常增长机制，完善最低工资和工资支付保障制度，完善企业工资集体协商制度。改革机关事业单位工资和津贴补贴制度，完善艰苦边远地区津贴增长机制。
劳动者的表达权利	创新劳动关系协调机制，畅通职工表达合理诉求渠道。

资料来源：《中共中央关于全面深化改革若干重大问题的决定》，2013 年 11 月 12 日。

二 政治体制改革所涉及的人权保障与发展

在政治体制改革方面，涉及的人权保障和发展的内容主要包括生命权、人身自由权、法律面前的平等权利，协商民主和基层民主权利，知情权、表达权、参与权和监督权，以及获得公正审判的权利，如表 2—2 所示。

表 2—2 政治体制改革所涉及的人权保障与发展

涉及权利	相关措施
生命权	逐步减少适用死刑罪名。
人身自由权	废止劳动教养制度，完善对违法犯罪行为的惩治和矫正法律，健全社区矫正制度。
法律面前的平等权利	维护宪法法律权威，进一步健全宪法实施监督机制和程序。坚持法律面前人人平等，任何组织或者个人都不得有超越宪法法律的特权，一切违反宪法法律的行为都必须予以追究。

续表

涉及权利	相关措施
协商民主权利	推进协商民主广泛多层制度化发展。构建程序合理、环节完整的协商民主体系，拓宽国家政权机关、政协组织、党派团体、基层组织、社会组织的协商渠道。深入开展立法协商、行政协商、民主协商、参政协商、社会协商。加强中国特色新型智库建设，建立健全决策咨询制度。
基层民主权利	发展基层民主。畅通民主渠道，健全基层选举、议事、公开、述职、问责等机制。开展形式多样的基层民主协商，推进基层协商制度化，建立健全居民、村民监督机制，促进群众在城乡社区治理、基层公共事务和公益事业中依法自我管理、自我服务、自我教育、自我监督。健全以职工代表大会为基本形式的企事业单位民主管理制度，加强社会组织民主机制建设，保障职工参与管理和监督的民主权利。
知情权	推行地方各级政府及其工作部门权力清单制度，依法公开权力运行流程。完善党务、政务和各领域办事公开制度，推进决策公开、管理公开、服务公开、结果公开。实施全面规范、公开透明的预算制度。推行新提任领导干部有关事项公开制度试点。
参与权	推动人民代表大会制度与时俱进。坚持人民主体地位，推进人民代表大会制度理论和实践创新，发挥人民代表大会制度的根本政治制度作用。加强人大常委会同人大代表的联系，充分发挥代表作用。通过建立健全代表联络机构、网络平台等形式密切代表同人民群众联系。完善人大工作机制，通过座谈、听证、评估、公布法律草案等扩大公民有序参与立法途径，通过询问、质询、特定问题调查、备案审查等积极回应社会关切。
表达权	建立畅通有序的诉求表达、心理干预、矛盾调处、权益保障机制，使群众问题能反映、矛盾能化解、权益有保障。改革行政复议体制，健全行政复议案件审理机制，纠正违法或不当行政行为。完善人民调解、行政调解、司法调解联动工作体系，建立调处化解矛盾纠纷综合机制。改革信访工作制度，实行网上受理信访制度，健全及时就地解决群众合理诉求机制。把涉法涉诉信访纳入法治轨道解决，建立涉法涉诉信访依法终结制度。
监督权	让人民监督权力，让权力在阳光下运行，是把权力关进制度笼子的根本之策。健全民主监督、法律监督、舆论监督机制，运用和规范互联网监督。

续表

涉及权利	相关措施
获得公正审判的权利	完善人权司法保障制度。确保依法独立公正行使审判权检察权。改革司法管理体制，推动省以下地方法院、检察院人财物统一管理，探索建立与行政区划适当分离的司法管辖制度。改革审判委员会制度，完善主审法官、合议庭办案责任制，让审理者裁判、由裁判者负责。进一步规范查封、扣押、冻结、处理涉案财物的司法程序。健全错案防止、纠正、责任追究机制，严禁刑讯逼供、体罚虐待，严格实行非法证据排除规则。健全国家司法救助制度，完善法律援助制度。完善律师执业权利保障机制和违法违规执业惩戒制度，加强职业道德建设，发挥律师在依法维护公民和法人合法权益方面的重要作用。

资料来源：《中共中央关于全面深化改革若干重大问题的决定》，2013 年 11 月 12 日。

三　文化体制改革所涉及的人权保障与发展

在文化体制改革方面，主要涉及知识产权和共享文化成果权利的保障和发展，如表 2—3 所示。

表 2—3　　文化体制改革所涉及的人权保障与发展

涉及权利	相关措施
知识产权	加强知识产权运用和保护，健全技术创新激励机制，探索建立知识产权法院。
共享文化成果的权利	构建现代公共文化服务体系。建立公共文化服务体系建设协调机制，统筹服务设施网络建设，促进基本公共文化服务标准化、均等化。建立群众评价和反馈机制，推动文化惠民项目与群众文化需求有效对接。推动公共图书馆、博物馆、文化馆、科技馆等组建理事会，吸纳有关方面代表、专业人士、各界群众参与管理。

资料来源：《中共中央关于全面深化改革若干重大问题的决定》，2013 年 11 月 12 日。

四　社会体制改革所涉及的人权保障与发展

在社会体制改革方面，主要涉及迁徙权、受教育权利、社会保障权利、健康权利、生育权利、结社权利和特殊群体权利，如表 2—4 所示。

表 2—4　　社会体制改革所涉及的人权保障与发展

涉及权利	相关措施
迁徙权	推进农业转移人口市民化，逐步把符合条件的农业转移人口转为城镇居民。创新人口管理，加快户籍制度改革，全面放开建制镇和小城市落户限制，有序放开中等城市落户限制，合理确定大城市落户条件，严格控制特大城市人口规模。稳步推进城镇基本公共服务常住人口全覆盖，把进城落户农民完全纳入城镇住房和社会保障体系，在农村参加的养老保险和医疗保险规范接入城镇社保体系。
受教育权利	大力促进教育公平，健全家庭经济困难学生资助体系，构建利用信息化手段扩大优质教育资源覆盖面的有效机制，逐步缩小区域、城乡、校际差距。统筹城乡义务教育资源均衡配置，实行公办学校标准化建设和校长教师交流轮岗，不设重点学校重点班，破解择校难题，标本兼治减轻学生课业负担。加快现代职业教育体系建设，深化产教融合、校企合作，培养高素质劳动者和技能型人才。创新高校人才培养机制，促进高校办出特色争创一流。推进学前教育、特殊教育、继续教育改革发展。
社会保障权利	建立更加公平可持续的社会保障制度。坚持社会统筹和个人账户相结合的基本养老保险制度，完善个人账户制度，健全多缴多得激励机制，确保参保人权益，实现基础养老金全国统筹，坚持精算平衡原则。推进机关事业单位养老保险制度改革。整合城乡居民基本养老保险制度、基本医疗保险制度。推进城乡最低生活保障制度统筹发展。建立健全合理兼顾各类人员的社会保障待遇确定和正常调整机制。完善社会保险关系转移接续政策，扩大参保缴费覆盖面，适时适当降低社会保险费率。研究制定渐进式延迟退休年龄政策。加快健全社会保障管理体制和经办服务体系。健全符合国情的住房保障和供应体系，建立公开规范的住房公积金制度，改进住房公积金提取、使用、监管机制。
健康权利	深化医药卫生体制改革。统筹推进医疗保障、医疗服务、公共卫生、药品供应、监管体制综合改革。深化基层医疗卫生机构综合改革，健全网络化城乡基层医疗卫生服务运行机制。加快公立医院改革，落实政府责任，建立科学的医疗绩效评价机制和适应行业特点的人才培养、人事薪酬制度。完善合理分级诊疗模式，建立社区医生和居民契约服务关系。充分利用信息化手段，促进优质医疗资源纵向流动。加强区域公共卫生服务资源整合。取消以药补医，理顺医药价格，建立科学补偿机制。改革医保支付方式，健全全民医保体系。加快健全重特大疾病医疗保险和救助制度。

续表

涉及权利	相关措施
生育权利	启动实施一方是独生子女的夫妇可生育两个孩子的政策。
结社权利	激发社会组织活力。正确处理政府和社会关系，加快实施政社分开，推进社会组织明确权责、依法自治、发挥作用。适合由社会组织提供的公共服务和解决的事项，交由社会组织承担。支持和发展志愿服务组织。限期实现行业协会商会与行政机关真正脱钩，重点培育和优先发展行业协会商会类、科技类、公益慈善类、城乡社区服务类社会组织，成立时直接依法申请登记。加强对社会组织和在华境外非政府组织的管理，引导它们依法开展活动。
特殊群体权利	积极应对人口老龄化，加快建立社会养老服务体系和发展老年服务产业。健全农村留守儿童、妇女、老年人关爱服务体系，健全残疾人权益保障、困境儿童分类保障制度。

资料来源：《中共中央关于全面深化改革若干重大问题的决定》，2013 年 11 月 12 日。

五　生态环境体制改革所涉及的人权保障与发展

在生态环境体制改革方面，主要涉及环境权利的保障和发展，如表 2—5所示。

表 2—5　　生态环境体制改革所涉及的环境权利保障措施

相关制度	具体措施
总体要求	建设生态文明，必须建立系统完整的生态文明制度体系，实行最严格的源头保护制度、损害赔偿制度、责任追究制度，完善环境治理和生态修复制度，用制度保护生态环境。
考评指标	完善发展成果考核评价体系，纠正单纯以经济增长速度评定政绩的偏向，加大资源消耗、环境损害、生态效益、产能过剩、科技创新、安全生产、新增债务等指标的权重，更加重视劳动就业、居民收入、社会保障、人民健康状况。

续表

相关制度	具体措施
资源有偿使用制度和生态补偿制度	加快自然资源及其产品价格改革，全面反映市场供求、资源稀缺程度、生态环境损害成本和修复效益。坚持使用资源付费和谁污染环境、谁破坏生态谁付费原则，逐步将资源税扩展到占用各种自然生态空间。稳定和扩大退耕还林、退牧还草范围，调整严重污染和地下水严重超采区耕地用途，有序实现耕地、河湖休养生息。建立有效调节工业用地和居住用地合理比价机制，提高工业用地价格。坚持谁受益、谁补偿原则，完善对重点生态功能区的生态补偿机制，推动地区间建立横向生态补偿制度。发展环保市场，推行节能量、碳排放权、排污权、水权交易制度，建立吸引社会资本投入生态环境保护的市场化机制，推行环境污染第三方治理。
生态环境保护制度	改革生态环境保护管理体制。建立和完善严格监管所有污染物排放的环境保护管理制度，独立进行环境监管和行政执法。建立陆海统筹的生态系统保护修复和污染防治区域联动机制。健全国有林区经营管理体制，完善集体林权制度改革。及时公布环境信息，健全举报制度，加强社会监督。完善污染物排放许可制，实行企事业单位污染物排放总量控制制度。对造成生态环境损害的责任者严格实行赔偿制度，依法追究刑事责任。

资料来源：《中共中央关于全面深化改革若干重大问题的决定》，2013 年 11 月 12 日。

从上述梳理的情况来看，《决定》在推进人权保障和发展方面的一个突出特点是“实”。根据对《决定》的词频分析，“实”共出现了 95 次，出现的词汇分布如表 2—6 所示。

表 2—6　“实”在《决定》中出现的词频分析

词汇	频数	词汇	频数
实行	27	实际	3
实施	17	实事求是	1
实现	16	事实	1
落实	11	实处	1
实践	7	充实	1

续表

词汇	频数	词汇	频数
切实	5	实力	1
务实	3	实缴	1

资料来源:《中共中央关于全面深化改革若干重大问题的决定》,2013 年 11 月 12 日。

"实"的高频率出现,显示了《决定》更加强调实施和落实,这种务实的精神与中共十八大报告所强调的"人权得到切实尊重和保障"的要求是一脉相承的。

第五节　全面推进依法治国决定对人权保障的要求

中共十八届四中全会作出了《中共中央关于全面推进依法治国若干重大问题的决定》(以下简称《决定》),对中国的人权保障事业提出了新的要求。

一　将涉及人权的各个领域作为立法工作的重点领域

《决定》提出要加强重点领域立法,特别要"加快完善体现权利公平、机会公平、规则公平的法律制度,保障公民人身权、财产权、基本政治权利等各项权利不受侵犯,保障公民经济、文化、社会等各方面权利得到落实"。显然这些领域立法的重点都是要保障公民的基本人权。

在经济领域,要健全以公平为核心原则的产权保护制度,加强对各种所有制经济组织和自然人财产权的保护,清理有违公平的法律法规条款。

在政治领域,要加强社会主义协商民主制度建设,推进协商民主广泛多层制度化发展,构建程序合理、环节完整的协商民主体系。

在文化领域,要建立健全保障人民基本文化权益的文化法律制度,制定公共文化服务保障法,促进基本公共文化服务标准化、均等化。

在社会领域,要依法加强和规范公共服务,完善教育、就业、收入分配、社会保障、医疗卫生、食品安全、扶贫、慈善、社会救助和妇女儿童、老年人、残疾人合法权益保护等方面的法律法规,加强社会组织立法,规范和引导各类社会组织健康发展。

在生态环境领域，要用严格的法律制度保护生态环境，加快建立有效约束开发行为和促进绿色发展、循环发展、低碳发展的生态文明法律制度，强化生产者环境保护的法律责任，大幅度提高违法成本；建立健全自然资源产权法律制度，完善国土空间开发保护方面的法律制度，制定完善生态补偿和土壤、水、大气污染防治及海洋生态环境保护等法律法规，促进生态文明建设。

二 严格执法，限制公权力对公民人权的侵犯

在严格执法方面，《决定》要求严格限制公权力，防止对公民人权的侵犯，加快建设职能科学、权责法定、执法严明、公开公正、廉洁高效、守法诚信的法治政府。

第一，《决定》提出要强化行政机关职责法定。要求坚持法定职责必须为、法无授权不可为。一方面，坚决纠正不作为、乱作为，坚决克服懒政、怠政，坚决惩处失职、渎职；另一方面，要坚决纠正不作为、乱作为。

第二，《决定》要求行政机关不得法外设定权力，没有法律法规依据不得作出减损公民、法人和其他组织合法权益或者增加其义务的决定。推行政府权力清单制度，坚决消除权力设租寻租空间。

第三，《决定》要求坚持依法决策，保障公众对公共事务的参与权。把公众参与、专家论证、风险评估、合法性审查、集体讨论决定确定为重大行政决策法定程序。

第四，《决定》要求严格规范公正执法，防止执法过程中侵犯公民权利的现象。首先，要完善执法程序，建立执法全过程记录制度。明确具体操作流程，重点规范行政许可、行政处罚、行政强制、行政征收、行政收费、行政检查等执法行为。严格执行重大执法决定法制审核制度。其次，要求严格执行罚缴分离和收支两条线管理制度，严禁收费罚没收入同部门利益直接或者变相挂钩，防止以权谋私，侵犯公民财产权。最后，要求建立健全行政裁量权基准制度，细化、量化行政裁量标准，规范裁量范围、种类、幅度。防止任意执法。

第五，《决定》要求强化对行政权力的制约和监督，保障公民对行政权力的监督权。要求加强党内监督、人大监督、民主监督、行政监督、司

法监督、审计监督、社会监督、舆论监督制度建设，努力形成科学有效的权力运行制约和监督体系，增强监督合力和实效。

第六，《决定》要求全面推进政务公开，保障公众对公共事务的知情权。坚持以公开为常态、不公开为例外原则，推进决策公开、执行公开、管理公开、服务公开、结果公开。各级政府及其工作部门依据权力清单，向社会全面公开政府职能、法律依据、实施主体、职责权限、管理流程、监督方式等事项。重点推进财政预算、公共资源配置、重大建设项目批准和实施、社会公益事业建设等领域的政府信息公开。涉及公民、法人或其他组织权利和义务的规范性文件，按照政府信息公开要求和程序予以公布。推行行政执法公示制度。推进政务公开信息化，加强互联网政务信息数据服务平台和便民服务平台建设。

三　强调公正司法，保障人权遭受侵犯的公民获得有效的司法救济

《决定》提出要保证公正司法，提高司法公信力，努力让人民群众在每一个司法案件中感受到公平正义，这涉及对公民获得公正审判权的保护，也使人权遭受侵犯的公民能够获得及时、公正、有效的司法救济。公正审判权包括很多具体的权利，《决定》中几乎全部有所涉及。

第一，在享受无偏法庭独立公正审判方面，《决定》提出要完善确保依法独立公正行使审判权和检察权的制度。各级党政机关和领导干部要支持法院、检察院依法独立公正行使职权。建立领导干部干预司法活动、插手具体案件处理的记录、通报和责任追究制度。任何党政机关和领导干部都不得让司法机关做违反法定职责、有碍司法公正的事情，任何司法机关都不得执行党政机关和领导干部违法干预司法活动的要求。对干预司法机关办案的，给予党纪政纪处分；造成冤假错案或者其他严重后果的，依法追究刑事责任。司法机关内部人员不得违反规定干预其他人员正在办理的案件，建立司法机关内部人员过问案件的记录制度和责任追究制度。

第二，在诉讼中的平等权利方面，《决定》特别规定，健全行政机关依法出庭应诉、支持法院受理行政案件、尊重并执行法院生效裁判的制度。完善惩戒妨碍司法机关依法行使职权、拒不执行生效裁判和决定、藐视法庭权威等违法犯罪行为的法律规定。

第三，在保障当事人诉权方面，《决定》提出，要改革法院案件受理

制度，变立案审查制为立案登记制，对人民法院依法应该受理的案件，做到有案必立、有诉必理。

第四，在获得法律援助权利方面，《决定》提出，要完善法律援助制度，扩大援助范围，健全司法救助体系，保证人民群众在遇到法律问题或者权利受到侵害时获得及时有效的法律帮助。

第五，在诉讼程序公正权方面，《决定》提出，坚持以事实为根据、以法律为准绳，健全事实认定符合客观真相、办案结果符合实体公正、办案过程符合程序公正的法律制度；要加强和规范司法解释和案例指导，统一法律适用标准；推进以审判为中心的诉讼制度改革，确保侦查、审查起诉的案件事实证据经得起法律的检验；全面贯彻证据裁判规则，严格依法收集、固定、保存、审查、运用证据，完善证人、鉴定人出庭制度，保证庭审在查明事实、认定证据、保护诉权、公正裁判中发挥决定性作用；实行办案质量终身负责制和错案责任倒查问责制。

第六，在保障当事人诉讼中的各项权利方面，《决定》提出，加强人权司法保障。强化诉讼过程中当事人和其他诉讼参与人的知情权、陈述权、辩护辩论权、申请权、申诉权的制度保障。健全落实罪刑法定、疑罪从无、非法证据排除等法律原则的法律制度。完善对限制人身自由司法措施和侦查手段的司法监督，加强对刑讯逼供和非法取证的源头预防，健全冤假错案有效防范、及时纠正机制。

第七，在保障当事人诉后权利方面，《决定》提出，要切实解决执行难，制定强制执行法，规范查封、扣押、冻结、处理涉案财物的司法程序。加快建立失信被执行人信用监督、威慑和惩戒法律制度。依法保障胜诉当事人及时实现权益。落实终审和诉讼终结制度，实行诉访分离，保障当事人依法行使申诉权利。对不服司法机关生效裁判、决定的申诉，逐步实行由律师代理制度。对聘不起律师的申诉人，纳入法律援助范围。

第八，在保障公民司法参与权方面，《决定》提出，保障人民群众参与司法。坚持人民司法为人民，依靠人民推进公正司法，通过公正司法维护人民权益。在司法调解、司法听证、涉诉信访等司法活动中保障人民群众参与。完善人民陪审员制度，保障公民陪审权利，扩大参审范围，完善随机抽选方式，提高人民陪审制度公信度。逐步实行人民陪审员不再审理法律适用问题，只参与审理事实认定问题。

第九，在保障公民司法知情权方面，《决定》提出，构建开放、动态、透明、便民的阳光司法机制，推进审判公开、检务公开、警务公开、狱务公开，依法及时公开执法司法依据、程序、流程、结果和生效法律文书，杜绝暗箱操作。加强法律文书释法说理，建立生效法律文书统一上网和公开查询制度。

第十，在保障公民司法监督权方面，《决定》提出，要完善人民监督员制度，重点监督检察机关查办职务犯罪的立案、羁押、扣押冻结财物、起诉等环节的执法活动。司法机关要及时回应社会关切。规范媒体对案件的报道，防止舆论影响司法公正。

第十一，在打击司法腐败侵犯公民权利方面，《决定》提出，要坚决破除各种潜规则，绝不允许法外开恩，绝不允许办关系案、人情案、金钱案。坚决反对和克服特权思想、衙门作风、霸道作风，坚决反对和惩治粗暴执法、野蛮执法行为。对司法领域的腐败零容忍，坚决清除害群之马。

第十二，在司法人员的权利保障方面，《决定》规定，建立健全司法人员履行法定职责保护机制。非因法定事由，非经法定程序，不得将法官、检察官调离、辞退或者作出免职、降级等处分。

四　强调全民守法，增强全社会尊重和保障人权意识

《决定》分析了法律权威与人权保障之间的辩证关系，指出，法律的权威源自人民的内心拥护和真诚信仰，人民权益要靠法律保障，法律权威要靠人民维护。《决定》提出，增强全社会尊重和保障人权意识，把法治教育纳入国民教育体系，从青少年抓起，在中小学设立法治知识课程。《决定》特别强调，各级领导干部要对法律怀有敬畏之心，牢记法律红线不可逾越、法律底线不可触碰，带头遵守法律，带头依法办事，不得违法行使权力，更不能以言代法、以权压法、徇私枉法。

第三章　经济、社会和文化权利的政策保障

中国政府在保障经济、社会和文化权利方面制定了系列性的政策规划，提出了具体的指标要求，并采取了切实有效的行动措施，对联合国《经济、社会和文化权利国际公约》中规定的工作权利、基本生活水准权利、社会保障权利、健康权利、受教育权利、文化权利和环境权利作出了较为全面的保障。

第一节　工作权利的政策保障

工作权利包括很多方面的内容。根据联合国《经济、社会和文化权利国际公约》第六、七条特别规定：（1）人人应有机会凭其自由选择和接受的工作来谋生的权利，国家为保障这一权利应采取的行动包括技术的和职业的指导和训练，以及达到稳定的经济、社会和文化的发展和充分的生产就业的计划、政策和技术；（2）人人有权享受公正和良好的工作条件，特别要保证给予所有工人公平和得以有尊严生活的报酬，安全和卫生的工作条件，提级的同等机会，以及休息、闲暇和工作时间的合理限制。中国政府根据中国公民在工作权利方面面临的具体问题，重点在有关充分就业、防止就业歧视以及工作报酬、福利和环境等方面制定了有针对性的人权保障政策，并采取了有效的行动措施。

一　实施就业优先政策，保障公民充分就业的权利

中国人口众多，面临双重就业压力：一是每年大量新增劳动力的就业压力；二是农村富余劳动力进入城市就业的压力。为保障充分就业，中国坚持实施就业优先战略，将稳增长、保就业作为经济运行合理区间的下

限，在发展的基础上创造更多和更高质量的就业机会。

2011 年 12 月 16 日国务院常务会议通过了人力资源社会保障部、发展改革委、教育部、工业和信息化部、财政部、农业部、商务部制定的《促进就业规划（2011—2015 年）》。该计划提出把就业作为民生之本，作为经济社会发展的优先目标，以充分开发和合理利用人力资源为出发点，健全劳动者自主择业、市场调节就业、政府促进就业相结合的机制，实施更加积极的就业政策，创造平等就业机会，构建和谐劳动关系，提高就业质量，努力实现充分就业。该规划提出了四项基本原则，即坚持促进就业与经济社会发展相结合，坚持促进就业与人力资源开发相结合，坚持发挥市场机制作用与政府促进相结合，坚持促进企业发展与维护劳动者权益相结合。①

该规划确定了“十二五”时期促进就业工作的主要目标和具体任务指标：（1）就业规模持续扩大，就业结构更加合理。城镇新增就业 4500 万人；转移农业劳动力 4000 万人；三次产业就业结构更加优化。（2）有效控制失业，保持就业局势稳定。城镇登记失业率控制在 5% 以内；将失业人员组织到就业准备活动中，使平均失业周期进一步缩短；实现对就业困难人员和零就业家庭人员就业援助的长效化。（3）人力资源开发水平得到明显提高。劳动者得到有效培训机会，全国技能劳动者总量达到 1.25 亿人，其中高技能人才总量达到 3400 万人，占技能劳动者的比重达到 27%。专业技术人才总量达到 6800 万人。（4）就业质量得到进一步提升。企业劳动合同签订率达到 90%；企业集体合同签订率达到 80%；形成正常的工资增长机制，职工最低工资标准年均增长 13% 以上，绝大多数地区最低工资标准达到当地城镇从业人员平均工资的 40% 以上。（5）统一规范灵活的人力资源市场基本形成。人力资源市场管理制度逐步统一。覆盖城乡的公共就业和人才服务体系进一步健全，全部街道、乡镇和城市 95% 以上的社区设立基层劳动就业服务平台。（6）劳动者权益保障机制更加完善。全国乡镇（街道）基本实现劳动保障监察“网格化、网络化”管理。企业、街道、乡镇基层调解组织和劳动人事争议仲裁机构实体化建设基本完成，仲裁结案率达到 90%。

---

① 《国务院常务会通过〈促进就业规划（2011—2015 年）〉》，中国新闻网：http：//www.chinanews.com/gn/2011/12—16/3538816.shtml。

为完成以上目标和任务指标，该规划要求采取8个方面的具体行动措施：（1）要提高经济发展对就业的拉动能力。落实就业优先战略，建立健全经济发展、产业结构调整与扩大就业良性互动的长效机制；着力发展吸纳就业能力强的产业和企业，增加智力密集型就业机会，着力提高第三产业的就业比重，使第二产业就业份额保持稳中有升；促进以创业带动就业，树立良好的创业氛围。（2）实施更加积极的就业政策。将促进就业作为制定、实施和调整经济社会政策的基本目标，形成包括财政、税收、金融等扶持政策的综合政策体系，更有效地促进就业。（3）统筹做好城乡、重点群体就业工作。建立健全城乡劳动者平等就业制度，创造公平就业环境；继续把高校毕业生就业放在就业工作的首位，积极拓展高校毕业生就业领域；推进农业富余劳动力转移就业，加强对困难群体的就业援助。（4）大力开发人力资源。加强专业技术人才队伍建设，统筹专业技术人员职称制度和职业资格制度改革；健全面向城乡全体劳动者的职业培训制度，加强培训管理，整合培训资源；加快培养展业发展急需的技能人才。（5）加强人力资源市场建设。建立人力资源市场监测体系、监管制度，完善人力资源市场信息发布制度、加快人力资源市场法制化建设；全面推进公共就业和人才服务的制度化、专业化和信息化建设。（6）加强失业预防和调控。建立失业统计制度完善城镇调查失业率统计；加强失业预警预测，为采取有针对性的政策措施提供支持；完善社会保障体系，提高就业的稳定性，努力降低失业风险。（7）要健全劳动关系协调机制和企业工资分配制度。健全劳动标准体系和劳动关系协调机制；完善并落实最低工资制度，逐步提高最低工资标准；积极改善劳动条件，构建和谐劳动关系。（8）加强劳动保障监察和劳动人事争议调解仲裁，依法维护劳动者合法权益。加强劳动保障监察工作体制建设，全面推进劳动保障监察网格化管理，提高执法效能；推进劳动保障监察立法，建立重大劳动保障违法行为社会公布制度；健全劳动人事争议仲裁体制机制，加快推进劳动人事争议仲裁机构实体化和调解仲裁队伍专业化建设，依法、公正、及时解决劳动人事争议，保护当事人的合法权益。①

---

① 《国务院关于批转促进就业规划（2011—2015年）的通知》，中央人民政府门户网站：http：//www. gov. cn/zwgk/2012 -02/08/content_ 2061165. htm。

为保障大量新增劳动力就业，中国注重发展吸纳就业能力强的劳动密集型产业、中小企业、民营企业、服务业。开展政府补贴性职业培训，包括就业技能培训、创业培训、岗位技能提升培训和其他培训。实施“离校未就业高校毕业生就业促进计划”等措施，促进高校毕业生多渠道、多形式就业和创业。2013 年 4 月 16 日，教育部办公厅印发《关于加强高校毕业生就业信息服务工作的通知》，对于做好高校毕业生就业信息服务工作做出了三个方面的要求。

第一，大力收集岗位信息，持续开展招聘活动。要求各地、各高校要把大力收集岗位信息作为就业工作的重中之重。各地高校毕业生就业工作部门要积极争取各行各业的支持，努力开辟毕业生到战略性新兴产业、先进制造业、现代服务业等领域就业的新渠道。持续为毕业生举办优质高效的招聘活动，确保招聘活动场次和岗位数量进一步增长。

第二，采取针对性措施，着力做好就业帮扶工作。要求各地、各高校要认真开展摸底排查，把尚未就业的少数民族毕业生以及家庭经济困难、就业困难毕业生作为重点服务对象，有针对性地开展专场招聘活动，提供个性化的就业指导。要建立就业困难毕业生数据库，实行“一对一”实名动态援助，通过发放求职补贴、向用人单位重点推荐、优先培训、跟踪服务等方式，帮助他们尽快实现就业。

第三，每到高校毕业生集中寻求就业时，教育部都会发出帮助毕业生就业的专门通知。在教育部办公厅 2013 年 4 月 16 日印发的《关于加强高校毕业生就业信息服务工作的通知》中，一方面，要求各学校大力收集岗位信息，持续开展招聘活动。要求各地、各高校要把大力收集岗位信息作为就业工作的重中之重，积极争取各行各业的支持，努力开辟毕业生到战略性新兴产业、先进制造业、现代服务业等领域就业的新渠道，持续为毕业生举办优质高效的招聘活动，确保招聘活动场次和岗位数量进一步增长。另一方面，要求各地、各高校要认真开展摸底排查，把尚未就业的少数民族毕业生以及家庭经济困难、就业困难毕业生作为重点服务对象，有针对性地开展专场招聘活动，提供个性化的就业指导，建立就业困难毕业生数据库，实行“一对一”实名动态援助，通过发放求职补贴、向用人单位重点推荐、优先培训、跟踪服务等方式，帮助他们尽快实现就业。①

从实施情况来看，各项促进就业的政策和行动措施取得了良好的结果。2009—2013年城镇新增就业情况和城镇失业人员再就业情况见图3—1、图3—2。

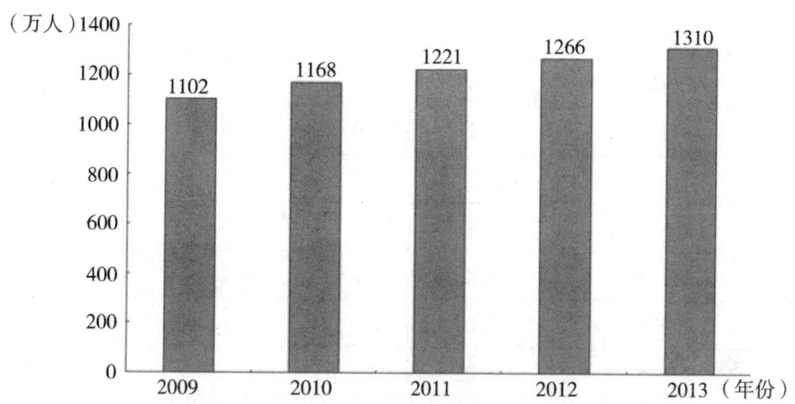

图3—1 2009—2013年城镇新增就业人数

数据来源：人力资源和社会保障部：《2013年度人力资源和社会保障事业发展统计公报》。

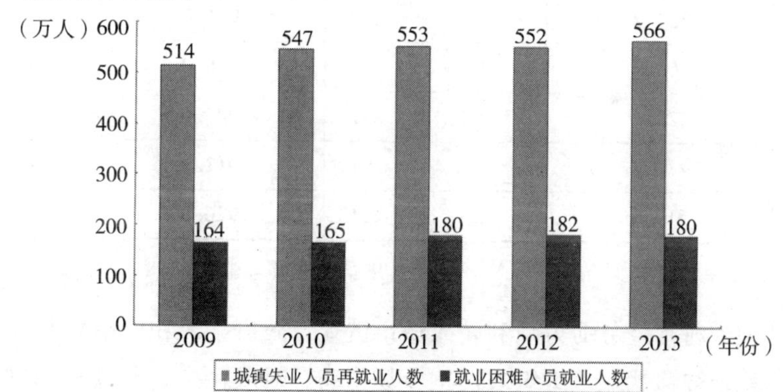

图3—2 2009—2013年城镇失业人员再就业人数

数据来源：人力资源和社会保障部：《2013年度人力资源和社会保障事业发展统计公报》。

城镇登记失业率保持在较低水平（见表3—1）。

① 《教育部办公厅关于加强高校毕业生就业信息服务工作的通知》，教育部网站：http://www.moe.gov.cn/publicfiles/business/htmlfiles/moe/s7523/201304/xxgk_150998.html。

表 3—1　　中国历年城镇登记失业人数及失业率

年份	城镇失业人数(百万)	失业率（%）	年份	城镇失业人数(百万)	失业率（%）
1978	530.0	5.3	1996	552.8	3.0
1979	567.6	5.4	1997	576.8	3.1
1980	541.5	4.9	1998	571.0	3.1
1981	439.5	3.8	1999	575.0	3.1
1982	379.4	3.2	2000	595.0	3.1
1983	271.4	2.3	2001	681.0	3.6
1984	235.7	1.9	2002	770.0	4.0
1985	238.5	1.8	2003	800.0	4.3
1986	264.4	2.0	2004	827.0	4.2
1987	276.6	2.0	2005	839.0	4.2
1988	296.2	2.0	2006	847.0	4.1
1989	377.9	2.6	2007	830.0	4.0
1990	383.2	2.5	2008	886.0	4.2
1991	352.2	2.3	2009	921.0	4.3
1992	363.9	2.3	2010	908.0	4.1
1993	420.1	2.6	2011	922.0	4.1
1994	476.7	2.8	2012	917.0	4.1
1995	519.6	2.9	2013	926.0	4.1

数据来源：根据人力资源和社会保障部历年公布数字汇总。

为使农村富余劳动力顺利转入城市就业，政府采取积极措施帮助农村劳动力稳定转移就业，组织农民工专场招聘，对农民工进行就业培训，使农村富余劳动力逐年转移到城镇工作。人力资源社会保障部、全国总工会、全国妇联在全国共同开展了“春风行动”，搭建劳务对接平台，帮助农民工尽早实现就业。“春风行动”的服务对象包括各类有转移就业意愿的农村劳动者、重点是准备进城务工的农村新成长劳动者以及各类有招聘用人需求的用人单位，重点是各地推荐的“用工规范诚信企业”。在 2012 年 1 月 10 日至 3 月 31 日开展的“春风行动”期间，据不完全统计，全国共发放春风卡等宣传资料近 4000 万份，组织专场招聘会近 2 万场；提供免费咨询等就业服务2000多万人次；实现跨地区有组织劳务输出730万人，实现本地企业吸纳农村劳动者就业742万人；组织参加职业技能培训160万人，其中创业培训20万人，享受培训补贴的有71万人；提供劳动维权服务和法律援助222万人，全国各地共推荐诚信服务机构1万家。[①]

表3—2显示了在总就业人数逐年提升的大背景下，农村就业人数的逐年减少和城市就业人数的逐年增加。

表3—2　　城镇与农村就业人数的变化　　单位：万人

年份	城乡就业总人数	城镇就业人数	农村就业人数	年份	城乡就业总人数	城镇就业人数	农村就业人数
1978	40152	9514	30638	2002	73280	25159	48121
1980	42361	10525	31836	2003	73736	26230	47506
1985	49873	12808	37065	2004	74264	27293	46971
1990	64749	17041	47708	2005	74647	28389	46258
1995	68065	19040	49025	2006	74978	29630	45348
1996	68950	19922	49028	2007	75321	30953	44368
1997	69820	20781	49039	2008	75564	32103	43461
1998	70637	21616	49021	2009	75828	33322	42506
1999	71394	22412	48982	2010	76105	34687	41418
2000	72085	23151	48934	2011	76420	35914	40506
2001	72797	24123	48674	2012	76704	37102	39602

数据来源：根据国家统计局《中国统计年鉴》历年公布数字汇总。

在促进就业的政策中，有关防止就业歧视的问题日益受到重视。在教育部办公厅2013年4月16日印发的《关于加强高校毕业生就业信息服务工作的通知》（以下简称《通知》）中，要求严禁就业歧视，保护毕业生合法权益。针对就业中存在的歧视现象，《通知》明确规定各地、各高校要进一步加强对高校毕业生就业双选活动的监管，加强对用

① 《2012年春风行动总结》，中国就业网：http：//www. chinajob. gov. cn/EmploymentServices/content/2012－05/10/content_ 710081. htm。

人单位资质、招聘信息的核查，切实营造公平就业环境。《通知》特别强调了要严格做到“三个严禁”，即严禁发布含有限定“985”高校、“211”高校等字样的招聘信息，严禁发布违反国家规定的有关性别、户籍、学历等歧视性条款的需求信息，严禁发布虚假和欺诈等非法就业信息，坚决反对任何形式的就业歧视。[1]

二　建立最低工资标准制度

最低工资标准是保障工作者获得合理报酬的一项重要制度。中国政府于1993年发布了《企业最低工资规定》，开始建立最低工资保障制度。

2003年12月30日，劳动和社会保障部针对《企业最低工资规定》实施中存在的问题，总结实践经验，修订并印发了《最低工资规定》，从四个方面进行了完善：一是扩大了覆盖范围，将民办非企业单位劳动者列为最低工资保障对象；二是完善了标准构成，根据社会保障制度和住房制度改革的情况，将职工个人缴纳的社会保险费、住房公积金纳入确定最低工资标准时应考虑的因素；三是增加了标准形式，为适应就业形式多样化的需求，增加了适用于非全日制就业劳动者的小时最低工资标准；四是确立了最低工资标准的正常调整机制，明确要求最低工资标准每两年至少调整一次。根据该规定，劳动者在法定工作时间或依法签订的劳动合同约定的工作时间内提供了正常劳动的前提下，用人单位依法应支付的最低劳动报酬。所谓“正常劳动”，是指劳动者按依法签订的劳动合同约定，在法定工作时间或劳动合同约定的工作时间内从事的劳动。劳动者依法享受带薪年休假、探亲假、婚丧假、生育（产）假、节育手术假等国家规定的假期间，以及法定工作时间内依法参加社会活动期间，视为提供了正常劳动。最低工资标准每两年至少调整一次。

《促进就业规划（2011—2015年）》规定，2011年到2015年，最低工资标准年均增长率要大于13%。2011年和2012年全国各有25个省市地区调整了最低工资标准，平均增幅分别为22%和20.2%；2013年全国

---

① 《加强就业信息服务 坚决反对就业歧视》，教育部网站：http://www.moe.gov.cn/publicfiles/business/htmlfiles/moe/s5987/201304/150699.html。

有27个省市地区调整了最低工资标准，平均增幅为17%；[①] 2014年共有19个省市地区调整了最低工资标准，平均增幅为14.1%[②]，具体情况如表3—3所示。

表3—3　　2014年19个地区上调后的最低工资标准　　（单位：元）

地区	月最低工资标准	小时最低工资标准
上海	1820	17.0
深圳	1808	16.5
天津	1680	16.8
浙江	1650	13.5
江苏	1630	14.5
北京	1560	16.9
山东	1500	15.0
内蒙古	1500	12.2
河北	1480	15.0
山西	1450	16.0
云南	1420	12.0
四川	1400	14.6
河南	1400	13.5
江西	1390	13.9
甘肃	1350	13.7
陕西	1280	12.8
青海	1270	12.9
重庆	1250	12.5
贵州	1250	13.0

数据来源：李金磊：《人社部：2014年19个地区调整最低工资标准》，新华网：http：//www.hn.xinhuanet.com/2014－12/26/c_1113784574.htm。

① 高泽华：《近5年各地最低工资增幅趋缓》，新华网：http：//news14.6.xinhuanet.com/politics/2014－07/12/c_126742807.htm。

② 李金磊：《人社部：2014年19个地区调整最低工资标准》，新华网：http：//www.hn.xinhuanet.com/2014－12/26/c_1113784574.htm。

三 建立工资集体协商制度与工资保障机制

由于人口总体数量巨大和农村富余劳动力向城市的转移，中国的劳动力总体供给大于需求，使得企业在劳动雇用方面处于优势地位。为了保障劳动者各项工作权利，中国政府采取了一系列重要措施。

针对企业不合理压低工人的工资和福利的问题，中国建立了工资集体协商制度和三方机制。根据劳动和社会保障部2000年制定的《工资集体协商试行办法》，工资集体协商是指职工代表与企业代表依法就企业内部工资分配制度、工资分配形式、工资收入水平等事项进行平等协商，在协商一致的基础上签订工资协议的行为。工资集体协商的内容主要包括工资协议的期限，工资分配制度、工资标准和工资分配形式，职工年度平均工资水平及其调整幅度，奖金、津贴、补贴等分配办法，工资支付办法，变更、解除工资协议的程序，工资协议的终止条件，工资协议的违约责任，以及双方认为应当协商约定的其他事项。截至2013年，全国签订有效工资专项集体合同129.8万份，覆盖364万家企业1.6亿职工。[①]

为保证劳资双方协商的顺利进行，建立了劳动关系三方协调机制。1990年，全国人大批准了国际劳工组织《三方协商促进实施国际劳动者标准公约》（第144号）；1996年开始，在山东、山西和辽宁等省市尝试建立劳动关系三方协调机制；截至2012年，全国各级地方及产业建立劳动关系三方协调机制2.4万个，其中省级32个，地级329个，县级2590个，县及县级以上地方共建立三方协调机制2951个。

为促进用人单位与劳动者签订并履行集体合同，各地政府采取了一系列专项行动，如2010—2012年人力资源和社会保障部在全国开展的全面推进小企业劳动合同制度专项行动，要求用三年时间基本实现小企业与劳动者普遍依法签订劳动合同；各地开展的帮助农民工签订劳动合同的“春暖行动”，切实解决农民工“有劳动没合同、有合同没协商、有协商不平等”的问题；各地开展的集体合同签订的“彩虹行动”，推动各类建有工会的企业签订集体合同，在未建工会的企业签订区域性、行业性集体合同，扩大集体合同制度覆盖面。

---

① 陈劲松：《全国签订集体合同242万份》，《人民日报》海外版，2014年10月12日。

2012 年签订的各类集体合同如表 3—4 所示。截至 2013 年底，全国签订集体合同 242 万份，覆盖企业 632.9 万家，覆盖职工 2.87 亿人。①

表 3—4　　2012 年全国签订的各类集体合同

	全部集体合同	区域性集体合同	行业性集体合同	工资专项集体合同	劳动安全集体合同	女职工集体合同	其他集体合同
合同数（万份）	245.5	28.1	20.8	122.9	17.4	105.2	7.4
企业数（万个）	579.2	288.3	97.0	308.1	27.4	243.4	133.1
职工数（万人）	26719.7	8129.1	3761.8	25029.5	2393.3	7130.7	944.1

四　开展专项行动，保障农民工劳动报酬权

拖欠农民工工资是侵犯农民工工作报酬权的一种典型方式。为保护农民工获得工作报酬的权利，政府建立了特殊的保护机制，并采取了专项保护行动。

首先，针对一些企业拖欠农民工工资的问题，国家建立了农民工工资保障金制度和农民工工资支付监控制度。劳动和社会保障部 2004 年制定的《建设领域农民工工资支付管理暂行办法》第十五条规定：“企业应按有关规定缴纳工资保障金，存入当地政府指定的专户，用于垫付拖欠的农民工工资。”第十七条规定：“各级劳动和社会保障行政部门依法对企业支付农民工工资情况进行监察，对违法行为进行处理。企业在接受监察时应当如实报告情况，提供必要的资料和证明。”2006 年 3 月 27 日，国务院发布了《国务院关于解决农民工问题的若干意见》，其中明确要求建立工资支付监控制度和工资保证金制度，从根本上解决拖欠、克扣农民工工资问题。对发生过拖欠工资的用人单位，强制在开户银行按期预存工资保证金，实行专户管理。对重点监控的建筑施工企业实行工资保证金制度。加大对拖欠农民工工资用人单位的处罚力度，对恶意拖欠、情节严重的，可依法责令停业整顿、降低或取消资质，直至吊销营业执照，并对有关人员依法予以制裁。各地方、各单位都要继续加大工资清欠力度，并确保不

① 陈劲松：《全国签订集体合同 242 万份》，《人民日报》海外版，2014 年 10 月 12 日。

发生新的拖欠。

其次，为集中打击拖欠农民工工资问题，政府开展了专项行动。2010年2月5日，国务院办公厅向各省、自治区、直辖市人民政府，国务院各部委、各直属机构发布了《国务院办公厅关于切实解决企业拖欠农民工工资问题的紧急通知》。紧急通知指出最近在一些地区接连发生因企业特别是建设领域企业拖欠农民工工资引发的群体性事件，严重影响社会稳定。党中央、国务院对此高度重视，要求各地区、各有关部门和单位加大工作力度，切实解决企业拖欠农民工工资问题。[①] 2010年2月8日，司法部发布《关于充分发挥司法行政工作职能作用、促进解决企业拖欠农民工工资问题的通知》，要求各级司法行政机关要站在政治和全局的高度，统一思想认识，强化责任意识，把促进解决企业拖欠农民工工资问题作为当前一项重要而紧迫的任务，大力加强涉及农民工的法制宣传教育、法律服务、法律援助和人民调解工作，有效预防和促进解决企业拖欠农民工工资问题，切实维护农民工合法权益。[②] 2011年底，人力资源和社会保障部、国家发展和改革委员会、公安部、监察部等9部门联合开展了保障农民工工资支付工作。第一，以专项检查为重点加大排查和执法力度。按照《关于开展农民工工资支付情况专项检查的通知》要求，组成联合执法检查组，深入一线，开展联合执法，努力做到情况清、底数明，对排查中发现的问题要及时采取有力措施加以解决。第二，依法严厉打击恶意欠薪等劳动用工领域犯罪行为。坚持做到违法事实没有查清不放过，劳动者合法权益没有得到维护不放过，涉案嫌疑人没有归案不放过，保持对劳动用工领域违法犯罪行为的高压态势，坚决将犯罪嫌疑人绳之以法，加大对劳动用工领域违法犯罪行为的威慑力度。第三，提高劳动报酬争议调解仲裁效能。限时处理集体劳动报酬争议和小额争议。10人以上的集体劳动报酬争议要当天立案并在7日内结案，其中人均涉案金额1000元以上的案件应由仲裁委员会主任挂牌督办。发挥企业劳动争议调解委员会、乡镇街道劳动就业社会保障服务所设立的调解组织作用，设立法律援助点，为农民

---

① 国务院办公厅：《国务院办公厅关于切实解决企业拖欠农民工工资问题的紧急通知》，中央政府门户网站：http：//www. gov. cn/zwgk/2010 -02/05/content_ 1529273. htm。

② 崔清新：《司法部要求促进解决企业拖欠农民工工资问题》，中央政府门户网站：http：//www. gov. cn/jrzg/2010 -02/13/content_ 1534845. htm。

工维权提供无偿服务。第四，强化因拖欠工资引发的群体性事件处置能力。充分发挥工资保证金和应急周转金的应急保障作用，配合有关部门加大对欠薪企业的追偿力度。人力资源和社会保障部会同有关部门组成联合督查组，赴部分省市进行督查。同时，国务院农民工工作联席会议办公室组织开展的第五次农民工工作督察，将保障农民工工资按时足额发放列为重要督察内容。[①] 2013 年 11 月 20 日至 2014 年 1 月 15 日，人力资源社会保障部、公安部、住房城乡建设部、交通运输部、水利部、国务院国有资产监督管理委员会、国家工商行政管理总局和全国总工会在全国组织开展了农民工工资支付情况专项检查，共检查用人单位 50.14 万户，涉及农民工 2223.86 万人，共为 150.29 万农民工补发被拖欠工资及赔偿金 108.87 亿元，向公安机关移送涉嫌拒不支付劳动报酬罪案件 890 件。

最后，为保护劳动者权利不受侵犯，建立了劳动者维权的组织机构。一方面，发展和健全基层工会组织。截至 2013 年，全国共有基层工会组织 277 万个。另一方面，建立职工维权机构。截至 2013 年，各地乡镇街道劳动争议调解组织组建率达 60%，劳动人事争议仲裁委员会组建率达 91.6%，全国劳动人事争议仲裁院建院率为 72.7%。2012 年劳动争议调解委员会受理的劳动争议情况见表 3—5。

表 3—5　　2012 年劳动争议调解委员会受理劳动争议情况

	数量（万个）	受理劳动争议（万件）	集体争议（万件）	调解成功劳动争议（万件）	集体争议（万件）
企事业单位劳动争议调解委员会	85.8	24.7	2.4	12.3	1.4
区域、行业性劳动争议调解委员会	2.5	13.7	—	11.3	—

五　强化安全生产，保障职工生命安全

安全的生产条件对保障劳动者的生命安全具有十分重要的意义。国家

① 新华社：《九部门部署保障农民工工资支付工作》，人民网：http：//society. people. com. cn/GB/136657/16506013. html。

通过制定安全生产规划和采取专项检查活动来强化安全生产条件。

首先，为保证安全生产，国家制定了安全生产规划。在《安全生产“十二五”规划》中，要求到2015年，各类事故死亡总人数下降10%以上，工矿商贸企业事故死亡人数下降12.5%以上，较大和重大事故起数下降15%以上，特别重大事故起数下降50%以上，职业危害申报率达80%以上。[①]

其次，国家和地方为保证安全生产，经常性地开展安全生产检查。2013年6月至9月底，国务院在全国集中开展了安全生产大检查活动。检查的范围包括全国所有地区、所有行业领域，所有生产经营企事业单位和人员密集场所（以下简称“各单位”）。重点检查煤矿、金属非金属矿山、尾矿库、石油天然气开采、危险化学品和烟花爆竹、冶金有色、消防、道路交通、水上交通、铁路、民航、建筑施工、水利、电力、农业机械、渔业船舶、特种设备、食品药品加工、民爆器材等行业领域。突出近期事故多发的重点地区，突出消防、煤矿、化工等重点行业，突出学校、医院、商业和文化娱乐场所、机场、港口、车站、旅游景点等人员密集的公共场所，突出农民工等人员集中的劳动密集型企业，突出反复发生、长期未得到根治的重点问题开展检查。[②]

据统计，2014年全国事故起数和死亡人数同比分别下降3.5%和4.9%；全国重、特大事故起数和死亡人数同比下降17.6%和13.5%；亿元GDP事故死亡率同比下降13.7%，工矿商贸10万从业人员事故死亡率下降12.5%，煤矿百万吨死亡率同比下降12.2%，道路交通万车死亡率下降7.7%；煤矿等重点行业领域安全生产状况进一步好转，煤矿事故起数和死亡人数同比分别下降16.3%和14.3%，重、特大事故同比分别下降12.5%和10.5%。[③]

---

① 《国务院办公厅关于印发安全生产“十二五”规划的通知》（国办发［2011］47号），2011年10月1日。

② 《国务院办公厅关于集中开展安全生产大检查的通知》（国发办明电［2013］16号），2013年6月9日。

③ 《2014年全国安全生产回顾》，国家安全生产监督管理总局网站：http://www.chinasafety.gov.cn/newpage/Contents/Channel_21712/2015/0126/245715/content_245715.htm。

六　防止职业危害，建立健康职业环境

职业病是危害劳动者身体健康和生命安全的严重疾病。据统计，中国长年接触职业病危害的人群超过2亿人。近年来，由粉尘和高毒物品引起的尘肺病和急慢性中毒病例占到新发职业病的80%以上。为防治职业病，政府制定了专门的规划，并采取了专门行动。

2009年8月21日，国务院办公厅印发了《国家职业病防治规划（2009—2015年）》，计划到2015年，新发尘肺病病例年均增长率由现在的8.5%下降到5%以内，基本控制重大急性职业病危害事故的发生，硫化氢、一氧化碳、氯气等主要急性职业中毒事故较2008年下降20%，主要慢性职业中毒得到有效控制，基本消除急性职业性放射性疾病。存在职业病危害的用人单位负责人、劳动者职业卫生培训率达到90%以上，用人单位职业病危害项目申报率达到80%以上，工作场所职业病危害告知率和警示标识设置率达到90%以上，工作场所职业病危害因素监测率达到70%以上，粉尘、毒物、放射性物质等主要危害因素监测合格率达到80%以上。可能产生职业病危害的建设项目预评价率达到60%以上，控制效果评价率达到65%以上。从事接触职业病危害作业劳动者的职业健康体检率达到60%以上，接触放射线工作人员个人剂量监测率达到85%以上。职业病防治监督覆盖率比2008年提高20%以上，严重职业病危害案件查处率达到100%。有劳动关系的劳动者工伤保险覆盖率达到90%以上。[①]

2009年8月至2010年12月底，国家安全生产监督管理总局、卫生部、人力资源和社会保障部、中华全国总工会在全国范围内联合开展了“粉尘与高毒物品危害治理专项行动”，组织各地相关部门对工矿商贸等领域的生产经营企业进行专项治理，提高综合防治能力，建立职业危害防治工作的长效机制，实现全国职业危害防治形势的稳定好转。重点治理矿山开采、石英砂加工、宝石加工、石材加工、冶炼、水泥制造等生产企业，尤其是生产作业时产生大量粉尘和使用高毒物品的相关企业。这次专项行动以督促生产企业落实职业危害防治主体责任为主要内容，具体包

① 国务院办公厅：《国家职业病防治规划（2009—2015年）》，2009年8月21日。

括：建立并落实职业危害防治责任制；职业健康（卫生）管理机构设置、人员配备及管理；组织从业人员进行上岗前、在岗期间、离岗前职业健康体检，并建立职业健康监护档案；主要负责人、职业健康（卫生）管理人员、接触职业危害因素从业人员的职业危害防治知识培训与教育；与从业人员签订劳动合同并依法参加工伤保险；淘汰落后，采用先进技术、工艺、材料、设备的情况等14个方面的内容。[①]

第二节　基本生活水准权利的政策保障

根据联合国《经济、社会和文化权利国际公约》第十一条的规定，人人有权为他自己和家庭获得相当的生活水准，包括足够的食物、衣着和住房，并能不断改进生活条件。人人享有免于饥饿的基本权利。为保障公民享有基本生活水准的权利，国家对贫困人口建立了最低生活保障制度，适时提高扶贫标准，并大力开展扶贫工作。同时，为保障适足住房权和安全饮用水的权利，采取了一系列专项行动。

一　建立最低生活保障制度，保障贫困人口的生存权

中国是世界上人口最多的发展中国家，发展基础差、底子薄，不平衡现象突出。特别是农村贫困人口多，解决贫困问题的难度很大。中国的减贫，在很大程度上就是解决农村的贫困问题。为了保障贫困人口的生存权和发展权，中国政府从最低生活保障和扶贫开发两个方面采取了一系列积极的措施。

1999年，根据国务院制定的《城市居民最低生活保障条例》，持有非农业户口的城市居民，凡共同生活的家庭成员人均收入低于当地城市居民最低生活保障标准的，均有从当地人民政府获得基本生活物质帮助的权利。城市居民最低生活保障制度实行地方各级人民政府负责制。城市居民最低生活保障标准，按照当地维持城市居民基本生活所必需的衣、食、住费用，并适当考虑水电燃煤（燃气）费用以及未成年人的义务教育费用

① 郑莉、王娇萍：《全国将开展粉尘与高毒物品危害治理专项行动》，人民网：http：//acftu. people. com. cn/GB/9864360. html。

确定。[1] 2007 年，国务院发布《关于在全国建立农村最低生活保障制度的通知》，国家决定在全国农村全面建立最低生活保障制度。农村最低生活保障对象是家庭年人均纯收入低于当地最低生活保障标准的农村居民，主要是因病残、年老体弱、丧失劳动能力以及生存条件恶劣等原因造成生活常年困难的农村居民。农村最低生活保障标准由县级以上地方人民政府按照能够维持当地农村居民全年基本生活所必需的吃饭、穿衣、用水、用电等费用确定，并随着当地生活必需品价格变化和人民生活水平提高适时进行调整。[2]此外，国家还对农村丧失劳动能力和生活没有依靠的老、弱、孤、寡、残农民实行五保供养，即在吃、穿、住、医、葬等方面给予生活照顾和物质帮助。

中国政府根据国家经济发展的水平和通货膨胀的水平，逐年提高扶贫标准，到 2011 年提升至 2300 元，超过了每人每天 1 美元的标准（见表 3—6）。

表 3—6　　中国扶贫标准的逐年提升　　单位：元

年份	贫困标准	年份	绝对贫困标准	低收入标准
1978	100	1999	625	
1984	200	2000	625	865
1985	206	2004	668	924
1986	213	2005	683	944
1987	227	2006	693	958
1988	236	2007	785	1067
1989	259	2008	1067	
1990	300	2009	1196	
1992	317	2010	1274	
1994	440	2011	2300	
1995	530			

资料来源：根据历年公开报道数据做成。

① 国务院：《城市居民最低生活保障条例》（国务院令［1999］271 号），1999 年 9 月 28 日通过。

② 国务院：《关于在全国建立农村最低生活保障制度的通知》（国发［2007］19 号），2007 年 7 月 17 日发布。

截至2013年，全国城市低保对象2061.3万人，全国农村低保对象5382.1万人，全国农村五保供养对象538.2万人。

二 开展扶贫开发，保障贫困人口的发展权

自20世纪80年代中期以来，中国政府开始有组织、有计划、大规模地开展农村扶贫开发，采取了各种专项扶贫的政策措施，包括对14.8万个贫困村实行整村推进扶贫开发；加强劳动力培训；实施以劳动力转移为主要内容的“雨露计划”；开展教育扶贫、金融扶贫、科技扶贫和产业化扶贫；实施以工代赈、易地扶贫搬迁。同时，改善贫困地区的交通条件，加强贫困地区的水利建设、生态建设，开展农村危房改造，发展贫困地区的社会事业，并开展东部发达省市与西部贫困地区结对开展扶贫协作。

（一）制定系列扶贫规划

中国政府先后制定了一系列扶贫开发的纲要和规划，如《国家八七扶贫攻坚计划（1994—2000年）》、《中国农村扶贫开发纲要（2001—2010年）》、《中国农村扶贫开发纲要（2011—2020年）》、《集中连片特困地区交通建设扶贫规划纲要》、《全国水利扶贫规划》、《易地扶贫搬迁“十二五”规划》、《全国游牧民定居工程建设“十二五”规划》等，并实施了教育扶贫工程。

2011年12月，中共中央、国务院印发了《中国农村扶贫开发纲要（2011—2020年）》，确定了扶贫开发的总体目标，即到2020年，稳定实现扶贫对象不愁吃、不愁穿，保障其义务教育、基本医疗和住房。贫困地区农民人均纯收入增长幅度高于全国平均水平，基本公共服务主要领域指标接近全国平均水平，扭转发展差距扩大趋势。《纲要》明确了扶贫工作的主要对象和区域。在扶贫标准以下具备劳动能力的农村人口是扶贫工作的主要对象。六盘山区、秦巴山区、武陵山区、乌蒙山区、滇桂黔石漠化区、滇西边境山区、大兴安岭南麓山区、燕山—太行山区、吕梁山区、大别山区、罗霄山区等区域的连片特困地区和已明确实施特殊政策的西藏、四省藏区、新疆南疆三地州是扶贫攻坚主战场。在扶贫的整体战略上，《纲要》要求进一步强化专项扶贫、行业扶贫、社会扶贫“三位一体”的工作格局。专项扶贫重点是实施整村推进、以工代赈、产业扶贫、就业促进，对革命老区、民族地区和边疆地区要给予重点扶持；行业扶贫根据部

门职责，帮助贫困地区发展特色产业，加快基础设施建设，重视能源和生态环境建设，为扶贫对象创造更好的发展条件；社会扶贫将进一步加强定点扶贫工作，推进东西扶贫协作，广泛动员企业和社会各界参与扶贫。在扶贫开发的政策保障方面，《纲要》除强调要“完善有利于贫困地区、扶贫对象的扶贫战略和政策体系”外，还指出要“实现开发扶贫与社会保障的有机结合”；明确指出中央和地方财政对于扶贫开发将进一步给予财税支持；各级政府都要加大对连片特困地区的投资支持力度；继续完善国家扶贫贴息贷款政策；积极推动贫困地区金融产品和服务方式创新；多方面拓宽贫困地区融资渠道。①

2012 年 7 月 25 日，国家发改委印发了《易地扶贫搬迁“十二五”规划》，其实施范围包括中西部地区（不含新疆和西藏），重点是国家确定的集中连片特困地区，兼顾片区外的国家扶贫开发工作重点县和国家明确的其他贫困地区，目标是对 240 万生存条件恶劣地区的农村贫困人口实施易地扶贫搬迁，年均搬迁 48 万人。易地扶贫搬迁的对象是生存在环境恶劣、不具备基本生产和发展条件、“一方水土养不活一方人”的深山区、石山区、荒漠区、地方病多发区等地区的农村贫困人口。围绕改善搬迁群众的生产生活条件和发展环境，国家将支持建设住房和必要的附属设施，以及人畜饮水、农田水利等基本生产生活设施，配套建设教育、卫生、文化等社会公共服务设施，并帮助培育发展特色优势产业。易地扶贫搬迁工程建设投资由中央、地方政府和搬迁群众共同承担。其中，中央投资在中央预算内投资中安排，属于补助性投资，人均补助标准不超过 6000 元，主要用于搬迁群众住房和安置点基本生产生活设施建设，补助住房建设的面积每户控制在 40—60 平方米。省级政府安排的投资规模不低于中央投资规模的 30%。②

2012 年 8 月，国务院扶贫办、国家发展改革委、教育部、财政部、国土资源部、住房城乡建设部、交通运输部、水利部、农业部、卫生部、国家广电总局、国家林业局联合发布《扶贫开发整村推进“十二

① 中共中央、国务院印发《中国农村扶贫开发纲要（2011—2020 年）》，中国政府网：http：//www. gov. cn/gongbao/content/2011/content_ 2020905. htm。

② 《国家发展改革委关于印发〈易地扶贫搬迁“十二五”规划〉的通知》，中央政府门户网站：http：//www. gov. cn/zwgk/2012 -09/17/content_ 2226625. htm。

五”规划》。[①] 30000个贫困村的整村推进建设内容主要包括特色优势产业培育、基础设施建设、生态建设和环境保护、公共服务和社会事业建设共4类17项。200个贫困乡镇的整乡推进建设任务包括基础设施建设项目、产业开发建设项目、社会事业发展项目、村容村貌改善项目四个方面的内容。[②]

2012年7月4日，卫生部公布了《“十二五”期间卫生扶贫工作指导意见》，确定了新一轮卫生扶贫的范围主要包括：六盘山区、秦巴山区、武陵山区、乌蒙山区、滇桂黔石漠化区、滇西边境山区、大兴安岭南麓山区、燕山—太行山区、吕梁山区、大别山区、罗霄山区等区域的连片特困地区，以及已明确实施特殊政策的西藏、四省藏区、新疆南疆三地州。同时，连片特困地区以外重点县和贫困村也被纳入卫生扶贫范围。“十二五”期间，贫困地区十项基本医疗任务：巩固完善新型农村合作医疗制度、大力加强医疗卫生机构基础设施建设、稳步推进基本公共卫生服务逐步均等化、巩固完善国家基本药物制度、全面推进县级公立医院改革、加大卫生人才培养培训力度、建立健全突发公共事件卫生应急体系、大力开展卫生信息化建设、着力扶持中医药（民族医药）事业发展和扎实推进对口支援工作。[③]

2012年8月，国土资源部发布了《支持集中连片特殊困难地区区域发展与扶贫攻坚若干意见》，针对国务院确定的21个省（区、市）的680个贫困区提出18项具体扶贫措施。[④]

2012年11月，水利部组织编制并印发了《全国水利扶贫规划》，明确到2020年实现贫困地区水利基础设施公共服务能力达到或接近全国平均水平，不合理的水土资源开发利用方式得到根本扭转。水利扶贫工作的

---

① 《扶贫开发整村推进“十二五”规划》，国务院扶贫开发领导小组办公室官网：http://www.cpad.gov.cn/publicfiles/business/htmlfiles/FPB/gggs/201210/186827.html。

② 《中国3万个贫困村将实施“整村推进”扶贫开发》，新华网：http://news.xinhuanet.com/politics/2012-10/29/c_113534934.htm。

③ 卫生部：《卫生部关于印发“十二五”期间卫生扶贫工作指导意见的通知》（卫规财发［2012］49号），中央政府门户网站：http://www.gov.cn/gzdt/2012-07/11/content_2180937.htm。

④ 《国土资源部提出18项具体措施扶持连片特困区脱贫》，中国新闻网：http://www.chinanews.com/gn/2012/08-06/4086040.shtml。

总体布局、主要任务及具体目标包括：（1）农村饮水安全工程建设，完善农村饮水安全工程标准，加快推进农村集中供水，到2015年，解决规划区9679万农村人口饮水安全问题。（2）水资源开发利用工程建设，完善水资源调配和供水保障体系，到2020年，增加供水能400亿立方米，人均供水量达到400立方米。（3）农田水利工程建设，加快推进大中型灌区配套改造、小农水重点县建设，推进农村“五小水利”工程建设，合理规划并新建一批灌区，到2020年，基本完成大型和重点中型灌区续建配套与节水改造任务。（4）防洪抗旱减灾工程，加强重要江河支流和中小河流治理、病险水库（水闸）除险加固、山洪灾害防治等防洪薄弱环节建设，到2020年，重要江河支流、中小河流得到初步治理，规划区县城和重要乡镇基本达到防洪标准，防洪抗旱减灾能力显著提高。（5）农村水电工程，加快水电新农村电气化县、小水电代燃料和农村水电增效扩容工程建设，到2020年，新增水电装机766万千瓦。（6）水土保持与生态建设，加强水土流失综合治理，到2020年，新增水土流失综合治理面积15.8万平方公里，改造坡耕地4378万亩。（7）水利改革与管理，实行最严格的水资源管理制度，推进水利重点领域和关键环节改革，建立完善的基层水利管理与服务体系。（8）水利行业能力建设，全面加强水利基础工作，基本建立水利发展与良性运行的机制。①

2013年7月13日，交通运输部发布《集中连片特困地区交通建设扶贫规划纲要（2011—2020年）》，并与19个省（区、市）就贯彻落实《规划纲要》和11个集中连片特困地区交通建设扶贫专项规划、推进集中连片特困地区交通运输发展签署了共建协议。明确到2015年基本形成集中连片特困地区的干线公路框架，县城通二级及以上公路比例达到98%；具备条件的乡镇和85%的建制村将通沥青（水泥）路、通班车。到2020年，基本建成集中连片特困地区内的国家高速公路网路段，具备条件的将实现“县县通二级公路、村村通油路、村村通班车”的目标。②

---

① 《水利部印发〈全国水利扶贫规划〉》，中华人民共和国水利部网：http://www.mwr.gov.cn/slzx/slyw/201211/t20121119_333125.html。

② 《交通运输部发布集中连片特困地区交通建设扶贫规划纲要》，凤凰网：http://finance.ifeng.com/roll/20120713/6757486.shtml。

（二）有步骤、分阶段地开展扶贫工作

1986 年，中国成立了自上而下的专门扶贫机构，确定了开发式扶贫方针，确定了划分贫困县的标准，并划定了 273 个国家级贫困县。后来将牧区县、“三西”项目县加进来，到 1988 年增加到 328 个国家级贫困县。1994 年，国家启动“八七”扶贫攻坚计划，划定的国家级贫困县增至 592 个。2001 年，政府制定了《中国农村扶贫开发纲要（2001—2010 年）》，取消了沿海发达地区的所有国家级贫困县，增加了中西部地区的贫困县数量，总数仍然是 592 个，同时将国家级贫困县改称为扶贫开发重点县。

随着扶贫工作不断取得成效，中国扶贫开发逐渐从以解决温饱为主要任务的阶段转入巩固温饱成果、加快脱贫致富、改善生态环境、提高发展能力、缩小发展差距的新阶段。中国新阶段扶贫开发的扶贫资金投入与管理政策出现四大变化。一是连片特困地区成为扶贫资金的主要投入区域。在增加财政收入与财政支付转移力度的同时，中央财政扶贫资金的新增部分主要用于连片特困地区。二是扶贫开发资金投入更加多元化。在整合中央、省市县财政资金的同时，彩票公益金、税收减免及企业捐赠等都被纳入扶贫开发资源整合范围之内。三是资金使用更加细致、全面和切合实际。贫困地区基础设施建设、生态环境和民生工程等投入力度有所加大，村级公路建设、农业综合开发、土地整治、小流域与水土流失治理、农村水电建设等内容的支持力度加大。四是“中央投入、地方配套”的政策部分取消。《中国农村扶贫开发纲要（2011—2020 年）》规定，国家在贫困地区安排的病险水库除险加固、生态建设、农村饮水安全、大中型灌区配套改造等公益性建设项目，取消县以下（含县）以及西部地区连片特困地区配套资金，有效缓解了相关地区的财政压力。①

国务院扶贫办从 2012 年开始启动实施“中国社会扶贫创新行动”，总结社会扶贫创新案例的经验，宣传社会扶贫创新者的事迹，鼓励社会各界参与扶贫开发，形成全社会共同参与、支持、推动扶贫开发的良好氛围。经过广泛征集案例和组织专家认真评审，共评选出 100 个社会扶贫创

---

① 参见华中师范大学、中国国际扶贫中心《中国反贫困发展报告（2012）》，华中科技大学出版社 2013 年版。

新案例。这些案例范围覆盖了定点扶贫、东西扶贫协作、军队和企业参与扶贫及社会组织扶贫等各个方面，具有代表性、创新性和推广价值，为形成新一轮社会扶贫参与热潮提供了很好的思路。在2013年9月17日国务院扶贫办、全国工商联在北京共同主办的“中国社会扶贫创新行动优秀案例推介会”上，广东省规划到户责任到人“双到”扶贫开发、交通运输部定点扶贫阿坝州、上海市对口帮扶云南、华润集团共建希望小镇、湖南省开源集团参与武陵山片区扶贫开发、浙江省丽水市来料加工扶贫、清华大学教育扶贫和四川省嘉陵区融入儿童视角综合扶贫等8个案例单位代表介绍了各自的扶贫经验和体会。这些案例分别代表了定点扶贫、东西扶贫协作、企业和社会组织参与扶贫等不同形式，具有较好的典型性、代表性和推广价值。①

三　建立住房保障制度，保障公民适足住房权

中国曾长期实行计划经济体制，城市住房实行“政府计划、单位分配”。1998年房改之初，中国取消福利分房制度，提出了住房分配货币化的改革目标。当时的设想是，在全国范围内建立新的住宅供应体系，高收入者购买和租住商品房，向中低收入者供应经济适用房，向最低收入者提供廉租住房，以此满足大多数人的住房需求。

为保障城市中低收入住房困难家庭的住房问题，中国政府开展了保障性住房建设。保障形式包括廉租房在内的公共租赁住房、包括经济适用房在内的政策性产权房和各类棚户区改造安置房等实物住房保障，以及租金补贴。廉租住房是针对具有城镇常住居民户口的最低收入家庭；经济适用房是面向城市低收入住房困难家庭；公共租赁住房主要是针对城市中等偏下收入住房困难家庭。棚户区改造是对国有林区、垦区、中西部地区中央下放地方煤矿的棚户区和采煤沉陷区民房的搬迁维修改造工程。住房保障制度逐渐由仅覆盖城镇户籍家庭扩展到覆盖全部常住人口，地级以上城市均制定了外来务工人员申请住房保障的条件、程序和轮候规则。

1994年，《国务院关于深化城镇住房制度改革的决定》提出，建立以

---

① 《中国社会扶贫创新行动优秀案例推介会在京举行》，新华网：http://news.xinhuanet.com/politics/2013-09/17/c_117410250.htm。

中低收入家庭为对象、具有社会保障性质的经济适用住房供应体系和以高收入家庭为对象的商品房供应体系；建立住房公积金制度，发展住房金融和住房保险；建立政策性和商业性并存的住房信贷体系。

1998 年，《国务院关于进一步深化城镇住房制度改革加快住房建设的通知》提出，建立和完善以经济适用住房为主的住房供应体系。最低收入家庭租赁由政府或单位提供的廉租住房；中低收入家庭购买经济适用住房；其他收入高的家庭购买、租赁市场价商品住房。

2003 年，《国务院关于促进房地产市场持续健康发展的通知》对住房供应体系和保障体系作了进一步完善。

2004 年 5 月 14 开始实施的《经济适用住房管理办法》严格界定了经济适用房是具有保障性质的政策性商品房，严禁将经济适用房项目变成商品房项目，规定对经济适用房的户型标准、供应对象及销售价格等进行了严格限制。

2006 年 5 月，考虑到了经济适用房制度的弊端，建设部有关部门会同相关政策研究机构，对我国的住房保障体系做出了重新审视和调研并最终形成结论：我国的住房保障体系需要调整。具体的操作方法是，将目前我国的中低收入人群再次进行细分，廉租房、经济适用房、限价商品房共存，并针对不同的细分对象提供不同层次的住房保障产品。

2007 年 8 月 1 日，国务院常务会议讨论并原则通过《国务院关于解决城市低收入家庭住房困难的若干意见》，提出要加快建立健全以廉租住房制度为重点、多渠道解决城市低收入家庭住房困难的政策体系，为住房困难的低保家庭和无力购买经济适用住房的低收入家庭发放租赁补贴或提供廉租住房。在廉租住房方面，具体要求包括：第一，逐步扩大廉租住房制度的保障范围。到 2007 年底前，所有设区的城市要对符合规定住房困难条件、申请廉租住房租赁补贴的城市低保家庭基本做到应保尽保；2008 年底前，所有县城要基本做到应保尽保。“十一五”期末，全国廉租住房制度保障范围要由城市最低收入住房困难家庭扩大到低收入住房困难家庭；2008 年底前，东部地区和其他有条件的地区要将保障范围扩大到低收入住房困难家庭。第二，多渠道增加廉租住房房源。要采取政府新建、收购、改建以及鼓励社会捐赠等方式增加廉租住房供应。小户型租赁住房短缺和住房租金较高的地方，城市人民政府要加大廉租住房建设力度。新建廉租住房套型建筑面积控制在50平方米以内，主要在经济适用住房以及普通商品住房小区中配建，并在用地规划和土地出让条件中明确规定建成后由政府收回或回购；也可以考虑相对集中建设。积极发展住房租赁市场，鼓励房地产开发企业开发建设中小户型住房面向社会出租。第三，确保廉租住房保障资金来源。地方各级人民政府要根据廉租住房工作的年度计划，切实落实廉租住房保障资金：一是地方财政要将廉租住房保障资金纳入年度预算安排。二是住房公积金增值收益在提取贷款风险准备金和管理费用之后全部用于廉租住房建设。三是土地出让净收益用于廉租住房保障资金的比例不得低于10%，各地还可根据实际情况进一步适当提高比例。四是廉租住房租金收入实行收支两条线管理，专项用于廉租住房的维护和管理。对中西部财政困难地区，通过中央预算内投资补助和中央财政廉租住房保障专项补助资金等方式给予支持。在经济适用房方面，具体要求包括：第一，规范经济适用住房供应对象。经济适用住房供应对象为城市低收入住房困难家庭，并与廉租住房保障对象衔接。第二，合理确定经济适用住房标准。经济适用住房套型标准根据经济发展水平和群众生活水平，建筑面积控制在60平方米左右。第三，严格经济适用住房上市交易管理。经济适用住房属于政策性住房，购房人拥有有限产权。购买经济适用住房不满5年，不得直接上市交易，购房人因各种原因确需转让经济适用住房的，由政府按照原价格并考虑折旧和物价水平等因素进行回购。购买经济适用住房满5年，购房人可转让经济适用住房，但应按照届时同地段普通商品住房与经济适用住房差价的一定比例向政府缴纳土地收益等价款。

2010年6月12日，住房城乡建设部等七部门联合发布了《关于加快发展公共租赁住房的指导意见》，旨在解决城市中等偏低收入家庭住房困难。公共租赁住房供应对象主要是城市中等偏下收入住房困难家庭。有条件的地区，可以将新就业职工和有稳定职业并在城市居住一定年限的外来务工人员纳入供应范围。公共租赁住房的供应范围和供应对象的收入线标准、住房困难条件和租金水平，由市、县人民政府确定。已享受廉租住房实物配租和经济适用住房政策的家庭，不得承租公共租赁住房。符合廉租住房保障条件的家庭承租公共租赁住房的，可以申请廉租住房租赁补贴。该指导意见规定，新建公共租赁住房主要满足基本居住需求，成套建设的公共租赁住房，单套建筑面积要严格控制在60平方米以下。公共租赁住房出租人与承租人应当签订书面租赁合同，合同期限一般为3年至5年，合同期满后承租人仍符合规定条件的，可以申请续租。公共租赁住房只能用于承租人自住，不得出借、转租或闲置，也不得用于从事其他经营活动。承租人违反规定使用公共租赁住房的，应当责令退出；拖欠租金和其他费用的，可以通报其所在单位，从其工资收入中直接划扣。在资金筹措方面，该指导意见提出，公共租赁住房房源通过新建、改建、收购、在市场上长期租赁住房等方式多渠道筹集。新建公共租赁住房以配建为主，也可以相对集中建设。在外来务工人员集中的开发区和工业园区，市、县人民政府应当引导各类投资主体建设公共租赁住房，面向用工单位或园区就业人员出租。该指导意见要求，各地要把公共租赁住房建设用地纳入年度土地供应计划，予以重点保障，加大对公共租赁住房的投入，中央以适当方式给予资金补助。对公共租赁住房的建设和运营给予税收优惠，涉及的行政事业性收费和政府性基金，按照经济适用住房的相关政策执行。同时，鼓励金融机构发放公共租赁住房中长期贷款，支持符合条件的企业通过发行中长期债券等方式筹集资金，探索运用保险资金、信托资金和房地产信托投资基金拓展公共租赁住房融资渠道。政府投资建设的公共租赁住房，纳入住房公积金贷款支持保障性住房建设试点范围。公共租赁住房建设实行“谁投资、谁所有”，投资者权益可依法转让。发展公共租赁住房实行省级人民政府负总责、市县人民政府抓落实的责任制。对存在滥用职权、玩忽职守、徇私舞弊等违法违规行为的，要依法依纪严肃追究相关单位和人员的责任。政府投资建设公共租赁住房的租金收入，专项用于偿还公共租赁住房贷款，以及公共租赁住房的维护、管理和投资补助。①

为保证保障性住房的建设，2010年5月19日，住房城乡建设部与各省、自治区、直辖市人民政府以及新疆生产建设兵团签订2010年住房保障工作目标责任书。按照要求，各省需在今年7月底前全面开工建设保障性住房项目，在2010年共建设各类保障性住房和棚户区改造住房580万

---

① 《关于加快发展公共租赁住房的指导意见》，中央政府门户网站，http：//www.gov.cn/gzdt/2010－06/13/content_ 1627138.htm。

套，改造农村危房120万户，比2009年有大幅度提高。[①] 2011年再次代表国务院保障性安居工程协调小组陆续与各省、自治区、直辖市签订2011年度《保障性住房目标责任书》，分配1000万套保障性安居工程住房的建设任务。目标责任书的内容不仅涉及采取的限购措施，而且涉及保障性安居工程在2011年的供应总量，包括筹集保障性住房的套数，发放租赁补贴的户数，以及竣工保障性住房的套数。与目标责任书一并下发的还包括工作周期日程，住建部明确要求地方政府所有签订在责任书内的2011年的保障性安居工程任务必须在2011年10月31日前开工建设。住建部将联合监察部、审计署等部门组成联合检查组进行检查，对于未能按期开工的地方政府，视情况对其行政首长负责人进行问责。[②]

在“十一五”期间，中国1140万户城镇低收入家庭和360万户中等偏下收入家庭住房困难问题得到解决。到2010年底，中国城镇保障性住房覆盖率已达7%到8%，城镇居民人均住房面积超过30平方米；农村居民人均住房面积超过33平方米。2011年至2015年，中国计划新建保障性住房3600万套，每年改造农村危房150万户以上，将中国城镇保障性住房覆盖率将提高到20%以上，基本解决城镇低收入家庭住房困难问题。

中国的基本住房保障政策取得了良好的成效，城乡人均居住面积稳步提高（如表3—7所示）。

表3—7　　城乡人均居住面积变化表　　单位：平方米/人

	2002	2003	2004	2005	2006	2007	2008	2009	2010	2011	2012
城市	24.5	25.3	26.4	27.8	28.5	30.1	30.6	31.3	31.6	32.7	32.9
农村	26.5	27.2	27.9	29.7	30.7	31.6	32.4	33.6	34.1	36.2	37.1

数据来源：国家统计局：《中国统计年鉴（2014年）》。

四　开展农村饮用水工程，保障农村居民饮水权

饮水困难和饮水不安全是威胁农村居民基本生活和健康的两大挑战。

① 韩晓东：《住建部与地方签保障房责任书》，新华网：http://news.xinhuanet.com/fortune/2010-05/21/c_12126375.htm。

② 《住建部督办保障房军令状，楼市供需逆转》，中国经营网：http://www.cb.com.cn/1634427/20110219/186037_2.html。

中国政府为了保障农村居民的饮水权，将解决饮水困难和饮水安全列入政策议程，制定了具体规划，并采取了切实有效的措施，使农村居民的饮水状况得到大幅改善。

（一）解决饮水困难问题

20世纪七八十年代，解决农村饮水问题正式列入政府工作议事日程，采取以工代赈的方式和在小型农田水利补助经费中安排专项资金等措施支持农村解决饮水困难。1983年，国务院批转了《改水防治地方性氟中毒暂行办法》，1984年批转了《关于加快解决农村人畜饮水问题的报告》以及《关于农村人畜饮水工作的暂行规定》。20世纪90年代，解决农村饮水困难正式纳入国家规划。1991年国家制定了《全国农村人畜饮水、乡镇供水10年规划和“八五”规划》，进一步通过财政资金和以工代赈渠道增加投入。90年代后期，甘肃省实施了“121雨水集流工程”，贵州省实施了“渴望工程”，内蒙古自治区实施了“380饮水解困工程”，四川省安排了财政专项资金用于人畜饮水工程建设项目。到1999年底，全国累计解决了约2.16亿人的农村饮水困难问题。“十五”期间，国家编制了《全国解决农村饮水困难“十五”规划》，实施了饮水解困、氟砷改水、应急抗旱等农村饮水工程建设项目，中央共安排国债专项资金117亿元，地方和群众筹资105亿元，解决了6722万农村人口的饮水问题。2004年基本结束了我国农村严重缺乏饮用水的历史，提前完成了全国农村饮水解困“十五”规划的任务和目标，国家提出了农村饮水工作重点从饮水解困向保障饮水安全转变。

（二）解决饮水安全问题

“农村饮水安全”是指农村居民能够及时、方便地获得足量、洁净、负担得起的生活饮用水。“安全的饮用水”是指水质符合生活饮用水卫生标准，长期饮用不危害人体健康的水。中国受自然和经济、社会条件制约，农村居民饮水困难和饮水安全问题长期存在，大多数农村供水设施较为落后和简陋，自来水普及低。根据调查评估结果，到2004年底，全国农村饮水不安全人口为32280万人，占农村人口的34%。其中水质不安全人口为22722万人，占饮水不安全总人口的70%；水量、方便程度或保证率不达标人口为9558万人，占饮水不安全总人口的30%。饮水水质不达标主要包括氟超标、砷超标、苦咸水、污染水和其他饮水水质超标问题。饮水不安全人口的 78% 分布在中西部地区。①

2005 年 3 月，国务院常务会议审议通过了国家发展改革委员会、水利部和卫生部编制的《2005—2006 年农村饮水安全应急工程规划》，总投资 77.9 亿元，要求在两年内解决 2120 万农村人口饮水安全问题。根据国家“十一五”规划关于“加快实施农村饮水安全工程”要求，三部委又共同编制了《全国农村饮水安全工程“十一五”规划》，要求在“十一五”期间解决 1.6 亿农村人口饮水安全问题。到“十一五”末，使已查明的中重度氟病区村、砷病区村、血吸虫疫区以及其他涉水重病区村的饮水问题全部得到解决，人口较少民族、水库移民、华侨农场以及项目区农村学校的饮水安全问题全部得到解决。溶解性总固体大于 2g/L 的中重度苦咸水问题解决 70%，高铁、高锰、污染水、局部地区缺水等其他饮水安全问题解决 41%。工程内容主要包括水源保护、供水工程建设和水质检测。该规划得到了有效的实施，在整个“十一五”期间，国家实际累计安排投资 1009 亿元，解决了 2.1 亿农村居民的饮水安全问题，超额完成了规划任务。②

2012 年 6 月，国务院批复了三部委编制的《全国农村饮水安全工程“十二五”规划》（国函［2012］52 号）。该规划提出，在“十二五”期间，要解决 2.98 亿农村人口（含国有农林场）和 11.4 万所农村学校师生的饮水安全问题，使全国农村集中式供水人口比例提高到 80% 左右，供水质量和工程管理水平显著提高。具体目标包括：（1）受益人口 1000 人以上集中式供水工程依法划定水源保护区或保护范围；规模以上集中式供水工程建立水质化验室；（2）受益人口 1000 人以上集中式供水工程运行人员经培训合格后持证上岗；（3）100% 的县明确县级农村供水管理机构，建立农村供水技术服务体系；100% 的县建立起农村供水水质卫生检测和监测体系；100% 的县编制完成应急保障供水预案。③

① 《全国农村饮水安全工程“十一五”规划》。

② 同上。

③ 同上。

第三节　社会保障权利的政策保障

根据联合国《经济、社会和文化权利国际公约》第九条的规定，人人有权享受社会保障，包括社会保险。中国在经济发展水平还不是很高的情况下，初步建立了世界上规模最大的符合现阶段中国社会实际的社会保障体系。实现了全国新型农村社会养老保险和城镇居民社会养老保险制度全覆盖。

中国共产党第十六届六中全会和十七大提出，到2020年要基本建立覆盖城乡居民的社会保障体系。

“十五”期末，全国参加基本养老保险、基本医疗保险、失业保险、工伤保险、生育保险人数分别达到1.75亿人、1.38亿人、1.06亿人和8478万人、5408万人，参加农村社会养老保险的人数达到5442万人。[①]

《劳动和社会保障事业“十一五”规划纲要》规定，建立健全社会保障制度和管理服务体系，进一步扩大社会保障覆盖范围，基本实现城镇各类就业人员平等享有社会保障，特别是要健全农村社会保障制度。到“十一五”期末，城镇基本养老、基本医疗、失业、工伤和生育保险参保人数分别达到2.23亿人、3亿人、1.2亿人、1.4亿人和8000万人以上，参加农村社会养老保险和企业年金的人数逐步增长。要完善参保人员社会保险关系转移、衔接的政策措施，研究解决城镇各类群体之间社会保险制度设计、政策衔接中存在的问题，实现不同群体之间社会保障制度政策的有效衔接，探索解决人员流动时社会保险关系接续问题的有效办法。

“十一五”时期，是新中国成立以来社会保障体系建设发展最快的时期，社会保障制度建设取得突破性进展，覆盖城乡居民的社会保障体系框架基本形成。建立新型农村社会养老保险制度并开展试点，全面建立企业职工基本养老保险省级统筹制度，建立并全面实施城镇居民基本医疗保险制度，新型农村合作医疗制度和城乡医疗救助制度普遍实施，职工基本医疗保险制度进一步完善。建立和实施农村最低生活保障制度、城市生活无着的流浪乞讨人员救助制度，完善了灾害救助、临时救助等制度，社会慈

① 《劳动和社会保障事业“十一五”规划纲要》。

善、社会捐赠、群众互助等社会扶助活动和志愿服务活动制度化建设取得明显成效。社会保障覆盖范围从城镇扩大到农村，从国有企业扩大到各类用人单位，从职工扩大到灵活就业人员和城乡居民。

人力资源和社会保障部、发展改革委、民政部、财政部、卫生部、社保基金会共同制定的《社会保障"十二五"规划纲要》提出，要坚持"广覆盖、保基本、多层次、可持续"的基本方针，以增强公平性、适应流动性、保证可持续性为重点，加快建立覆盖城乡居民的社会保障体系。在保障范围上，基本养老保险、基本医疗保险保障人群要实现基本覆盖。到"十二五"期末，城镇基本养老保险参保人数达到3.57亿人，其中企业职工基本养老保险达到3.07亿人；新农保参保人数达到4.5亿人。城乡基本医疗保险参保率在2010年基础上提高3个百分点。工伤保险参保人数达到2.1亿人，失业保险参保人数达到1.6亿人，生育保险参保人数达到1.5亿人。城乡最低生活保障实现应保尽保。在保障水平上，要继续提高各项社会保险待遇水平。企业职工基本养老金、城镇居民社会养老保险和新农保基础养老金稳步增长；职工基本医疗保险、城镇居民基本医疗保险和新农合在政策范围内住院费用支付比例达到75%左右；城镇居民基本医疗保险和新农合门诊统筹覆盖所有统筹地区，稳步推进职工基本医疗保险门诊统筹；失业保险、工伤保险、生育保险待遇标准和城乡低保标准稳步提高，工伤伤残职工享有基本的职业康复服务。

截至2013年，中国已基本建立全民医疗保险体系，参加城镇职工医疗保险、城镇居民医疗保险和新型农村合作医疗的人数超过13亿，参保率达到90%以上。28个省份启动实施了城乡居民大病保险的试点工作，在8个省份全面推开。肺癌、胃癌等20种重大疾病全部纳入大病保障范畴。儿童苯丙酮尿症和尿道下裂被纳入新农合大病保障，新农合保障的重大疾病已达22种。全国参加失业保险人数为16417万人，工伤保险参保人数达到19917万人，生育保险参保人数16392万人。[①] 各类社会保障参保人数的增长情况见图3—3。

政府对因遭受自然灾害、失去劳动能力或因其他原因陷入生活困境的

① 国务院新闻办公室：《2013年中国人权事业的进展》（白皮书），2014年5月27日。

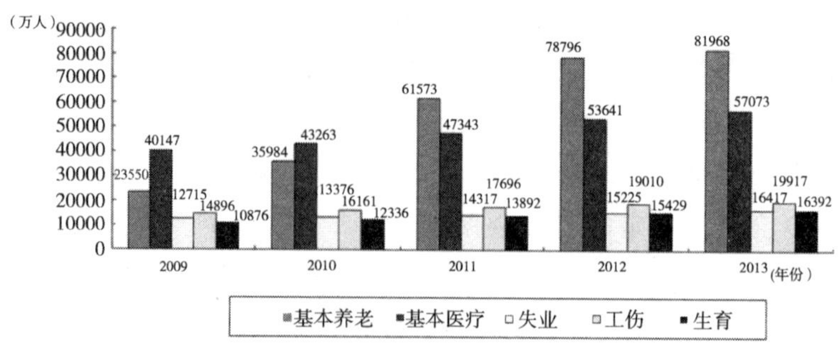

图 3—3　2009—2013 年各类社会保险参保人数

数据来源：人力资源和社会保障部：《2013 年度人力资源和社会保障事业发展统计公报》。

社会成员实施社会救助，维持其最低生活水准。截至 2013 年，全国 26 个省份制定完善了临时救助政策。2013 年，全国共实施临时救助 3937 万户次。医疗救助惠及群体进一步扩大，救助对象从城乡低保对象、五保对象逐步向低收入重病患者、重度残疾人和低收入家庭老年人等特殊困难群体拓展。2013 年累计救助 2639 万人次。

2014 年 2 月，国务院决定将新型农村社会养老保险和城镇居民社会养老保险两项制度合并实施，在全国范围内建立统一的城乡居民基本养老保险制度。

第四节　健康权利的政策保障

根据联合国《经济、社会和文化权利国际公约》第十二条的规定，人人有权享有能达到的最高的体质和心理健康的标准，国家为充分实现这一权利应采取措施实现的目标包括：（1）减低死胎率和婴儿死亡率，使儿童得到健康的发育；（2）改善环境卫生和工业卫生的各个方面；（3）预防、治疗和控制传染病、风土病、职业病以及其他的疾病；（4）创造保证人人在患病时能得到医疗照顾的条件。为保障每个居民都能享有安全、有效、方便、价廉的基本医疗卫生服务，中国建立起覆盖城乡居民的基本医疗卫生制度，深入推进医药卫生体制改革，取得了重要成效。

一 制定保障健康权利的各种规划

为保障公民的健康权利，国家制定了卫生事业发展的总体规划，并在一些重点领域制定了专门规划。

2012 年 10 月 8 日，国务院办公厅印发《卫生事业发展“十二五”规划》，计划到 2015 年，初步建立覆盖城乡居民的基本医疗卫生制度，使全体居民人人享有基本医疗保障，人人享有基本公共卫生服务，医疗卫生服务可及性、服务质量、服务效率和群众满意度显著提高，个人就医费用负担明显减轻，地区间卫生资源配置和人群间健康状况差异不断缩小，基本实现全体人民病有所医，人均预期寿命在 2010 年基础上提高 1 岁的发展目标。该规划强调了要加快医药卫生体系建设，加强医疗服务体系建设，健全医疗保障体系，建立健全药品供应保障体系。为此要开展七项重点工作：一是加强公共卫生服务工作，做好重大疾病防控、慢性病防治、妇幼卫生、精神卫生、口腔卫生、卫生应急、流动人口公共卫生服务等工作。二是强化食品安全和卫生监督工作，加大职业病防治力度。三是全面加强医疗服务管理，加强质量管理，强化服务监管，控制医疗费用不合理增长，推进公立医院改革。四是积极发展中医药事业，进一步完善中医医疗服务体系，加强县级中医医院建设。五是加强医药卫生人才队伍建设和医学科技发展，实施人才战略，推进人才制度完善和机制创新。六是推进医药卫生信息化建设，推动信息共享，逐步实现医疗服务、公共卫生、医疗保障、药品供应保障和综合管理等应用系统信息互联互通。七是加快健康产业发展，建立完善有利于健康服务发展的体制和政策，鼓励和促进非公立医疗机构发展，发展生物医药，改造提升传统医药。①

2011 年 12 月 6 日，国务院办公厅公布了《全国结核病防治规划（2011—2015 年）》，确定结核病的十大防治目标，包括全国肺结核患者发现并治疗管理人数达到 400 万，涂阳肺结核患者的治愈率保持在 85% 以上，涂阳肺结核患者密切接触者筛查率达到 95% 以上，报告肺结核患者和疑似肺结核患者的总体到位率达到 90% 以上；全国以市（地）为单位

---

① 国务院办公厅：《国务院关于印发卫生事业发展“十二五”规划的通知》（国发［2012］57 号），中央政府门户网站：http：//www. gov. cn/zwgk/2012 - 10/19/content_ 2246908. htm。

开展耐多药肺结核诊治工作覆盖率达到50%，耐多药肺结核可疑者筛查率达到60%；艾滋病病毒感染者结核病的筛查率达到90%，卫生部确定的艾滋病流行重点县（市）结核病患者艾滋病病毒的筛查率达到70%；全民结核病防治核心信息知晓率达到85%。①

2011年11月18日，国务院审议通过了《中国遏制与防治艾滋病行动计划（2011—2015年）》，明确提出了艾滋病防治的目标和工作原则，包括减少艾滋病新发感染，降低艾滋病病死率，减少对受艾滋病影响人群的歧视，提高感染者和病人生存质量。到2015年底，重点地区和重点人群艾滋病疫情快速上升的势头得到基本遏制，艾滋病新发感染数比2010年减少25%，艾滋病病死率下降30%，存活的感染者和病人数控制在120万左右。同时，防治工作要坚持政府组织领导、部门各负其责、全社会共同参与；坚持预防为主、防治结合、依法防治、科学防治；坚持突出重点、分类指导、扩大覆盖、提高质量。②

2012年5月8日，卫生部等15部门联合印发了《中国慢性病防治工作规划（2012—2015年）》（卫疾控发［2012］34号），提出到2015年达到以下具体目标：（1）慢性病防控核心信息人群知晓率达50%以上，35岁以上成人血压和血糖知晓率分别达到70%和50%。（2）全民健康生活方式行动覆盖全国50%的县（市、区），国家级慢性病综合防控示范区覆盖全国10%以上县（市、区）。（3）全国人均每日食盐摄入量下降到9克以下；成年人吸烟率降低到25%以下；经常参加体育锻炼的人数比例达到32%以上；成人肥胖率控制在12%以内，儿童青少年不超过8%。（4）高血压和糖尿病患者规范管理率达到40%，管理人群血压、血糖控制率达到60%；脑卒中发病率上升幅度控制在5%以内，死亡率下降5%；（5）30%的癌症高发地区开展重点癌症早诊早治工作。（6）40岁以上慢性阻塞性肺病患病率控制在8%以内。（7）适龄儿童窝沟封闭覆盖率达到20%以上，12岁儿童患龋率控制在25%以内。（8）全人群死因监测覆盖全国90%的县（市、区），慢性病及危险因素监测覆盖全国50%

---

① 《国务院办公厅关于印发〈全国结核病防治规划（2011—2015年）〉的通知》，中国政府网：http://www.gov.cn/zwgk/2011-12/06/content_2012869.htm。

② 《卫生部印发艾滋病等重大疾病防治管理方案（艾滋病部分与结核病部分）》，中国红丝带网：http://www.chain.net.cn/zhxw/xwbd/32183.htm。

的县（市、区），营养状况监测覆盖全国15%的县（市、区）。（9）慢性病防控专业人员占各级疾控机构专业人员的比例达5%以上。采取的策略和措施包括：关口前移，深入推进全民健康生活方式；拓展服务，及时发现管理高风险人群；规范防治，提高慢性病诊治康复的效果；明确职责，加强慢性病防治有效协同；抓好示范，提高慢性病综合防控能力；共享资源，完善慢性病监测信息管理；加强科研，促进技术合作和国际交流。①

二 基本医疗保障

中国已构建起世界上规模最大的基本医疗保障网。截至2011年，城镇职工基本医疗保险、城镇居民基本医疗保险、新型农村合作医疗参保人数超过13亿，覆盖面从2008年的87%提高到2011年的95%以上。建立健全城乡医疗救助制度，救助对象覆盖城乡低保对象、五保对象，并逐步扩大到低收入重病患者、重度残疾人、低收入家庭老年人等特殊困难群体。

2012年8月24日，国家发展改革委、卫生部、财政部、人力资源社会保障部、民政部和保监会联合发布《关于开展城乡居民大病保险工作的指导意见》。大病保险保障对象为城镇居民医保、新农合的参保（合）人，保障范围要与城镇居民医保、新农合相衔接。城镇居民医保、新农合应按政策规定提供基本医疗保障。此外，大病保险保障水平以力争避免城乡居民发生家庭灾难性医疗支出为目标，合理确定大病保险补偿政策，实际支付比例不低于50%；按医疗费用高低分段制定支付比例，原则上医疗费用越高支付比例越高。城乡居民大病保险的筹资机制是：各地结合当地经济社会发展水平、医疗保险筹资能力、患大病发生高额医疗费用的情况、基本医疗保险补偿水平，以及大病保险保障水平等因素科学合理地确定筹资标准；从城镇居民医保基金、新农合基金中划出一定比例或额度作为大病保险资金。城镇居民医保和新农合基金有结余的地区，利用结余筹集大病保险资金；结余不足或没有结余的地区，在城镇居民医保、新农合年度提高筹资时统筹解决资金来源，逐步完善城镇居民医保、新农合多渠道筹资机制。另外，开展大病保险可以市（地）级统筹，也可以探索全

① 《中国慢性病防治工作规划（2012—2015年）》，中国网：http://www.china.com.cn/policy/txt/2012-05/22/content_25438655.htm。

省（区、市）统一政策，统一组织实施，提高抗风险能力。有条件的地方可以探索建立覆盖职工、城镇居民、农村居民的统一的大病保险制度。①

根据卫生部的工作规划，从2013年开始，中国农村医疗保障重点向大病转移。肺癌、胃癌等20种重大疾病全部纳入大病保障范畴，报销比例不低于90%。截至2013年10月，已有23个省份出台大病保险实施方案，确定了120个试点城市。②

三　建立和完善基本药物制度

中国建立了基本药物制度并实现了基层全覆盖，所有政府办基层医疗卫生机构全部配备使用基本药物，并实行零差率销售，取消了以药补医机制。

2009年8月18日，国务院深化医药卫生体制改革领导小组通过了《关于建立国家基本药物制度的实施意见》。基本药物是适应基本医疗卫生需求，剂型适宜，价格合理，能够保障供应，公众可公平获得的药品。政府举办的基层医疗卫生机构全部配备和使用基本药物，其他各类医疗机构也都必须按规定使用基本药物。国家基本药物制度是对基本药物的遴选、生产、流通、使用、定价、报销、监测评价等环节实施有效管理的制度，与公共卫生、医疗服务、医疗保障体系相衔接。国家发展改革委制定基本药物全国零售指导价格。在国家零售指导价格规定的幅度内，省级人民政府根据招标形成的统一采购价格、配送费用及药品加成政策确定本地区政府举办的医疗卫生机构基本药物具体零售价格。建立基本药物优先和合理使用制度。政府举办的基层医疗卫生机构全部配备和使用国家基本药物。国家基本药物制度建设的目标是：2009年每个省（市、区）在30%的政府办城市社区卫生服务机构和县（基层医疗卫生机构）实施基本药物制度，包括实行省级集中网上公开招标采购和统一配送，全部配备使用基本药物并实现零差率销售。到2011年，初步建立国家基本药物制度；

---

① 《关于开展城乡居民大病保险工作的指导意见》，中华人民共和国国家和发展改革委员会网站：http://www.sdpc.gov.cn/zcfb/zcfbtz/2012tz/t20120830502833.htm。

② 吴佳佳：《农村医疗保障重点将向大病转移》，《经济日报》2013年1月18日第3版。《大病保险，让咱治病踏实了》，《人民日报》2013年11月5日02版。

到2020年，全面实施规范的、覆盖城乡的国家基本药物制度。基本药物将全部纳入政府定价范围。[①]

2013年2月20日，国务院办公厅正式印发《关于巩固完善基本药物制度和基层运行新机制的意见》。在完善基本药物采购配送方面，要坚持以省（区、市）为单位网上集中采购，落实招采合一、量价挂钩、“双信封”制等制度。在基本药物使用和监管以及深化编制、人事和收入分配改革方面，要引导基层医务人员规范使用基本药物，鼓励非政府办基层医疗卫生机构使用基本药物。对基本药物实行全品种覆盖抽验和从生产出厂到使用全程电子监管，抽验结果定期向社会发布。严禁将医务人员收入与药品和医学检查收入挂钩。要确保每个乡镇、社区都有实施基本药物制度的基层医疗卫生机构，使百姓出门就能很快捷地找到医院，买到零差率的基本药物。同时，自2011年以来，国家发改委已经分批调整了多种药品的价格，它们大部分都属于临床的常用药品。

2011年10月26日，国务院常务会议通过了《疫苗供应体系建设规划》，计划到2015年，初步建成满足我国经济社会发展需要的疫苗供应体系；到2020年，疫苗供应体系进一步健全完善，具备与发达国家同步应对突发和重大疫情的实力。疫苗研发生产技术基本达到或接近国际先进水平，品种进一步增加，安全性、有效性和产品质量进一步提高，储备品种和规模合理，接种服务更加便利。计划的主要内容包括：（1）通过对薄弱环节的重点建设，实现应急能力大幅提升；（2）形成较为完善的包括新发传染病在内的疫情监测预警体系，逐步提高传染病疫情及突发公共卫生事件网络直报率；（3）通过综合性研发机构、研发技术及应用技术平台的能力建设，实现基础研究、应用基础研究和产业化开发的紧密衔接，缩小与国际先进技术的差距；（4）加快急需疫苗新产品的研发和产业化进程，提升部分现用疫苗最大产能，确保常态和应急时各种疫苗充足供应并进一步提高质量以乡（镇）为单位的国家免疫规划疫苗接种率达到并维持在90%以上；（5）完善疫苗储备体系，布局建设生产能力储备，增列疫苗实物储备品种；（6）完善疫苗质量监管和接种效果评价体系；

① 《关于印发〈关于建立国家基本药物制度的实施意见〉的通知》（卫药政发［2009］78号），2009年8月21日。

(7) 人兽共患病兽用疫苗质量显著提高，增强外来病兽用疫苗技术储备。在财政和政策上，中央财政对扩大国家免疫规划所需的第一类疫苗和注射器购置费用给予支持。地方财政安排经费确保国家免疫规划范围内第一类疫苗接种工作的开展，进一步完善和落实适用于疫苗研发、生产、储运等疫苗供应企业的支持政策。完善疫苗价格管理，合理调整国家免疫规划疫苗价格，规范第二类疫苗市场价格。[①]

四 城乡基层医疗和卫生服务体系建设

政府特别注重城乡基层医疗卫生服务体系的建设。截至 2011 年，全国基层医疗卫生机构达到 91.8 万个，包括社区卫生服务机构 2.6 万个、乡镇卫生院 3.8 万所、村卫生室 66.3 万个，床位 123.4 万张。同时，安排基层医疗卫生机构人员参加全科医生转岗培训，组织实施中西部地区农村订单定向医学生免费培养，实施万名医师支援农村卫生工程，在乡镇卫生院开展巡回医疗服务，在市辖区推行社区全科医生团队、家庭签约医生制度。经过努力，基层医疗卫生服务体系不断强化，农村和偏远地区医疗服务设施落后、服务能力薄弱的状况明显改变，基层卫生人才队伍的数量、学历、知识结构出现向好趋势。

国家免费向全体居民提供国家基本公共卫生服务包，包括建立居民健康档案、健康教育、预防接种、0—6 岁儿童健康管理、孕产妇健康管理、老年人健康管理、高血压和Ⅱ型糖尿病患者健康管理、重性精神疾病患者管理、传染病及突发公共卫生事件报告和处理、卫生监督协管等 10 类 41 项服务。针对特殊疾病、重点人群和特殊地区，国家实施重大公共卫生服务项目，对农村孕产妇住院分娩补助、15 岁以下人群补种乙肝疫苗、消除燃煤型氟中毒危害、农村妇女孕前和孕早期补服叶酸、无害化卫生厕所建设、贫困白内障患者复明、农村适龄妇女宫颈癌和乳腺癌检查、预防艾滋病母婴传播等，由政府组织进行直接干预。2011 年，国家免疫规划疫苗接种率总体达到 90% 以上，全国住院分娩率达到 98.7%，其中农村住院分娩率达到 98.1%，农村孕产妇死亡率呈逐步下降趋势（见图 3—4、

---

① 《〈疫苗供应体系建设规划〉出台 政策撑腰 疫苗市场扩容》，人民网：http://health.people.com.cn/GB/16034142.html。

图3—5)。农村自来水普及率和卫生厕所普及率分别达到72.1%和69.2%。2009年启动“百万贫困白内障患者复明工程”，截至2011年，由政府提供补助为109万多名贫困白内障患者实施了复明手术。

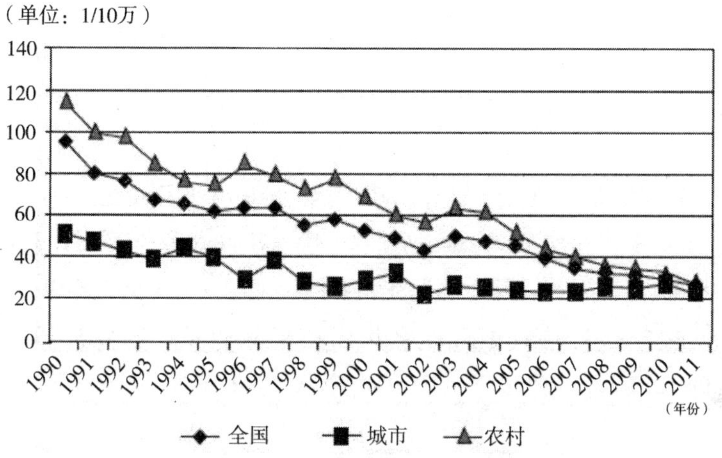

图3—4　中国孕产妇死亡率

数据来源：国务院新闻办公室：《中国的医疗卫生事业》(白皮书)，2012年12月。

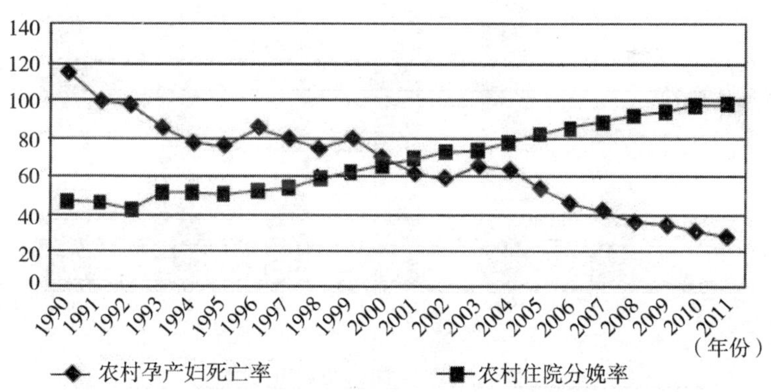

图3—5　中国农村住院分娩率与孕产妇死亡率变化趋势

数据来源：国务院新闻办公室：《中国的医疗卫生事业》(白皮书)，2012年12月。

自20世纪50年代起，基本控制了鼠疫、霍乱、黑热病、麻风病等疾病的流行。20世纪60年代初，中国通过接种牛痘消灭了天花。2000年，中国实现了无脊髓灰质炎目标。2002 年，中国决定将新生儿乙肝疫苗纳入国家免疫规划，国家免疫规划由接种 4 种疫苗预防 6 种传染病，扩大到接种 5 种疫苗预防 7 种传染病。2007 年，国家决定实施扩大国家免疫规划，国家免疫规划疫苗增加到 14 种，预防 15 种传染病，免疫规划人群也从儿童扩展到成人。艾滋病、结核病、血吸虫病、包虫病、麻风病、疟疾等重大及重点传染病患者获得免费药物治疗。2011 年，甲类和乙类传染病发病率控制在 241.4/10 万的较低水平。

中国人均期望寿命持续提升，2010 年达到 74.8 岁（见图 3—6），其中男性 72.4 岁，女性 77.4 岁。孕产妇死亡率从 2002 年的 51.3/10 万下降到 2011 年的 26.1/10 万。婴儿死亡率（见图 3—7）及 5 岁以下儿童死亡率（见图 3—8）持续下降，婴儿死亡率从 2002 年的 29.2‰下降到 2011 年的 12.1‰，5 岁以下儿童死亡率从 2002 年的 34.9‰下降到 2011 年的 15.6‰。

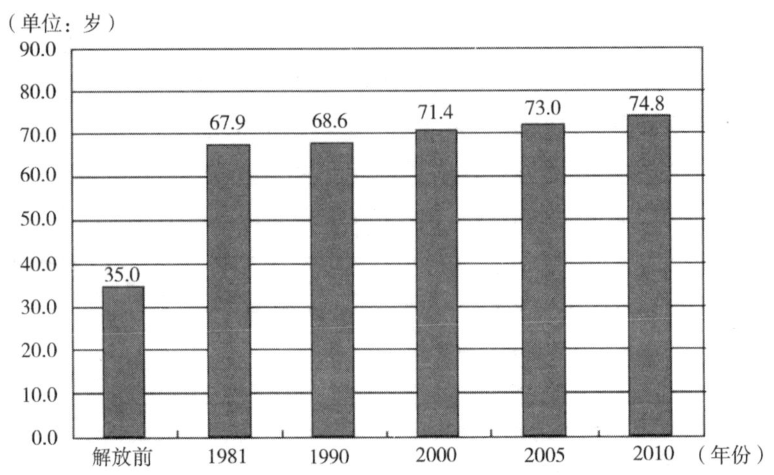

图 3—6 中国人均期望寿命

数据来源：国务院新闻办公室：《中国的医疗卫生事业》（白皮书），2012 年 12 月。

五 加强职业病的预防和治疗

2013 年，国家卫生和计划生育委员会、国家人力资源社会保障部、国家安全生产监督管理总局和中华全国总工会等四部委再次调整了《职

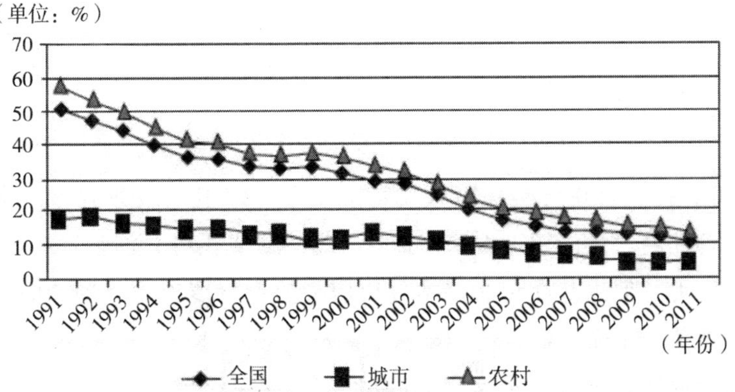

图 3—7　中国婴儿死亡率

数据来源：国务院新闻办公室：《中国的医疗卫生事业》（白皮书），2012 年 12 月。

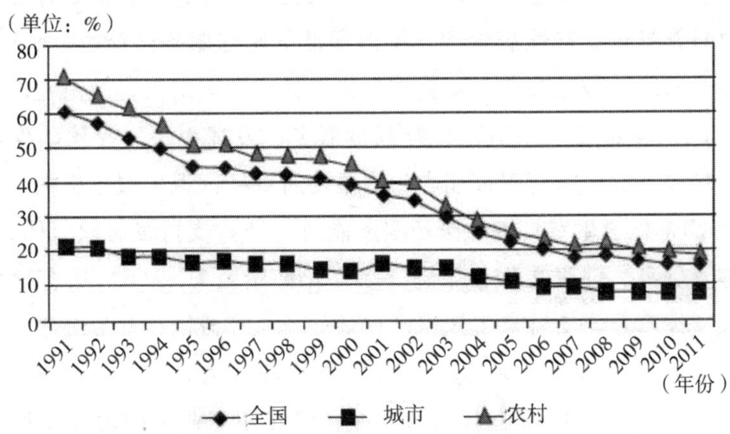

图 3—8　中国 5 岁以下儿童死亡率

数据来源：国务院新闻办公室：《中国的医疗卫生事业》（白皮书），2012 年 12 月。

业病分类和目录》，新增职业病 18 种。调整后的职业病种类主要倾向生产一线作业人员，如煤炭、冶金、有色金属、化工、林业、建材、机械加工行业作业人员，另外还涉及低温作业人员、医疗卫生人员和人民警察等。在化学中毒方面设置了开放性条款，即规定“上述条目未提及的与职业有害因素接触之间存在直接因果联系的其他化学中毒”也属于职业性化学中毒。

六　促进健康服务业发展

2013 年 10 月 14 日，国务院印发了《关于促进健康服务业发展的若干意见》，提出要在切实保障人民群众基本医疗卫生服务需求的基础上，充分调动社会力量的积极性和创造性，着力扩大供给、创新发展模式、提高消费能力，促进基本和非基本健康服务协调发展。力争到 2020 年，基本建立覆盖全生命周期、内涵丰富、结构合理的健康服务业体系，健康服务业总规模达到 8 万亿元以上。《意见》明确了今后一个时期发展健康服务业的主要任务是：（1）大力发展医疗服务。加快形成多元办医格局，落实鼓励社会办医的各项优惠政策，优化医疗服务资源配置，促进优质资源向贫困地区和农村延伸。推动发展专业规范的护理服务。（2）加快发展健康养老服务，推进医疗机构与养老机构等加强合作，提高社区为老年人提供日常护理、慢性病管理、中医保健等医疗服务的能力。（3）积极发展健康保险。鼓励商业保险公司提供多样化、多层次、规范化的产品和服务。（4）全面发展中医药医疗保健服务。发挥中医医疗预防保健特色优势，提升基层中医药服务能力，力争使所有社区卫生服务机构、乡镇卫生院和 70% 村卫生室具备中医药服务能力。（5）支持发展健康体检咨询、全民体育健身、健康文化和旅游等多样化健康服务。（6）培育健康服务业相关支撑产业。支持自主知识产权药品、医疗器械和其他健康相关产品的研发、制造和应用，大力发展第三方检验检查、评价、研发等服务。（7）健全人力资源保障机制。加大人才培养和职业培训力度，促进人才流动。（8）夯实健康服务业发展基础。推进健康服务信息化，加强诚信体系建设。①

七　食品安全

2010 年 2 月 6 日，国务院发布了《国务院关于设立国务院食品安全委员会的通知》，宣布设立国务院食品安全委员会，作为国务院食品安全

---

① 《国务院印发〈关于促进健康服务业发展的若干意见〉（全文）》，人民网：http://politics.people.com.cn/n/2013/1014/c1001 - 23196616.html。

工作的高层次议事协调机构。该委员会的主要职责是：分析食品安全形势，研究部署、统筹指导食品安全工作；提出食品安全监管的重大政策措施；督促落实食品安全监管责任。中共中央政治局常委、国务院副总理李克强任该委员会主任，国务院副总理回良玉、王岐山任副主任。组成成员包括来自发展改革委员会、科技部、工业和信息化部、公安部、财政部、环境保护部、农业部、商务部、卫生部、工商总局、质检总局、粮食局、食品药品监管局等15个部门的负责人。国务院食品安全委员会设立国务院食品安全委员会办公室，具体承担委员会的日常工作。①

2012年6月28日，国务院办公厅公布了《国家食品安全监管体系"十二五"规划》，提出了食品安全监管体系的建设目标，即到"十二五"期末，基本建立起适合中国国情，预防为主、全程覆盖、责任明晰、协同高效、保障有力的食品安全监管体系，米、面、油、蔬菜、肉、乳品、蛋、水产品等重点食品质量安全状况持续稳定良好，食品安全水平显著提升，城乡居民饮食安全得到切实保障。《规划》确定了"十二五"期间的总体布局和主要任务，提出要着力建成较为完善的法规标准、监测评估、检验检测、过程控制、进出口食品安全监管、应急管理、综合协调、科技支撑、食品安全诚信和宣教培训等10个体系。同时，针对食品安全监管体系的薄弱环节和突出问题，着力建设9个涉及全局、部门和地区难以独立解决的重点项目，包括食品安全国家标准建设、监测评估能力建设、检验检测能力建设、监管队伍装备标准化建设、食品安全追溯系统建设、国家食品安全信息平台建设、食品安全科技支撑能力建设、食品安全培训能力建设、食品安全科普宣传能力建设等。②

为保障食品安全，国务院办公厅印发了《2013年食品安全重点工作安排》，明确提出要加快食品安全标准建设，健全标准审评程序和制度，增强标准制定的透明度。要求在2013年底前基本完成食品相关标准的清理，完善食品中致病微生物、食品添加剂使用、食品生产经营规范、农药兽药残留等方面的标准，制定修订蜂蜜、食用植物油等产品标准和配套检

① 《国务院关于设立国务院食品安全委员会的通知》，新华网：http：//news. xinhuanet. com/politics/2010 -02/10/content_ 12962299. htm。

② 《国务院办公厅关于印发国家食品安全监管体系"十二五"规划的通知》，中央政府门户网站：http：//www. gov. cn/zwgk/2012 -07/21/content_ 2188309. htm。

验方法标准。各省级人民政府有关部门依照规定向社会公布备案的食品安全企业标准。要推动食品安全法、保健食品监督管理条例、餐厨废弃物管理及资源化利用条例等法律法规的制修订，推动地方加快畜禽屠宰、食品生产加工小作坊和食品摊贩管理等方面的立法。《工作安排》提出，要建设国家食品安全信息平台。2013 年底前，完成主系统和子系统的总体规划和设计。统筹规划建设食品安全电子追溯体系，统一追溯编码，确保追溯链条的完整性和兼容性，重点加快婴幼儿配方乳粉和原料乳粉、保健食品等电子追溯系统建设。各级监管部门要严格督促食品生产经营单位强化内部管理，建立健全质量安全管理体系，保障食品安全投入，配备专、兼职安全管理人员，严格落实进货查验、出厂检验、食品安全事故报告等制度。各级监管部门要制订年度培训计划，开展食品安全法律法规、业务技能、工作作风等方面的培训，提高监管人员的责任意识和业务素质。加强对协管员队伍的基础知识培训。强化对食品从业人员的职业道德和专业知识培训。《工作安排》强调要健全食品安全责任追究制，细化责任追究对象、方式、程序。制定进一步加强食品安全信用体系建设工作的指导意见，完善诚信信息共享机制和失信行为联合惩戒机制。①

2013 年 12 月 25 日，国家食品药品监督管理总局发布了《婴幼儿配方乳粉生产许可审查细则（2013 版）》。国务院食品安全委员会办公室会同相关部门开展了以“社会共治、同心携手维护食品安全”为主题的 2013 年全国食品安全宣传周活动。

为保障食品和药品安全，政府开展了一系列专项行动，如全国食品药品专项整治工作，全国奶站专项整治行动，打击违法添加非食用物质和滥用食品添加剂专项整治行动，学校食堂食品安全专项整治行动等。自 2011 年 8 月下旬起，按照国务院食品安全委员会的统一部署，国务院食品安全办、公安部等成员单位联合开展了全国严厉打击“地沟油”违法犯罪专项工作。各地公安机关及时侦破了一大批制售“地沟油”犯罪案件。

2011 年，根据国务院统一部署，质检系统开展了严厉打击食品非法

---

① 《国务院办公厅关于印发 2013 年食品安全重点工作安排的通知》，中央政府门户网站：http：//www. gov. cn/zwgk/2013 -04/16/content_ 2378952. htm。

添加和滥用食品添加剂专项整治工作。截至 2011 年 7 月 31 日，各级农业、工商、质检、食品药品监管等部门累计出动执法人员 354 万余人次，共检查食品和食品添加剂生产经营单位、餐饮服务单位等 592 万余户（次），取缔、关闭严重违法生产经营单位 4900 多家。公安机关捣毁了一批非法食品生产、仓储、加工“黑窝点”，破获食品非法添加等刑事案件 1200 余起，抓获犯罪嫌疑人 2000 余名。审判机关对一些重点案件，进行了公开审理判决。[①]

八　药品安全

2011 年 12 月 7 日，国务院常务会议讨论通过了《国家药品安全规划（2011—2015 年）》，明确了“十二五”时期药品安全工作的总体目标和重点任务。总体目标是：到 2015 年，药品生产 100% 符合新修订的《药品生产质量管理规范》要求，药品安全水平大幅提高，人民群众用药安全满意度显著提升。重点任务共七项，包括：（1）提高国家标准。力争化学药品、生物制品标准与国际接轨，中药标准主导国际标准制订。（2）健全检验检测体系。加强国家级药品检验机构建设，改善省、地（市）级机构实验室条件，加强县级机构快速检验能力建设。（3）强化药品和医疗器械全过程质量管理。完善药品研制规范，促进与国际接轨。提高临床试验现场监督检查覆盖率。建立中药材流通追溯体系，促进常用中药材规范化生产。加快监管信息化建设，对已批准上市药品实行统一编码管理，电子监管覆盖所有药品品种。（4）强化安全监测预警。完善不良反应和药物滥用监测制度，健全药品上市后再评价制度，重点加强新药、中药注射剂、高风险药品的安全性监测和评价。完善应急预案，保障应急药品及时有效供应。（5）提高国家基本药物生产供应能力，确保质量安全、公平可及。加强基本药物抽验和招标、采购、使用质量管理，完善农村基本药物供应网和监督网。（6）建立药品安全监管长效机制。完善药品价格形成机制、集中采购政策和药品抽验工作机制，健全问题药品与退市药品召回处置制度。开展医药企业信用等级评价，建立企业诚信档案，

① 富子梅：《各地严打非法滥用添加剂 取缔关闭 4900 多家企业》，人民网：http：//shipin. people. com. cn/GB/15324352. html。

对严重违规、失信者实行行业禁入。依法严厉打击制售假冒伪劣药品行为。(7) 深化改革，完善法制。深化药品行政审批制度改革，严格标准，规范程序。创新药品执法体制机制，强化执法监督。规范药品流通秩序，减少流通环节。加快药品管理有关法律法规制修订工作。①

为保证药品安全和质量，国家食品药品监管局制定并实施了《加强药用辅料监督管理的有关规定》，明确了药品制剂生产企业和药用辅料生产企业的职责，强调药品制剂生产企业是药品质量责任人，凡因违法违规使用药用辅料引发的药品质量问题，药品制剂生产企业必须承担主要责任。药品制剂生产企业必须保证购入药用辅料的质量，健全质量管理体系，加强药用辅料供应商审计，对所使用的药用辅料质量严格把关，与主要药用辅料供应商签订质量协议。药用辅料生产企业必须对产品质量负责，严格执行《药用辅料生产质量管理规范》；按注册批准的或与药品制剂生产企业合同约定的质量标准，对每批产品进行全项检验，合格后方可入库、销售。同时，要配合药品制剂生产企业开展供应商审计。《规定》还提出，要建立药用辅料数据库，全面掌握药用辅料生产、使用的动态情况；建立辅料生产企业信用档案，公开对药用辅料生产企业的检查、抽验情况，供药品制剂生产企业选用药用辅料时参考。国家食品药品监管局鼓励社会公众参与监督管理，支持行业协会、第三方机构和公众对药用辅料生产使用过程中的违法违规行为进行监督和举报，共同维护药品质量安全。②

食品药品监管总局开展了药品“两打两建”专项行动，即严厉打击药品违法生产和违法经营，加强药品生产经营规范建设和药品监管机制建设。2013 年 8 月 20 日，国家食品药品监督管理总局、国家互联网信息办公室、工业和信息化部、公安部和国家工商行政管理总局等五部门启动了打击网上非法售药联合行动，重点打击三类违法行为，一是利用网络销售假药行为；二是未取得互联网药品交易资质，非法从事药品销售的行为；三是具有互联网药品信息服务或药品交易资质，但发布虚假药品信息或违

---

① 国务院办公厅：《温家宝主持召开国务院常务会议讨论通过〈国家药品安全规划（2011—2015年）〉》，中国政府网：http：//www. gov. cn/ldhd/2011 - 12/07/content_ 2014120. htm。

② 国家食品药品监管局：《〈加强药用辅料监督管理的有关规定〉出台》：国家食品药品监管局官网：http：//www. sda. gov. cn/WS01/CL0051/73960. html。

法销售药品欺骗公众的行为。监管部门以当前网上非法销售问题最突出的肿瘤、性功能障碍、糖尿病、高血压等病症的治疗药品为重点品种。联合行动中，有关部门通过清理违法有害信息、捣毁窝点、资格审核、宣传引导和鼓励举报等多种途径，联合整治网上违法售药行为，严厉打击利用互联网销售假药的违法犯罪活动。①

第五节　受教育权利的政策保障

受教育权是一项基本人权。根据联合国《经济、社会和文化权利国际公约》第十三条的规定，人人有受教育的权利，国家为充分实现这一权利应当采取的政策措施包括：（1）初等教育应属义务性质并一律免费；（2）各种形式的中等教育，包括中等技术和职业教育，应以一切适当方法普遍设立，并对一切人开放，特别要逐渐做到免费；（3）高等教育应根据成绩，以一切适当方法对一切人平等开放，特别要逐渐做到免费；（4）对那些未受到或未完成初等教育的人的基础教育，应尽可能加以鼓励或推进；（5）应设置适当的奖学金制度，并不断改善教师的物质条件。

中国政府保障公民受教育权走的是一条“全面发展基础上对弱势群体和重点区域进行专项突破”的有中国特色的保障道路。“全面发展”是指针对我国公民教育文化水平普遍较低的实际情况，在全国全面推行“基本扫除青壮年文盲，基本实现九年制义务教育”的“两基”工程，并且全力以赴确保工程的如期实现，普遍提升民众的教育文化水平；“重点区域的突破”是指鉴于义务教育发展东西部差距巨大的国情，采取措施、集中精力，在西部地区全面打响“两基”攻坚战，同时适当兼顾东部贫困地区义务教育的改进工作，在全面普及的基础上，分地区、分步骤做到义务教育质量的逐步提高和均衡发展；“弱势群体突破”是指在我国社会转型期，采取措施切实保障由于人口流动的频繁和传统制度设计之间的矛盾造成的以进城务工人员随迁子女为代表的特殊群体的受教育权利，确保随迁子女在流入地能够公平、公正地享受和当地人口一样的教育权利，扫

① 《五部委联合开展打击网上非法售药行动 重点打击3类行为4类药品》，中国经济网：http：//www.ce.cn/cysc/sp/info/201308/21/t20130821_ 1245424.shtml。

除随迁子女异地升学的障碍。

根据我国义务教育发展过程中呈现出的不同特点，可以大致将其历程分为三个阶段，即起步阶段、普及阶段和提高阶段，政府针对教育发展的不同阶段所面临的问题制定了不同的政策。

一　起步阶段的教育政策

此一阶段从1949年中华人民共和国成立到1986年《中华人民共和国义务教育法》颁布。尽管中国义务教育在清末已经起步，但是由于战乱频繁、政权更迭等因素，义务教育发展步履维艰。到新中国成立前夕，适龄儿童的就学率是非常低的。新中国诞生标志着中国历史进入新篇章。1949年9月颁布的《中国人民政治协商会议共同纲领》规定："有计划有步骤地实行普及教育。"1956年《中国共产党中央委员会向第八次全国代表大会的政治报告》又一次明确提出："必须用极大的努力逐步扫除文盲，并且在财政力量许可的范围内，逐步地扩大小学教育，以求在十二年内分区分期普及小学义务教育。[①]"中共中央国务院1980年颁发的《中共中央国务院关于普及小学教育若干问题的决定》，要求在十年内基本普及小学教育，条件允许的地区要普及初中教育。它确立了义务教育普及的"两条腿走路"的思想，即以国家办学为主，同时积极提倡和鼓励社会力量参与捐资助学。1985年发布的《中共中央关于教育体制改革的决定》首次提出"有步骤地实行九年义务教育"。1986年，国家颁布了《义务教育法》。

二　普及阶段的教育政策

该阶段从1986年《义务教育法》颁布到2002年"两基"目标基本实现。《义务教育法》标志着新的历史时期义务教育征程的开启。然而，必须要结合现实国情，进一步制定和出台更为详细的发展目标和实施举措。1992年，中共十四大提出义务教育发展的"基本扫除青壮年文盲，基本普及九年义务教育"的"两基"目标。

① 《刘少奇在中共八大作政治报告》，中华人民共和国中央人民政府网：http：//www.gov.cn/test/2008-06/23/conte-nt_1004301_5.htm.2008-6-3。

1993 年发布的《中国教育改革和发展纲要》明确规定，20 世纪 90 年代我国义务教育发展的目标是力争实现“两基”。1994 年发布的《关于〈中国教育改革和发展纲要〉实施意见》指出：“2000 年全国基本普及九年义务教育（包括初中阶段的职业教育），即占全国总人口 85% 的地区普及九年义务教育，初中毛入学率达到 85%，全国小学入学率达到 99% 以上。积极创造条件，使残疾儿童与其他儿童同步实施义务教育。大中城市基本满足幼儿接受教育的要求，广大农村积极发展学前一年的教育”。[①] 1997 年，中共十五大的报告指出，“实施科教兴国战略”，“把教育摆在优先发展的战略地位”，“大力普及九年义务教育，扫除青壮年文盲”。

为实施教育普及计划，政府发布了一系列政策性文件，包括《关于坚决制止中小学乱收费的规定》（1991）、《教育督导暂行规定》（1991）、《九十年代中国儿童发展规划纲要》（1992）、《中华人民共和国义务教育法实施细则》（1992）、《关于“八五”期间解决城市中小学教职工住房问题的意见》（1992）、《关于修改〈扫除文盲工作条例〉的通知》（1993）、《关于健全中小学生助学金制度的通知》（1995）、《残疾儿童少年义务教育工作“九五”实施方案》（1996）、《普通中小学校督导评估工作指导纲要》（1997）、《社会力量办学条例》（1997）、《中小学教师职业道德规范》（1997）、《特殊教育学校暂行规程》（1998）、《关于在小学减轻学生过重负担的紧急通知》（2000）等。

在“九五”规划时期，当时的国家教委同财政部发起实施“国家贫困地区义务教育工程”以帮助经济不发达地区进行义务教育普及工作。该工程是中央专项基金有史以来投入最多、规模最大的扶贫教育工程，投入达 124.62 亿元，涵盖国家贫困县 568 个，省级贫困县 284 个，2.5 亿人口受益。[②]除此之外，国家教委和财政部还专门成立了“国家贫困地区义务教育助学金”以资助民族地区贫困学生接受义务教育。除了政府的力量之外，国家还积极动员社会力量参与到普及义务教育的工作中来，1989

---

① 《国务院关于〈中国教育改革和发展纲要〉的实施意见》，《中国高等教育》1994 年第 10 期。

② 全国人大教科文卫委员会教育室等合作项目研究组：《中国义务教育发展研究报告》，中国民主法制出版社 2006 版，第 78—79 页。

年旨在帮助贫困地区失学儿童的希望工程由中国青少年发展基金会等组织发起；旨在资助贫困地区辍学女童的“春蕾计划”由全国妇联等组织发起，社会力量成为推进义务教育发展不可忽视的力量。

2001 年在全国政协新年欢迎会上，江泽民宣布中国按期实现了“两基”目标。截至 2000 年底，超过 1.9 亿人接受九年义务教育，十年时间增长 19.25%；小学适龄儿童入学率从十年前的 96.8% 提升至 99.1%，初中入学率则从 69.7% 提高到 88.6%。[①]《全民教育全球监测报告（2006）》指出，到 2002 年，中国全民教育发展指数上升到 0.954，在被监测的 121 个国家中排 38 位，较之 2001 年上升了 16 位，第一次列入教育发展高指数的国家范围内。[②]

三　提高阶段的教育政策

“两基”目标基本实现以后，我国义务教育发展总体落后的状况得到根本改观，但是义务教育保障的质量却并不高。这主要表现在义务教育的区域发展不均衡，特别是西部地区和东部贫困地区义务教育发展水平仍然较低；其次，在城市化、工业化过程中出现的以进城务工人员随迁子女为代表的特殊群体的义务教育保障水平较低，异地升学困难重重。为了进一步提高受教育权的保障水平，政府采取了一系列政策措施。

（一）促进教育发展的总体规划及其实施情况

2001 年颁布的《国务院关于基础教育改革和发展的决定》规定：“加强和完善教育督导制度。坚持督政与督学相结合，继续做好贫困地区‘两基’评估验收工作，保证验收质量；对已实现‘两基’的地区，建立巩固提高工作的复查和督查制度。积极开展对基础教育热点难点问题的专项督导检查。在推进实施素质教育工作中发挥教育督导工作的保障作用，建立对地区和学校实施素质教育的评价机制”。[③]

---

① 徐运平：《为了明天——写在〈中华人民共和国未成年人保护法〉颁布十周年之际》，2001 年 12 月 3 日第 1 版《人民日报》。

② 联合国教科文组织：《全民教育全球监测报告（2006）：扫盲至关重要》，联合国教育、科学及文化组织，2005，第 256 页。

③ 《国务院关于基础教育改革和发展的决定》，中国教育和科研计算机网：http://www.edu.cn/20010907/30006　65.shtml. 2001 - 5 - 29。

2002年制订的《全国教育事业第十个五年计划》提出，要巩固、扩大“两基”成果，发展学前教育，以多种形式大力发展高中阶段教育，采取各种措施积极扩大高等教育规模、办学无条件明显改善。具体目标是：全国普及九年义务教育的人口覆盖率进一步提高，初中阶段毛入学率超过95%。高中阶段毛入学率有较大提高，在城市和发达地区普及高中阶段教育。各类高等教育在学人数达到2300万人左右，其中研究生在学人数接近100万人，高等教育毛入学率争取达到20%左右。为此，要开展国家贫困地区义务教育、教育西部教育开发工程教育信息化工程。

表3—8 教育事业“十五”时期主要成就

	2000年	2005年	2005年比2000年提高
学前教育阶段：			
学前三年毛入园率（%）	37.7	41.4	3.7
义务教育阶段：			
小学毕业生升学率（%）	94.9	98.4	3.5
初中毛入学率（%）	88.6	95	6.4
初中三年保留率（%）	90.1	92.8	2.7
初中毕业生升学率（%）	51.2	69.7	18.5
高中阶段：			
毛入学率（%）	42.8	52.7	9.9
在校生（万人）	2518	4031	1513
其中：普通高中	1201	2409	1208
中等职业教育	1284	1600	316
高等教育：			
毛入学率（%）	12.5	21	8.5
在学总规模（万人）	1230	2300	1070
其中：普通本专科	556	1562	1006
研究生	30	98	68
成人本专科	354	436	82

续表

	2000 年	2005 年	2005 年比 2000 年提高
高校科技创新与服务			
普通高校获得授权的专利数（项）	1952	7399	5447
高校科技成果获国家奖数	53	143	90

资料来源：《国家教育事业发展“十一五”规划纲要》。

2007 年召开的中国共产党第十七次全国代表大会提出“教育公平是社会公平的重要基础”，“促进义务教育均衡发展”。①

2007 年发布的《国家教育事业发展“十一五”规划纲要》提出，要以“普及、发展、提高”为主要任务。以中西部农村地区为重点，普及和巩固九年义务教育；以中等职业教育为重点，加快发展职业教育，培养高素质劳动者和高技能人才。主要目标包括：全面普及和巩固九年义务教育，小学净入学率保持在 99% 以上，初中毛入学率达到 98% 以上，初中三年保留率达到 95%。青壮年文盲率降到 2% 左右。学前教育和特殊教育进一步发展，学前三年毛入园率达到 55% 以上，努力普及有学习能力的残疾儿童少年的九年义务教育。高中阶段教育普及程度明显提高，在校生规模达到 4510 万人，毛入学率达到 80% 左右，中等职业教育与普通高中规模基本相当。年培训城乡劳动者达到上亿人次，其中农村劳动力转移培训和农民工培训达 6000 万人次。15 岁以上人口平均受教育年限达到 9 年左右，新增劳动力平均受教育年限达到 11 年以上，从业人员中大专及以上学历的人员比例增至 10% 左右。同时，要使城乡、区域教育更加协调，义务教育趋于均衡。欠发达地区与全国教育平均水平的差距逐步缩小，完成“两基”攻坚任务，初中毛入学率达到 95% 以上，青壮年文盲率降到 4% 以下；中等发达地区教育发展水平明显提高，高中阶段教育毛入学率达到 80% 左右，城乡之间教育发展的差距明显缩小；发达地区初步实现教育现代化，在高质量普及九年义务教育的基础上，基本普及学前教育，基本普及高中阶段教育，学

---

① 《胡锦涛在中国共产党第十七次全国代表大会上的报告》，新华网：http：//www. news. xinhuanet. com/newscenter/2007 －10/24/content_ 6938568_ 7. htm. 2007 －10 －24。

前三年毛入园率和高中阶段教育毛入学率均达到85%以上，建立起较为完善的城乡一体化教育体系。[①]

为实现“十一五”规划的目标任务，国家实施了一系列专项工程，其中包括：（1）西部地区农村寄宿制学校建设工程：2004—2007年，中央安排资金100亿元，重点支持尚未实现“两基”的西部农村地区，新建和改建7700余所农村寄宿制学校。（2）中西部农村初中校舍改造工程：“十一五”时期，中央安排资金100亿元，推动未纳入“两基”攻坚计划实施范围的中西部地区农村初中校舍改造，改善办学条件，提高初中三年保留率。（3）农村中小学现代远程教育工程：2003—2007年，中央和地方共同安排资金100亿元，为中西部地区3.75万所农村初中建设计算机教室，为38.4万所农村小学配备卫星教学接收设备，为11万个小学教学点配备教学光盘播放设备和成套教学光盘。（4）农村教师培训计划：到2010年，使中西部地区50%的农村教师得到一次专业培训。[②]

《国家教育事业发展“十一五”规划纲要》得到了很好的落实。各项完成指标如表3—9所示。

表3—9　　教育事业“十一五”时期主要成就

	2005年	2010年	比2005年提高
学前教育阶段：			
学前三年毛入园率（%）	41.4	56.6	15.2
义务教育阶段：			
小学毕业生升学率（%）	98.4	98.7	0.3
初中毛入学率（%）	95.0	100.1	5.1
初中三年巩固率（%）	92.8	93.8	1
初中毕业生升学率（%）	69.7	87.5	17.8

① 《国务院批转教育部国家教育事业发展“十一五”规划纲要的通知》（国发［2007］14号），2007年5月18日。

② 同上。

续表

	2005 年	2010 年	比 2005 年提高
高中阶段:			
毛入学率（%）	52.7	82.5	29.8
在校生（万人）	4031	4671	640
其中：普通高中	2409	2427	18
中等职业教育	1600	2232	632
高等教育:			
毛入学率（%）	21	26.5	5.5
在学总规模（万人）	2300	3105	805
其中：普通本专科	1562	2232	670
研究生	98	154	56
成人本专科	436	536	100
高等学校科技创新			
普通高等学校获得授权的专利数（项）	7399	43153	35754
高等学校科技成果获国家奖数（项）	143	198	55
15 岁以上人口平均受教育年限（年）	8.5	9.0	0.5
新增劳动力平均受教育年限（年）	10.9	12.7	1.8

资料来源：《国家教育事业发展第十二个五年规划》。

2010 年 7 月 29 日，国务院颁布了《国家中长期教育改革和发展规划纲要（2010—2020 年）》，提出了“优先发展、育人为本、改革创新、促进公平、提高质量”的工作方针，并确定了宏观战略目标，即到 2020 年，基本实现教育现代化，基本形成学习型社会，进入人力资源强国行列。具体来说，要基本普及学前教育；巩固提高九年义务教育水平；普及高中阶段教育，毛入学率达到 90%；高等教育大众化水平进一步提高，毛入学率达到 40%；扫除青壮年文盲。新增劳动力平均受教育年限从 12.4 年提高到 13.5 年；主要劳动年龄人口平均受教育年限从 9.5 年提高到 11.2 年，其中受过高等教育的比例达到 20%，具有高等教育文化程度的人数比 2009 年翻一番。[①]

2012 年 6 月 14 日，教育部制定了《国家教育事业发展第十二个五年规划》，将“促进公平”作为基本工作方针之一。提出的具体目标是：基本普及学前一年教育，农村学前一年毛入园率达到 80% 左右，城镇和经济发达地区农村基本普及学前三年教育，基本解决“入园难”问题。义务教育巩固率达到 93%，农村义务教育阶段学校标准化率达到 50% 以上，基本实现远程教育班班通，实现县（市）域内义务教育初步均衡。基本普及高中阶段教育，毛入学率达到 87%。职业教育和普通教育协调发展，职业学校专业实训基地达标率达到 80%。高等教育毛入学率达到 36%，毕业生就业率进一步提高，一批学科进入世界前列。义务教育阶段新增教师具备高一级学历的比例达到 85% 以上。2012 年财政性教育经费占国内生产总值的比例达到 4%，并保持稳定增长。新增劳动力平均受教育年限达到 13.3 年左右，主要劳动年龄人口中受过高等教育的比例达到 15% 以上。进城务工人员通过多种方式受到基本职业技能培训。从业人员的继续教育参与率达到 40% 左右。城乡之间和东中西部之间教育发展差距显著缩小，义务教育择校问题明显改善，人民群众对教育公平的满意度显著提高。进城务工人员随迁子女在公办学校接受免费义务教育的比例达到 85% 以上。[②]

（二）“两基”攻坚计划及其实施情况

2001 年底，我国九年义务教育普及地区的人口达到总人口的 85%。[③]到 2002 年，全国 2860 个县中的 2429 个实现“两基”目标，占县级行政单位总数的 84.9%，人口覆盖达 91%。[④]然而，我国“两基”目标的实现具有极强的地区不均衡性。总体来看，东部地区经济发达、资源丰富，“两基”实现的质量比较高；西部地区经济发展比较落后，基础比较薄

① 《中共中央国务院印发中长期教育改革和发展规划纲要》，中央政府门户网站：http://www.gov.cn/jrzg/2010-07/29/content_1666937.htm。

② 《教育部关于印发〈国家教育事业发展第十二个五年规划〉的通知》（教发［2012］9 号），2012 年 6 月 14 日。

③ 《2000 年全国教育事业发展统计公报》，中国教育和科研计算机网：http://www.eol.cn/20041124/3121936.shtml。

④ 中国教育年鉴编辑部：《中国教育年鉴 2003》，人民教育出版社 2003 年版，第 142 页。

弱，“两基”的质量较低。2003 年 9 月召开的全国农村教育工作会议吹响了偏远、贫困地区“两基”攻坚的战斗号角。同年 12 月，财政部、发改委、教育部等联合专门制定了《国家西部地区“两基”攻坚计划(2004—2007 年)》。2004 年 7 月，财政部、发改委和教育部分别与新疆生产建设兵团和 12 个西部省份签订责任书，详细确认了计划的任务、目标和责任，地方各级政府实行一把手负责并且层层落实地方责任。①

2001 年至 2005 年间，国家专门设立义务教育助学金用于帮扶西部贫困学生。农村中小学教师专项工资从 2001 年开始设立，对于在西部贫困地区工作的教师每年拿出 50 亿元进行专门补助。2006 年，为了加速和保障攻坚计划的进程，国家在西部攻坚计划比较困难的农村中小学设置教师特设岗位。为了解决西部偏远地区地广人稀的特点造成的办学、上学成本较高的问题，2004—2007 年政府投入 90 亿元用于“农村中小学现代远程教育工程”，建立 8 万多个教学点，22 万多所农村完全小学，为西部贫困地区中小学生提供高质量教育资源；投入 100 亿元改建、兴建 6400 所农村寄宿制学校，缓解了 320 万贫困学生上学难的问题。② 为了提高农村地区义务教育的水平和质量，2005 年国家颁布《国务院关于深化农村义务教育经费保障机制改革的通知》，要求从 2006 年开始遵循“明确各级责任、中央地方共担、加大财政投入、提高保障水平”的宗旨原则，逐步将农村义务教育全面纳入公共财政保障范围，建立起中央和地方分项目、按比例分担的农村义务教育经费保障机制。③国家在 2006 年首先免除西部农村地区学生义务教育学杂费，同时对该地区义务教育阶段的中学和小学提供公用经费补助。全国农村地区在 2007 年全面推行“两免一补”政策。

2007 年 11 月，国务委员陈至立宣布：“西部地区基本普及九年义务教育，基本扫除青壮年文盲，攻坚目标如期实现。”④ 截至 2010 年底，普

---

① 温红彦：《众志成城度关山——国家西部地区“两基”攻坚工作述评》，2005 年 9 月 27 日第 1 版《中国教育报》。

② 全国人大教科文卫委员会教育室等合作项目研究组：《中国义务教育发展研究报告》，中国民主法制出版社 2006 年版，第 78—79 页。

③ 《国务院关于深化农村义务教育经费保障机制改革的通知》，《中国农村科技》2006 年第 2 期。

④ 《西部地区基本普及九年义务教育基本扫除青壮年文盲 攻坚目标如期实现》，2007 年 11 月 16 日第 4 版《人民日报》。

及九年义务教育人口覆盖率达100%，小学学龄儿童净入学率达99.7%，小学五年巩固率达到99%，初中毛入学率达到100%。城市小学新生中接受学前教育的比例达96.6%，农村小学新生中接受学前教育的比例达90.8%。全国15岁以上人口文盲率下降到4.08%。

表3—10　　学龄儿童小学入学率及小学、初中和高中升学率　　单位：%

年份	小学入学率	小学升学率	初中升学率	高中升学率
1990	97.8	74.6	40.6	27.3
1995	98.5	90.8	50.3	49.9
2000	99.1	94.9	51.2	73.2
2005	99.2	98.4	69.7	76.3
2010	99.7	98.7	87.5	83.3
2011	99.8	98.3	88.9	86.5
2012	99.9	98.3	88.4	87.0

数据来源：国家统计局：《中国统计年鉴（2014年）》。

（三）进城务工人员随迁子女义务教育权利的保障

我国工业化、城镇化的不断发展，打破了传统城乡人口分割的静态结构布局。改革开放早期，进城务工人员数量较少，通常也不携带子女进城，其子女的教育问题主要在流出地解决。20世纪80年代中期以后，农民工数量急剧增加，而且很多是举家迁徙，其子女在流入地就学的问题日益显现，进而成为一个社会问题。2011年4月发布的2010年第六次全国人口普查主要数据公报显示，居住地与户口登记地所在的乡镇街道不一致且离开户口登记地半年以上的人口为26139万人。据此可以计算，从2000年到2010年流动人口增长超过80%。[①]数量如此庞大的流动人口决定了学龄阶段的随迁子女数量也是庞大的。2011年，全国义务教育阶段进城务工人员随迁子女已达1167万。[②] 进城务工人员随迁子女义务教育受教育权的保障问题成为一个引起人们广泛关注的社会问题。

① 《中国发布人口普查数据 登记全国总人口13.39亿》，中国新闻网：http：//www. Chinanews. com/gn/20 11/04 －28/3004635. shtml。

② 《我国义务教育阶段随迁子女已达1167万》，中华人民共和国教育部网：http：//www. moe. gov. cn/ publicfiles/business/htmlfiles/moe/s5147/201112/128766. html。

教育部在1996年颁布了《城镇流动人口中适龄儿童、少年就学办法（试行）》。两年后，公安部和教育部联合公布《流动儿童少年就学暂行办法》。这些文件规定了流入地政府、流出地政府和监护人的责任范围；明确指出公办小学和打工子弟学校是接收进城务工人员随迁子女的主要渠道；要求对随迁子女的管理和收费要规范。但是，允许向进城务工人员随迁子女征收借读费给随迁子女的教育带来困难。由于大多数进城务工人员家庭经济比较拮据，缴不起公办学校的借读费，最终导致很多随迁子女只能在民工子弟学校就学，甚至无学可上。

2001年颁布《中国儿童发展纲要（2001—2010年）》要求保障流动儿童的教育权利，不断完善流动儿童就学制度，提高教育规划质量，适应在城镇化潮流中城市流动人口适龄儿童的入学需要。①

为了解决保障流动儿童受教育权的义务归属问题，2001年国务院发布的《国务院关于基础教育改革和发展的决定》规定，随迁子女义务教育问题的解决应该以流入地政府为主，随迁子女应主要进入城市公办中小学就读，即“两为主”策略。之后发布的一系列文件都不同程度地强调和重申“两为主”的重要性。如《关于进一步做好进城务工就业农民子女义务教育工作的意见》、《关于做好农民进城务工就业管理和服务工作的通知》、《国务院关于进一步加强农村教育工作的决定》、《教育部关于进一步推进义务教育均衡发展的若干意见》等。但是我国流动人口规模大，公办学校在短时期内难以容纳如此多的随迁子女。因此，国家在继续贯彻落实“两为主”政策的同时，注意充分发挥社会力量在保障随迁子女教育权中的作用，号召社会力量捐资助学，规范民工子弟学校的办学行为。社会力量为随迁子女受教育权的保障发挥了重要的作用。

在流动儿童教育收费问题上，教育部联合其他部委2003年制定的《关于进一步做好进城务工就业农民子女义务教育工作的意见》明确指出，对于随迁子女的管理和收费要与当地户籍人口子女一视同仁。同年12月，教育部等部委颁布的《关于将农民工管理等有关经费纳入财政预算支出范围有关问题的通知》规定：“地方各级财政部门要将涉及农民工

---

① 《中国儿童发展纲要（2001—2010年）》，中华人民共和国中央人民政府网：http：//www. gov. cn/ztzl/61/content_ 627720. htm。

的治安管理、计划生育、劳动就业、子女教育等有关经费，纳入正常的财政预算支出范围”。[①] 2004 年，财政部颁布的《关于规范收费管理促进农民增加收入的通知》重申一视同仁原则，明确规定针对随迁子女的收费标准和项目要和当地人口一致，除了依法征收一定的学杂费、教材费、住宿费之外，不允许收择校费和借读费。教育部在 2005 年发布的《教育部关于进一步推进义务教育均衡发展的若干意见》要求继续坚持一视同仁原则。2008 年发布的《国务院关于做好免除城市义务教育阶段学生学杂费工作的通知》要求免除随迁子女的学杂费，禁止向随迁子女收取借读费。

《国家中长期教育改革和发展规划纲要（2010—2020 年）》进一步要求将确保随迁子女能够平等享有义务教育权作为今后教育工作的重点。《国民经济和社会发展第十二个五年规划纲要》再次明确要求：“以流入地全日制公办中小学为主，保证农民工随迁子女平等接受义务教育，并做好与高中阶段教育的衔接。”[②]

在国家相关政策文件精神的指导下，地方各级政府切实加强随迁子女教育权的保障工作，因地制宜地出台和完善了一些地方性的行政法规。如上海市制定了《上海市教育委员会等五单位关于进一步做好进城务工就业农民子女学校安全管理工作的意见》、《上海市人民政府关于本市做好农民工工作的实施意见》、《上海市教育委员会关于进一步加强本市以接收进城务工就业农民子女为主学校管理工作的意见》、《上海市人民政府办公厅转发市教委等七部门关于切实做好进城务工就业农民子女义务教育工作意见的通知》，并在各个辖区成立了专门负责随迁子女工作的领导小组。2008 年该市开展了“三年行动计划”，要求到 2010 年进城务工人员随迁子女小学阶段 70% 纳入公办学校就读、初中阶段 100% 纳入公办学校就读，剩余随迁子女全部纳入政府出资改造和提供办学成本补偿的合格民办学校就读。在三年期间，上海市共投入资金 103.79 亿元，建设中小学和幼儿园 363 所，其中义务教育学校 144 所，提供约 15 万个义务教育学

① 《关于将农民工管理等有关经费纳入财政预算支出范围有关问题的通知》，中华人民共和国中央人民政府网：http://www.gov.cn/ztzl/2005-12/30/content_143129.htm。

② 《中华人民共和国国民经济和社会发展第十二个五年规划纲要》，中华人民共和国中央人民政府网：http://www.gov.cn/2011lh/content_1825838.htm。

位，扩大了公办学校的接纳能力。[①]北京市也制定了《关于认真做好来京务工人员随迁子女入学登记和宣传工作的通知》、《关于贯彻国务院做好免除城市义务教育阶段学生学杂费工作文件精神的意见》等文件。

（四）异地高考政策的出台和实施

随迁子女比较集中的城市往往教育水平较高，随迁子女能否在流入地参加高考便成为一个需要解决的现实问题。由于高考模式的差别、各地教育资源、教育内容方面存在的差异，随迁子女回原籍参加高考面临重重困难。

为解决这一问题，国家在2012年8月发布了《关于做好进城务工人员随迁子女接受义务教育后在当地参加升学考试工作的意见》，明确规定："各省、自治区、直辖市有关随迁子女升学考试的方案原则上应于2012年年底前出台。北京、上海等人口流入集中的地区要进一步摸清底数，掌握非本地户籍人口变动和随迁子女就学等情况，抓紧建立健全进城务工人员管理制度，制定出台有关随迁子女升学考试的方案。"[②]

但由于随迁子女规模比较大、高等教育资源配置的区域不均衡等因素使得异地高考在短时间内不能完全放开，必须实行有条件的准入。2012年发布的《意见》提出了三大准入限制即随迁子女学籍、随迁子女父母和城市发展条件。2012年，随迁子女数量规模不大的山东省率先宣布实行异地高考。但在外来人口比较多的北京、上海等地，对于高等教育资源的放开往往采取渐进的态度，大多先开放高职高专。

（五）面向中西部和农村贫困地区的教育计划

为了使中西部和农村贫困地区的学生获得更公平的受教育机会，国家制定和实施了一系列专项计划和工程，包括教育扶贫工程、农村贫困地区定向招生专项计和中西部高等教育振兴计划。

2013年7月29日，国务院办公厅转发教育部、发展改革委、财政部、扶贫办、人力资源社会保障部、公安部、农业部发布了《关于实施教育扶贫工程的意见的通知》。实施教育扶贫工程的范围为《中国农村扶

① 李斌：《打工子弟学校怎么办？北京上海比比看》，2011年8月19日《中国青年报》第3版。

② 《关于做好进城务工人员随迁子女接受义务教育后在当地参加升学考试工作的意见》，中华人民共和国中央人民政府网：http：//www. gov. cn/zwgk/2012－08/31content_ 2214566. htm。

贫开发纲要（2011—2020年）》所确定的连片特困扶贫攻坚地区（以下简称片区），具体是：六盘山区、秦巴山区、武陵山区、乌蒙山区、滇桂黔石漠化区、滇西边境山区、大兴安岭南麓山区、燕山—太行山区、吕梁山区、大别山区、罗霄山区等区域的片区和已明确实施特殊政策的西藏、四省藏区、新疆南疆三地州。该工程要求，到2015年，片区学前三年毛入园率达到55%以上，少数民族双语地区基本普及学前一至两年双语教育，义务教育巩固率达到90%以上，高中阶段毛入学率达到80%以上，视力、听力、智力三类残疾儿童义务教育入学率达到80%。同时，要提高职业教育促进脱贫致富的能力，提高高等教育服务区域经济社会发展的能力，提高继续教育服务劳动者就业创业能力。到2020年使片区基本公共教育服务水平接近全国平均水平。[①]

2012年3月19日，教育部、国家发展改革委、财政部、人力资源社会保障部和国务院扶贫办联合发布了《关于实施面向贫困地区定向招生专项计划的通知》，从2012年开始，“十二五”期间，每年在全国普通高校招生年度计划总增量中安排1万名左右本科招生计划，面向集中连片特殊困难地区参加全国统考的考生，实行定向招生，并且引导和鼓励学生毕业后回到贫困地区就业创业和服务，生源范围为国务院确定的21个省（区、市）的680个贫困县。[②] 2013年5月30日，教育部发布《教育部关于2013年扩大实施农村贫困地区定向招生专项计划的通知》，决定2013年扩大实施专项计划，包括扩大规模、扩大区域、增加高校、鼓励地方采取措施。2013年专项计划总招生扩大至32100名。其中，本科计划安排30000名，高职计划安排2100名。2013年《专项计划》覆盖区域将在2013年面向680个集中连片特殊困难县基础上，扩大到832个县。承担《专项计划》本科任务的高校由去年的222所扩大到263所，覆盖所有“211工程”学校和108所中央部属高校。承担专项计划任务的中央部门高校，2013年录取农村学生比例比上一年至少提高2个百分点。各省（区、市）在国家扩大农村贫困地区定向招生专项计划的基础上，依据本

---

① 《国务院办公厅转发教育部等部门关于实施教育扶贫工程意见的通知》，中央人民政府网站：http：//www. gov. cn/zwgk/2013 -09/11/content_ 2486107. htm。

② 《教育部等五部委：关于实施面向贫困地区定向招生专项计划的通知》，中华人民共和国财政部网站：http：//www. mof. gov. cn/zhengwuxinxi/zhengcefabu/201204/t20120423_ 644817. htm。

地实际情况，统筹本地高等教育资源，制定地方所属重点高校进一步提高招收农村学生比例的政策措施。

2013 年 5 月 22 日，教育部、国家发展改革委、财政部共同制订并发布了《中西部高等教育振兴计划（2012—2020 年）》，提出十项任务。第一，加强优势特色学科专业建设，优化学位授权点布局，支持特色学科专业发展。第二，加强人才队伍建设，加强对教师的培养培训。第三，深化教育教学改革。推进本科教育教学改革、研究生培养机制改革以及高等职业教育改革。第四，提升科研创新水平。加强科研平台建设，加强科研经费和项目支持。第五，增强社会服务能力。协同服务区域经济社会发展，加强继续教育服务能力建设。第六，促进优质资源共享。加强信息化公共服务平台建设，推进优质数字化资源共建共享。第七，扩大中西部学生入学机会。坚持新增招生计划向中西部高等教育资源短缺地区倾斜，继续实施专项招生计划。第八，优化院校布局结构。优化中西部地区院校设置工作，深入推进省部共建地方高校，加强中西部高校基础能力建设，支持中西部高校提升综合实力。第九，加强交流与合作。加强区域内外高校交流与合作，扩大对外交流与合作，支持中西部高校学生出国留学和回国创业发展，支持中西部高校接收来华留学生。第十，健全投入机制。完善中西部地方高校预算拨款制度，建立健全高校财务风险控制长效机制，加大中西部地方高校家庭经济困难学生资助力度。①

为保障农村学生有平等的机会享受义务教育，自 2010 年开始，国家免除了全国约 1.3 亿名农村义务教育学生学杂费和教科书费，免除了寄宿生住宿费，按照小学每生每年 750 元、初中每生每年 1000 元的标准，对约 1224 万名农村家庭经济困难寄宿生补助了生活费。中央财政支持农村义务教育阶段教师特设岗位计划，公开招聘高校毕业生到农村教学任教。政府还实施了农村义务教育学生营养改善计划，由中央财政拨付专项资金予以支持。

国家建立了普通高中国家助学金，资助家庭经济困难学生；所有农村学生、城市涉农专业和家庭经济困难学生均享受中职免学费政策，

① 《三部门印发〈中西部高等教育振兴计划〉的通知》，中央人民政府网站：http://www.gov.cn/gzdt/2013-05/23/content_2409547.htm。

一、二年级在校涉农专业学生和非涉农专业家庭经济困难学生享受国家助学金。

第六节 文化权利的政策保障

根据联合国《经济、社会和文化权利国际公约》第十五条的规定，文化权利主要包括三个方面：(1)参加文化生活的权利；(2)享受科学进步及其应用所产生的利益的权利；(3)对本人的任何科学、文学或艺术作品所产生的精神上和物质上的利益受到保护的权利。[①]中国政府为保护公民享有充分的文化权利，结合中国的具体国情，制订了专门的政策计划，并采取了相应的行动措施。

一 保障文化权利的总体规划

2006年9月，中共中央办公厅、国务院办公厅印发了《国家“十一五”时期文化发展规划纲要》，这是中国第一个专门部署文化建设的中长期规划。该规划提出，要从现阶段经济社会发展水平出发，以实现和保障公民基本文化权益、满足广大人民群众基本文化需求为目标，坚持公共服务普遍均等原则，兼顾城乡之间、地区之间的协调发展，统筹规划，合理安排，形成实用、便捷、高效的公共文化服务网络。

2011年10月18日，中国共产党第十七届中央委员会第六次全体会议通过《中共中央关于深化文化体制改革，推动社会主义文化大发展大繁荣若干重大问题的决定》，提出了大力发展公益性文化事业，保障人民基本文化权益的具体举措。第一，构建公共文化服务体系。以公共财政为支撑，以公益性文化单位为骨干，以全体人民为服务对象，以保障人民群众看电视、听广播、读书看报、进行公共文化鉴赏、参与公共文化活动等基本文化权益为主要内容，完善覆盖城乡、结构合理、功能健全、实用高效的公共文化服务体系。第二，发展现代传播体系。加快构建技术先进、传输快捷、覆盖广泛的现代传播体系，加强党报党刊、通讯社、电台电视台和重要出版社建设，加强国际传播能力建设，建立统一联动、安全可靠

---

① 联合国：《经济、社会和文化权利国际公约》第十五条。

的国家应急广播体系，完善国家数字图书馆建设，推进电信网、广电网、互联网三网融合。第三，建设优秀传统文化传承体系。加强文化典籍整理和出版工作，加强国家重大文化和自然遗产地、重点文物保护单位、历史文化名城名镇名村保护建设，深入挖掘民族传统节日文化内涵，发挥国民教育在文化传承创新中的基础性作用，繁荣发展少数民族文化事业，加强同香港、澳门的文化交流合作，共同弘扬中华优秀传统文化。第四，加快城乡文化一体化发展。增加农村文化服务总量，缩小城乡文化发展差距，深入开展全民阅读、全民健身活动，引导企业、社区积极开展面向农民工的公益性文化活动，尽快把农民工纳入城市公共文化服务体系。建立以城带乡联动机制，鼓励文化单位面向农村提供流动服务、网点服务，扶持文化企业以连锁方式加强基层和农村文化网点建设，中央、省、市三级设立农村文化建设专项资金，保证一定数量的中央转移支付资金用于乡镇和村文化建设。①

2012年2月，中共中央办公厅、国务院办公厅印发了《国家“十二五”时期文化改革发展规划纲要》，提出了到2015年中国文化改革发展的10项主要目标，进一步明确了具体要求。该规划纲要提出以重点工程带动的工作思路，明确了九大重点工程，并细化分解为50项重点项目。根据该规划纲要，“十二五”期间要基本建立覆盖全社会的公共文化服务体系，使城乡居民能够较为便捷地享受公共文化服务。为实现这一目标，需要将工作的重心投入以下四个方面：（1）不断完善公共文化服务设施状况。“十二五”期间将重点放在国家美术馆、中国工艺美术馆等代表国家先进文化水平的重点文化设施建设中去，特别要支持中西部地区地市级公共图书馆、文化馆、博物馆建设，改善县级图书馆、文化馆和乡镇综合文化站的设施和设备条件，深入地实施农家书屋工程，逐步完善各级公共文化服务设施。在完善设施条件的基础上，还要加强公共文化设施的运行管理，明确服务的标准和服务的规范，加强评估考核。（2）着力加强公共文化产品和服务供给。国家将稳步地推进文化馆、博物馆、图书馆、美术馆等公共文化服务设施和爱国主义教育示范基地建设并完善向社会免费

① 《授权发布：中共中央关于深化文化体制改革 推动社会主义文化大发展大繁荣若干重大问题的决定》，新华网：http：//news. xinhuanet. com/politics/2011 - 10/25/c_ 122197737. htm。

开放的服务，继续组织实施文化信息资源的共享工程、农村电影放映的工程，通过现代信息技术有效地传输文化资源，增强基层，特别是农村地区的公共文化产品和服务供给能力。广泛开展诸如全民阅读、全民健身等丰富多彩的、群众乐于参与、便于参与的文化活动。（3）重点关注公共文化服务均等化。鼓励和扶持少数民族文化产品的创作生产和译制制作，保障少数民族群众使用本民族语言享受公共文化服务的权利。将农民工纳入城市公共文化服务体系，积极开展面向农民工、城市贫困人口、残疾人等弱势群体的公益性文化活动。“十二五”期间，国家继续实施广播电视村村通工程、少数民族语言广播电视节目和民文出版的译制能力建设等工作，逐步推进基本公共文化服务的均等化。（4）加强文化遗产的保护传承与利用。“十二五”期间，国家将重点加强文物保护单位、历史文化名城名镇名村、非物质文化遗产等珍贵文化遗产的保护设施建设，特别要提高保护水平，做好中华古籍保护与出版工作，拓展文化遗产传承利用的途径，鼓励依托文化遗产的旅游及相关产业，使人民群众能够共享文化遗产保护的成果。

二　公共文化服务体系和设施建设

2006年发布的《国家“十一五”时期文化发展规划纲要》提出，要完善公共文化设施网络布局。以大型公共文化设施为骨干，以社区和乡镇基层文化设施为基础，优先安排关系人民群众切身文化利益的设施建设，加强图书馆、博物馆、文化馆、美术馆、电台、电视台、广播电视发射转播台（站）、互联网公共信息服务点等公共文化基础设施建设。该规划确定的“国家重大文化设施建设项目”包括国家大剧院工程、国家博物馆改扩建工程、国家图书馆二期暨国家数字图书馆建设工程、中国美术馆二期改扩建工程、国家话剧院建设工程、中央电视台新址建设工程和地方重要文化设施建设。在确定的“国家重要文化工程项目”中，包括：（1）文化信息资源共享工程：以农村为重点，建设电子图书、舞台艺术、知识讲座和影视节目等数字资源库，基本完成全国市、县和乡镇分中心建设，推进文化资源数字化，促进文化信息资源共享。（2）广播影视数字化工程：全面推进广播电视由模拟向数字化转换，积极发展多种形式的新兴传播载体，加快电影制作、发行、存储和放映的数字化。（3）新疆、西藏、内蒙古少数民族语言文字出版工程：支持少数民族语言文字的各种出版物的出版、印刷、复制和发行。确定的“农村文化建设重点项目”包括：（1）广播电视“村村通”工程：推进广播电视进村入户，充分利用无线、卫星、有线、微波等多种手段，为广大农村地区提供套数更多、质量更好的广播电视节目，全面实现20户以上已通电自然村通广播电视。（2）农村电影放映工程：做好农村电影拷贝配送工作，丰富电影片源，加快推进农村电影数字化放映，加强农村电影院更新改造，增加固定或流动放映点，基本实现全国农村一村一月放映一场电影。（3）乡镇综合文化站建设：在欠发达地区新建、改扩建2.5万个左右综合文化站，配备必需的设备，完成对农村危旧公共文化设施的改造，基本实现全国乡镇均建有综合文化站。（4）流动综合文化服务车：对西部及其他老少边穷等地广人稀适宜开展流动服务的地区，为县乡配备流动文化服务车、流动电影放映车，开展集影视放映、文艺演出、图片展览、图书销售和借阅、科技宣传为一体的流动文化服务。①

2007年8月21日，中央办公厅和国务院办公厅联合发布了《关于加强公共文化服务体系建设的若干意见》，提出“加快建立覆盖全社会的公共文化服务体系，是维护好、实现好、发展好人民群众基本文化权益的主要途径”。该意见要求实施重大公共文化服务工程，包括广播电视村村通工程、全国文化信息资源共享工程、乡镇综合文化站和基层文化阵地建设工程、农村电影放映工程、农家书屋建设工程。②

2011年11月15日，文化部、财政部共同发布了《关于进一步加强公共数字文化建设的指导意见》，提出要重点实施文化共享工程、数字图书馆推广工程和公共电子阅览室建设计划三大公共数字文化惠民工程，提升三大公共数字文化惠民工程的整体效能。在此基础上，广泛动员各方面力量，逐步拓展范围，带动数字美术馆、数字文化馆、数字博物馆、数字爱国主义教育基地等建设，大力整合汇聚非物质文化遗产、国有艺术院团、民间文艺社团等方面的数字化资源，不断丰富和加强公共数字文化建

---

① 《国家“十一五”时期文化发展规划纲要》，《人民日报》2006年9月15日第10版。

② 《中共中央办公厅、国务院办公厅关于加强公共文化服务体系建设的若干意见》，2007年8月21日。

设。该意见要求，要提高公共数字文化供给能力，创新公共数字文化服务机制，在实施重点公共数字文化惠民工程的基础上，全面加强公共数字文化的制度体系、网络体系、资源体系、管理体系和服务体系建设。一是要推进公共数字文化建设制度设计，实现科学规划。开展专题调研，推进公共数字文化建设的制度设计和机制研究。二是要发展完善公共数字文化设施网络，实现双向互动。三是要加强公共数字文化资源建设，实现共建共享。四是要搭建集中统一的运行管理平台，实现规范管理。采取科学化、系统化、规范化的管理手段，确保公共数字文化体系的稳定运行和有效监管。五是要打造基于互联网、广播电视网和移动通信网的跨网络、跨终端的服务新业态，实现创新发展。六是要鼓励开放合作的数字文化建设新局面，实现互利共赢。①

2012 年 2 月，国家发展改革委、文化部和国家文物局共同研究编制了《全国地市级公共文化设施建设规划》，该规划是在顺利完成“十五”县级公共图书馆文化馆建设、“十一五”乡镇综合文化站建设规划的基础上，针对地市级公共图书馆、文化馆和博物馆建设制定的专项规划。该规划实行项目储备库制度。具体来说，对于现有无馆舍或馆舍面积未达到标准下限、且近 15 年未曾大修过的地市级图书馆、文化馆项目可申请纳入项目储备库，馆藏文物数量不低于 6000 件、现有面积低于 4000 平方米的地市级博物馆项目可申请纳入项目储备库。经地方申报，国家发展改革委会同文化部、国家文物局审核后，共筛选了符合申报条件的 532 个项目纳入项目储备库，其中，公共图书馆 189 个、文化馆 221 个、博物馆 122 个。申报总建设规模约为 450 万平方米，总投资约 200 亿元。②

2012 年 2 月发布的《国家“十二五”时期文化改革发展规划纲要》提出，要构建公共文化服务体系，按照公益性、基本性、均等性、便利性的要求，以公共财政为支撑，以公益性文化单位为骨干，以全体人民为服务对象，以保障人民群众看电视、听广播、读书看报、进行公共文

---

① 《两部门出台进一步加强公共数字文化建设的指导意见》，中央政府门户网站：http://www.gov.cn/gzdt/2011-12/09/content_2016108.htm。

② 《〈全国地市级公共文化设施建设规划〉正式印发》，中央政府门户网站：http://www.gov.cn/gzdt/2012-02/07/content_2060392.htm。

化鉴赏、参与公共文化活动等基本文化权益为主要内容，完善覆盖城乡、结构合理、功能健全、实用高效的公共文化服务体系。推动跨部门项目合作，统筹规划和建设基层公共文化服务设施，坚持项目建设和运行管理并重，实现资源整合、共建共享。加强社区公共文化设施建设，把社区文化中心建设纳入城乡规划和设计，拓展投资渠道。完善面向妇女、未成年人、老年人、残疾人的公共文化服务设施。该规划确定的公共文化服务建设“重点文化惠民工程”包括：（1）广播电视村村通工程：重点解决20户以下已通电自然村覆盖，完善高山无线发射台站基础设施，积极推进直播卫星广播电视公共服务，基本实现广播电视户户通，全国广播电视人口综合覆盖率达到99%。（2）文化信息资源共享工程实现从城市到农村服务网络全覆盖，通过有线电视、直播卫生、通信网、互联网等多种方式进入居民家庭，入户率达到50%，数字资源量达到530万兆字节。建设公共电子阅览室。（3）农村数字电影放映工程：农村流动银幕达到5万块，每个行政村每月放映一场数字电影，每学期农村中小学观看两场爱国主义教育影片。（4）农家书屋工程：到2012年实现覆盖全部行政村，建立出版物更新配送系统，提高配送图书的质量。（5）公共文化设施建设：新建、改扩建一批地市级公共图书馆、文化馆、博物馆。（6）边疆及民族地区公共文化建设：实施新疆文化建设春雨工程、新闻出版东风工程、扶持少数民族文化产品创作生产，加强边疆民族地区文化设施建设，建设少数民族语言翻译出版基地，扶持少数民族文化产品译制和出版、播出。（7）国家级重大文化设施建设：推进国家美术馆、中国工艺美术馆、出版博物馆、中国国学研究与交流中心、国家民族博物馆、新闻博物馆等一批代表国家文化形象的重点文化设施建设。

截至2013年，文化信息资源共享工程已建成1个国家中心，33个省级分中心，2843个市县支中心，29555个乡镇（街道）基层服务点，60.2万个行政村（社区）基层服务点，部分省（区、市）村级覆盖范围已延伸到自然村；已建设公共电子阅览室42654个，其中乡镇27706个，街道2282个，社区12666个。全国公共博物馆、纪念馆和各级爱国主义教育基地向社会免费开放。全国公共图书馆人均资源情况和每万人群众文化设施建筑面积见表3—11、表3—12。

表 3—11　　2006—2013 年全国公共图书馆人均资源情况

（年份）	2006	2007	2008	2009	2010	2011	2012	2013
每万人公共图书馆建筑面积（平方米）	54. 7	56. 1	58. 7	63. 7	67. 1	73. 8	78. 2	85. 1
人均公共图书馆藏量（本）	0. 38	0. 39	0. 41	0. 44	0. 46	0. 47	0. 51	0. 55

资料来源：文化部：《2013 年文化发展统计公报》，2014 年 5 月 1 日。

表 3—12　　2006—2013 年全国平均每万人群众文化设施建筑面积

单位：平方米

年份	2006	2007	2008	2009	2010	2011	2012	2013
平米数	123. 46	126. 19	145. 40	164. 27	188. 60	221. 23	234. 34	249. 09

资料来源：文化部：《2013 年文化发展统计公报》，2014 年 5 月 1 日。

三　免费开放各种公共文化设施

2008 年 1 月 23 日，根据中宣部、财政部、文化部和国家文物局联合下发的《关于全国博物馆、纪念馆免费开放的通知》要求，全国各级文化文物部门归口管理的公共博物馆、纪念馆，全国爱国主义教育示范基地实行免费开放。文物建筑及遗址类博物馆暂不实行全部免费开放，继续实行减免门票等优惠政策。①

2011 年 1 月 26 日，财政部、文化部于联合发布了《关于推进全国美术馆、公共图书馆、文化馆（站）免费开放工作的意见》，就各级文化行政部门归口管理的美术馆、公共图书馆、文化馆（站）进一步向社会免费开放提出要求。美术馆、公共图书馆、文化馆（站）免费开放工作的总体目标：到 2012 年底，与深化文化体制改革、提升公共文化服务能力相结合，实现美术馆、公共图书馆、文化馆（站）规章制度健全，职责任务清晰，服务内容明确，保障机制完善，实现免费开

① 《关于全国博物馆、纪念馆免费开放的通知》（中宣发［2008］2 号），中央人民政府网站：http：//www. gov. cn/gzdt/2008 -02/01/content_ 877540. htm。

放，健全与其职能相适应的基本文化服务项目并免费向群众提供，设施利用率明显提高，使免费服务成为政府的重要民生项目和公共文化服务品牌。《意见》要求在2011年底之前国家级、省级美术馆全部向公众免费开放；2012年底之前各级美术馆全部向公众免费开放；2011年底之前，全国所有公共图书馆、文化馆（站）实现无障碍、零门槛进入，公共空间设施场地全部免费开放，所提供的基本服务项目全部免费。到2012年底，全国所有一级馆、省级馆、省会城市馆、东部地区馆站免费提供的基本公共文化服务质量和水平不断提升，形成两个以上服务品牌。其他图书馆、文化馆站实现基本公共文化服务项目健全，并免费提供。《意见》提出了六项具体措施：（1）取消公共图书馆办证费、电子阅览室上网费，限期取消文化馆（站）群众文化艺术辅导和培训费等部分收费项目。（2）不得以拍卖、租赁等任何形式改变公共文化设施用途，已挪作他用的限期收回。（3）基本公共文化服务以外的公益性服务，要与市场价格有所区分，降低收费标准，按照成本价格为群众提供服务。（4）完善免费开放公示制度，在窗口接待、场所引导、资料提供以及内容讲解等方面创造良好的服务环境，增强吸引力。（5）制定应急预案，完善应急处置机制，确保免费开放后的公众安全、资源安全、设施设备安全。（6）加强免费开放的宣传，扩大免费开放的公众知晓率，吸引广大群众走进文化设施，最大限度地发挥美术馆、公共图书馆、文化馆（站）功能作用。①

2012年2月发布的《国家“十二五”时期文化改革发展规划纲要》再次强调，要加强文化馆、博物馆、图书馆、美术馆、科技馆、纪念馆、工人文化宫、青少年宫等公共文化服务设施和爱国主义教育示范基地建设并完善向社会免费开放服务。

四 设立农村文化建设专项资金

自2011年起，中央财政在整合“农村文化以奖代补资金”、“农村电影放映场次补贴资金”的基础上，新设了农村文化建设专项资金。

---

① 《文化部、财政部联合发布关于推进全国美术馆、公共图书馆、文化馆（站）免费开放工作的意见》，文化部：http：//119.255.11.76/auto255/201102/t20110210_20743.html。

2013年4月，财政部印发了《中央补助地方农村文化建设专项资金管理暂行办法》，对专项资金的支出范围和标准、申报与审批、管理与使用、监督检查等做了明确规定。[①] 2013年，中央财政下拨农村文化建设专项资金46亿元。该专项资金重点将用于全国文化信息资源共享工程村级基层服务点的运行维护和开展宣传培训、农家书屋出版物补充及更新、农村电影公益放映场次补贴、行政村组织开展各类文化体育活动等项目支出。同时，鼓励地方加大农村文化投入，支持开展农村特色文化体育活动、加强农村基层文化体育人才队伍建设、丰富农民群众文化体育生活等。[②]

五 鼓励文化产业发展

2009年7月，国家通过第一部文化产业专项规划——《文化产业振兴规划》，提出支持有条件的文化企业进入主板、创业板上市融资，鼓励已上市文化企业通过公开增发、定向增发等再融资方式进行并购和重组，迅速做大做强。支持符合条件的文化企业发行企业债券。2010年3月，中国人民银行会同中宣部、财政部等九部委联合发布《关于金融支持文化产业振兴和发展繁荣的指导意见》，明确提出支持处于成熟期、经营较为稳定的文化企业在主板市场上市；鼓励已上市的文化企业通过公开增发、定向增发等再融资方式进行并购和重组；探索建立宣传文化部门与证券监管部门的项目信息合作机制，加强适合于创业板市场的中小文化企业项目的筛选和储备，支持其中符合条件的企业上市。

2012年2月发布的《国家“十二五”时期文化改革发展规划纲要》将文化产业“逐步成长为国民经济支柱性产业”的目标，“十二五”期间文化产业发展主要侧重三个方面：（1）构建现代文化产业体系。积极发展和壮大出版发行、影视制作、印刷、广告、演艺等传统文化产业，加快

---

① 《财政部关于印发〈中央补助地方农村文化建设专项资金管理暂行办法〉的通知》，中华人民共和国中央人民政府网：http：//www.gov.cn/gongbao/content/2013/content_2449484.htm。

② 《中央财政下拨农村文化建设专项资金46亿元》，新华网：http：//news.xinhuanet.com/politics/2013-09/27/c_117536690.htm。

发展文化创意、数字出版、移动多媒体、动漫游戏等新兴文化产业，规范发展文化产业园区。在重点培育一批核心竞争力强的国有或国有控制大型文化企业或企业集团的基础上，在国家许可范围内，引导社会资本以多种形式投资文化产业，逐步形成公有制为主体、多种所有制共同发展的文化产业格局。推动文化产业与旅游、体育、信息、物流、建筑等产业的融合发展，提升品牌价值，增加物质产品和现代服务业的附加值和文化含量。（2）培育现代文化市场。在市场主体培育方面，将以建立现代企业制度为重点，完善产业分工协作体系，鼓励有实力的文化企业跨地区、跨行业、跨所有制兼并重组。在流通方面，要加快发展各类文化产品和要素市场，打造交易平台，健全中介服务，支持文化物流基地等文化产品的流通网络建设。在消费方面，着力加强文化传播渠道建设，通过支持中西部地区影院建设、全国演艺院线等增加文化消费平台，鼓励文化消费。（3）鼓励文化企业走出去。推动文化产品和服务的出口，扩大文化企业对外投资和跨国经营，是支持和推动文化走出去的重要方式。国家将鼓励扩大文化产品和服务的出口规模，推动开拓国际市场，逐步改变主要文化产品进出口严重逆差的局面，并扶持重点文化企业的海外发展。

《中国文化产业年度发展报告（2013）》显示，2012 年中国文化产业总产值已经突破 4 万亿元，文化产业对当年经济总量增长的贡献达到 5.5%。[①]

六　打击侵犯知识产权专项行动

为保护文化创造者的合法权益，政府持续开展了各种打击侵犯知识产权的专项行动。

2005 年 9 月，在中宣部和原信息产业部、公安部等部门的有力配合下，国家版权局率先在国内开展网络知识产权保护工作，启动了每年延续的打击网络侵权盗版专项行动。2010 年，网络专项行动被命名为“剑网行动”。2012 年，在原有国家版权局、公安部、工信部 3 个部门的基础上，增加了国家互联网信息办公室。“剑网行动”以查办大案要案为抓手，针对网络文学、音乐、视频、游戏、动漫、软件等重点领域，突出图

---

① 《〈中国文化产业年度发展报告（2013）〉昨日发布》，《北京日报》2013 年 1 月 6 日。

书、音像制品、电子出版物、网络出版物等重点产品，集中强化对网络侵权盗版行为的打击力度。2014 年 6 月至 11 月联合开展了第十次打击网络侵权盗版专项治理“剑网行动”。与以往专项行动相比，2014 年的专项行动将打击部分网站未经授权大量转载传统媒体作品，严重侵害权利人合法权益的侵权行为纳入重点任务之中，并通过规范网络转载行为，推动传统媒体与网络媒体建立合作机制，引导权利人采取多种渠道进行维权等方式，促进互联网产业健康持续发展。其工作重点是保护数字版权、规范网络转载、支持依法维权和严惩侵权盗版。具体措施包括：（1）进行全面清理检查。各地各有关部门将对重点互联网网站、网络销售平台、移动智能终端应用软件商店、搜索引擎、网络广告联盟和网络电视棒、电视机顶盒等网络载体进行全面清理检查，并组织辖区互联网企业开展自查自纠，查找侵权盗版问题。对检查、自查发现的问题，责令企业进行限期整改，对未按期完成整改的将依法严厉查处。（2）发动群众投诉举报。国家版权局等四部门将召开启动“剑网 2014”专项行动新闻通气会，向社会公布行动的具体措施和投诉举报受理方式，并将按照《举报、查处侵权盗版行为奖励暂行办法》对经核实线索查处案件的举报人予以奖励。各地各有关部门将通过媒体公布电话、网络、信函、电子信箱等投诉举报方式，发布举报奖励公告，鼓励社会各界积极提供案件线索。（3）查处侵权盗版案件。国家版权局等四部门将根据主动监管发现的问题和收到的投诉举报线索，及时向各地移转案件。各级版权行政执法部门、公安机关采取多种手段深挖案件线索，确定一批网络侵权盗版重点案件，集中力量、快速查办。各地各有关部门将依法加大行政处罚力度，进一步提高办案的数量和质量，对人民群众意见强烈、社会危害大的侵权盗版网站，一律从严查处，依法吊销其备案资格或相关行政许可资质。加大刑事打击工作力度，对涉嫌构成犯罪的，根据“两法衔接”机制及时移交公安部门立案。各地电信主管部门将对版权行政执法部门和公安机关移送的“三无”网站坚决予以关闭。（4）完善长效工作机制。国家版权局等四部门将会同全国“扫黄打非”办、最高人民法院、最高人民检察院等单位，联合挂牌督办一批网络侵权盗版重点案件，对列入督办范围的案件采取专题研商、巡视督促等方式，加强督办协调，积极构建多部门共同参与的联动工作机制。加强对重点新闻、视频、文学、音乐网站和网络销售平台的主动监管工作，积极推动权利人及组织与互联网企业建立版权合作机制，逐步建立网站版权信息库、权利人维权绿色通道。[①]

2010年10月27日，国务院办公厅发布了《关于印发打击侵犯知识产权和制售假冒伪劣商品专项行动方案的通知》（国办发［2010］50号），决定从2010年10月至2011年3月，在全国集中开展打击侵犯知识产权和制售假冒伪劣商品专项行动。要求以保护著作权、商标权以及专利权和植物新品种权等为重点内容，以产品制造集中地、商品集散地、侵犯知识产权和制售假冒伪劣商品案件高发地为重点整治地区，以新闻出版业、文化娱乐业、高新技术产业、农业为重点整治领域，以图书、音像、软件、大宗出口商品、汽车配件、手机、药品、种子等为重点查处产品，遏制规模性侵犯知识产权行为。[②]

2012年3—12月，国家知识产权局为落实《关于加强专利行政执法工作的决定》，开展了"知识产权执法维权'护航'专项行动"。[③] 2014年，该局又开展了"电子商务领域专利执法维权专项行动"。[④]

第七节　环境权利的政策保障

1972年6月16日，联合国人类环境会议全体会议于斯德哥尔摩通过的《人类环境宣言》提出：人类有权在一种能够过尊严和福利的生活环境中，享有自由、平等和充足的生活条件的基本权利，并且负有保护和改善这一代和将来的世世代代的环境的庄严责任。为了这一代和将来的世世代代的利益，必须通过周密计划或适当管理来保护地球上的自然资源，其

---

① 《四部门启动"剑网2014"行动 打击网络侵权盗版》，人民网：http：//politics. people. com. cn/n/2014/0612/c1001 - 25142105. html。

② 《国务院办公厅关于印发打击侵犯知识产权和制售假冒伪劣商品专项行动方案的通知》（国办发［2010］50号），2010年10月27日，中央政府门户网站：http：//www. gov. cn/zwgk/2010 - 11/05/content_ 1739089. htm。

③ 知识产权局：《关于印发〈2012年知识产权执法维权"护航"专项行动方案〉的通知》，2012年3月1日，知识产权局网站：http：//www. sipo. gov. cn/ztzl/zxhd/2012convoy/yw/201203/t20120327_ 660175. html。

④ 安亚磊：《国家知识产权局组织开展电子商务领域专利执法维权专项行动》，2014年5月19日，知识产权局网站：http：//www. sipo. gov. cn/zscqgz/2014/201405/t20140516_ 950738. html。

中包括空气、水、土地、植物和动物，特别是自然生态类中具有代表性的标本，再生资源的能力，受到严重危害的野生动物后嗣及其产地；必须制止在排除有毒物质或其他物质以及散热时其数量或集中程度超过环境能使之无害的能力，防止海洋受到那些会对人类健康造成危害的、损害生物资源和破坏海洋生物舒适环境的或妨害对海洋进行其他合法利用的物质的污染。1992 年 6 月 3 日至 14 日在里约热内卢举行的联合国环境与发展会议通过的《里约环境与发展宣言》指出：人类有权同大自然协调一致从事健康的、创造财富的生活；各国有责任保证在它们管辖或控制范围内的活动不对其他国家或不在其管辖范围内的地区的环境造成危害；应当公正合理地满足当代和世世代代的发展与环境需要，环境保护应成为发展进程中的一个组成部分，不能同发展进程孤立开看待。

针对经济高速发展带来的环境和生态问题，中国政府大力推进生态文明建设，努力建设美丽中国，给子孙后代留下天蓝、地绿、水净的美好家园，保障人民享有良好环境的权利。

一 制定生态环境保护规划

中国政府制定和实施了一系列生态环境保护的规划、标准和办法，如《重点区域大气污染防治“十二五”规划》、《化学品环境风险防控“十二五”规划》、《国家环境监管能力建设“十二五”规划》、《节能减排“十二五”规划》、《“十二五”循环经济发展规划》、《“十二五”危险废物污染防治规划》、《大气污染防治行动计划》、《全国地下水污染防治规划（2011—2020 年）》、《水质较好湖泊生态环境保护总体规划（2013—2020 年）》、《京津冀及周边地区落实大气污染防治行动计划实施细则》、《京津冀及周边地区重污染天气监测预警方案》、《华北平原地下水污染防治工作方案》、《关于加强国家重点生态功能区环境保护和管理的意见》、《实行最严格水资源管理制度考核办法》、《关于加快推进水生态文明建设工作的意见》等一系列环境保护文件。发布国家环保标准达 1499 项。

二 加大生态环境保护投入

政府不断加大生态环境保护投入。2005—2012 年全国环境污染治理投资情况如表 3—13 所示。

表 3—13　全国环境污染治理投资情况　单位：亿元

年度	城市环境基础设施建设投资	老工业污染源治理投资	建设“三同时”环保投资	投资总额
2005	1289.7	458.2	640.1	2388.0
2010	4224.2	397.0	2033.0	6654.2
2011	3469.4	444.4	2112.4	6026.2
2012	5062.7	500.5	2690.4	8253.6
变化率（%）	45.9	12.6	27.4	37.0

注：从 2012 年起，城市环境基础设施建设投资中不仅包括城市的环境基础设施建设投资，还包括县城的相关投资。

资料来源：环境保护部：《2012 年环境统计年报》，2013 年 12 月 25 日。

三　建立责任和协作机制

国家环境保护部与各省（区、市）签订了大气污染防治目标责任书，启动了环境功能区划编制试点，建立了全国大气污染防治部际协调机制、长三角区域和京津冀及周边地区大气污染防治协作机制，建立起最严格水资源管理制度考核组，建立省（区、市）行政首长负责制。废气和工业固体废物的总体排放量逐年下降（见表 3—14、表 3—15）。

表 3—14　废气及其污染物排放变化表　单位：万吨

排放总量＼年份	2007	2008	2009	2010	2011	2012
二氧化硫	2468.1	2321.2	2214.4	2185.1	2217.9	2117.6
氮氧化物					2404.3	2337.8
烟（粉）尘	1685.3	1386.5	1371.3	1277.8	1278.8	1234.3

数据来源：根据环境保护部历年《全国环境统计公报》汇总。

表 3—15　工业固体废物的治理与排放　单位：万吨

工业固体废物＼年份	2007	2008	2009	2010	2011	2012
产生量	176000	190000	204000	241000	323000	329000
贮存量	24119	21883	20929	23918	60424	59786

续表

年份 工业固体废物	2007	2008	2009	2010	2011	2012
处置量	41350	48291	47488	57264	70465	70745
综合利用量	110312	123482	138186	161772	195215	202462
排放量	1197	782	711	498	433	144

数据来源：根据环境保护部历年《全国环境统计公报》汇总。

四　开展专项治理行动

中国政府以解决损害群众健康的突出环境问题为重点，开展了一系列专项行动，包括整治违法排污企业保障群众健康环保专项行动，全国水土保持监督执法专项行动，重金属污染企业专项检查，粉尘与高毒物品危害治理专项行动等，严肃查处惩戒污染环境的违法和犯罪行为。

2011 年，环境保护部、发展改革委、工业和信息化部、监察部、司法部、住房和城乡建设部、工商管理总局、安全监管总局、国家电力监管委员会联合开展了 2011 年全国环保专项行动，在 2010 年对重金属排放企业排查整治的基础上，对已确定的重金属重点行业、重点地区，落实整治措施，切实消除环境污染隐患。全国环保专项行动全面彻查铅蓄电池行业企业环境违法问题，将铅蓄电池企业的整治作为专项行动的首要任务，对全行业进行彻底排查，坚决做到对未经环境影响评价或达不到环境影响评价要求的，一律停止建设；对环境保护、安全设施、职业健康相关政策执行不到位的，一律停止生产；对无污染治理设施、污染治理设施不正常运行或超标排放的，一律停产整治；对无危险废物资质从事废铅蓄电池回收的，一律停止非法经营活动；对不能依法达到卫生防护距离要求的，一律停产整治；对发生重大铅污染事件的，一律追究责任。专项行动进一步加大了涉重金属危险废物监管力度，严格执行危险废物转移联单制度。重点排查大型选矿、冶炼企业各类危险废物的去向，重点整治利用含重金属副产品、废物冶炼、回收重金属企业的环境污染问题。进一步加强对污染减排重点企业的监管，继续加强污水处理厂运行监管，重点监控设施运行不正常、进水浓度高、排放超标的污水处理厂，重点加强建成投运的城镇污水处理厂和各类工业园区污水处理厂日常监督检查。进一步加大对污水处理厂产生污泥处理处置的监管力度，严禁擅自堆放、随意丢弃、倾倒、直接排放，严厉查处非法倾倒和违法处置污泥行为。继续加强对电力和钢铁企业的监管，重点检查烟气脱硫脱硝设施运行、旁路铅封和连续监测设备运行情况。依法从重从严处罚偷排、超标排放、无故擅自停运脱硫设施、无故开启烟气旁路、连续监测设备数据弄虚作假的环境违法行为。①

2011 年，全国共出动执法人员 270 余万人（次），检查企业 107 万余家（次），查处环境违法问题 1 万余件，挂牌督办环境违法案件 2016 件，环保专项行动取得新的突破：一是严厉整治铅蓄电池企业环境违法行为。2011 年共排查铅蓄电池企业 1962 家（其中再生铅企业 184 家），取缔关闭 736 家，停产整治 565 家，停业 284 家；二是全面排查重金属排放企业。全国共排查重点行业重金属排放企业 12137 家，其中铅蓄电池企业 1962 家、重有色金属矿山采选及冶炼企业 3470 家、化工原料及制品企业 241 家、皮革及制品企业 583 家、电镀企业 3636 家、危险废物处置企业 152 家、其他企业 2093 家；三是污染治理和污染减排重点企业监管得到切实加强。全国共检查 3104 家污水处理厂（包括园区、集中区工业污水处理厂），环境保护部公告了 334 家超标的污水处理厂名单。对 21 家发电集团公司的 5.18 亿千瓦火电机组开展了执法检查。②

2013 年 5—11 月，环境保护部、国家发改委、工信部、司法部、住房城乡建设部、工商总局和安全监管总局联合在全国组织开展了“整治违法排污企业、保障群众健康”环保专项行动。③

五　开展环境监测，保障公民知情权

2011 年 12 月 21 日，在第七次全国环境保护工作大会上，环境保护部部长周生贤公布了 PM2.5 和臭氧监测时间表，PM2.5 监测全国将分“四步走”：2012 年在京津冀、长三角、珠三角等重点区域以及直辖市、

① 《九部门召开电视电话会议部署 2011 年环保专项行动》，中国政府网：http://www.gov.cn/gzdt/2011-03/29/content_1833616.htm。

② 《九部门部署 2012 年全国整治违法排污企业专项行动》，中国政府网：http://www.gov.cn/gzdt/2012-03/21/content_2096319.htm。

③ 张妍：《巍巍峰峦凝翠绿——2013 年中国环境保护及生态矿业大事件回顾》，《中国矿业报》，2014 年 1 月 2 日。

省会城市开展监测；2013 年在 113 个环境保护重点城市和环保模范城市开展监测；2015 年在所有地级以上城市开展监测；2016 年 1 月 1 日，全国各地按照新的环境质量标准监测和评价环境空气质量，并向社会公布监测结果。①

2013 年 10 月 28 日，国家卫生和计划生育委员会印发了《2013 年空气污染（雾霾）人群健康影响监测和农村环境卫生监测工作方案》，提出将通过 3 年至 5 年时间，建立覆盖全国的空气污染（雾霾）健康影响监测网络，掌握不同地区 PM2.5 污染特征及成分差异，了解不同地区空气污染健康影响状况。根据该工作方案，2013 年在空气污染（雾霾）高发的 16 个省（直辖市）选择部分城市开展空气污染（雾霾）人群健康影响监测。每个城市在空气污染相对重的区域和污染相对轻的区域各 1 个社区设立监测点。另外，选择 6 个省（直辖市）的农村地区各 1 个乡镇设立监测点。通过设置监测点，进行空气 PM2.5 采样，监测 PM2.5 质量浓度，重点对影响人群健康的成分进行分析。同时，通过监测区域内空气污染监测资料、气象资料和居民死因个案资料的收集，分析不同程度的空气污染（雾霾）对居民全死因、不同疾病别死因的影响，从而估算空气污染（雾霾）所致的居民超额死亡数（率），评估空气污染（雾霾）的健康风险。通过一定时间资料的积累，分析这种影响的变化趋势。工作方案要求在 2013 年冬季开展人群的出行模式调查，并通过未来 3 年至 5 年多次调查，了解不同地区人群在不同时间、不同季节与空气污染暴露特征，为进行健康风险评价提供数据支持。②

2013 年 10—12 月，国家卫生和计划生育委员会开展了 2013 年农村环境卫生监测工作，监测范围为全国 31 个省、自治区、直辖市和新疆生产建设兵团共 700 个县 14000 个行政村。每个项目监测县选择 5 个乡镇（不含城关镇），每个乡镇选择 4 个行政村作为监测点，每个监测点选择 5 户家庭作为监测户。并且要求，监测县、乡镇、监测点（行政村）、监测

① 武卫政、孙秀艳：《全国城市监测 PM2.5 有了时间表》，人民网：http：//politics.people.com.cn/GB/1027/16677905.html。

② 国家卫生和计划生育委员会：《国家卫生计生委办公厅关于印发〈2013 年空气污染（雾霾）人群健康影响监测和农村环境卫生监测工作方案〉的通知》，国家卫生计生委疾病预防控制局：http：//www.chinapop.gov.cn/jkj/s5898bm/201310/02c483b454264c4aa0e99d580fc91c71.shtml。

农户的选择必须严格遵循简单随机抽样的方法进行，以保证样本的代表性。监测内容包括收集监测县、监测点的人口学资料、环境卫生情况、环境卫生管理、村容村貌、居民健康等基础信息，同时还包括厕所与粪便无害化状况（包括农村户厕类型、使用管理、粪便无害化处理情况）、垃圾情况（包括垃圾来源、种类、数量、处理方式等情况）、污水情况（包括污水来源、种类、数量、排放及处理方式等情况）、病媒生物情况（选择监测户的厨房内进行鼠类密度、蝇类密度和蟑螂密度监测，选择监测户住宅周围环境进行蚊虫密度监测）、土壤卫生情况（包括土壤寄生虫和重金属污染等情况。每个监测点采集村中农田土壤 1 份）等五个更为细致的方面。[①]

---

① 国家卫生和计划生育委员会：《国家卫生计生委办公厅关于印发〈2013 年空气污染（雾霾）人群健康影响监测和农村环境卫生监测工作方案〉的通知》，国家卫生计生委疾病预防控制局：http：//www. chinapop. gov. cn/jkj/s5898bm/201310/02c483b454264c4aa0e99d580fc91c71. shtml。

第四章　公民权利和政治权利的政策保障

根据《世界人权宣言》和联合国《公民权利和政治权利国际公约》，公民权利和政治权利主要包括不受歧视的权利，生命权，不受酷刑和不人道待遇权，不受奴役权，人身自由和安全的权利，人格尊严权，迁徙自由权，公正审判权，法律面前人人平等权，隐私权，思想和宗教信仰自由权，言论自由权，和平集会和结社权，婚姻自由平等权，儿童受保护权，参政权等。①

公民权利和政治权利是中国人权保障的重要内容。公民权利和政治权利是公民享有人格尊严和实现多方面人权的基本保证。没有公民权利和政治权利，公民在其国家内就没有做人的基本地位，也就没有资格自由平等地享受到经济、社会、文化等方面的权利。②

第一节　中国公民权利和政治权利政策保障的主要特点

中国政府在保障公民权利和政治权利方面体现出以下特点。

一　致力于与国际公约接轨

中国政府致力于在《公民权利和政治权利国际公约》的框架下保障公民权利和政治权利。联合国于1966年通过的《公民权利和政治权利国际公约》是这一领域最重要的国际人权文件，它以法律条文的方式具体

① 《公民权利和政治权利国际公约》，http：//news. xinhuanet. com/ziliao/2003 －01/20/content_ 698226. htm。

② 《个人人权与集体人权，公民权利、政治权利与经济、社会、文化权利同等重要》，《人民日报》2005年6月20日理论版。

规定了公民权利和政治权利等个人权利和基本自由，成为世界各国公民权利和政治权利保障的基本框架。中国政府于1998年10月在联合国总部签署了《公民权利和政治权利国际公约》，但由于中西方在人权理念上的分歧以及中国法律体系与《公约》内容存在较大差异，[①] 这一《公约》至今尚未得到全国人民代表大会的批准。尽管中国目前尚未正式加入《公民权利和政治权利国际公约》，但对公民权利和政治权利的保护却依然在这一基本框架下进行，在保障内容和保障方式上也逐步向公约靠拢。《国家人权行动计划（2009—2010年）》明确指出："中国已签署《公民权利和政治权利国际公约》，将继续进行立法和司法、行政改革，使国内法更好地与公约规定相衔接，为尽早批约创造条件。"[②]

二　公共政策在权利保障中的重要作用

国家公共政策体系在中国公民权利和政治权利保障中具有重要的地位。从公民权利和政治权利的实现方式来看，法律法规基本上是世界各国通行的选择。在中国，法律体系依然是公民权利和政治权利实现的主要方式，但国家政策在保障公民权利和政治权利方面也起着十分重要的补充作用。这是由中国的国情与法律体系的现状决定的。

首先，中国的法律体系与《公民权利和政治权利国际公约》的条文之间存在着差异乃至冲突，需要国家公共政策来进行调节。例如有学者指出，"有的法律规定同该公约的要求有差距，如死刑、劳动教养、迁徙自由、非法取得证据的法律效力、沉默权、律师有权在保密的情况下会见被告人等；有的问题公约有要求，我国法律没有规定，如信息自由、禁止鼓吹战争和民族、种族、宗教仇恨，未经本人（包括罪犯）同意不得以人体作医疗、科学实验等。"[③]

其次，转型期中国法律体系的滞后性和不完善需要国家公共政策来补

---

① 韩大元、王世涛：《"两个人权公约"与我国人权宪政体制的整合》，《法律科学》2001年第2期。

② 中华人民共和国国务院新闻办公室：《国家人权行动计划（2009—2010）年》，http://www.gov.cn/jrzg/2009-04/13/content_1283983_6.htm#。

③ 刘士平、陈佑武：《〈公民权利与政治权利国际公约〉研讨会综述》，《岳麓法律评论》2002年第3卷。

充。中国社会正处于快速转型阶段，利益主体日益多元，群体分化日益扩大，侵害公民权利和政治权利时有发生，从而对中国相关法律体系带来两种可能的挑战，一是人权保障法律体系自身不完善或存在空缺；二是相对稳定的人权保障法律滞后于社会需求，因而需要具有及时性的人权保障政策予以补充。

最后，中国国情给予了人权保障政策较大的作用空间。中国幅员辽阔、人口众多、文化多元、地区发展水平差距明显，法律的普遍适用性受到一定的限制；同时，单一制的国家制度也使得不能完全通过地方立法来解决各地人权状况的差异性问题。相对而言，国家公共政策具有“针对性强、及时提供、灵活易调”等特点，因而在中国的公民权利和政治权利保障方面具有重要的补充作用。[①]

三 执政党的政策文件的重要作用

公民权利和政治权利的保障涉及国家的根本治理体制，政治性较强。作为执政党的中国共产党的政治主张和方针，对促进公民权利和政治权利的保障具有重要影响。公民权利和政治权利保障的改善措施，经常是先由执政党通过相关的报告和决定提出建议，再经人民代表大会进行立法，并由政府采取具体政策措施。因此，在考察公民权利和政治权利的保障政策时，在涉及政府相关政策文件的同时，也会大量涉及作为执政党的中国共产党的相关政治文件。

四 国家政策在权利保障中的过渡性与探索性

国家政策在中国公民权利和政治权利保障中具有过渡性与探索性，其最终目标是由人权公共政策转化为成熟稳定的人权保障法律体系。中国是一个“强政府”或“大政府”类型的社会，中央和地方政府在经济发展与社会进步上扮演着推动者与规划者的角色。在公民权利和政治权利保障方面，政府毫无疑问也是至关重要的参与者，现阶段在公民权利和政治权利受到侵害时，最先做出反应的往往是政府而不是法律体系。政府保障人权的主要工具是公共政策，例如各级政府发布指导意见、规定、办法和通

---

① 常健：《科学理解和把握中国人权保障政策》，《理论探索》2013 年第 5 期。

知，开展专项行动和建立保障机制等，这些公共政策的实施在很大程度上决定了人权保障的成效。然而，以政策保障公民权利和政治权利也存在很大的局限性，例如政策制定程序严谨性较弱、约束力和强制性较差、保障水平不易均衡、不易实现平等保障、新旧政策缺乏一致性和不易实现稳定预期等。[①] 这些局限使得国家政策不可能取代法律体系成为公民权利和政治权利保障的主要方式，也难以达成《公民权利和政治权利国际公约》所追求的保障目标。国家政策在公民权利和政治权利保障中的意义体现在其过渡性与探索性方面，前者表现为国家人权保障政策适应了现阶段的需求，为过渡到人权法律保障阶段提供了基础；后者则表现为公共政策体系积累了实践经验，提升了后来人权法律的可行性与实效性。随着中国法律体系的进一步健全以及人权观念的深入人心，以公共政策来保障公民权利和政治权利的方式必将逐步进入历史舞台，人权法律保障体系则在这一过程中逐步确立。

从中国的现实来看，公共政策在公民权利和政治权利保障体系中一直发挥着重要的作用，并且会在未来较长时间内维持这一态势。总结公共政策在中国公民权利与政治权利保障中的经验和进展，梳理中国公民权利和政治权利保障政策的特色对于推动中国人权事业有着极其重要的意义。

第二节　公民权利的政策保障

在公民权利的保障方面，政策保障是法律保障的重要补充，并且呈现出逐步推进的特色。

一　人身自由和安全权利的保障政策

《世界人权宣言》第三条规定“人人有权享有生命、自由和人身安全”；第九条规定“任何人不得加以任意逮捕、拘禁或放逐。”《公民权利和政治权利国际公约》第九条也规定“人人有权享有人身自由和安全。任何人不得加以任意逮捕或拘禁。除非依照法律所确定的根据和程序，任何人不得被剥夺自由”。

---

① 常健：《科学理解和把握中国人权保障政策》，《理论探索》2013 年第 5 期。

中国现行《宪法》第三十七条明确规定："中华人民共和国公民的人身自由不受侵犯。任何公民，非经人民检察院批准或者决定或者人民法院决定，并由公安机关执行，不受逮捕。禁止非法拘禁和以其他方法非法剥夺或者限制公民的人身自由，禁止非法搜查公民的身体。"中国的《刑法》、《刑事诉讼法》、《治安处罚条例》、《民法通则》、《妇女儿童权益保护法》等都对人身自由和安全权的保护做了具体的规定。在中国法律对公民人身自由和安全权保障不断完善的过程中，政府采取的具体政策措施对人身自由和安全权利的保障发挥着重要的先行、补充和细化的作用。这突出体现在结束收容遣送制度、打击黑砖窑、打击拐卖妇女儿童等方面的政策措施。

（一）防止超期羁押

《国家人权行动计划（2009—2010年）》提出："严禁执法人员实施非法拘禁行为。收押、换押、延押必须依法进行，防止错误羁押和超期羁押。完善对受害者的经济赔偿、法律救济、恢复名誉等措施，对造成非法拘禁、错误羁押、超期羁押的责任人进行责任追究和处罚。"《国家人权行动计划（2012—2015年）》进一步要求：（1）防止不必要的羁押。在犯罪嫌疑人、被告人被逮捕后，人民检察院仍然应当对羁押的必要性进行审查。发现不需要继续羁押的，应当建议办案机关释放犯罪嫌疑人、被告人或者变更强制措施。（2）加强对刑事羁押期限的监督。人民检察院应当监督办案机关严格执行换押制度；落实羁押期限即将到期预警和提示告知制度、超期羁押责任追究制度；预防和清理久押不决的案件，及时督促办案机关尽快办结羁押严重超过期限的案件。

（二）结束收容遣送制度

收容遣送制度改革历程可以视作中国政府保障公民人身自由权的一种努力。我们应该看到，一方面，政府以公共政策和行政行为来保障公民的人身自由权利；另一方面，公共政策和行政行为限制和剥夺公民人身自由的情况也仍然存在。在改革开放之初，农村人口向外流动带来了城市流浪乞讨人员增多的社会问题，国务院于1982年颁布了《城市流浪人员收容遣送办法》，其初衷在于"为了救助、教育和安置城市流浪乞讨人员，以维护城市社会秩序和安定团结"。收容遣送制度肩负着社会救济以保障基本人权和维护治安以稳定秩序的双重任务：收容站在收容救济无力自行解决食宿问题而流落城市街头的流浪乞讨人员的同时，还负责强制性收容遣送影响城市稳定和秩序的人员。[①] 进入 20 世纪 90 年代以后，大规模盲目无序的流动人口给城市公共秩序带来剧烈冲击，国务院于 1991 年 5 月印发了《关于收容遣送工作改革问题的意见》，明确将无合法证件、无固定住所、无稳定经济来源的“三无”人员确定为收容遣送对象。在实际执行过程中，收容遣送人员扩大到身份证、暂住证、务工证“三证”不全的流浪人员。此后，民政部、公安部等部委一再联合发文，进一步强化收容遣送工作；许多地方政府，如北京、江苏、广东等，据此制定了相应的“收容遣送办法”实施细则或管理规定，使得这一制度进一步为地方的管理和维稳服务。[②] 在这一阶段，收容遣送制度以维护社会稳定为主要价值选择，在一定程度一定时期内侵犯了部分公民的人身自由权利；同时在收容遣送对象扩大化情势之下，一些收容遣送站强制收取伙食费和遣送经费，甚至出现组织或强迫被收容遣送人员生产劳动的案例。2003 年 3 月 17 日晚，在广州某公司任职的湖北青年孙志刚在大街上因未携带暂住证，被警察送至广州市“三无”人员收容遣送中转站收容。3 月 18 日，孙志刚被收容站送往一家收容人员救治站，因受到工作人员及其他收容人员的野蛮殴打，于 3 月 20 日死于这家收容人员救治站。这起震惊全国的“孙志刚案”在很大程度上推动了收容遣送制度的终结，人们纷纷谴责这项制度对生命权和人身自由权的侵害。2003 年 6 月 20 日，温家宝总理签署第 381 号令，公布《城市生活无着的流浪乞讨人员救助管理办法》，该办法从 2003 年 8 月 31 日正式实施，同时废止 1982 年 5 月施行的《城市流浪乞讨人员收容遣送办法》。2003 年 7 月 21 日，民政部发布第 24 号令，公布《城市生活无着的流浪乞讨人员救助管理办法实施细则》。这标志着中国政府开始以社会救济制度取代原来的收容遣送制度，其政策目标转化为单纯保障基本人权，即对城市中生活无着的流浪乞讨人员这一弱势群体实行救助，而不再使用限制人身自由或侵害其他人权的方式。

---

① 秦前红、宦吉娥：《从收容遣送到社会救助制度变迁的法理学分析》，《武汉大学学报》（哲社版）2005 年第 1 期。

② 陈晓枫：《由“初衷”而“扭曲”：析中国法律变迁的文化动因——兼议收容遣送制度之立废》，《法学评论》2004 年第 6 期。

（三）废除劳动教养制度

劳动教养就是劳动、教育和培养。1957 年 8 月 1 日，全国人大常委会批准《关于劳动教养问题的决定》，并于 8 月 3 日由国务院公布。1979 年 12 月，全国人大常委会批准公布了《国务院关于劳动教养问题的补充规定》。

劳教制度建立以来，为维护社会治安秩序、确保社会稳定发挥了积极作用。但随着社会主义民主法治建设的加快推进，它与人权保障的各项法律规定之间的矛盾日益明显，社会上要求改革劳教制度的呼声日趋强烈。同时，随着法律法规不断完善，政法机关依法维护社会治安的能力不断提升，也为改革劳教制度创造了有利条件。

2013 年 12 月 28 日，第 12 届全国人民代表大会常务委员会第 6 次会议通过决议，废止 1957 年《全国人民代表大会常务委员会批准国务院关于劳动教养问题的决定的决议》及《国务院关于劳动教养问题的决定》，废止 1979 年《全国人民代表大会常务委员会批准国务院关于劳动教养的补充规定的决议》及《国务院关于劳动教养的补充规定》；在劳动教养制度废止前，依法作出的劳动教养决定有效；劳动教养制度废止后，对正在被依法执行劳动教养的人员，解除劳动教养，剩余期限不再执行。劳动教养制度的废除，使公民的人权自由权得到了更严格的法律保障。

（四）打击拐卖妇女儿童

拐卖妇女儿童是侵犯基本人权的严重犯罪，直接侵犯了妇女儿童的人身自由权利。诸多国际条约都有涉及禁止贩卖妇女儿童的相关条款，如《禁止贩卖妇女儿童国际公约》（1921 年）、《禁止贩卖成年妇女国际公约》（1933 年）、《禁止贩卖人口及取缔意图营利使人卖淫的公约》（1949 年）、《儿童权利宣言》（1959 年）、《消除对妇女歧视宣言》（1967 年）等。中国政府相继和联合国签署了一系列相关公约文件，如《儿童权利公约》（1989 年）、《消除对妇女一切形式歧视公约》（1979 年）、《打击跨国有组织犯罪公约》（2000 年）、《禁止和立即行动消除最恶劣形式的童工劳动公约》（1999 年）、《联合国打击跨国有组织犯罪公约关于预防、禁止和惩治贩运人口特别是妇女和儿童行为的补充议定书》（2000 年），积极加强对拐卖妇女儿童这一严重侵犯人身自由权行为的打击力度。

为了积极应对拐卖妇女儿童犯罪的严峻形势和新挑战，中国政府及相关部门从20世纪80年代起陆续发布了一系列政策文件，全国打击拐卖妇女儿童犯罪的力度和社会关注度也在逐年上升。1983年，中共中央办公厅转发了公安部和全国妇联党组联合发布的《关于坚决打击拐卖妇女、儿童犯罪活动的报告》（中办发［1983］14号文件），要求对拐卖妇女儿童犯罪分子严厉打击。1984年最高人民法院、最高人民检察院、公安部发布《关于当前办理拐卖人口案件中具体应用法律的若干问题的解答》，规定“对用劫持、绑架等手段拐卖妇女、儿童、摧残虐待被拐卖妇女、儿童的犯罪分子，必须依法从重从快惩处”。1986年最高人民法院、最高人民检察院、公安部、民政部、司法部、全国妇联等多部门联合出台了《关于坚决打击拐卖妇女儿童犯罪活动的通知》。1989年，国务院下发《关于坚决打击拐卖妇女儿童犯罪活动的通知》（国发［1989］23号），要求“各省、自治区、直辖市人民政府接到本通知后，应即作出部署，可根据本地实际情况，采取相应的措施，坚决依法严厉打击拐卖妇女儿童的犯罪活动”。随即民政部公布《关于贯彻〈国务院关于坚决打击拐卖妇女儿童犯罪活动的通知〉的意见》文件，对全国民政部门配合打击拐卖妇女儿童进行具体规划。因应打击拐卖妇女儿童犯罪的需要，1991年9月全国人大常委会通过了《关于严惩拐卖、绑架妇女、儿童的犯罪分子的决定》，将“拐卖妇女、儿童罪”从“拐卖人口罪”中独立出来，与“拐卖人口罪”并存。公安部随即下发了《关于认真贯彻执行全国人大常委会〈关于严惩拐卖、绑架妇女、儿童的犯罪分子的决定〉的通知》。1998年，最高人民检察院发布《关于以出卖为目的的倒卖外国妇女的行为是否构成拐卖妇女罪的答复》。1999年，最高人民法院发布《关于审理拐卖妇女案件适用法律有关问题的解释》。2000年，最高人民法院、最高人民检察院、公安部、民政部、司法部、全国妇联下发《关于打击拐卖妇女儿童犯罪有关问题的通知》；同年，公安部下发《全国“打击人贩子、解救被拐卖妇女儿童专项斗争”工作方案》和《关于打击拐卖妇女儿童犯罪适用法律和政策有关问题的意见》。2001年，国务院发布了《中国妇女发展纲要（2001—2010年）》和《中国儿童发展纲要（2001—2010年）》，要求对针对侵犯妇女儿童人身权益的案件予以严厉打击。2007年，国务院发布《中国反对拐卖妇女儿童行动计划（2008—2012年）》，提出"建立集预防、打击、救助和康复为一体的反拐工作长效机制"的总体目标。2009年，中央综治办和公安部联合下发《反对拐卖妇女儿童工作检查考核标准》，将打击拐卖儿童妇女犯罪工作纳入各省社会治安综合考核评比之中。2010年，最高人民法院、最高人民检察院、公安部、司法部印发《关于依法惩治拐卖妇女儿童犯罪的意见》的通知，要求进一步依法加大打击拐卖妇女、儿童犯罪力度，对拐卖儿童犯罪案件及时立案；次年发布《关于限令拐卖妇女儿童犯罪人员投案自首的通告》，试图清算累积的拐卖妇女、儿童案件，强调从买方入手，根绝拐卖儿童的市场。[①] 在《国家人权行动计划（2009—2010年）》和《国家人权行动计划（2012—2015年）》中，都将预防和打击拐卖妇女儿童犯罪视为保护妇女儿童人权的重要组成部分。

2008年，为落实《中国反对拐卖妇女儿童行动计划（2008—2012年）》，公安部在刑事侦查局设立了打击拐卖妇女犯罪办公室，并牵头和中央宣传部、中央综治办、全国人民代表大会常务委员会法制工作委员会、民政部、中华全国妇女联合会等相关部门组成"国务院反对拐卖妇女儿童行动工作部际联席会议"，[②] 作为我国反拐行动的核心指挥部门。在这些部门的领导下建立了来历不明人员、疑似被拐人员信息通报核查机制。截至2010年，中国政府已经开展了五次大规模的全国性打击拐卖妇女儿童转型行动。

"打拐"行动取得了显著的成效。以2009年4月到2010年底的第五次全国性打拐专项行动为例，在21个月的行动过程中，全国共破获拐卖妇女案件9165起、拐卖儿童案件5900起，解救被拐卖儿童9388人、妇女17746人；打掉犯罪团伙3573个，刑事拘留拐卖犯罪嫌疑人22511名。[③] 2011年，全国公安机关共破获拐卖妇女案件5360起、拐卖儿童

---

① 黄晓燕：《打击拐卖妇女儿童与妇女儿童人身自由权利保障》，载李君如主编：《中国人权事业发展报告（2013）》，社全科学文献出版社2013年版。

② 柳华文《反对人口拐卖：进展与挑战》，载李林主编：《中国法治发展报告No.9（2011）》，社会科学文献出版社2011年版，第73—74页。

③ 《全国破获拐卖案15065起 今年着重打团伙摧网络》，http://www.legaldaily.com.cn/bm/content/2011-01/04/content_2425767.htm?node=20733。

案件5320起，共打掉3195个犯罪团伙，解救被拐儿童8660人、妇女15458人。①

在国内积极开展打击拐卖妇女儿童犯罪的同时，中国政府还积极开展国际合作，打击贩卖人口的国际犯罪行为。早在2004年，中国、柬埔寨、老挝、缅甸、泰国、越南等六国就共同签署了《湄公河次区域合作反对拐卖人口了解备忘录》，此后中国公安部门还先后与东盟地区一些国家警务部门就相关问题签署了警务合作协议。2010年，中越双方在两国边境开展打击跨国拐卖妇女儿童犯罪专项行动，并签署《关于加强预防和打击拐卖人口合作的协定》；中缅签署《关于加强打击拐卖人口犯罪合作谅解备忘录》。②

（五）打击黑砖窑

《公民权利和政治权利国际公约》第八条规定："任何人不应被强迫役使"；"任何人不应被要求从事强迫或强制劳动"。但是在一段时间里，山西、河北等省市部分地区出现了无合法证照的小砖窑、小作坊、小矿场非法用工和黑恶势力拐骗农民工、限制人身自由、强迫劳动、使用童工、故意伤害甚至致人死命等严重违法犯罪行为。一些砖窑矿主通过中介购买拐骗来的民工，其中包括一些童工和智障者，将他们关押在各个窑场，限制人身自由并强迫从事强度极高的体力劳动，对不积极干活或逃跑者进行暴力殴打，使得不少民工致残、致死，这些民工的遭遇跟奴隶类似。"黑砖窑"、"黑劳工"、"奴工"事件的发生，严重侵犯了民众的人身自由权和不受奴役的权利。

2007年5月，山西洪洞警方破获一起黑砖场虐工案，解救出31名民工，其中有部分童工。随后山西省在全省范围内开展打击"黑砖窑"专项行动，解救农民工359人，其中，被拐骗的174人，被强迫劳动的185人。③

---

① 黄晓燕：《打击拐卖妇女儿童与妇女儿童人身自由权利保障》，载李君如主编：《中国人权事业发展报告（2013）》，社会科学文献出版社2013年版。

② 中华人民共和国国务院新闻办公室：《〈国家人权行动计划（2009—2010年）〉评估报告》，http：//www.gov.cn/jrzg/2011－07/14/content_ 1906151.htm。

③ 新华网：《山西打击"黑砖窑"行动共解救农民工359人》，http：//news.xinhuanet.com/politics/2007－06/22/content_ 6278775.htm。

山西黑砖窑事件曝光之后，劳动保障部、公安部、监察部、民政部、国土资源部、卫生部、工商总局、安全监管总局和全国总工会制定了《关于开展整治非法用工打击违法犯罪专项行动方案》，集中力量于2007年7月至8月，以乡村小砖窑、小煤矿、小矿山、小作坊为重点，在全国范围内组织开展为期2个月的整治非法用工、打击违法犯罪专项行动。国务院办公厅随即发布《关于转发劳动保障部等部门开展整治非法用工打击违法犯罪专项行动方案的通知》，要求各地政府及相关部门积极推进打击这项工作。

2007年之后，经国务院同意，人力资源和社会保障部、公安部、监察部等部门每年联合开展整治非法用工打击违法犯罪专项行动。《燕赵都市报》报道称，2011年河北衡水市警方日前捣毁一个黑砖窑，拘捕犯罪嫌疑人11名，解救被困外地农民工34名；[①] 2011年河南警方打击驻马店和郑州等地的黑砖窑，解救出近30名智障奴工，并抓获多名涉案包工头；[②] 经过几年专项整治活动，非法用工和违法犯罪明显减少，企业劳动用工状况明显改善。

二 迁徙自由的保障政策和实践

《世界人权宣言》第十三条宣布："人人在各国境内有权自由迁徙和居住。"联合国《公民权利和政治权利国际公约》第十二条规定："合法处在一国领土内的每一个人在该领土内有权享受迁徙自由和选择住所的自由。"同时特别规定："上述权利，除法律所规定并为保护国家安全、公共秩序、公共卫生或道德、或他人的权利和自由所必需且与本公约所承认的其他权利不抵触的限制外，应不受任何其他限制。"

新中国1954年制定的第一部宪法规定："中华人民共和国公民有居住和迁徙的自由。"但是，迁徙自由的观念很快与中国社会现实产生了冲突。全国人民代表大会常务委员会1958年1月9日通过的《中华人民共

① 新华网：《侦破黑砖窑案不值得庆贺》，http://news.xinhuanet.com/comments/2010-05/31/c_12160589.htm。

② 腾讯网：《河南解救近30名黑砖窑智障奴工》，http://news.qq.com/a/20110909/001005.htm。

和国户口登记条例》规定，公民由农村迁往城市，必须持有城市劳动部门的录用证明，学校的录取证明，或者城市户口登记机关的准予迁入的证明。农村居民只有经过批准，才能迁入城市。①国务院1964年8月批转的《公安部关于处理户口迁移的规定（草案）》规定："从农村迁往城市、集镇，从镇迁往城市的，要严加限制，从小城市迁往大城市，从其他城市迁往北京、上海两市的，要适当限制。"② 1975年的《宪法》删除了1954年宪法中迁徙自由的条款。1977年11月国务院转批《公安部关于处理户口迁移的规定》，除了重申国务院1964年8月批转的《公安部关于处理户口迁移的规定（草案）》中规定的原则，强调"从农村迁往市、镇（含矿区、林区等，下同），由农业人口转为非农业人口，从其他市迁往北京、上海、天津三市的，要严加控制"以外，还进一步规定，"从镇迁往市，从小市迁往大市，从一般农村迁往市郊、镇郊农村或国营农场、蔬菜队、经济作物区的，应适当控制"。③

改革开放以来，中国逐步放开了对公民迁徙的各种限制。④

第一，中央发布文件允许农村富余劳动力进入城市务工。1985年中央1号文件明确提出，"在各级政府统一管理下，允许农民进城开店设坊，兴办服务业，提供各种劳务。"1987年中央明确要求"调整产业结构，促进农业劳动力转移"，"允许农村剩余劳动力向劳力紧缺的地区流动"。⑤

第二，对进入城市务工的农民发放暂住证和寄住证。1985年，公安部颁布《关于城镇暂住人口管理的暂行规定》，对流动人口颁发《暂住证》和《寄住证》。暂住时间超过三个月的人，要申领《暂住证》。

---

① 全国人大常委会：《中华人民共和国户口登记条例》（1958年1月9日），人民网法律法规库：http://www.people.com.cn/item/flfgk/rdlf/1958/111605195801.html。

② 王海光：《当代中国户籍制度形成与沿革的宏观分析》，《中共党史研究》2003年第4期。

③ 《国务院批转公安部关于处理户口迁移的规定》，北大法意网站：http://www.lawyee.net/Act/Act_Display.asp? RID=29648。

④ 参见李云龙：《人口流动中公民迁徙权利的实现》，载李君如主编：《中国人权事业发展报告（2012）》，社会科学文献出版社2012年版，第208—229页。

⑤ 《把农村改革引向深入（中共中央政治局一九八七年一月二十二日通过）》，http://news.xinhuanet.com/ziliao/2005-02/05/content_2550976.htm。

第三，开放小城镇户籍。1984年12月31日，国务院发出《关于农民进入集镇落户问题的通知》，规定："凡申请到集镇务工、经商、办服务业的农民和家属，在集镇有固定住所，有经营能力，或在乡镇企事业单位长期务工的，公安部门应准予落常住户口，及时办理入户手续，发给《自理口粮户口簿》，统计为非农业人口。粮食部门要做好加价粮油的供应工作，可发给《加价粮油供应证》。"[①] 1992年8月，公安部发出通知，决定在小城镇、经济特区、经济开发区、高新技术产业开发区实行当地有效城镇户口制度，以解决要求进入城镇落户的农民过多与全国统一的计划进城指标过少之间的矛盾。[②] 1997年6月，国务院批转了公安部《关于小城镇户籍管理制度改革的试点方案》，允许已经在小城镇就业、居住并符合一定条件的农村人口在小城镇办理城镇常住户口，以促进农村剩余劳动力就近、有序地向小城镇转移。2000年6月13日，中共中央、国务院发布《关于促进小城镇健康发展的若干意见》（中发［2000］11号）。根据这个文件，从2000年起，"凡在县级市市区、县人民政府驻地镇及县以下小城镇有合法固定住所、稳定职业或生活来源的农民，均可根据本人意愿转为城镇户口，并在子女入学、参军、就业等方面享受与城镇居民同等待遇，不得实行歧视性政策。对在小城镇落户的农民，各地区、各部门不得收取城镇增容费或其他类似费用"。[③] 2001年3月30日，国务院批转公安部《关于推进小城镇户籍管理制度改革意见的通知》，具体落实了中共中央、国务院发布《关于促进小城镇健康发展的若干意见》中关于开放小城镇户籍的要求。根据公安部的规定，在县级市市区、县人民政府驻地镇及其他建制镇范围内，只要有合法固定的住所、稳定的职业或生活来源，就可以办理城镇常住户口。已在小城镇办理的蓝印户口、地方城镇居民户口、自理口粮

---

① 《国务院关于农民进入集镇落户问题的通知》，人民网法律法规库：http://www.people.com.cn/item/flfgk/gwyfg/1984/112102198403.html。

② 王海光：《当代中国户籍制度形成于沿革的宏观分析》，《中共党史研究》2003年第4期。

③ 《中共中央、国务院出台〈关于促进小城镇健康发展的若干意见〉》，人民网：http://www.people.com.cn/GB/channel1/10/20000704/129685.html。

户口等，符合上述条件的，统一登记为城镇常住户口。[①]

第四，逐步开放中小城市和大城市户籍。2006 年，国务院明确提出，“中小城市和小城镇要适当放宽农民工落户条件”。[②] 2008 年 10 月 12 日，中共中央做出《关于推进农村改革发展若干重大问题的决定》，提出要“推进户籍制度改革，放宽中小城市落户条件，使在城镇稳定就业和居住的农民有序转变为城镇居民。”[③] 2010 年，国务院批转发展改革委《关于 2010 年深化经济体制改革重点工作意见的通知》提出，“深化户籍制度改革，加快落实放宽中小城市、小城镇特别是县城和中心镇落户条件的政策。”[④] 2011 年，国务院又进一步要求，“积极稳妥推进户籍管理制度改革，充分考虑当地经济社会发展水平和城市综合承载能力，把有稳定劳动关系并在城镇居住一定年限的农民工及其家属逐步转为城镇居民。”[⑤] 2011 年发布的《中华人民共和国国民经济和社会发展第十二个五年规划纲要》进一步要求“中小城市和小城镇要根据实际放宽落户条件”。[⑥] 国务院办公厅 2011 年 9 号文件（国办发［2011］9 号）要求开放小城镇户籍，在有稳定的职业和住所的条件下，允许农民落户小城镇，主要通过小

---

① 《国务院批转公安部关于推进小城镇户籍管理制度改革意见的通知》，中国政府网：http：//www. gov. cn/gongbao/content/2001/content_ 60769. htm。

《中共中央、国务院出台〈关于促进小城镇健康发展的若干意见〉》，人民网：http：//www. people. com. cn/GB/channel1/10/20000704/129685. html。

《国务院关于解决农民工问题的若干意见》，中国政府网：http：//www. gov. cn/jrzg/2006－03/27/content_ 237644. htm。

《国务院批转发展改革委关于 2010 年深化经济体制改革重点工作意见的通知》，中国政府网：http：//www. gov. cn/zwgk/2010－05/31/content_ 1617026. htm。

《国务院批转发展改革委关于 2011 年深化经济体制改革重点工作意见的通知》，中国政府网：http：//www. gov. cn/zwgk/2011－06/03/content_ 1876807. htm。

② 《国务院关于解决农民工问题的若干意见》，中国政府网：http：//www. gov. cn/jrzg/2006－03/27/content_ 237644. htm。

③ 《中共中央关于推进农村改革发展若干重大问题的决定》，中国政府网：http：//www. gov. cn/jrzg/2008－10/19/content_ 1125094. htm。

④ 《国务院批转发展改革委关于 2010 年深化经济体制改革重点工作意见的通知》，中国政府网：http：//www. gov. cn/zwgk/2010－05/31/content_ 1617026. htm。

⑤ 《国务院批转发展改革委关于 2011 年深化经济体制改革重点工作意见的通知》，中国政府网：http：//www. gov. cn/zwgk/2011－06/03/content_ 1876807. htm。

⑥ 《中华人民共和国国民经济和社会发展第十二个五年规划纲要（全文）》，人民网：http：//politics. people. com. cn/GB/1026/14159537. html。

城镇来转移农村人口。2014 年 7 月 29 日，国务院印发了《国务院关于进一步推进户籍制度改革的意见》进一步提出，到 2020 年，努力实现 1 亿左右农业转移人口和其他常住人口在城镇落户。全面放开建制镇和小城市落户限制，有序放开中等城市落户限制，合理确定大城市落户条件，严格控制特大城市人口规模。

第五，取消农业和非农业户籍的区分，实现公共服务全覆盖。2014 年 7 月 29 日，国务院印发了《国务院关于进一步推进户籍制度改革的意见》，明确要促进有能力在城镇稳定就业和生活的常住人口有序实现市民化，稳步推进城镇基本公共服务常住人口全覆盖。要进一步调整户口迁移政策，统一城乡户口登记制度，全面实施居住证制度，稳步推进义务教育、就业服务、基本养老、基本医疗卫生、住房保障等城镇基本公共服务覆盖全部常住人口。取消农业户口与非农业户口性质区分和由此衍生的蓝印户口等户口类型，统一登记为居民户口，建立与统一城乡户口登记制度相适应的教育、卫生计生、就业、社保、住房、土地及人口统计制度。

第六，建立居住证制度。2010 年 5 月 27 日，国务院批转发展改革委《关于 2010 年深化经济体制改革重点工作意见的通知》，要求“进一步完善暂住人口登记制度，逐步在全国范围内实行居住证制度。”① 全国各地逐步取消了暂住证，外来人口领取居住证。领取居住证的公民，可以在教育、医疗、就业、住房、社会保障等方面享受某种程度的户籍人员待遇。2014 年 7 月 29 日，国务院印发了《国务院关于进一步推进户籍制度改革的意见》提出，建立居住证制度，公民离开常住户口所在地到其他设区的市级以上城市居住半年以上的，在居住地申领居住证。符合条件的居住证持有人，可以在居住地申请登记常住户口。以居住证为载体，建立健全与居住年限等条件相挂钩的基本公共服务提供机制。居住证持有人享有与当地户籍人口同等的劳动就业、基本公共教育、基本医疗卫生服务、计划生育服务、公共文化服务、证照办理服务等权利；以连续居住年限和参加社会保险年限等为条件，逐步享有与当地户籍人口同等的中等职业教育资

---

① 《关于 2010 年深化经济体制改革重点工作意见的通知》，人民网：http://politics.people.com.cn/GB/1026/11737953.html。

助、就业扶持、住房保障、养老服务、社会福利、社会救助等权利，同时结合随迁子女在当地连续就学年限等情况，逐步享有随迁子女在当地参加中考和高考的资格。

随着城镇化建设的推进和人口迁移限制的逐步放开，农村迁入城市的人口逐年增加。1978—2013 年，中国城镇常住人口从 1.7 亿人增加到 7.3 亿人，城镇化率从 17.9% 提升到 53.7%，年均提高 1.02 个百分点（见图 4—1）。

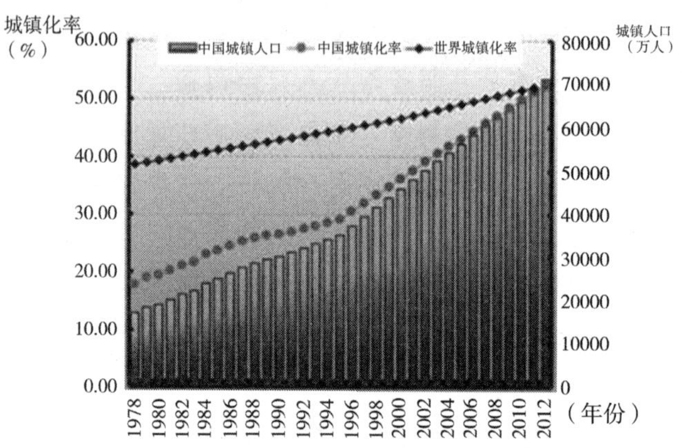

图 4—1 中国城镇化率的增长

资料来源：《国家新型城镇化规划（2014—2020 年）》。

三 宗教自由的保障政策和实践

公民的宗教信仰自由是指公民享有的确信某一超自然力量的存在并以一定方式对其表示崇拜或不崇拜的自由。① 宗教信仰自由作为一项基本人权，历来在世界范围内备受关注。中国是一个多宗教的国家，尤其在少数民族群众中宗教信仰的比例较高。宗教徒信奉的主要有佛教、道教、伊斯兰教、天主教和基督教，此外东正教和民间宗教也有很多信众。中国对公民宗教信仰自由权利的法律保障，与有关国际文书和公约，如《联合国宪章》、《世界人权宣言》、《经济、社会、文化权利国际公约》、《公民权利和政治权利国际公约》、联合国《消除基于宗教或信仰原因的一切形式

① 徐显明：《公民权利义务通论》，第 169—170 页。

的不容忍和歧视宣言》以及《维也纳宣言和行动纲领》等在主要内容是基本一致的。[①] 我国《宪法》明确规定："中华人民共和国公民有宗教信仰自由。任何国家机关、社会团体和个人不得强制公民信仰宗教或者不信仰宗教，不得歧视信仰宗教的公民和不信仰宗教的公民。国家保护正常的宗教活动。"为切实维护公民宗教信仰自由的权利，中国逐步建立了完善的配套法律保障体系。中国有关法律，例如《立法法》、《民族区域自治法》、《人民法院组织法》、《全国人民代表大会和地方各级人民代表大会选举法》、《城市居民委员会组织法》、《村民委员会组织法》、《教育法》、《义务教育法》、《民办教育促进法》、《兵役法》、《劳动法》、《工会法》、《红十字会法》、《广告法》、《刑法》、《民法》、《行政诉讼法》等，在涉及宗教问题时，都遵循了《宪法》第三十六条确立的宗教信仰自由原则并做出具体规定。[②]

完善的法律体系为我国公民宗教信仰自由提供了法律框架，但宗教信仰自由权利的实现则有赖于政府部门的行政规章以及对其进一步具体化的公共政策体系。在行政保障方面，中国各级政府设立了宗教事务部门，对有关宗教的法律、法规的贯彻实施进行行政管理和监督，具体落实和执行宗教信仰自由政策。政府宗教事务部门不干涉宗教团体和宗教活动场所的内部事务。[③] 在涉及宗教事务方面，我国各级党政部门制定了大量的政策文件，对宗教信仰自由权利的保障产生了巨大的影响。自 20 世纪 90 年代初开始，政府有关部门加快了宗教立法工作的步伐，依法加强宗教事务管理，取得了明显成效。1994 年，国务院颁布了《宗教活动场所管理条例》和《中华人民共和国境内外国人宗教活动管理规定》两个宗教方面的单项行政法规，使宗教事务的管理逐步实现了制度化、法律化、规范化。2004 年 11 月 30 日，时任国务院总理温家宝签署 426 号令颁布《宗教事务条例》。《宗教事务条例》以保障公民宗教信仰自由、维护宗教和睦与

① 中华人民共和国国务院新闻办公室：《中国的宗教信仰自由状况》，http://www.scio.gov.cn/zfbps/ndhf/1997/Document/307974/307974.htm。

② 国家宗教事务局政策法规司编：《〈宗教事务条例〉相关的法律法规及政策手册》，宗教文化出版社 2010 年版，第 2 版。

③ 中华人民共和国国务院新闻办公室：《中国的宗教信仰自由状况》，http://www.scio.gov.cn/zfbps/ndhf/1997/Document/307974/307974.htm。

社会和谐、规范宗教事务管理为目的，将宗教团体、宗教活动场所和信仰宗教的公民在举行宗教活动、开办宗教院校、出版宗教书刊、管理宗教财产、开展对外交往活动等方面诸多权利，以法的形式确定下来，集中体现了党和政府尊重和保护公民宗教信仰自由权利的立法宗旨，并按照依法行政、建设法治国家的要求，规范了有关行政管理部门的行政行为。① 《条例》是中国第一部宗教事务方面的综合性行政法规，具有里程碑意义。《条例》实施后，按照法制统一的原则，各地陆续修订或者制定了宗教事务方面的地方性法规；国家在制定和修订其他法律时，也开始注意增加或补充有关宗教的规定；国家宗教事务局依据宪法和有关法律法规的原则规定，陆续研究制定了一系列部门规章。② 这些法律、地方性法规和部门规章，对涉及国家利益和社会公共利益的宗教事务进行了规范，对宗教界的合法权益进行了更为具体的保护。③ 由于地方性政策文件数量众多且受特定时空影响较大，本文仅就新中国成立以来党中央和中央政府层面的政策文件做一个简单的整理与总结。④

第一类，涉及宗教基本问题的政策法规。如 1982 年 3 月《中共中央关于印发〈关于我国社会主义时期宗教问题的基本观点和基本政策〉的通知》强调，尊重和保护宗教信仰自由，是中国共产党对宗教问题的基本政策。文件的下发和执行标志着宗教信仰自由政策在新的历史条件下得到全面恢复和贯彻落实。⑤ 1991 年中共中央、国务院制定下发的《关于进一步做好宗教工作若干问题的通知》指出："动员全党、各级政府和社会各方面进一步重视、关心和做好宗教工作，使宗教与社会主义社会相适应。" 1994 年颁布《中华人民共和国境内外国人宗教活动管理规定》及《中华人民共和国境内外国人宗教活动管理规定实施细则》，尊重在中国

① 国家宗教事务局：《宗教法制建设的里程碑》，http://www.sara.gov.cn/GB/xwzx/ztbd/zjswtl/11456aae-25ae-11da-8858-93180af1bb1a.html。

② 在《宗教事务条例》的基础上，国家宗教事务局已先后制定实施 9 个配套部门规章。

③ 张弩：《宗教信仰自由保障》，载李君如主编：《中国人权事业发展报告（2012）》，社会科学文献出版社 2012 年版。

④ 本书所列仅为直接与宗教事务或宗教信仰自由权利直接相关的由中共中央、中央政府及国务院各部委所颁发的政策性文件，其他间接性文件、地方性文件以及法规性文件不在此列。

⑤ 中共中央文献研究室综合研究组、国务院宗教事务局政策法规司编：《新时期宗教工作文献选编》，宗教文化出版社 1995 年版，第 59—60 页。

境内的外国人的宗教信仰自由，保护外国人在宗教方面同中国宗教界进行的友好往来和文化学术交流活动；同时对外国人在中国境内进行宗教活动予以规范，要求其遵守中国的法律、法规。

第二类，涉及宗教团体的政策法规。如1999年1月施行的《宗教院校聘用外籍专业人员管理办法》、2005年施行的《中国穆斯林出国朝觐报名排队办法（试行）》、2006年印发的《国家宗教事务局关于印发〈宗教事务方面部分行政许可项目实施细则〉的通知》、2007年3月施行的《宗教教职人员备案办法》和《宗教活动场所主要教职任职备案办法》、2007年9月施行的《宗教院校设立办法》、2007年9月开始施行的《藏传佛教活佛转世管理办法》以及2010年8月印发的《关于妥善解决宗教教职人员社会保障问题的意见》等。这些政策法规对涉及宗教团体的设立、人员聘用、运行及经济社会保障等问题提供了行政依据，为公民宗教信仰自由的规范有序实现提供了现实保障。

第三类，涉及宗教活动场所的政策法规。如2005年施行的《宗教活动场所设立审批和登记办法》、2005年印发的《国家发展改革委员会关于与宗教活动场所有关的游览参观点对宗教人士实行门票优惠问题的通知》、2008年印发的《国家宗教事务局、住房和城乡建设部、国家安全生产监督管理总局关于加强宗教活动场所建设工程安全监管工作的通知》以及2010年施行的《藏传佛教寺庙管理办法》等。宗教活动场所是信教群众举行集体宗教活动的特殊公共场所，是宗教活动得以正常开展以及宗教信仰自由权利得以实现的根本条件。这些文件对宗教活动场所的设立审批、规范管理、质量安全监控提供了政策性保障，有利于公民宗教信仰权利的实现。

第四类，涉及宗教财产方面的政策法规。如1980年《国务院批转国家宗教事务局、国家建委等单位〈关于落实宗教团体房产政策等问题的报告〉的通知》、1988年《国家税务局对〈中华人民共和国城镇土地使用税暂行条例〉第六条中“宗教寺庙”一词适用范围的解释》以及《关于对宗教活动场所的门票收入特案免征营业税的通知》、1993年印发的《国务院宗教局、建设部关于城市建设中拆迁教堂、寺庙等房屋问题处理意见的通知》、1993年《关于接受境外宗教组织和个人捐赠批准权限问题的通知》、2010年施行的《宗教活动场所财务监督管理办法》等。宗教财产是宗教活动顺利进行的有力保障，这些政策性文件都体现出对宗教财产予以保护乃至扶持的倾向，体现出中央政府对宗教信仰自由权利的支持。以十一届三中全会后落实宗教政策为例，首当其冲的是落实宗教房产政策、合理安排宗教活动场所问题。新中国成立后，历经土地改革和政治运动，宗教房产归属情况发生了极大的变化，大量的宗教房产被其他部门和单位占用。[①] 1980 年国务院批转下发了《关于落实宗教团体房产政策等问题的报告》，极大地推动了宗教房产政策的落实。随后国家又陆续下发了佛道教寺观房屋产权归属、汉族地区佛道教寺观管理、军队借住宗教团体房产、确认宗教房产产权登记等问题的系列文件，进一步完善了宗教房产政策。经过大量艰苦、细致的工作，持续近 30 年的全国范围内的落实宗教房产政策的工作目前已基本完成，宗教团体、宗教活动场所的财产依法受到保护，为推动中国的宗教事业创造了良好的条件。[②]

随着宗教信仰自由政策的进一步落实，中国宗教事业迎来了历史上最好的发展时期，公民的宗教信仰自由权利得到了充分的尊重及有效的保障。目前，中国有宗教教职人员约 36 万人，依法登记并开放的宗教活动场所达到 14 万处，基本满足了信教群众的需求；宗教团体已达 5500 个，各宗教的教务活动有序开展；经批准恢复和建立的各类宗教院校已达 97 所，基本形成了较为完善的宗教院校教育体系。[③] 中国政府支持宗教经典、宗教类期刊等宗教出版物依法印制流通。为满足信教群众宗教生活需要，深入开展宗教教义、教规等研究，中国宗教界印制出版了大量宗教经典以及记载、阐释、注解宗教教义、教规的印刷品、音像制品和电子读物。截至 2012 年，中国《圣经》印刷数量达 1 亿多册，成为世界上印刷《圣经》最多的国家之一。宗教信仰自由权利得到确实保障，中国信教公民人数不断增长。以基督教为例，新中国成立初期的信众人数约为 70 万，

① 张弩：《宗教信仰自由保障》，载李君如主编：《中国人权事业发展报告（2012）》，社会科学文献出版社 2012 年版。

② 国家宗教事务局政策法规司：《公务员宗教知识读本》，中国人事出版社 2010 年版，第 175 页。

③ 中华人民共和国国务院新闻办公室：《2012 年中国人权事业的进展》，http://www.scio.gov.cn/zfbps/ndhf/2013/Document/1322525/1322525.htm。

1995 年为 1000 万，2003 年为 1600 万。[①] 而 2010 年新的调查研究显示，中国基督徒数量约为 2305 万，占总人口的 1.8%。[②] 在保护公民宗教信仰自由权利之外，中国政府还积极推动中国宗教事业的发展。在新的一期人权行动计划中，政府正在积极完善朝觐事务管理办法，为穆斯林群众顺利完成朝觐粪克提供便利和保障；制定解决宗教教职人员社会保障问题实施办法，为宗教界人士解决生活后顾之忧；同时还积极帮助宗教界解决项目建设中的实际困难，如“支持中国佛学院新校舍的建设、改扩建中国伊斯兰教经学院；支持西藏和四川、云南、甘肃、青海四省藏区宗教活动场所设施的改建扩建项目；支持青海玉树地震灾后宗教活动场所恢复重建；加大对新疆等穆斯林聚居地区以及遭受自然灾害的清真寺的帮扶力度”。[③]

四　隐私权的保障政策和实践

《世界人权宣言》第十二条提出：“任何人的私生活、家庭、住宅和能信不得任意干涉，他的荣誉和名誉不得加以攻击。人人有权享受法律保护，以免受到这种干涉或攻击。”《公民权利和政治权利国际公约》第十七条也作了同样的规定。现行《宪法》第四十条规定：“中华人民共和国公民的通信自由和通信秘密受法律的保护。除因国家安全或者追查刑事犯罪的需要，由公安机关或者检察机关依照法律规定的程序对通信进行检查外，任何组织或者个人不得以任何理由侵犯公民的通信自由和通信秘密。”

随着信息技术和科学技术的飞速发展，个人信息泄露时有发生，公民隐私权需要受到特别保护。中国政府采取了一系列政策措施保障公民的隐私权。[④]

2012 年 5 月 4 日，工信部发布的《互联网行业“十二五”发展规划》

---

① 国家宗教事务局政策法规司：《公务员宗教知识读本》，中国人事出版社 2010 年版，第 34 页。

② 中国社会科学院世界宗教研究所课题组：《中国基督教入户问卷调查报告》，金泽等主编《中国宗教报告（2010）》，社会科学文献出版社 2010 年版，第 191 页。

③ 中华人民共和国国务院新闻办公室：《国家人权行动计划（2012—2015 年）》，http://www.gov.cn/jrzg/2012-06/11/content_2158166.htm。

④ 参见张志坡《隐私权保障面临的挑战与最新进展》，载李君如主编：《中国人权事业发展报告（2013）》，社会科学文献出版社 2013 年版，第 164—183 页。

强调我国互联网行业的近期发展规划目标之一是“用户知情权、选择权和隐私权等进一步得到保障，用户满意度明显提升”。

2012 年 5 月，中国银行业协会作出印发《关于进一步完善残障人士银行服务的自律要求》的通知。通知特别指出，要“保障残障人士隐私权”。

2012 年 6 月 27 日教育部通过的《关于做好 2012 年全国普通高等学校招生录取工作的通知》要求“加强信息管理，确保录取信息安全”，“对于非法获取甚至贩卖高考考生信息的，按属地原则，由各省级招办负责会同当地公安机关追查到底，并依法追究法律责任”。

2012 年 6 月卫生部发布的《关于印发医疗机构从业人员行为规范的通知》第六条规定医疗机构从业人员应“尊重患者的知情同意权和隐私权，为患者保守医疗秘密和健康隐私”。

2012 年 6 月 28 日，国务院通过的《国务院关于大力推进信息化发展和切实保障信息安全的若干意见》指出，要“强化信息资源和个人信息保护。……在软件服务外包、信息技术服务和电子商务等领域开展个人信息保护试点，加强个人信息保护工作。”“大力推动密码技术在涉密信息系统和重要信息系统保护中的应用，强化密码在保障电子政务、电子商务安全和保护公民个人信息等方面的支撑作用。”在完善政策措施方面，强调要“加快法规制度和标准建设。完善信息化发展和网络与信息安全法律法规，研究制定政府信息安全管理、个人信息保护等管理办法”。

2012 年 11 月 15 日发布的工信部联合其他部门起草的《信息安全技术公共及商用服务信息系统个人信息保护指南》，对收集、加工、转移和删除四个环节的个人信息处理做了详细规定，并提出个人信息处理的八项原则，即“目的明确、最少够用、公开告知、个人同意、质量保证、安全保障、诚信履行和责任明确”。

2012 年 12 月 28 日民政部制定的《社会工作者职业道德指引》第八条规定：“社会工作者应在不违反法律、不妨碍他人正当权益的前提下，保护服务对象的隐私，对在服务过程中获取的信息资料予以保密。”

2013 年，工业和信息化部等部门制定了《信息安全技术公共及商用服务信息系统个人保护指南》，将个人信息分为个人一般信息和个人敏感信息，对于个人敏感信息的收集和利用需要建立在信息主体明示同意的基础上，在收集和利用之前必须获得个人信息主体明确授权。同时，《指南》还规定了处理个人信息时应当遵守的八项基本原则，即目的明确、最少够用、公开告知、个人同意、质量保证、安全保障、诚信履行和责任明确；对个人信息使用设置了“需本人同意”、“不得泄露”和“用后要删除”三重保护。同年，工业和信息化部又制定了《电信和互联网用户个人信息保护规定》，详细规定了电信业务用户敏感信息的保护制度。

2013年6月，国家互联网信息办公室集中清理涉及公民个人隐私权和名誉权的三类信息，包括：（1）假冒、盗用他人名义开设的博客、微博客等账号；（2）在网上故意、随意发布涉及公民个人通信方式、家庭住址及家庭成员情况等隐私信息以及偷拍、偷录他人隐私的图片和音视频信息；（3）对他人进行毫无事实依据的攻击、谩骂、诽谤等信息。

在公安部统一部署指挥下，北京、河北、山西等20个省区市公安机关开展集中行动，严厉打击侵害公民个人信息违法犯罪活动取得重大战果。截至2012年4月25日，共抓获犯罪嫌疑人1700余名，挖出非法出售公民个人信息的源头38个，摧毁侵害公民个人信息的数据平台和“资源大户”161个，打掉从事非法讨债、非法调查等违法犯罪活动的非法调查公司611个。① 截至4月27日，案件侦办工作取得新进展，共抓获犯罪嫌疑人1936人，依法刑事拘留978人，挖出非法出售公民个人信息的源头44个，破获各类刑事案件3024起。需要注意的是，挖出的44个信息源头中，涉及电信、工商、银行、司法、公安、民政等多个领域。② 除了公安部统一部署外，我国各地公安机关还根据本辖区情况进行了类似的保护个人信息专项行动。例如，江苏省睢宁县公安局以辖区内掌握公民个人信息的单位为重点工作对象，开展了公民个人信息安全专项治理活动。③

2012年底，国家邮政局下发《关于严密防范寄递企业及从业人员非法泄露用户使用邮政服务或快递服务信息的通知》，要求全行业迅速开展寄递企业信息安全检查工作。邮政企业、各主要快递企业按照国家邮政局

---

① 苏楠：《公安部打击侵害公民个人信息犯罪 抓获1700余人》，人民网：http://society.people.com.cn/GB/223276/17739342.html。

② 史竞男、邹伟：《公安机关打击侵害公民个人信息犯罪取得新进展 抓获犯罪嫌疑人1936人》，新华网：http://news.xinhuanet.com/legal/2012-04/27/c_111857168.htm。

③ 丁国锋、马超：《专项整治个人信息泄露》，2012年8月13日第8版《法制日报》。

的统一部署，开展了信息安全自查工作，对涉及用户信息安全的各环节逐一排查，对重要岗位和关键环节进行重点检查，严密用户信息录入和面单管理的措施，加强对有关人员的教育与管控，防止用户信息泄露。有关部门还提醒用户，在处理外包装时应及时清除个人信息。①

第三节　政治权利的政策保障

中国政治权利保障的特色，在于除选举权之外，特别强调知情权、表达权、参与权和监督权的建设。2006 年 10 月中国共产党第十六届六中全会通过的《中共中央关于构建社会主义和谐社会若干问题的决定》中首次明确提出："依法保障公民的知情权、参与权、表达权、监督权。"2007 年 10 月中共十七大政治报告中重申："要健全民主制度，丰富民主形式，拓宽民主渠道，依法实行民主选举、民主决策、民主管理、民主监督，保障人民的知情权、参与权、表达权、监督权。"中共十八大报告再次强调："健全权力运行制约和监督体系。坚持用制度管权管事管人，保障人民知情权、参与权、表达权、监督权，是权力正确运行的重要保证。"在《国家人权行动计划（2009—2010 年）》和《国家人权行动计划（2011—2015 年）》中，知情权、表达权、参与权和监督权都被列为政治权利的重要内容，并制定了保障这些权利的行动措施和达成目标。

一　知情权的政策保障和实践

知情权是现代公民政治权利的重要内容。《世界人权宣言》第十九条规定：人人有权享有"通过任何媒介和不论国界寻求、接受和传递消息和思想的自由"。《公民权利和政治权利国际公约》第十九条也规定：人人有"寻求、接受和传递各种消息和思想的自由，而不论国界，也不论口头的、书写的、印刷的、采取艺术形式的、或通过他所选择的任何其他媒介。"

知情权（right to know）字面意义是"知"的权利，又称了解权、知

① 国家邮政局市场监管司：《邮政管理部门严查非法泄露用户使用寄递服务信息问题》，中华人民共和国国家邮政局：http：//www. spb. gov. cn/folder87/2012/12/2012 - 12 - 10117451. html。

悉权。广义的知情权泛指公民知悉、获取信息的自由与权利；狭义的知情权仅指公民知悉、获取官方信息的自由与权利。[①]知情权主要包括三项内容：（1）知政权，指公民依法享有的知悉国家事务、政府行为以及国家机关工作人员的活动，了解国家政策、法律法规的权利；（2）社会知情权，指公民有权知道社会上发生的他所感兴趣的问题和事情，有权了解社会的发展和变化；（3）个人信息知情权，指公民享有了解涉及本人的相关信息的权利。[②]它不仅本身是一项重要的政治权利，而且是实现其他政治权利的重要基础。特别是在信息社会和知识经济时代，其重要性更是日益凸显。

中国政府日益重视对公民知情权的保障，不断明确保障的具体目标和具体任务。1987年中国共产党十三大政治报告提出："要提高领导机关的开放程度，重大情况让人民知道，重大问题经人民讨论。"中共十五大报告提出："坚持公平、公正、公开的原则，直接涉及群众切身利益的部门要实行公开办事制度。"中共十六大报告提出，扩大党员和群众对干部选拔任用的知情权。2006年10月11日，中国共产党第十六届六中全会通过的《中共中央关于构建社会主义和谐社会若干重大问题的决定》中提出要依法保障公民的知情权。中国共产党十七大政治报告中重申"保障人民的知情权"，并提出："完善各类公开办事制度，提高政府工作透明度和公信力。"中共十八大报告在保障人民知情权方面进一步提出："推进权力运行公开化、规范化，完善党务公开、政务公开、司法公开和各领域办事公开制度。"中共十八届三中全会通过的《中共中央关于全面深化改革若干重大问题的决定》更具体地提出："推进审判公开、检务公开"；"推行地方各级政府及其工作部门权力清单制度，依法公开权力运行流程。完善党务、政务和各领域办事公开制度，推进决策公开、管理公开、服务公开、结果公开"。中共十八届四中全会通过的《中共中央关于全面推进依法治国若干重大问题的决定》指出，"要把公正、公平、公开原则贯穿立法全过程"；"健全法律法规规章草案公开征求意见和公众意见采纳情况反馈机制"；"构建开放、动态、透明、便民的阳光司法机制，推

① 唐小波：《信息公开与公民知情权》，《社会科学》2003年第11期。

② 张晓玲：《人权基本理论问题》，中共中央党校出版社2006年版，第121页。

进审判公开、检务公开、警务公开、狱务公开，依法及时公开执法司法依据、程序、流程、结果和生效法律文书，杜绝暗箱操作。加强法律文书释法说理，建立生效法律文书统一上网和公开查询制度”。

保障知情权涉及诸多方面，主要包括政务公开、执法公开、司法公开、村务公开、厂务公开、公共企事业单位办事公开等方面。

1. 政务公开

1988 年中共中央书记处提出实行“两公开一监督”的原则，即“办事制度与办事程序公开；办事结果公开；接受群众监督”。这一原则在实践中逐步演变为中国政务公开的核心制度，指导着信息公开工作循序渐进。

2000 年 12 月，中共中央办公厅、国务院办公厅发出《关于在全国乡镇政权机关全面推行政务公开制度的通知》，对乡（镇）政务公开作出部署，对县（市）级以上政务公开提出了要求。2004 年 3 月，国务院印发《全面推进依法行政实施纲要》，把行政决策、行政管理和政府信息的公开作为推进依法行政的重要内容。在 2005 年 3 月 24 日国务院办公厅《关于进一步推行政务公开的意见》中又专门提到要建立健全政务公开评议制度。2003 年 1 月 1 日，广州市首先实施了《广州市政府信息公开办法》；2004 年间上海市、湖北省、交通部、杭州市等 15 个省、部及地方政府颁布实施了“政府信息公开办法”。相关统计结果显示，截至 2006 年底，31 个省（自治区、直辖市）政府已经建立了政务公开管理制度，中央有 36 个部委制发了政务公开规范性文件，还有 15 个副省级市建立了政府信息公开制度。①

2007 年 4 月 5 日，《中华人民共和国政府信息公开条例》签署公布，并于 2008 年 5 月 1 日开始施行。国务院办公厅在 2007 年 8 月发布《关于做好施行〈中华人民共和国政府信息公开条例〉准备工作的通知》、2008 年 4 月发布《关于施行中华人民共和国政府信息公开条例若干问题的意见》这两份规章性文件，具体强调了对各级行政机关实施《条例》的要求，为《条例》的实施提供了良好的组织保障。

《国家人权行动计划（2009—2010 年）》明确要求：“积极推行政务

---

① 章剑生：《知情权及其保障》，《中国法学》2008 年第 4 期。

公开，完善相关法律法规，切实保障公民的知情权。”该计划对政务公开作出了更具体的要求：(1)全面贯彻实施《政府信息公开条例》，对政府及相关部门的信息公开工作进行全面定期考核，检查督促具有公共事务管理职能的组织公开政务信息的情况，依法追究违反该条例的主管人员和直接责任人员的责任。完善地方性政务公开法规。(2)逐步形成相对完整的政务公开制度体系。乡镇机构重点公开贯彻落实国家有关农村工作政策，以及财政、财务收支、各类专项资金等情况。县、市政府重点公开本地区发展规划、重大项目审批和实施、政府采购、征地拆迁等事项。省级政府重点公开本地区经济建设和社会发展的相关政策和总体规划、财政预决算报告、产权交易等情况。深入推进电子政务建设，逐步实现所有县级以上政府和政府部门建立政府网站，绝大多数政府机关和公共企事业单位开通热线电话。(3)完善政府新闻发布制度和新闻发言人制度，加大对新闻发言人和新闻发布工作人员的培训，积极开展多种形式的新闻发布，提高发布会质量，及时、准确、权威地发布政府信息，增强政府工作的透明度，提高政府的信息服务水平。(4)依法、及时、准确发布自然灾害、突发事件和安全生产责任事故信息。及时向社会公布重特大安全生产责任事故的调查、处理结果。

2012年制订的《国家人权行动计划（2012—2015年）》进一步提出：“深入推进政务公开，继续从法律法规、政策等方面拓展知情权的范围，不断提高公民知情权的保障水平。”该计划要求：(1)推进政府信息公开。实施政府信息公开条例，落实《国务院关于加强法治政府建设的意见》。凡是不涉及国家秘密、商业秘密和个人隐私的政府信息，都要向社会公开。重点推进财政预算、公共资源配置、重大建设项目批准和实施、社会公益事业建设等领域的政府信息公开。(2)推进政府办事公开。所有面向社会服务的政府部门全面推进办事公开制度，依法公开办事依据、条件、要求、过程和结果，充分告知办事项目有关信息。(3)积极稳妥推进审计工作信息公开。坚持和完善审计结果公告制度，规范公告的形式、内容和程序；坚持和完善特定审计事项阶段性审计情况公告、重大案件查处结果公告制度。(4)不断完善政府新闻发布制度、新闻发言人制度和党委新闻发言人制度。(5)建立健全领导干部任免信息向社会公开制度。适时发布领导职位空缺情况及其岗位职责要求、考察对象或者拟任人选的基本情况，提高领导干部任免信息公开的制度化、规范化水平。[①]

2013年，国务院办公厅发布《当前政府信息公开重点工作安排》，重点推进行政审批、财政预算决算和“三公”经费、保障性住房、食品药品安全、环境保护、安全生产、价格和收费、征地拆迁、以教育为重点的企事业单位等九大领域的信息公开。

2014年10月23日，中共十八届四中全会通过的《中共中央关于全面推进依法治国若干重大问题的决定》提出：“全面推进政务公开。坚持以公开为常态、不公开为例外原则，推进决策公开、执行公开、管理公开、服务公开、结果公开。各级政府及其工作部门依据权力清单，向社会全面公开政府职能、法律依据、实施主体、职责权限、管理流程、监督方式等事项。重点推进财政预算、公共资源配置、重大建设项目批准和实施、社会公益事业建设等领域的政府信息公开。涉及公民、法人或其他组织权利和义务的规范性文件，按照政府信息公开要求和程序予以公布。推行行政执法公示制度。推进政务公开信息化，加强互联网政务信息数据服务平台和便民服务平台建设。”

2014年11月17日，国务院办公厅发布《关于加强政府网站信息内容建设的意见》，要求各地区、各部门要将政府网站作为政府信息公开的第一平台，建立完善信息发布机制，第一时间发布政府重要会议、重要活动、重大政策信息。依法公开政府信息，做到决策公开、执行公开、管理公开、服务公开、结果公开。

自从1999年1月22日中国政府启动了“政府上网工程”、推动政务信息化以来，截至2013年，中国已建立政府门户网站4.5万多个。2011年，31个省（区、市）主动公开政府信息2885万多条，中央国家机关各部门各单位主动公开政府信息149万多条。[②]

2. 执法公开

执法公开涉及很多执法部门的信息公开，主要包括检察部门的检务公开，公安部门的警务公开，监所的狱务公开，以及海关的关务公开等。

---

① 中华人民共和国国务院新闻办公室：《国家人权行动计划（2012—2015年）》，http://www.gov.cn/jrzg/2012-06/11/content_2158166.htm。

② 人民网：《中国向联合国人权理事会提交的〈国家人权报告〉》，http://world.people.com.cn/n/2013/0925/c1002-23022940.html。

1999年6月10日，公安部发布了《关于在全国公安机关普遍实行警务公开制度的通知》，要求在全国公安机关普遍实行警务公开制度。公安机关的执法办案和行政管理工作，除法律法规规定不能公开的事项外，都要予以公开。公开的内容包括：（1）执法依据和制度、程序，包括公安机关的性质、任务、职责和权限；人民警察的职责、权利和义务；公安机关和人民警察执法活动的原则、执法依据、办案程序、执法制度、工作制度和要求；公安机关受理举报、控告、申诉、行政复议、国家赔偿等的制度规范。（2）刑事执法，包括公安机关管辖刑事案件的范围、执法职权、办案程序和立案标准；犯罪嫌疑人、被害人、证人、鉴定人、翻译人员依法享有的权利和义务；律师在侦查阶段参与刑事诉讼的权利、义务。（3）行政执法，包括公安机关行政执法的范围和职权；办理户口、居民身份证、车辆牌证和机动车驾驶证、边境通行证和出入境证件等有关制度、程序、时限、收费依据、收费标准、投诉方式；治安处罚、交通违章处罚、交通事故处理、消防监督管理中当事人依法享有的权利；公安机关依法适用公开听证的程序、要求。（4）警务工作纪律，包括公安机关和人民警察的执法、管理、服务的纪律规范、要求；对公安机关和人民警察违法违纪行为进行举报、控告的途径、方法等。警务公开的形式和办法，一是通过报刊、电台、电视台等新闻媒介和其他现代化信息传播手段公布；二是在公共场所和对外办公的场所设置公示栏、牌匾，或印发“警务公开手册”等形式公布警务公开的内容，向社会各界广泛宣传公安机关的性质、任务和职权，宣传有关公安工作和队伍建设的法律、法规和规章、制度；三是公安机关基层单位要将群众常办事项所需手续、程序、时限等印成“警民联系卡”、“便民卡”或“明白卡”，还可以通过邮电部门设立电话查询服务，有条件的地方可在对外办公的场所，设立电脑触摸屏，方便群众查询和办事；四是看守所、收容教育所、治安拘留所、强制戒毒所等监管场所要将被监管对象依法享有的权利和义务以及生活卫生管理制度等张榜公布；五是通过口头告知的办法，使到公安机关办事的社会各界群众及时了解办事程序和要求，使被传唤对象或犯罪嫌疑人知道依法享有的权利。

在警务公开方面，2012年10月，公安部印发了《公安机关执法公开规定》，要求对涉及公共利益、公众普遍关注、需要社会知晓的执法信息，公安机关应当主动向社会公开；对不宜向社会公开，但涉及特定对象权利义务、需要特定对象知悉的，应当告知特定对象，或者为特定对象提供查询服务。公安机关应当向社会公开的执法信息包括：（1）公安机关的任务和职责权限，人民警察的职责、权利和义务；（2）涉及公民权利义务的公安机关规范性文件；（3）公安机关管辖的刑事、行政、行政复议、国家赔偿案件的受理范围、申请条件和法定程序、时限，以及当事人依法享有的权利、义务和监督救济渠道；（4）行政事业性收费的项目、依据和标准；（5）公安行政许可、非行政许可审批、备案类事项的法律依据、申请条件、办理程序、办结期限、申请途径、方式，以及申请应当提交的材料目录、示范文本、制式文书和格式要求，行政管理相对人依法享有的权利、义务和监督救济渠道；（6）与执法相关的便民服务措施；（7）举报投诉的方式、途径；（8）公安机关人民警察纪律要求、职业道德规范；（9）公安机关内设执法机构及其职能；窗口单位的办公地址、工作时间、联系方式，民警姓名、警号和监督举报电话；（10）交通技术监控设备设置信息；（11）公安机关采取的限制交通措施、交通管制信息和现场管制信息；（12）法律、法规、规章和其他规范性文件规定应当向社会公开的其他执法信息。公安机关可以向社会公开的执法信息包括：（1）辖区社会治安状况、火灾和道路交通安全形势、安全防范预警信息；（2）公安机关在社会公共区域设置的安全技术防范监控设备信息；（3）可以向社会公开的其他执法信息。公安机关应当向控告人，以及被害人、被侵害人或者其家属公开的执法信息包括：（1）办案单位名称和联系方式；（2）刑事案件立案、破案、移送起诉等情况，对犯罪嫌疑人采取刑事强制措施的种类和期限；（3）行政案件办理情况和结果。

在狱务公开方面，1999 年 7 月 8 日，司法部发布了《监狱系统在执行刑罚过程中实行“两公开、一监督”的规定（试行）》（司发通［1999］072 号），要求全国监狱系统在执行刑罚过程中实行“两公开、一监督”制度，即在严格遵守各项法律法规、规章制度的同时，公开执法依据、程序，公开结果；主动接受有关部门及社会各界的广泛监督。“两公开、一监督”的内容包括：（1）对罪犯实行计分考核、分级处遇的条件、程序和结果；（2）对罪犯予以减刑、假释或加刑的法定条件，提出建议的程序，法院裁定或审判结果；（3）对罪犯实行暂予监外执行、准假探亲的法定条件、审批程序、审批结果以及实际执行情况；（4）对罪犯提出的申诉、控告、检举的处理程序及结果；（5）罪犯伙食费、医疗费、被服费的标准及开支情况；（6）对罪犯实行表扬、物质奖励、记功和警告、记过、禁闭等行政奖惩的法定条件、审批程序和审批结果；（7）监狱法第十四条规定的具体内容以及执行结果。“两公开、一监督”的形式包括：（1）公告、明示。对前条规定的公开内容，要分别张贴在罪犯生活区、会见室等处，便于罪犯及其亲属、监护人和社会各界了解有关内容，参与监督。（2）公布举报电话。各地监狱管理机关要在当地的报纸、广播、电视等新闻媒体上公布监督举报电话号码，并设专人值班接听、登记，及时处理。（3）设置举报箱。各监狱管理机关要设置举报箱，由专人负责开启，交有关领导或部门处理。（4）公布领导接待日。各监狱管理机关领导的接待日，要向社会公布，按时接待群众来访，及时处理群众投诉或反映的问题。（5）进行不记名问卷调查。各级监狱管理机关要定期或不定期地向罪犯及其亲属、监护人进行不记名问卷抽样调查，了解监狱执法情况，搜集意见和建议，及时发现和解决问题。（6）聘请执法监督员。各监狱管理机关要在社会有关部门及社会团体、知名人士、离（退）休人员中聘请执法监督员，定期或不定期地请他们检查和监督监狱的执法情况，听取他们的意见建议，不断改进工作。（7）主动接受人大、政协以及人民检察院的监督，经常征求意见，不断改进工作。要及时向人民检察院通报有关执行刑罚的情况，接受人民检察院的监督。

2001年10月12日，司法部发布了《关于在监狱系统推行狱务公开的实施意见》（司发通［2001］105号），要求全国各级监狱机关应根据狱务公开的原则，结合本地实际，采取有效形式，向罪犯和社会各界公开统一规定的内容。公开的主要内容包括：监狱的性质、任务和宗旨；罪犯法定的权利和义务；罪犯收监的规定；罪犯考核、分级处遇的条件和程序；罪犯通信、会见的规定；罪犯行政奖励的条件、程序和结果；罪犯行政处罚的条件、程序和结果；罪犯减刑、假释或又犯罪处理的条件、程序和结果；罪犯暂予监外执行的条件和程序；罪犯离监探亲的条件和程序；罪犯申诉、控告、检举的处理；罪犯生活卫生的管理；罪犯的教育改造；监狱人民警察的法定权利、义务和纪律。公开的主要方式包括：（1）借助新闻媒体。监狱管理机关可以通过报刊、广播、电视等媒体公布狱务公开的要求和内容，宣传狱务公开的做法及其成效。对狱务公开过程中的重要活动，可以通过召开新闻发布会、组织新闻单位来监狱采访等形式进行重点宣传。（2）运用狱内宣传手段。监狱可以通过设立狱务公开专栏，运用监狱报、狱内广播、闭路电视等媒体公布狱务公开的内容，在罪犯生活区、会见室等场所设置举报箱。（3）开展狱务咨询。各级监狱机关要开设狱务公开咨询电话，建立健全监狱机关领导的接待日制度，及时接待有关咨询来访；完善信访制度，做到件件有记录，事事有回复。各地还可以根据狱务公开工作需要，主动开展街头咨询活动。（4）印发《狱务公开手册》。各级监狱机关要把《狱务公开手册》，作为社会了解监狱的重要的书面宣传材料。《狱务公开手册》应作为罪犯入监教育教材，纳入罪犯入监教育内容。要使每名罪犯、来监探视的家属、来监考察的社会各界人士能够得到《狱务公开手册》。

《国家人权行动计划（2009—2010 年）》提出："完善监管执法公开制度，将被羁押者权利以及监所有关执法标准、程序向被羁押者、家属及社会公开，通过举报箱、举报电话、监所领导接待日、聘请执法监督员等方式，对监所执法活动进行有效监督。"

在关务公开方面，2007 年 9 月 5 日，海关总署发布了《中华人民共和国海关关务公开办法》（中华人民共和国海关总署令第 165 号）。根据该办法，海关应当主动公开的海关信息包括：（1）海关规章以及以海关总署公告、直属海关公告形式发布的其他规范性文件；（2）海关行政许可的事项、依据、条件、数量、程序、期限以及申请行政许可需要提交的全部材料目录及办理情况；（3）海关作出具体行政行为的依据、程序、时限和救济途径等；（4）海关的机构设置、职责权限以及办公地点、办公时间和联系电话；（5）业务现场海关人员的姓名、职务、职责、工号、办公电话；（6）涉及进出口货物贸易的海关综合统计资料；（7）海关集中采购项目的目录、标准及实施情况；（8）海关行政事业性收费的项目、依据、标准；（9）海关职业纪律、工作纪律和行为规范；（10）其他涉及公民、法人或者其他组织切身利益、需要社会公众广泛知晓或者参与以及法律、行政法规、海关总署规定应当主动公开的事项。

3. 司法公开

在检务公开方面，1998 年，为落实十五大精神，努力实践依法治国的基本方略，自觉接受人民群众和社会各界的监督，保证检察机关公正司法，最高人民检察院决定在全国检察机关普遍推行“检务公开”，公开的内容包括：（1）人民检察院的职权；（2）人民检察院直接立案侦查案件的范围；（3）贪污贿赂、渎职犯罪案件立案标准；（4）侦查、审查起诉阶段办案期限；（5）检察人员办案纪律；（6）在侦查、审查起诉阶段犯罪嫌疑人的权利和义务；（7）在侦查、审查起诉阶段被害人的权利、义务；（8）证人的权利、义务；（9）举报须知；（10）申诉须知。它被称为“检务十公开”。

2006 年 6 月，人民检察院印发了《关于进一步深化人民检察院“检务公开”的意见》，要求在“检务十公开”的基础上，进一步充实、完善“检务公开”的内容，具体包括：（1）检察官的任职资格和管理；（2）检察人员任职回避和公务回避；（3）人民检察院保障律师在刑事诉讼中依法执业的规定；（4）在刑事诉讼活动中开展法律援助工作的规定；（5）不起诉案件公开审查规则；（6）普通程序简化审理“被告人认罪案件”程序；（7）适用简易程序审理公诉案件的程序；（8）人民检察院刑事申诉案件公开审查程序规定；（9）国家刑事赔偿的规定；（10）民事行政抗诉案件办案规则；（11）检察机关人民监督员制度试点工作的规定；（12）检察工作纪律和检察官职业道德规范；（13）其他依法应当予以公开的内容。

2008 年 8 月，最高人民法院发布了《关于加强人民法院审判公开的若干意见》。《国家人权行动计划（2009—2010 年）》提出：（1）全面公开审判信息。对于公开审判的案件，人民法院在开庭三日以前公布案由、被告人姓名、开庭时间和地点；对于不公开审理的案件，须宣布依法不公开审理的理由。（2）公开审理时，公开举证、质证、辩论，并公开宣判。公民持有效证件，可以旁听。

2009 年 10 月 8 日，最高人民法院发布了《关于司法公开的六项规定》（法发［2009］58 号），六项规定包括立案公开、庭审公开、执行公开、听证公开、文书公开、审务公开。

2010 年 10 月 15 日，最高人民法院发布了《关于确定司法公开示范法院的决定》（法［2010］383 号），同时发布了《司法公开示范法院标准》。该标准确定了司法公开的具体要求：（1）在立案公开方面，要设立立案、信访服务窗口，设置导诉台，配备导诉人员，告知诉讼风险、查询案件信息、解答诉讼疑问、引导当事人合理选择诉讼外纠纷解决方式、进行信访接待答复等；通过宣传栏、公告牌、电子触摸屏或者法院网站等，公开各类案件的立案条件、立案流程、法律文书样式、诉讼费用标准、缓减免交诉讼费程序和条件、当事人权利义务等内容。建立案件信息网上查询系统，内容包括案件的案号、立案日期、案由、当事人姓名或名称、案件承办人和合议庭组成人员名单、案件流程等；应当及时将案件受理情况告知当事人。对于不予受理的，应当及时将不予受理裁定书、不予受理再审申请通知书、驳回再审申请裁定书、驳回申诉通知书等相关法律文书依法送达当事人，并说明理由，告知当事人有关诉讼权利。（2）在庭审公开方面，要依照法律和司法解释规定应当公开审理的案件一律公开审理。公开开庭审理的案件允许当事人近亲属、媒体记者和公众旁听，不得对旁听庭审设置障碍。对影响重大、社会关注度较高的案件，应根据旁听人数尽量安排合适的审判场所。定期邀请人大代表、政协委员和社会组织代表旁听庭审；按照有关规定对庭审活动进行全程同步录音或者录像。审判法庭设立媒体席，并设立同步庭审视频室。每年选择一定数量案件按照有关规定进行庭审直播；所有证据应当在法庭上公开。能当庭认证的，应当当庭认证。逐年提高证人、鉴定人的出庭比率；依法提请审判委员会讨论的案件，应当向当事人宣布审判委员会委员名单，并询问当事人是否对审判委员会委员申请回避；案件未在法定期限内审结的，应当在法定期限届满前将中止诉讼、延长审限的情况及理由以书面或者口头方式告知当事人。（3）在执行公开方面，要在法院网站公开执行案件的立案标准、收费标准、执行风险、执行规范、执行程序等信息；在执行案件信息查询系统中公开当事人情况、立案信息、被执行财产信息、执行过程中形成的法律文书、执行中止情况和理由、结案信息、执行异议信息以及变更、追加被执行人阶段的听证信息等；人民法院采取查封、扣押、冻结、划拨等重大措施后，应当及时将有关情况告知双方当事人。公开选定评估、拍卖机构的条件、程序，向社会公布选定的具有相应资质的鉴定、评估机构、拍卖机构名单；案件执行中委托评估、拍卖的，向当事人和利害关系人公开评估、拍卖的过程和结果；通过报纸、网络等媒体公布不履行法律文书确定义务的被执行人的基本信息、财产状况、执行标的等信息；未按照规定的期限完成执行行为的，应当及时向申请执行人说明原因。（4）在听证公开方面，要对开庭审理程序之外的涉及当事人或者案外人重大权益的案件实行公开听证，并公告听证事由、时间地点、听证法官、听证参加人的权利义务等；按照有关规定，人民法院对符合听证条件的申请再审案件应当组织当事人进行公开听证；对涉及人数众多、群众反映强烈、争议较大、多次上访以及在社会上引起重大影响的涉法涉诉信访案件，人民法院应当组织听证；对侵权损害后果争议较大的、赔偿方式或赔偿数额分歧较大的、赔偿数额巨大、社会各界关注的，以及当事人要求、人民法院认为确有必要举行听证的司法赔偿案件，应当组织公开听证；对案外人异议、不予执行的申请以及变更、追加被执行主体、中止或终结执行、多个债权人申请参与分配的，以及人民法院认为有必要听证的重大执行事项，应当组织公开听证；对职务犯罪案件和危害国家安全、严重危害公共安全、严重暴力犯罪案件，以及人民法院认为有较大社会影响等案件的被告人，以及黑社会性质组织的领导者、组织者和骨干分子、犯罪集团的首要分子和主犯进行减刑、假释时，人民法院应当组织公开听证。（5）在文书公开方面，要在法院网站设立专门的裁判文书公开栏目。除不予上网公布的裁判文书以外，人民法院按照有关规定应当将审理各类案件公开宣告的裁判文书上网公布；指定专门机构或专门人员管理裁判文书上网公布工作，监督管理上网公布的文书数量、质量和信息安全等问题，并建立相应的管理制度。（6）在审务公开方面，要在法院网站或者其他信息公开平台公布人民法院基本情况、工作流程、管理制度、审判业务部门审判职能、人员状况等基本情况；公开人民法院的重要审判工作会议、工作报告或者专项报告、重要活动部署、规范性文件、审判指导意见、重要研究成果、非涉密司法统计数据及分析报告等信息；进一步完善新闻发布制度，建立与媒体及其主管部门固定的沟通联络机制，定期或不定期举行新闻发布会、通气会、座谈会或研讨会、公众开放日活动。（7）在工作机制方面，要求成立司法公开工作领导小组，指定专门机构和专门人员负责落实司法公开工作；建立司法公开考核评价机制和督促检查机制，对示范法院开展司法公开工作进行考评；建立物质保障机制，对立案大厅、法院门户网站、其他信息公开平台、审判法庭安全检查设备、庭审直播设备等方面提供较大的资金、设施、技术等物质保障；建立责任追究机制和举报投诉机制，对于违反司法公开相关规定的，损害当事人合法权益，造成严重后果的，进行查处。在法院网站或立案大厅设立投诉电话、举报投诉信箱，安排专人对当事人和社会公众反映的问题进行核查。各高级人民法院对当事人和社会公众反映本辖区人民法院落实公开制度存在的问题进行核查和反馈。

2010 年 11 月 21 日，最高人民法院印发了《关于人民法院在互联网公布裁判文书的规定》和《关于人民法院直播录播庭审活动的规定》（法发［2010］48 号）。2013 年，中国法院庭审直播网建成，各级法院全年直播案件庭审 4.5 万次。

2013 年 7 月 2 日“中国裁判文书网”开通，并集中公布了第一批 50 个生效裁判文书。2013 年 7 月 2 日，最高人民法院审议通过《最高人民法院裁判文书上网公布暂行办法》，明确除法律有特殊规定的以外，生效裁判文书将全部在中国裁判文书网予以公布。

2013 年 11 月 21 日，最高人民法院发布了《关于推进司法公开三大平台建设的若干意见》（法发［2013］13 号）和新的《关于人民法院在互联网公布裁判文书的规定》（法发［2013］26 号），全面推进审判流程公开、裁判文书公开、执行信息公开三大平台建设。

通过审判流程公开平台，人民法院应当向公众公开以下信息：（1）法院地址、交通图示、联系方式、管辖范围、下辖法院、内设部门及其职能、投诉渠道等机构信息；（2）审判委员会组成人员、审判人员的姓名、职务、法官等级等人员信息；（3）审判流程、裁判文书和执行信息的公开范围和查询方法等司法公开指南信息；（4）立案条件、申请再审、申诉条件及要求、诉讼流程、诉讼文书样式、诉讼费用标准、缓减免交诉讼费用的程序和条件、诉讼风险提示、可供选择的非诉讼纠纷解决方式等诉讼指南信息；（5）审判业务文件、指导性案例、参考性案例等审判指导文件信息；（6）开庭公告、听证公告等庭审信息；（7）人民陪审员名册、特邀调解组织和特邀调解员名册、评估、拍卖及其他社会中介入选机构名册等名册信息。同时，当事人自案件受理之日起可以凭密码从审判流程公开平台获取以下信息：（1）案件名称、案号、案由、立案日期等立案信息；（2）合议庭组成人员的姓名、承办法官与书记员的姓名、办公电话；（3）送达、管辖权处理、财产保全和先予执行情况；（4）庭审时间、审理期限、审限变更、诉讼程序变更等审判流程节点信息。

通过裁判文书公开平台，在裁判文书生效后七日内应当将其传送至中国裁判文书网公布。

通过执行信息公开平台，当事人凭密码可以获取以下信息：（1）执行立案信息；（2）执行人员信息；（3）执行程序变更信息；（4）执行措施信息；（5）执行财产处置信息；（6）执行裁决信息；（7）执行结案信息；（8）执行款项分配信息；（9）暂缓执行、中止执行、终结执行信息等。同时，人民法院通过执行信息公开平台向公众公开以下信息：（1）执行案件的立案标准、启动程序、执行收费标准和根据、执行费缓减免的条件和程序；（2）执行风险提示；（3）悬赏公告、拍卖公告等；（4）未结执行实施案件的被执行人信息；（5）失信被执行人名单信息；（6）限制出境被执行人名单信息；（7）限制招投标被执行人名单信息；（8）限制高消费被执行人名单信息等。

4. 村务公开

“村务公开”是指村民委员会组织把处理本村涉及国家的、集体的和村民群众利益的事务的活动情况，通过一定的形式和程序告知全体村民，并由村民参与管理、实施监督的一种民主行为。

1990 年 12 月，中共中央批转《全国村级组织建设工作座谈会纪要》的通知，要求各地“增加村务公开的程序，接受村民对村民委员会工作的监督”。1994 年 10 月，中共中央下发了《关于加强农村基层组织建设的通知》，要求各地广泛开展依法建制、以制治村、民主管理活动，提出要抓好“村务公开”制度建设，“凡是涉及全村群众利益的事情，特别是财务开支、宅基地审批、当年获准生育的妇女名单及各种罚款的处理等，都必须定期向村民张榜公布，接受村民监督”。1997 年 8 月，民政部下发了《关于进一步建立健全村务公开制度，深化农村村民自治工作的通知》，要求各地民政部门提高认识，加大对村务公开工作的指导力度。

1998 年 4 月 18 日中共中央办公厅、国务院办公厅印发了《关于在农村普遍实行村务公开和民主管理制度的通知》（中办发［1998］9 号），对村务公开提出具体要求：（1）完善村务公开的内容。国家有关法律法规和政策明确要求公开的事项，如计划生育政策落实、救灾救济款物发放、宅基地使用、村集体经济所得收益使用、村干部报酬等，应继续坚持公开。要继续把财务公开作为村务公开的重点，所有收支必须逐项逐笔公布明细账目，让群众了解、监督村集体资产和财务收支情况。同时，要根据农村改革发展的新形势、新情况，及时丰富和拓展村务公开内容。当前，要将土地征用补偿及分配、农村机动地和“四荒地”发包、村集体债权债务、税费改革和农业税减免政策、村内“一事一议”筹资筹劳、新型农村合作医疗、种粮直接补贴、退耕还林还草款物兑现，以及国家其他补贴农民、资助村集体的政策落实情况，及时纳入村务公开的内容。农民群众要求公开的其他事项，也应公开。（2）规范村务公开的形式、时间和基本程序。各地农村应坚持实际、实用、实效的原则，在便于群众观看的地方设立固定的村务公开栏，同时还可以通过广播、电视、网络、“明白纸”、民主听证会等其他有效形式公开。一般的村务事项至少每季度公开一次，涉及农民利益的重大问题以及群众关心的事项要及时公开。集体财务往来较多的村，财务收支情况应每月公布一次。要推进村务事项从办理结果的公开，向事前、事中、事后全过程公开延伸。要充分利用现代科学技术，不断创新村务公开的有效形式和手段。村务公开的基本程序是：村民委员会根据本村的实际情况，依照法规和政策的有关要求提出公开的具体方案；村务公开监督小组对方案进行审查、补充、完善后，提交村党组织和村民委员会联席会议讨论确定；村民委员会通过村务公开栏等形式及时公布。（3）设立村务公开监督小组。村务公开监督小组成员经村民会议或村民代表会议在村民代表中推选产生，负责监督村务公开制度的落实。村干部及其配偶、直系亲属不得担任村务公开监督小组成员。村务公开监督小组及其成员应当热爱集体，公道正派，有一定的议事能力，其中应有具备财会知识的成员。村务公开监督小组要依法履行职责，认真审查村务公开各项内容是否全面、真实，公开时间是否及时，公开形式是否科学，公开程序是否规范，并及时向村民会议或村民代表会议报告监督情况。对不履行职责的成员，村民会议或村民代表会议有权罢免其资格。（4）听取和处理群众意见。群众对公布的内容有疑问的，可以口头或书面形式向村务公开监督小组投诉，村务公开监督小组对群众反映的问题应当及时进行调查，确有内容遗漏或者不真实的，应督促村民委员会重新公布；也可以直接向村党组织、村民委员会询问，村民委员会应在10日内予以解释和答复。村民委员会要对村务公开资料进行整理归档并妥善保管。

2003年初国家成立了“全国村务公开协调小组”，统一协调指挥全国的村务公开工作。2004年6月22日，中共中央办公厅、国务院办公厅在发布了《关于健全和完善村务公开和民主管理制度的意见》（中办发［2004］17号）。

《国家人权行动计划（2009—2010年）》提出：“深入推进村务公开。加强村务公开目录的编制工作，基本实现县级单位制定村务公开目录，推进村务公开规范化。”《国家人权行动计划（2012—2015年）》进一步提出：“完善村务公开，以财务公开为重点，建立村务信息公开平台。”

5. 厂务公开

“厂务公开”就是把企业重大决策，生产经营管理的重要问题，涉及职工切身利益的问题以及与企业领导班子建设和党风廉政建设密切相关的问题，根据有关法规和制度，通过职工代表大会、厂务公开栏等多种形式，向企业广大职工公开，使职工及时了解厂情，更好地参与企业决策、管理和监督。

2002年6月3日，中共中央办公厅、国务院办公厅发布了《关于在国有企业、集体企业及其控股企业深入实行厂务公开制度的通知》（中办发［2002］13号），要求国有企业、集体企业及其控股的企业都要实行厂务公开。还没有实行的单位应尽快实行；已经实行的，要进一步深化，逐步使其内容、程序、形式规范化、制度化。特别是生产经营困难的企业更应当实行厂务公开，动员和依靠职工群众与经营者共同把企业搞好。厂务公开的主要内容包括：（1）企业重大决策问题。主要包括企业中长期发展规划，投资和生产经营重大决策方案，企业改革、改制方案，兼并、破产方案，重大技术改造方案，职工裁员、分流、安置方案等重大事项。（2）企业生产经营管理方面的重要问题。主要包括年度生产经营目标及完成情况，财务预决算，企业担保，大额资金使用，工程建设项目的招投标，大宗物资采购供应，产品销售和盈亏情况，承包租赁合同执行情况，企业内部经济责任制落实情况，重要规章制度的制定等。（3）涉及职工切身利益方面的问题。主要包括劳动法律法规的执行情况，集体合同、劳动合同的签订和履行，职工提薪晋级、工资奖金分配、奖罚与福利，职工养老、医疗、工伤、失业、生育等社会保障基金缴纳情况，职工招聘，专业技术职称的评聘，评优选先的条件、数量和结果，职工购房、售房的政策和住房公积金管理以及企业公积金和公益金的使用方案，安全生产和劳动保护措施，职工培训计划等。（4）与企业领导班子建设和党风廉政建设密切相关的问题。主要包括民主评议企业领导人员情况，企业中层领导人员、重要岗位人员的选聘和任用情况，干部廉洁自律规定执行情况，企业业务招待费使用情况，企业领导人员工资（年薪）、奖金、兼职、补贴、住房、用车、通讯工具使用情况，以及出国出境费用支出情况等。厂务公开的主要载体是职工代表大会。厂务公开的日常形式还包括厂务公开栏、厂情发布会、党政工联席会和企业内部信息网络、广播、电视、厂报、墙报等。

国家成立了“全国厂务公开协调小组”，其成员包括中共中央纪律检查委员会、中共中央组织部、国务院国有资产监督管理委员会、监察部、中华全国总工会、中华全国工商业联合会等单位的负责同志组成。

2011 年 2 月 24 日，全国厂务公开协调小组办公室发布《关于大力开展厂务公开、职工代表大会建制专项行动的通知》（国厂开组办发［2011］3 号），要求通过开展厂务公开、职工代表大会建制专项行动，力争 2011 年全国范围内已建工会的公有制企业厂务公开、职工代表大会建制率达到 80% 以上，已建工会的非公有制企业厂务公开、职工代表大会建制率达到 70% 以上。2012 年全国范围内已建工会的公有制企业厂务公开、职工代表大会建制率达到 90% 以上，已建工会的非公有制企业厂务公开、职工代表大会建制率达到 75% 以上。2013 年全国范围内已建工会的公有制企业厂务公开、职工代表大会制度基本实现全覆盖，已建工会的非公有制企业厂务公开、职工代表大会建制率达到 80% 以上。

《国家人权行动计划（2012—2015 年）》提出：“推行厂务公开。到 2015 年，实现已建工会的国有、集体及其控股企业厂务公开，已建工会的非公有制企业实行厂务公开达到 80% 以上，切实保证职工群众的知情权。”

截至 2013 年 9 月底，全国已建立工会的企事业单位单独建立厂务公开制度的有 464.3 万家，其中公有制企业 26.1 万家，建制率为 92.5%；事业单位 45.3 万家，建制率为 84.3%；单独建立厂务公开制度的非公有制企业392.9万家，建制率为89.1%。[①]

6. 公共企事业单位办事公开

《国家人权行动计划（2012—2015年）》提出："规范和监督医院、学校、公交、公用等公共企事业单位的办事公开工作。重点公开岗位职责、服务承诺、收费项目、工作规范、办事纪律、监督渠道等内容。"

各地政府制定了公共企事业单位办事公开的实施方案。例如，深圳市人民政府办公厅2012年5月10日印发的《关于深化公共企事业单位办事公开的意见》（深府办［2012］38号）就提出，拓展公共企事业单位办事公开的范围和主要内容是：（1）教育部门管理的公共企事业单位。要围绕解决"上学难、上学贵"问题，以加强招生考试管理、规范教育收费为主线推行校务公开。向社会公布校务公开目标管理、考核评估等制度，办学资格、学籍管理办法和入学条件，收费项目、依据、标准、用途和使用情况，招生考试政策、计划、程序和结果，咨询服务方式，监督渠道和查处结果，保送生、特长生选拔和学生评先选优情况，各类资金和助学物资发放情况等。（2）卫生部门管理的公共企事业单位。要围绕解决"看病贵"问题，以规范药品价格、医疗服务价格等为重点推行院务公开。向社会公布医疗服务、医用耗材和药品等项目的价格信息，门（急）诊、住院医疗费用明细清单等制度，行风建设情况和监督渠道；向患者公开收费项目、依据、标准和使用情况，提供医疗收费查询、信息咨询和病历资料复印等服务。（3）供水、供电、供气、邮政、通信等公共企事业单位。要以便民利民为出发点，向社会重点公布价格听证、首问责任等制度，办事项目、依据、程序、时限和结果，收费项目、依据、标准、时间和代收代办项目，服务范围、站点、承诺，纪律规定，新出台政策，公共服务调整计划，故障处理情况，工程招投标、物资采购的方式和结果，监督渠道等内容。（4）交通、公路等具有行政执法职能或受委托行使执法权的公共企事业单位。要向社会重点公布行政执法的法律、法规、政策，职责任务，管理权限，纪律规定，收费和处罚的项目、依据、标准、结果、缴费办法，对工作人员违法违纪的处理规定，监督渠道等信息。

① 吴超君：《全国厂务公开协调小组第十九次会议在京召开》，中工网：http：//acftu.workercn.cn/27/201403/27/140327165034101.shtml。

(5) 环境保护公共企事业单位。要主动公开环境保护法律、法规、政策及标准，大气环境、水环境、声环境、辐射环境等质量监测服务，建设项目环境影响评价服务，委托监测服务等各类服务收费的标准、依据、用途和使用情况，咨询服务的范围、时间、地点和联系方式，监督渠道等内容。(6) 人口和计划生育公共企事业单位。要主动公开单位职能权限、工作标准、岗位职责和行为规范，服务的范围、依据、时限、站点、流程、结果以及违诺责任和处理办法，收费的项目、依据、标准、用途和使用情况，对工作人员违法违纪的处理规定，便民服务电话和监督渠道等。(7) 其他与群众利益密切相关的公共企事业单位。要参照本意见，结合各自行业特点，主动公开有关办事信息。信息公开的主要形式包括互联网，特别是具有咨询、投诉、受理、反馈等功能的网上互动平台，公共信息亭、公开栏、便民服务卡、办事指南，以及社会听证、专家咨询、新闻发布会等。①

二 参与权的保障政策与实践

《世界人权宣言》第二十一条指出："人人有直接或通过自由选择的代表参与治理本国的权利。人人有平等机会参加本国公务的权利。"《公民权利和政治权利国际公约》第二十五条作出了同样的规定。

中共十六大报告提出，"坚持和完善社会主义民主制度。健全民主制度，丰富民主形式，扩大公民有序的政治参与，保证人民依法实行民主选举、民主决策、民主管理和民主监督，享有广泛的权利和自由，尊重和保障人权"；"要完善深入了解民情、充分反映民意、广泛集中民智、切实珍惜民力的决策机制，推进决策科学化民主化。各级决策机关都要完善重大决策的规则和程序，建立社情民意反映制度，建立与群众利益密切相关的重大事项社会公示制度和社会听证制度，完善专家咨询制度，实行决策的论证制和责任制，防止决策的随意性"；扩大党员和群众对干部选拔任用的参与权、选择权。2006 年 10 月 11 日，中国共产党第十六届六中全会通过的《中共中央关于构建社会主义和谐社会若干重大问题的决定》

① 《深圳市人民政府办公厅印发关于深化公共企事业单位办事公开的意见》，深圳政府在线：http：//www. sz. gov. cn/zfgb/2012_ 1/gb791/201206/t20120613_ 1924327. htm。

中提出要依法保障公民的参与权。中共十七大报告进一步强调要使“公民参与有序扩大”，保障人民的参与权，依法实行民主决策；“推进决策科学化、民主化，完善决策信息和智力支持系统，增强决策透明度和公众参与度，制定与群众利益密切相关的法律法规和公共政策原则上要公开听取意见”。“尊重和保障人权，依法保证全体社会成员平等参与、平等发展的权利。”①中共十八大报告提出，要保障人民的参与权，“坚持科学决策、民主决策、依法决策，健全决策机制和程序，发挥思想库作用，建立健全决策问责和纠错制度。凡是涉及群众切身利益的决策都要充分听取群众意见，凡是损害群众利益的做法都要坚决防止和纠正”。

1. 公民参与的各个层次

中共十八届三中全会通过的《中共中央关于全面深化改革若干重大问题的决定》提出：“从各层次各领域扩大公民有序政治参与”；“完善人大工作机制，通过座谈、听证、评估、公布法律草案等扩大公民有序参与立法途径，通过询问、质询、特定问题调查、备案审查等积极回应社会关切”。

2014 年 10 月 23 日中共十八届四中全会通过的《中共中央关于全面推进依法治国若干重大问题的决定》进一步细化了公民参与公共事务的各个层次，主要包括：（1）参与立法。该决定要求：“完善公众参与政府立法机制”；“深入推进科学立法、民主立法。加强人大对立法工作的组织协调，健全立法起草、论证、协调、审议机制，健全向下级人大征询立法意见机制，建立基层立法联系点制度，推进立法精细化。健全法律法规规章起草征求人大代表意见制度，增加人大代表列席人大常委会会议人数，更多发挥人大代表参与起草和修改法律作用。完善立法项目征集和论证制度。健全立法机关主导、社会各方有序参与立法的途径和方式。探索委托第三方起草法律法规草案。”“拓宽公民有序参与立法途径，健全法律法规规章草案公开征求意见和公众意见采纳情况反馈机制，广泛凝聚社会共识。”（2）参与决策。该决定提出：“健全依法决策机制。把公众参与、专家论证、风险评估、合法性审查、集体讨论决定确定为重大行政决

① 《胡锦涛在党的十七大上的报告》，新浪网：http：//news. sina. com. cn/c/2007 - 10 - 24/205814157375. shtml。

策法定程序，确保决策制度科学、程序正当、过程公开、责任明确。”（3）参与司法。该决定指出：“保障人民群众参与司法。坚持人民司法为人民，依靠人民推进公正司法，通过公正司法维护人民权益。在司法调解、司法听证、涉诉信访等司法活动中保障人民群众参与。完善人民陪审员制度，保障公民陪审权利，扩大参审范围，完善随机抽选方式，提高人民陪审制度公信度。逐步实行人民陪审员不再审理法律适用问题，只参与审理事实认定问题。”（4）参与社会事务。该决定指出：“建立健全社会组织参与社会事务、维护公共利益、救助困难群众、帮教特殊人群、预防违法犯罪的机制和制度化渠道。”

2. 协商民主的制度建设

协商民主是中国推进公民参与公共事务的最重要形式。中共十六大报告提出，“保证人民政协发挥政治协商、民主监督和参政议政的作用”。中共十七大报告提出，支持人民政协围绕团结和民主两大主题履行职能，推进政治协商、民主监督、参政议政制度建设；把政治协商纳入决策程序，完善民主监督机制。

中共十八大报告提出：“健全社会主义协商民主制度。社会主义协商民主是我国人民民主的重要形式。要完善协商民主制度和工作机制，推进协商民主广泛、多层、制度化发展。通过国家政权机关、政协组织、党派团体等渠道，就经济社会发展重大问题和涉及群众切身利益的实际问题广泛协商，广纳群言、广集民智，增进共识、增强合力。坚持和完善中国共产党领导的多党合作和政治协商制度，充分发挥人民政协作为协商民主重要渠道作用，围绕团结和民主两大主题，推进政治协商、民主监督、参政议政制度建设，更好协调关系、汇聚力量、建言献策、服务大局。加强同民主党派的政治协商。把政治协商纳入决策程序，坚持协商于决策之前和决策之中，增强民主协商实效性。深入进行专题协商、对口协商、界别协商、提案办理协商。积极开展基层民主协商。”

中共十八届三中全会通过的《中共中央关于全面深化改革若干重大问题的决定》把推进协商民主广泛多层制度化发展作为政治体制改革的重要内容，明确指出：“推进协商民主广泛多层制度化发展。协商民主是我国社会主义民主政治的特有形式和独特优势，是党的群众路线在政治领域的重要体现。在党的领导下，以经济社会发展重大问题和涉及群众切身利益的实际问题为内容，在全社会开展广泛协商，坚持协商于决策之前和决策实施之中。构建程序合理、环节完整的协商民主体系，拓宽国家政权机关、政协组织、党派团体、基层组织、社会组织的协商渠道。深入开展立法协商、行政协商、民主协商、参政协商、社会协商。加强中国特色新型智库建设，建立健全决策咨询制度。发挥统一战线在协商民主中的重要作用。完善中国共产党同各民主党派的政治协商，认真听取各民主党派和无党派人士意见。中共中央根据年度工作重点提出规划，采取协商会、谈心会、座谈会等进行协商。完善民主党派中央直接向中共中央提出建议制度。贯彻党的民族政策，保障少数民族合法权益，巩固和发展平等团结互助和谐的社会主义民族关系。发挥人民政协作为协商民主重要渠道作用。重点推进政治协商、民主监督、参政议政制度化、规范化、程序化。各级党委和政府、政协制订并组织实施协商年度工作计划，就一些重要决策听取政协意见。完善人民政协制度体系，规范协商内容、协商程序。拓展协商民主形式，更加活跃有序地组织专题协商、对口协商、界别协商、提案办理协商，增加协商密度，提高协商成效。”

2014 年 10 月 23 日中共十八届四中全会通过的《中共中央关于全面推进依法治国若干重大问题的决定》再次强调：“加强社会主义协商民主制度建设，推进协商民主广泛多层制度化发展，构建程序合理、环节完整的协商民主体系。”该决定特别指出：“开展立法协商，充分发挥政协委员、民主党派、工商联、无党派人士、人民团体、社会组织在立法协商中的作用，探索建立有关国家机关、社会团体、专家学者等对立法中涉及的重大利益调整论证咨询机制。拓宽公民有序参与立法途径，健全法律法规规章草案公开征求意见和公众意见采纳情况反馈机制，广泛凝聚社会共识。”

协商民主有多种多样的形式。国家政权机关的协商民主形式主要包括立法听证、征求意见、公民座谈、网络互动等；行政机关的协商民主形式包括行政听证、征求意见、座谈会、调研等；人民政协的协商民主形式包括专题协商、对口协商、界别协商、提案办理协商等；基层协商民主的形式包括“民主恳谈会”、社区论坛、村民和居民会议、公民评议、网络议事会、工资协商等。

3. 基层民主制度建设

中国基层民主制度建设，是保证基层民众参与公共生活的重要保证。它主要包括农村的村民委员会选举、城市社区居委会选举以及企业的职工代表大会制度。

中共十五大报告提出："扩大基层民主，保证人民群众直接行使民主权利，依法管理自己的事情，创造自己的幸福生活，是社会主义民主最广泛的实践。城乡基层政权机关和基层群众性自治组织，都要健全民主选举制度，实行政务和财务公开，让群众参与讨论和决定基层公共事务和公益事业，对干部实行民主监督。坚持和完善以职工代表大会为基本形式的企事业民主管理制度，组织职工参与改革和管理，维护职工合法权益。坚决纠正压制民主、强迫命令等错误行为。"

中共十六大报告提出："扩大基层民主，是发展社会主义民主的基础性工作。健全基层自治组织和民主管理制度，完善公开办事制度，保证人民群众依法直接行使民主权利，管理基层公共事务和公益事业，对干部实行民主监督。完善村民自治，健全村党组织领导的充满活力的村民自治机制。完善城市居民自治，建设管理有序、文明祥和的新型社区。坚持和完善职工代表大会和其他形式的企事业民主管理制度，保障职工的合法权益。"

中共十七大报告提出："发展基层民主，保障人民享有更多更切实的民主权利。人民依法直接行使民主权利，管理基层公共事务和公益事业，实行自我管理、自我服务、自我教育、自我监督，对干部实行民主监督，是人民当家作主最有效、最广泛的途径，必须作为发展社会主义民主政治的基础性工程重点推进。要健全基层党组织领导的充满活力的基层群众自治机制，扩大基层群众自治范围，完善民主管理制度，把城乡社区建设成为管理有序、服务完善、文明祥和的社会生活共同体。全心全意依靠工人阶级，完善以职工代表大会为基本形式的企事业单位民主管理制度，推进厂务公开，支持职工参与管理，维护职工合法权益。深化乡镇机构改革，加强基层政权建设，完善政务公开、村务公开等制度，实现政府行政管理与基层群众自治有效衔接和良性互动。发挥社会组织在扩大群众参与、反映群众诉求方面的积极作用，增强社会自治功能。"

中共十八大报告提出："完善基层民主制度。在城乡社区治理、基层公共事务和公益事业中实行群众自我管理、自我服务、自我教育、自我监督，是人民依法直接行使民主权利的重要方式。要健全基层党组织领导的充满活力的基层群众自治机制，以扩大有序参与、推进信息公开、加强议事协商、强化权力监督为重点，拓宽范围和途径，丰富内容和形式，保障人民享有更多更切实的民主权利。全心全意依靠工人阶级，健全以职工代表大会为基本形式的企事业单位民主管理制度，保障职工参与管理和监督的民主权利。发挥基层各类组织协同作用，实现政府管理和基层民主有机结合。”

中共十八届三中全会通过的《中共中央关于全面深化改革若干重大问题的决定》提出：“发展基层民主。畅通民主渠道，健全基层选举、议事、公开、述职、问责等机制。开展形式多样的基层民主协商，推进基层协商制度化，建立健全居民、村民监督机制，促进群众在城乡社区治理、基层公共事务和公益事业中依法自我管理、自我服务、自我教育、自我监督。健全以职工代表大会为基本形式的企事业单位民主管理制度，加强社会组织民主机制建设，保障职工参与管理和监督的民主权利。”

2014 年 10 月 23 日中共十八届四中全会通过的《中共中央关于全面推进依法治国若干重大问题的决定》再次强调：“完善和发展基层民主制度，依法推进基层民主和行业自律，实行自我管理、自我服务、自我教育、自我监督。”

在国家及各级地方政府的大力推动下，广大农村地区普遍建立了以村民为地方性事务决策主体的体制，形成了村民会议、村民代表会议、村民议政小组等各种决策机构，对村内涉及利益分配、土地承包、宅基地使用、集体财产处分和发展方针等议题具有最终决定权。在城市地区，普遍建立了社区居民会议、社区居民代表会议、业主委员会、社区协商议事会议等民主决策制度，使得城市居民可以全面参与社区服务、社区管理、社区保障、社区安全、社区卫生、社区教育以及社区其他公益事业等事务的决策。

政府还积极在农村和城市社区推动参与决策的方式创新，形成了如一事一议制度、公示公决制度、旁听听证制度等，有力地提升了群众对基层决策的参与程度。在全国范围内，涌现出“民主恳谈会”、“民主理财日”、“民主议政日”、“社区事务民主听证会”、“民主听证会”、“民主议事会”、“民主评议村两委成员” 等多种基层社会参政议政模式。其中以浙江温岭的“民主恳谈会”影响最大。[①] 在地方政府与基层民众的共同努力下，民主恳谈会逐步发展成为当地重要事项决策的必经程序。“民主恳谈会”通常由乡镇、村或乡镇部门党组织主持，由广大的群体或相关的代表参与。它主要有四种形式：一是乡镇、村、部门以及企业的民主恳谈活动；二是镇民主听证会；三是村级民主议事制度；四是“民情恳谈”活动。[②] 这一模式已经成为引导民众参与民主决策，保障民主决策参与权的重要基层政治民主形式，并因其影响力显著而荣获第二届“中国地方政府创新奖”。

三 表达权的保障政策与实践

《世界人权宣言》第十九条提出：“人人有权享有主张和发表意见的自由；此项权利包括有主张而不受干涉的自由和通过任何媒介和不论国界寻求、接受和传递消息和思想的自由。”《公民权利和政治权利国际公约》第十九条作出了同样的规定。现行《宪法》第三十五条规定：“中华人民共和国公民有言论、出版、集会、结社、游行、示威的自由。”

表达权又称表达自由，是指公民享有的受法律保规定、认可和保障的，使用各种媒介手段与方式公开发表、传递自己的意见、主张、观点、情感、信息、知识等内容而不受任何他人或组织干涉、限制或侵犯的权利。[③] 马克思曾深刻地指出，“发表意见的自由是一切自由中最神圣的，因为它是一切的基础。”[④] 在现代社会中，表达权的范围非常宽泛，不仅包括口头语言表达、网络语言表达等方式，也涵盖了很多象征性言论或表达方式，例如出版、新闻、机会、结社、游行示威等。从形式上讲，公民表达可分为语言表达、行为表达、沉默表达。从内容上讲，公民表达可分为群体利益的表达和公民对重大政治、经济、社会、文化等公众问题发表

---

① 景跃进：《行政民主：意义与局限——温岭“民主恳谈会”的启示》，《浙江社会科学》2003 年第 1 期。

② 郎友兴：《商议式民主与中国的地方经验：浙江省温岭市的“民主恳谈会”》，《浙江社会科学》2005 年第 1 期。

③ 张晓玲：《人权基本理论问题》，中共中央党校出版社 2006 年版，第 88 页。

④ 《马克思恩格斯全集》第 11 卷，人民出版社 1995 年版，第 573 页。

见解与主张的权利。[①]

2006年10月11日，中国共产党第十六届六中全会通过的《中共中央关于构建社会主义和谐社会若干重大问题的决定》中提出要依法保障公民的表达权。中国共产党十七大政治报告中再次强调保障人民的表达权。中共十八大报告提出“畅通和规范群众诉求表达”。中共十八届三中全会通过的《中共中央关于全面深化改革若干重大问题的决定》指出：“创新劳动关系协调机制，畅通职工表达合理诉求渠道”；“建立畅通有序的诉求表达、心理干预、矛盾调处、权益保障机制，使群众问题能反映、矛盾能化解、权益有保障”；“改革信访工作制度，实行网上受理信访制度，健全及时就地解决群众合理诉求机制。把涉法涉诉信访纳入法治轨道解决，建立涉法涉诉信访依法终结制度”。2014年10月23日中共十八届四中全会通过的《中共中央关于全面推进依法治国若干重大问题的决定》提出：“引导和支持人们理性表达诉求、依法维护权益，解决好群众最关心最直接最现实的利益问题。构建对维护群众利益具有重大作用的制度体系，建立健全社会矛盾预警机制、利益表达机制、协商沟通机制、救济救助机制，畅通群众利益协调、权益保障法律渠道。把信访纳入法治化轨道，保障合理合法诉求依照法律规定和程序就能得到合理合法的结果。”

《国家人权行动计划（2009—2010年）》中明确表示“采取有力措施，发展新闻、出版事业，畅通各种渠道，保障公民的表达权利”，并从五个方面来促进公民表达权，包括：（1）保障新闻机构新闻记者的采访权、批评权、评论权、发表权；（2）保障公民使用互联网的权益；（3）完善新闻出版、广播影视方面的法规；（4）发挥社会组织在扩大群众参与、反映群众诉求方面的积极作用；（5）进一步拓宽和畅通信访渠道。[②]《国家人权行动计划（2012—2015年）》在上一期计划的基础上，再次重申“畅通各种渠道，依法保障公民的言论自由和表达权”，其重点确定在“保障人民政协各团体、各族各界人士提出议案反映民情的权利；国家机关及其工作人员与公众交流了解民众意愿意见；拓宽信访渠道健全民众利

① 李树桥：《公民表达权：政治体制改革的前提》，《中国改革》2007年第12期。

② 中华人民共和国国务院新闻办公室：《国家人权行动计划（2009—2010年）》，http：//www.gov.cn/jrzg/2009－04/13/content_ 1283983_ 6.htm#。

益诉求表达机制；保障企事业单位职工的表达权；加强对新闻机构及从业人员合法权益的制度保障。”①

随着当代科技的发展，互联网已经成为获得信息和参与社会生活的主要途径之一。为了平等保障公民通过互联网络获得信息和参与社会政治生活的权利，中国政府大力发展互联网建设，特别是投资农村地区的互联网建设。根据中国互联网络信息中心发布的《2013 年中国农村互联网发展调查报告》，截至 2013 年 12 月，中国网民规模达 6.18 亿，互联网普及率为 45.8%。自 2012 年以来，农村网民的增速超越了城镇网民，城乡网民规模差距继续缩小。截至 2013 年 12 月，农村网民规模达到 1.77 亿，网民中农村人口占比为 28.6%，农村互联网普及率达到 27.5%。（见图 4—2）

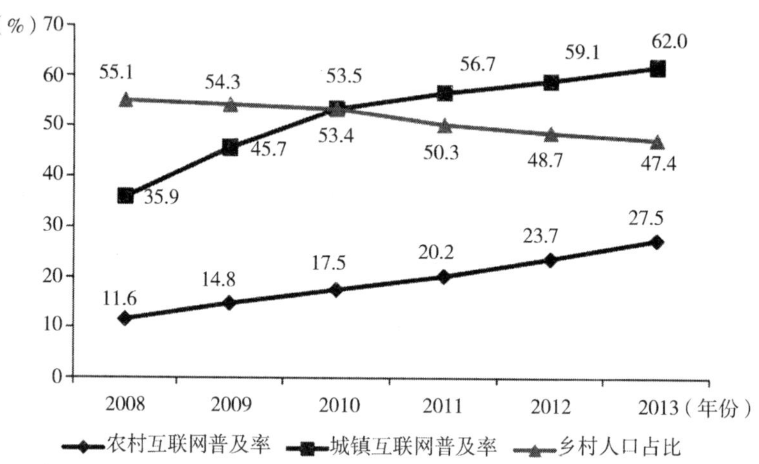

图 4—2 2008—2013 年城镇和农村互联网普及率对比

资料来源：《2013 年中国农村互联网发展调查报告》。

手机上网成本低、易操作，便于农村地区居民接入互联网，成为农村居民上网的主流设备。截至 2013 年 12 月，农村网民手机上网规模达到 1.49 亿，农村网民使用手机上网的比例已达到 84.6%，高出城镇 5 个百分点。

① 中华人民共和国国务院新闻办公室：《国家人权行动计划（2012—2015 年）》，http：//www.gov.cn/jrzg/2012－06/11/content_ 2158166.htm。

互联网的普及和完善，极大地扩展了言论自由空间。据统计，中国网民每天发布和转发微博信息达2.5亿条，每天发送微信等即时通信工具信息超过200亿条。网络平台为公民有效监督政府提供了保证。中国地方政府网站普遍设立了市长信箱、县长信箱等，接受民众的来信。中央纪检监察机构和最高人民法院、最高人民检察院等开设了举报网站，便于公众反映问题。每年全国人民代表大会和全国政治协商会议期间的网上互动，直通国家最高决策层。国家和地方各级立法和政府机关在立法或政策制定过程中，通过互联网征求意见已成为普遍做法。[①]

四 监督权的保障政策与实践

现行《宪法》第四十一条规定："中华人民共和国公民对于任何国家机关和国家工作人员，有提出批评和建议的权利；对于任何国家机关和国家工作人员的违法失职行为，有向有关国家机关提出申诉、控告或者检举的权利，但是不得捏造或者歪曲事实进行诬告陷害。对于公民的申诉、控告或者检举，有关国家机关必须查清事实，负责处理。任何人不得压制和打击报复。"

中共十五大报告提出："完善民主监督制度。我们的权力是人民赋予的，一切干部都是人民的公仆，必须受到人民和法律的监督。要深化改革，完善监督法制，建立健全依法行使权力的制约机制。坚持公平、公正、公开的原则，直接涉及群众切身利益的部门要实行公开办事制度。把党内监督、法律监督、群众监督结合起来，发挥舆论监督的作用。加强对宪法和法律实施的监督，维护国家法制统一。加强对党和国家方针政策贯彻的监督，保证政令畅通。加强对各级干部特别是领导干部的监督，防止滥用权力，严惩执法犯法、贪赃枉法。"并特别强调："维护宪法和法律的尊严，坚持法律面前人人平等，任何人、任何组织都没有超越法律的特权。一切政府机关都必须依法行政，切实保障公民权利，实行执法责任制和评议考核制"。

中共十六大报告提出，保证人民依法实行民主监督。特别包括：

---

① 人民网：《中国向联合国人权理事会提交的〈国家人权报告〉》，http：//world. people. com. cn/n/2013/0925/c1002 –23022940. html。

（1）扩大党员和群众对干部选拔任用的监督权；（2）“加强对执法活动的监督”；（3）“加强对司法工作的监督，惩治司法领域中的腐败”；（4）“加强对权力的制约和监督。建立结构合理、配置科学、程序严密、制约有效的权力运行机制，从决策和执行等环节加强对权力的监督，保证把人民赋予的权力真正用来为人民谋利益。重点加强对领导干部特别是主要领导干部的监督，加强对人财物管理和使用的监督。强化领导班子内部监督，完善重大事项和重要干部任免的决定程序。改革和完善党的纪律检查体制，建立和完善巡视制度。发挥司法机关和行政监察、审计等职能部门的作用。实行多种形式的领导干部述职述廉制度，健全重大事项报告制度、质询制度和民主评议制度。认真推行政务公开制度。加强组织监督和民主监督，发挥舆论监督的作用。”

2006 年 10 月 11 日，中国共产党第十六届六中全会通过的《中共中央关于构建社会主义和谐社会若干重大问题的决定》中提出要依法保障公民的监督权。

中国共产党十七大政治报告中再次强调依法实行民主监督，保障人民的监督权，推进民主监督，完善民主监督机制，保证人民赋予的权力始终用来为人民谋利益，让权力在阳光下运行。特别是要“重点加强对领导干部特别是主要领导干部、人财物管理使用、关键岗位的监督，健全质询、问责、经济责任审计、引咎辞职、罢免等制度。落实党内监督条例，加强民主监督，发挥好舆论监督作用，增强监督合力和实效”。

中共十八大报告提出：保障人民依法实行民主监督；“严格规范权力行使，加强对领导干部特别是主要领导干部行使权力的监督”；“支持人大及其常委会充分发挥国家权力机关作用，依法行使立法、监督、决定、任免等职权，加强立法工作组织协调，加强对‘一府两院’的监督，加强对政府全口径预算决算的审查和监督”；“保障党员主体地位，健全党员民主权利保障制度，开展批评和自我批评，营造党内民主平等的同志关系、民主讨论的政治氛围、民主监督的制度环境，落实党员知情权、参与权、选举权、监督权。”“健全权力运行制约和监督体系。……加强党内监督、民主监督、法律监督、舆论监督，让人民监督权力，让权力在阳光下运行。”

中共十八届三中全会通过的《中共中央关于全面深化改革若干重大

问题的决定》指出："加强和改进对主要领导干部行使权力的制约和监督，加强行政监察和审计监督"；"加强和规范对司法活动的法律监督和社会监督"；"明确各级法院职能定位，规范上下级法院审级监督关系"。

2014 年 10 月 23 日中共十八届四中全会通过的《中共中央关于全面推进依法治国若干重大问题的决定》提出要形成"严密的法治监督体系"，"必须以规范和约束公权力为重点，加大监督力度，做到有权必有责、用权受监督、违法必追究，坚决纠正有法不依、执法不严、违法不究行为"；"强化对行政权力的制约和监督。加强党内监督、人大监督、民主监督、行政监督、司法监督、审计监督、社会监督、舆论监督制度建设，努力形成科学有效的权力运行制约和监督体系，增强监督合力和实效"。该决定特别提出："完善全国人大及其常委会宪法监督制度"；"加强执法监督"；"完善政府内部层级监督和专门监督，改进上级机关对下级机关的监督，建立常态化监督制度"；"完善审计制度，保障依法独立行使审计监督权"；"加强对司法活动的监督"；"完善对涉及公民人身、财产权益的行政强制措施实行司法监督制度"；"完善对限制人身自由司法措施和侦查手段的司法监督"；"加强对司法活动的监督。完善检察机关行使监督权的法律制度，加强对刑事诉讼、民事诉讼、行政诉讼的法律监督。完善人民监督员制度，重点监督检察机关查办职务犯罪的立案、羁押、扣押冻结财物、起诉等环节的执法活动。司法机关要及时回应社会关切"。

腐败是用公共权力来谋取私人利益。公共权力本来是用来保障公民权利特别是公民各项人权的，而腐败官员用公共权力来谋取私利，不仅使公民权利得不到保障，还会使公共权力受到侵犯。因此，所有反腐败行动都具有捍卫人权的意义。为了惩治和预防腐败，中共中央于 2005 年 1 月印发了《建立健全教育、制度、监督并重的惩治和预防腐败体系实施纲要》，要求充分发挥各监督主体的积极作用，提高监督的整体效能。综合运用多种监督形式，努力形成结构合理、配置科学、程序严密、制约有效的权力运行机制。特别是切实加强党内监督，支持和保证人大监督、政府专门机关监督、司法监督、政协的民主监督，切实加强社会监督。该纲要强调指出："依法保障人民群众对党和国家机关及其工作人员批评、建议、控告、检举等权利。发挥工会、共青团、妇联等人民团体的监督作用，扩大群众有序的政治参与，拓宽对施政行为的监督渠道，增强涉及群众切身利益的有关政策和工作的透明度。设立专用举报电话，提倡实名举报。建立健全受理群众举报违纪违法行为的工作机制，及时处理群众反映的问题。在党的领导下，充分发挥新闻媒体的舆论监督作用。各级党委和政府应当重视和支持舆论监督，听取意见，改进工作。新闻媒体要坚持党性原则，遵守新闻纪律和职业道德，把握舆论监督的正确导向，注重舆论监督的社会效果。”

五 选举权的保障政策与实践

《世界人权宣言》第二十一条指出：“人民的意志是政府权力的基础，这一意志应以定期的和真正的选举予以体现，而选举应依据普遍的和平等的投票权，并以不记名的投票或相当的自由投票程序进行。”《公民权利和政治权利国际公约》第二十五条作出了同样的规定。现行《宪法》第三十四条规定：“中华人民共和国年满十八周岁的公民，不分民族、种族、性别、职业、家庭出身、宗教信仰、教育程度、财产状况、居住期限，都有选举权和被选举权；但是依照法律被剥夺政治权利的人除外。”

在中国，选举制度的改革发展是社会主义民主与法制建设的核心内容之一。特别是改革开放以来，中国公民选举权的具体内容与实践方式不断丰富。

中共十六大报告提出，“保证人民依法实行民主选举”。扩大党员和群众对干部选拔任用的选择权。2007 年，中共十七大报告提出依法实行民主选举，并“建议逐步实行城乡按相同人口比例选举人大代表”。中共十八大报告提出：“支持和保证人民通过人民代表大会行使国家权力。”“提高基层人大代表特别是一线工人、农民、知识分子代表比例，降低党政领导干部代表比例。在人大设立代表联络机构，完善代表联系群众制度。健全国家权力机关组织制度，优化常委会、专委会组成人员知识和年龄结构，提高专职委员比例，增强依法履职能力。”2014 年 10 月 23 日中共十八届四中全会通过的《中共中央关于全面推进依法治国若干重大问题的决定》提出：“完善国家机构组织法，完善选举制度和工作机制。”

人民代表大会是国家最高权力机构，由民主选举产生，任期五年。全国人民代表大会由省、自治区、直辖市、特别行政区和人民解放军选出的代表组成。省、自治区、直辖市、设区的市、自治州的人民代表大会由下一级人民代表大会选出的代表组成。县、自治县、不设区的市、市辖区，以及乡、民族乡、镇的人民代表大会由选民直接选出的代表组成。

在人大代表选举方面，为了切实保障公民的选举权，在选举制度方面不断作出调整，其中包括实行普遍选举权、无记名投票、明确赋予选民与代表提名代表候选人的权利、将直接选举范围由乡镇扩大至县级、将等额选举改为差额选举、缩小城乡每一代表的人口数比例、增大妇女代表和少数民族代表比例、扩大民主选举的公开性与互动性、加大对贿选等破坏选举行为的惩处力度等。①

在地方党政官员选举方面，1997 年的中共十五大报告中就明确提出“城乡基层政权机关和基层群众性自治组织，都要健全民主选举制度”。事实上，早在 20 世纪 80 年代，中国农村基层就出现了村民委员会直接选举产生的案例。② 出于推进基层治理的现实需要，并结合多年村委会选举经验，乡镇一级政府积极丰富选举方式，拓展社会民主的建设路径。1998 年四川省遂宁市步云乡乡长直接选举、1998—1999 年绵阳市 11 个乡镇人大代表直接提名和选举乡镇长改革、1999 年深圳市大鹏镇“三轮两票”选举镇长，以及 2004 年云南省石屏县辖 7 个乡镇直接选举乡镇长等探索创新，都不同程度地发展了人民群众主动参与乡镇领导人选举的权利意识。③ 在这一选举改革的影响下，以乡镇党委书记为主体的乡镇党组织领导人改革逐渐兴起，成为推动党的干部选拔任用制度民主化改革和推进党内民主的重要工作方向。④ 1998 年，四川遂宁市莲花乡和东禅镇“公推公选”党委书记启动了全国乡镇党委书记选举改革进程。随后，四川眉山市南城乡首先试行乡镇党委、纪委、政府人员的“公推直选”，湖北、江苏、云南、吉林、重庆等省市也陆续进行乡镇党委“公推直选”试点，

---

① 朱光磊、霍佳佳：《中国特色选举制度的改革发展与选举权的实现》，载李君如主编：《中国人权事业发展报告（2012）》，社会科学文献出版社 2012 年版。

② 马得勇：《选举民主、政治合法性与地方治理》，《北京行政学院学报》2010 年第 2 期。

③ 朱光磊、霍佳佳：《中国特色选举制度的改革发展与选举权的实现》，载李君如主编：《中国人权事业发展报告（2012）》，社会科学文献出版社 2012 年版。

④ 黄卫平、陈家喜：《中国乡镇选举改革研究》，人民出版社 2008 年第 1 版，第 79 页。

探索出“两推一选”、“海推直选”、“书记组阁”等选举模式。[①] 十六届四中全会之后，中央在全国三百多个乡镇开展了乡镇领导班子直选试点，并将公推方式来产生候选人的做法在乡镇党委换届中进行普遍推广。[②]这一基层民主实现形式在不断完善过程中得到中央高度重视，十七大报告中明确要求“推广基层党组织领导班子成员由党员和群众公开推荐与上级党组织推荐相结合的方法，逐步扩大基层党组织领导班子直接选举范围”。

第四节　公正审判权的政策保障

《世界人权宣言》第十条宣布：“人人完全平等地有权由一个独立而无偏倚的法庭进行公正的和公开的审讯，以确定他的权利和义务并判定对他提出的任何刑事指控。”该宣言第十一条宣布：“（1）凡受刑事控告者，在未经获得辩护上所需的一切保证的公开审判而依法证实有罪以前，有权被视为无罪。（2）任何人的任何行为或不行为，在其发生时依国家法或国际法均不构成刑事罪者，不得被判为犯有刑事罪。刑罚不得重于犯罪时适用的法律规定。”《公民权利和政治权利国际公约》第十四条和第十五条更详细地规定了公正审判权的内容，主要包括：（1）所有人在法庭前一律平等；（2）人人有资格由一个依法设立的合格的、独立的和无偏倚的法庭进行公正的和公开的审讯；（3）凡受刑事控告者，在未依法证实有罪之前，应有权被视为无罪；（4）在判定对其提出的任何刑事指控时，人人完全平等地有资格享受的最低限度保证包括：迅速以一种他懂得的语言详细地告知对他提出的指控的性质和原因；有相当时间和便利准备他的辩护并与他自己选择的律师联络；受审时间不被无故拖延，出席受审并亲自替自己辩护或经由他自己所选择的法律援助进行辩护；讯问或业已讯问对他不利的证人，并使对他有利的证人在与对他不利的证人相同的条件下出庭和受讯问，免费获得译员的援助，不被强迫作不利于他自己的证言或

---

① 朱光磊、霍佳佳：《中国特色选举制度的改革发展与选举权的实现》，载李君如主编：《中国人权事业发展报告（2012）》，社会科学文献出版社 2012 年版。

② 欧阳淞：全国 300 个乡镇开展了领导班子直选试点。http：//cpc. people. com. cn/GB/104019/104109/6392100. html。

强迫承认犯罪；（5）有权由一个较高级法庭对定罪及刑罚依法进行复审；（6）当按照最后决定已被判定犯刑事罪而其后根据新的或新发现的事实确实表明发生误审，他的定罪被推翻或被赦免的情况下，因这种定罪而受刑罚的人应依法得到赔偿；（7）任何人已依一国的法律及刑事程序被最后定罪或宣告无罪者，不得就同一罪名再予审判或惩罚；（8）任何人的任何行为或不行为，在其发生时依照国家法或国际法均不构成刑事罪者，不得据以认为犯有刑事罪；所加的刑罚也不得重于犯罪时适用的规定；如果在犯罪之后依法规定了应处以较轻的刑罚，犯罪者应予减刑。

为了保障公民获得公正审判的权利，中国政府采取步骤努力推进司法体制改革。中共十五大报告提出："推进司法改革，从制度上保证司法机关依法独立公正地行使审判权和检察权，建立冤案、错案责任追究制度。"中共十六大报告提出："维护司法公正"；"推进司法体制改革。社会主义司法制度必须保障在全社会实现公平和正义。按照公正司法和严格执法的要求，完善司法机关的机构设置、职权划分和管理制度，进一步健全权责明确、相互配合、相互制约、高效运行的司法体制。从制度上保证审判机关和检察机关依法独立公正地行使审判权和检察权。完善诉讼程序，保障公民和法人的合法权益。切实解决执行难问题。改革司法机关的工作机制和人财物管理体制，逐步实现司法审判和检察同司法行政事务相分离。"中共十七大报告提出："深化司法体制改革，优化司法职权配置，规范司法行为，建设公正高效权威的社会主义司法制度，保证审判机关、检察机关依法独立公正地行使审判权、检察权。"中共十八大报告提出："进一步深化司法体制改革，坚持和完善中国特色社会主义司法制度，确保审判机关、检察机关依法独立公正行使审判权、检察权。"

中共十八届三中全会通过的《中共中央关于全面深化改革若干重大问题的决定》指出："完善人权司法保障制度。国家尊重和保障人权。进一步规范查封、扣押、冻结、处理涉案财物的司法程序。健全错案防止、纠正、责任追究机制，严禁刑讯逼供、体罚虐待，严格实行非法证据排除规则。逐步减少适用死刑罪名。"

中共十八届四中全会通过的《中共中央关于全面推进依法治国若干重大问题的决定》提出："公正是法治的生命线。司法公正对社会公正具有重要引领作用，司法不公对社会公正具有致命破坏作用。必须完善司法管理体制和司法权力运行机制，规范司法行为，加强对司法活动的监督，努力让人民群众在每一个司法案件中感受到公平正义。”该决定对保证司法公正提出了具体要求。（1）完善确保依法独立公正行使审判权和检察权的制度。各级党政机关和领导干部要支持法院、检察院依法独立公正行使职权。建立领导干部干预司法活动、插手具体案件处理的记录、通报和责任追究制度。任何党政机关和领导干部都不得让司法机关做违反法定职责、有碍司法公正的事情，任何司法机关都不得执行党政机关和领导干部违法干预司法活动的要求。对干预司法机关办案的，给予党纪政纪处分；造成冤假错案或者其他严重后果的，依法追究刑事责任。（2）改革法院案件受理制度，变立案审查制为立案登记制，对人民法院依法应该受理的案件，做到有案必立、有诉必理，保障当事人诉权。（3）推进严格司法。坚持以事实为根据、以法律为准绳，健全事实认定符合客观真相、办案结果符合实体公正、办案过程符合程序公正的法律制度。（4）完善人民陪审员制度，保障公民陪审权利，扩大参审范围，完善随机抽选方式，提高人民陪审制度公信度。逐步实行人民陪审员不再审理法律适用问题，只参与审理事实认定问题。（5）加强人权司法保障。强化诉讼过程中当事人和其他诉讼参与人的知情权、陈述权、辩护辩论权、申请权、申诉权的制度保障。健全落实罪刑法定、疑罪从无、非法证据排除等法律原则的法律制度。完善对限制人身自由司法措施和侦查手段的司法监督，加强对刑讯逼供和非法取证的源头预防，健全冤假错案有效防范、及时纠正机制。

为了维护司法公正，中国政府加强了对冤假错案的纠正。2013 年 11 月 21 日，中央政法委公布了《关于切实防止冤假错案的规定》（中政委［2013］27 号），要求依法惩罚犯罪，尊重和保障人权，提高司法公信力，维护社会公平正义，并就防止冤假错案作出具体规定，包括：（1）讯问犯罪嫌疑人、被告人，除情况紧急必须现场讯问外，应当在规定的办案场所进行；犯罪嫌疑人被送交看守所羁押后，讯问应当在看守所讯问室进行并全程同步录音或者录像。侦查机关不得以起赃、辨认等为由将犯罪嫌疑人提出看守所外进行讯问。（2）侦查机关移交案件时，应当移交证明犯罪嫌疑人、被告人有罪或者无罪、犯罪情节轻重的全部证据。严禁隐匿证据、人为制造证据。（3）在侦查、审查起诉、审判时发现有应当排除的证据的，应当依法予以排除，不得作为提请批准逮捕、批准或决定逮捕、移送审查起诉、作出起诉决定和判决的依据。对于采用刑讯逼供等非法方法收集的犯罪嫌疑人、被告人供述和采用暴力、威胁等非法方法收集的证人证言、被害人陈述，不得作为定案的根据。（4）人民检察院依法对侦查活动是否合法进行监督，及时提出收集、固定和完善证据的意见和建议，必要时指派检察官参加侦查机关对重大案件的讨论和对犯罪有关的场所、物品、人身、尸体的复验、复查。（5）人民检察院严格把好审查逮捕、审查起诉和抗诉关，对不符合法定逮捕、起诉条件的案件，依法作出不批准逮捕、不起诉的决定；对符合抗诉条件的案件，特别是无罪判处有罪、有罪判处无罪、量刑畸轻畸重的案件，依法提出抗诉。（6）坚持证据裁判原则。依法应当出庭的证人没有正当理由拒绝出庭或者出庭后拒绝作证，法庭对其证言真实性无法确认的，该证人证言不得作为定案的根据。证据未经当庭出示、辨认、质证等法庭调查程序查证属实的，不得作为定案的根据。（7）严格执行法定的证明标准。只有被告人供述，没有其他证据的，不能认定被告人有罪和处以刑罚。对于定罪证据不足的案件，应当坚持疑罪从无原则，依法宣告被告人无罪，不能降格作出“留有余地”的判决。对于定罪证据确实、充分，但影响量刑的证据存在疑点的案件，应当在量刑时作出有利于被告人的处理。（8）人民法院、人民检察院、公安机关办理刑事案件，必须以事实为依据，以法律为准绳，不能因为舆论炒作、当事人及其亲属上访闹访和“限时破案”、地方“维稳”等压力，作出违反法律规定的裁判和决定。（9）切实保障律师会见、阅卷、调查取证和庭审中发问、质证、辩论等辩护权利。人民法院、人民检察院、公安机关在侦查终结、审查起诉、死刑复核等环节，应当依法听取辩护律师的意见。对于被告人及其辩护人提出的辩解辩护意见和提交的证据材料，人民法院应当认真审查，并在裁判文书中说明采纳与否的理由。（10）对确有冤错可能的控告和申诉，人民检察院、人民法院应当依法及时复查。经复查，认为刑事判决、裁定确有错误的，依法提出（请）抗诉、再审。人民检察院对本院及下级院确有错误的刑事处理决定，依据法定程序及时纠正。（11）对罪犯提出的申诉、控告、检举材料，监狱或其他刑罚执行机关不得扣压，应当及时转送或者提请有关机关处理。有关机关应当认真审查、及时处理，并将处理结果通知监狱或其他刑罚执行机关。罪犯提出申诉、控告的，不影响对其减刑、假释。（12）建立健全合议庭、独任法官、检察官、人民警察权责一致的办案责任制，法官、检察官、人民警察在职责范围内对办案质量终身负责。对法官、检察官、人民警察的违法办案行为，依照有关法律和规定追究责任。（13）明确冤假错案的标准、纠错启动主体和程序，建立健全冤假错案的责任追究机制。对于刑讯逼供、暴力取证、隐匿伪造证据等行为，依法严肃查处。（14）建立健全科学合理、符合司法规律的办案绩效考评制度，不能片面追求破案率、批捕率、起诉率、定罪率等指标。（15）各级党委政法委应当支持人民法院、人民检察院依法独立公正行使审判权、检察权，支持政法各单位依照宪法和法律独立负责、协调一致地开展工作。对事实不清、证据不足的案件，不予协调；协调案件时，一般不对案件定性和实体处理提出具体意见。

2013 年 10 月 9 日，最高人民法院发布了《关于建立健全防范刑事冤假错案工作机制的意见》（法发［2013］11 号），要求坚持刑事诉讼基本原则，包括：（1）坚持尊重和保障人权原则。尊重被告人的诉讼主体地位，维护被告人的辩护权等诉讼权利，保障无罪的人不受刑事追究。（2）坚持依法独立行使审判权原则。必须以事实为根据，以法律为准绳。不能因为舆论炒作、当事方上访闹访和地方“维稳”等压力，作出违反法律的裁判。（3）坚持程序公正原则。自觉遵守刑事诉讼法有关规定，严格按照法定程序审判案件，保证准确有效地执行法律。（4）坚持审判公开原则。依法保障当事人的诉讼权利和社会公众的知情权，审判过程、裁判文书依法公开。（5）坚持证据裁判原则。认定案件事实，必须以证据为根据。应当依照法定程序审查、认定证据。认定被告人有罪，应当适用证据确实、充分的证明标准。同时，该意见要求严格执行法定证明标准，强化证据审查机制，特别是：（1）定罪证据不足的案件，应当坚持疑罪从无原则，依法宣告被告人无罪，不得降格作出“留有余地”的判决。定罪证据确实、充分，但影响量刑的证据存疑的，应当在量刑时作出有利于被告人的处理。死刑案件，认定对被告人适用死刑的事实证据不足的，不得判处死刑。（2）重证据，重调查研究，切实改变“口供至上”的观念和做法，注重实物证据的审查和运用。只有被告人供述，没有其他证据的，不能认定被告人有罪。（3）采用刑讯逼供或者冻、饿、晒、烤、疲劳审讯等非法方法收集的被告人供述，应当排除。除情况紧急必须现场讯问以外，在规定的办案场所外讯问取得的供述，未依法对讯问进行全程录音录像取得的供述，以及不能排除以非法方法取得的供述，应当排除。（4）现场遗留的可能与犯罪有关的指纹、血迹、精斑、毛发等证据，未通过指纹鉴定、DNA 鉴定等方式与被告人、被害人的相应样本作同一认定的，不得作为定案的根据。涉案物品、作案工具等未通过辨认、鉴定等方式确定来源的，不得作为定案的根据。对于命案，应当审查是否通过被害人近亲属辨认、指纹鉴定、DNA 鉴定等方式确定被害人身份。还要保障被告人及其辩护人在庭审中的发问、质证、辩论等诉讼权利。

最高人民法院要求各级法院要坚守防止冤假错案底线，坚持依法纠正错案，发现一起、查实一起、纠正一起，切实做好冤假错案预防纠正工作。2013 年全年，各级法院依法宣告 825 名被告人无罪，并对在申诉中发现的冤假错案，依法予以再审改判。

为维护诉讼当事人辩护的权利，中国政府致力于强化法律援助服务，为经济困难或特殊案件的当事人提供免费法律帮助，政府法律援助机构覆盖到乡镇。截至 2012 年，全国共建设县级以上法律援助机构 3672 个，覆盖全部行政区划中的县级以上地区；建成法律援助工作站 6 万多个，其中依托乡镇司法所设立工作站 38900 多个。在全国 41636 个乡镇中，司法所的法律援助工作站建站率达 93.4%。同时，各地司法行政机关、律师协会要求律师参与法律援助。在经济发达城市，当地政府采取合同承包的形式购买中标律师事务所的服；在欠发达地区，一些司法局或律师协会要求每位律师每年至少应承办 1—2 件法律援助案件。2014 年，全国法律援助机构共办理法律援助案件 124 万余件，受援人总数达到近 139 万人次。①

---

① 李娜：《去年全国办理法律援助案件 124 万余件，受援人总数达到 139 万人次》，《法制日报》2015 年 1 月 14 日。

第五章　妇女、儿童、老年人、残疾人权利的政策保障

妇女、儿童、老年人和残疾人因其特殊的生理状况和社会原因而需得到特殊的人权保护。中国政府制订了系列的专项计划和有针对性的政策措施来促进这些群体成员的权利保障，使其能够实际与其他社会成员平等享有各项人权。

第一节　妇女权利的政策保障

人权意义上的“妇女权利”包括两个方面：一方面，妇女作为人类社会的成员享有每个人类社会成员都应当享有的各项人权，既包括公民权利和政治权利，也包括经济、社会和文化权利。联合国《公民权利和政治权利国际公约》第三条明确规定：“本公约缔约国承担保证男子和妇女在享有本公约所载一切公民和政治权利方面享有平等的权利。”联合国《经济、社会和文化权利国际公约》第三条也明确规定：“本公约缔约国承担保证男子和妇女在享有本公约所载一切经济、社会和文化权利方面享有平等的权利。”另一方面，妇女由于特殊的生理、社会和历史原因，需要享受一些特殊的权利保护。从生理原因来说，妇女享受生殖健康权、生育权以及在生理期和孕期、产期、哺乳期的特殊保护权利。联合国《经济、社会和文化权利国际公约》第十条第二款规定：“对母亲，在产前和产后的合理期间，应给以特别保护。在此期间，对有工作的母亲应给以带薪休假或有适当社会保障福利金的休假。”从社会历史原因来说，妇女在历史甚至现实中处于一定的弱势地位，经常受到歧视，需要予以一些特殊保护才能使其实际与其他人平等享有各项人权，如在入学、就业、升职、

婚姻、财产、参与公共事务等方面，为了使妇女实际享有平等的权利，需要对妇女采取一些特殊的保护措施。联合国《经济、社会和文化权利国际公约》第七条第一款规定：“保证妇女享受不差于男子所享受的工作条件，并享受同工同酬。”联合国《消除对妇女一切形式歧视公约》对妇女所享有的各项人权作出了全面的规定。

中国政府高度重视妇女权利保护，将“男女平等”作为基本国策。现行《宪法》第四十八条明确规定：“中华人民共和国妇女在政治的、经济的、文化的、社会的和家庭的生活等各方面享有同男子平等的权利。国家保护妇女的权利和利益，实行男女同工同酬，培养和选拔妇女干部。”第四十九条规定：“婚姻、家庭、母亲和儿童受国家的保护。……禁止虐待老人、妇女和儿童。”中国是最早签署联合国《消除对妇女一切形式歧视公约》的国家之一。中国批准加入了《消除对妇女一切形式歧视公约》、《男女工人同工同酬公约》等国际公约，并制定了《妇女权益保障法》、《中华人民共和国母婴保健法》。同时，中国政府为维护妇女权利，还制定和采取了一系列政策措施和具体的行动计划。

一 妇女权利保障的历史发展与整体规划

1949年中华人民共和国成立，标志着中国妇女获得了历史性的解放。中国妇女有了当家做主的权利，结束了千百年来受封建社会压迫、屈辱、摧残的历史，以崭新的姿态站了起来。1949年9月通过的《中国人民政治协商会议共同纲领》指出：“中华人民共和国废除束缚妇女的封建制度。妇女在政治的、经济的、文化教育的、社会生活的各方面，均有与男子平等的权利。实行男女婚姻自由。”为了尽快革除束缚、歧视妇女的旧制度和习俗，国家采用妇女动员的形式，用集体主义和自上而下的方式让妇女走出家庭，走向社会、生产活动。各级妇联贯彻“以发动和组织妇女参加生产为中心的方针”，使过去不懂生产的妇女，转为“社会财富的创造者”，并要求妇女“提高觉悟，克服依赖男人、不愿劳动的‘落后思想’”，使众多妇女在集体劳动中获得了前所未有的自信和成就。此外，国家还进行了土地改革，使广大农村妇女与男子一样分得了土地，在根本上改变了妇女依赖男性，男女经济不平等的情况。新中国在性别方面的制度建设和立法以及实践，确立了男女平等的原则，让妇女在现实中得到更多的权利。

改革开放以来，中国妇女权利保障进入了一个新的时期。政府先后制定和实施了《女职工健康保护暂行规定》、《女职工劳动保护规定》、《婚姻登记管理条例》、《全国城乡孕期保健质量标准和要求》、《妇幼卫生工作条例》、《关于女职工生育待遇若干问题的通知》、《关于禁忌劳动范围的规定》、《卫生部关于进一步加强妇幼卫生工作的指导意见》等，并制定了《中国妇女发展纲要（1995—2000年）》和《中国妇女发展纲要（2001—2010年）》，将妇女发展规划纳入了国家的整体规划。

2011年7月30日，国务院发布了《中国妇女发展纲要（2011—2020年）》，明确提出要实行男女平等基本国策，推动妇女平等依法行使民主权利，平等参与经济社会发展，平等享有改革发展成果。该纲要提出了妇女发展的四项基本原则，即“全面发展原则、平等发展原则、协调发展原则、妇女参与原则”，并针对妇女发展中的健康、教育、经济、决策和管理、社会保障、环境、法律七个领域，设置了为期十年的57项主要目标，提出了88条策略措施。该纲要特别强调要积极推进社会性别主流化，并在多个方面作了明确的具体要求。

2009年制订的《国家人权行动计划》对妇女政治权利保障要求：“全面实现《中国妇女发展纲要（2001—2010年）》规定的目标，促进妇女在各方面享有与男子平等的权利，保障妇女合法权益。”2012年制订的《国家人权行动计划（2012—2015年）》规定：“实施妇女权益保障法，促进男女平等，保障妇女合法权益。”两个国家人权行动计划都对保障妇女的各项权利提出明确的具体要求。

二 妇女政治权利保障

妇女的参政权是指妇女参与国家政治生活管理社会公共事务的资格和权利，妇女广泛参与国家和社会事务管理是衡量社会进步与社会文明的重要尺度，是一个国家文明进步的重要标志，也是男女平等的重要体现。

1995年颁布的《中国妇女发展纲要（1995—2000年）》提出了中国妇女参政的具体目标、政策和措施。据有关统计，到1997年，全国女干部达1383.8万人，占干部总数的34.4%；1998年，全国31个省、自治区、直辖市的党、政领导班子中，有11个省、自治区、直辖市的党、政各有1名以上女干部；有4个省、市已达到省、地、县、乡各级党政领导班子中100%配备了女性。[①]在此基础上，2001年颁布实施的《中国妇女发展纲要（2001—2010年）》制定了相应的政策保证妇女参政比例。从中央到省—地—县选拔女干部进入各级领导班子都有明确规定。

《中国妇女发展纲要（2011—2020年）》进一步要求：（1）积极推动有关方面逐步提高女性在全国和地方各级人大代表、政协委员以及人大、政协常委中的比例。（2）县级以上地方政府领导班子中有1名以上女干部，并逐步增加。（3）国家机关部委和省（区、市）、市（地、州、盟）政府工作部门领导班子中女干部数量在现有基础上逐步增加。（4）县（处）级以上各级地方政府和工作部门领导班子中担任正职的女干部占同级正职干部的比例逐步提高。（5）企业董事会、监事会成员及管理层中的女性比例逐步提高。（6）职工代表大会、教职工代表大会中女代表比例逐步提高。（7）村委会成员中女性比例达到30%以上。村委会主任中女性比例达到10%以上。（8）居委会成员中女性比例保持在50%左右。

此外，各级政府认真落实村委会组织法关于妇女在村委会中要有"适当名额"的规定，积极推进农村妇女参与村级事务民主决策、民主管理和民主监督。2004年中共中央办公厅、国务院办公厅下发了《关于健全和完善村务公开和民主管理制度的意见》（中办发［2004］17号），明确规定"村民代表由村民依法推选产生，妇女代表要占一定比例"。2005年村委会组织法修订工作启动后，民政部在提交给国务院的修订草案中，建议规定"村民委员会成员中，至少应有妇女一人"。2008年民政部和全国妇联下发《关于充分发挥妇联组织在基层群众自治制度建设中积极作用的若干意见》（妇字［2008］14号），规定"扩大基层妇女民主参与"。这些措施进一步为基层妇女参加居民委员会和村民委员会选举创造了条件。2006年，居委会成员中女性比例为48.2%，村委会成员中女性比例为23.16%，比上一届提高了近6个百分点。一批优秀女性担任居委会主任和村委会主任，基层妇女参政水平不断提高。一批女性居委会主任和村委会主任脱颖而出，有力推进了基层民主政治建设。同时，各级政府还采取许多特别的措施，为基层妇女民主参与创造条件。例如：组织有关大专

---

① 王标：《中国妇女发展纲要实施三周年》，载《人民日报》1997年8月31日，第3版。

院校采取定向招生的办法，为基层培养女干部；从高等院校选调优秀女应届毕业生到基层工作；坚持从县以上政府机关，特别是女性比较集中的行业、部门和企事业单位选派一些年轻优秀的女干部到基层任职；乡镇、街道招聘录用干部时规定一定的女性比例，并坚持同等条件下优先招聘录用女性。

《国家人权行动计划（2009—2010年）》对妇女政治权利保障提出要求："提高妇女参与管理国家和社会事务的水平。各级人大、政协和人民政府领导成员中都要有1名以上的女性。50%以上的国家机关部（委）和省（自治区、直辖市）、市（地、州、盟）政府工作部门要有女性领导成员，提高女性在市（地）级以上国家机关中的厅局级、处级公务员中的比例，在省、市、县级后备干部队伍中女性不少于20%。提高女性在各级各类国家机关公务员中的比例，在女性比较集中的部门、行业管理层中女性的数量要与女职工比例相适应。在村民委员会、居民委员会成员中要有一定比例的女性成员。"《国家人权行动计划（2012—2015年）》规定："继续促进妇女平等参与管理国家和社会事务。逐步提高女性在全国和地方各级人大代表、政协委员中的比例。省、市两级人大、政府、政协领导成员和县级政府领导成员中各配备1名以上的女性。逐步提高县（处）级以上各级地方政府和工作部门领导班子中女性担任正职的比例。逐步提高企业董事会、监事会成员及管理层中女性比例。逐步提高职工代表大会、教职工代表大会中女代表比例。在村民委员会、居民委员会成员中要有一定比例的女性成员。"

三　妇女工作权利保障

工作权利是公民的一项基本权利，也是享受其他人权的物质基础。国家将保障妇女获得与男子平等的就业机会、共享经济资源和社会发展成果，作为推进性别平等与妇女发展的首要目标和优先领域，制定并采取了一系列政策措施，确保妇女平等参与经济发展、平等获得经济资源和有效服务，增强妇女的自我发展能力，改善妇女的社会经济地位，促进妇女实现创业和再就业。

原劳动人事部1986年制定的《国营企业招用工人暂行规定》第八条规定："企业招用工人，凡适合妇女从事劳动的工种，应当招用女工。"

第三条规定："企业招用工人，必须实行劳动合同制。"

1988年国务院颁布的《女职工劳动保护规定》对于中华人民共和国境内一切国家机关、人民团体、企业、事业单位提出明确要求：（1）凡适合妇女从事劳动的单位，不得拒绝招收女职工。（2）不得在女职工怀孕期、产期、哺乳期降低其基本工资，或者解除劳动合同。（3）禁止安排女职工从事矿山井下、国家规定的第四级体力劳动强度的劳动和其他女职工禁忌从事的劳动。（4）女职工在月经期间，所在单位不得安排其从事高空、低温、冷水和国家规定的第三级体力劳动强度的劳动。（5）女职工在怀孕期间，所在单位不得安排其从事国家规定的第三级体力劳动强度的劳动和孕期禁忌从事的劳动，不得在正常劳动日以外延长劳动时间；对不能胜任原劳动的，应当根据医务部门的证明，予以减轻劳动量或者安排其他劳动。怀孕七个月以上（含七个月）的女职工，一般不得安排其从事夜班劳动；在劳动时间内应当安排一定的休息时间。怀孕的女职工，在劳动时间内进行产前检查，应当算作劳动时间。（6）女职工产假为九十天，其中产前休假十五天。难产的，增加产假十五天。多胞胎生育的，每多生育一个婴儿，增加产假十五天。女职工怀孕流产的，其所在单位应当根据医务部门的证明，给予一定时间的产假。（7）有不满一周岁婴儿的女职工，其所在单位应当在每班劳动时间内给予其两次哺乳（含人工喂养）时间，每次三十分钟。多胞胎生育的，每多哺乳一个婴儿，每次哺乳时间增加三十分钟。女职工每班劳动时间内的两次哺乳时间，可以合并使用。哺乳时间和在本单位内哺乳往返途中的时间，算作劳动时间。（8）女职工在哺乳期内，所在单位不得安排其从事国家规定的第三级体力劳动强度的劳动和哺乳期禁忌从事的劳动，不得延长其劳动时间，一般不得安排其从事夜班劳动。（9）女职工比较多的单位应当按照国家有关规定，以自办或者联办的形式，逐步建立女职工卫生室、孕妇休息室、哺乳室、托儿所、幼儿园等设施，并妥善解决女职工在生理卫生、哺乳、照料婴儿方面的困难。（10）女职工劳动保护的权益受到侵害时，有权向所在单位的主管部门或者当地劳动部门提出申诉。受理申诉的部门应当自收到申诉书之日起三十日内作出处理决定；女职工对处理决定不服的，可以在收到处理决定之日起十五日内向人民法院起诉。（11）对违反本规定侵害女职工劳动保护权益的单位负责人及其直接责任人员，其所在单位的主管部门，应当根据情节轻重，给予行政处分，并责令该单位给予被侵害女职工合理的经济补偿；构成犯罪的，由司法机关依法追究刑事责任。

2012 年 4 月 28 日，国务院发布了新《女职工劳动保护特别规定》(国务院令第 619 号)，对妇女工作权利保障作出新的规定，其中特别包括：(1) 用人单位不得因女职工怀孕、生育、哺乳降低其工资、予以辞退、与其解除劳动或者聘用合同。(2) 女职工在孕期不能适应原劳动的，用人单位应当根据医疗机构的证明，予以减轻劳动量或者安排其他能够适应的劳动。对怀孕 7 个月以上的女职工，用人单位不得延长劳动时间或者安排夜班劳动，并应当在劳动时间内安排一定的休息时间。怀孕女职工在劳动时间内进行产前检查，所需时间计入劳动时间。(3) 女职工生育享受 98 天产假，其中产前可以休假 15 天；难产的，增加产假 15 天；生育多胞胎的，每多生育 1 个婴儿，增加产假 15 天。女职工怀孕未满 4 个月流产的，享受 15 天产假；怀孕满 4 个月流产的，享受 42 天产假。(4) 女职工产假期间的生育津贴，对已经参加生育保险的，按照用人单位上年度职工月平均工资的标准由生育保险基金支付；对未参加生育保险的，按照女职工产假前工资的标准由用人单位支付。女职工生育或者流产的医疗费用，按照生育保险规定的项目和标准，对已经参加生育保险的，由生育保险基金支付；对未参加生育保险的，由用人单位支付。(5) 对哺乳未满 1 周岁婴儿的女职工，用人单位不得延长劳动时间或者安排夜班劳动。用人单位应当在每天的劳动时间内为哺乳期女职工安排 1 小时哺乳时间；女职工生育多胞胎的，每多哺乳 1 个婴儿每天增加 1 小时哺乳时间。(6) 女职工比较多的用人单位应当根据女职工的需要，建立女职工卫生室、孕妇休息室、哺乳室等设施，妥善解决女职工在生理卫生、哺乳方面的困难。(7) 在劳动场所，用人单位应当预防和制止对女职工的性骚扰。该规定还特别列出了女职工禁忌从事的劳动范围以及在经期、孕期和哺乳期禁忌从事的劳动范围，并要求用人单位遵守女职工禁忌从事的劳动范围的规定，并将本单位属于女职工禁忌从事的劳动范围的岗位书面告知女职工。

《中国妇女发展纲要（2011—2020 年）》在妇女经济权利提出的主要目标包括：(1) 保障妇女平等享有劳动权利，消除就业性别歧视；(2) 妇女占从业人员比例保持在 40% 以上，城镇单位女性从业人数逐步增长；（3）男女非农就业率和男女收入差距缩小；（4）技能劳动者中的女性比例提高；（5）高级专业技术人员中的女性比例达到35%；（6）保障女职工劳动安全，降低女职工职业病发病率；（7）确保农村妇女平等获得和拥有土地承包经营权；（8）妇女贫困程度明显降低。

《国家人权行动计划（2012—2015 年）》提出："努力消除就业性别歧视。落实男女同工同酬。加强女职工劳动保护，适时修改女职工特殊劳动保护标准。推进已建工会的企业签订并履行女职工权益保护专项集体合同。保障妇女平等获得经济资源和参与经济发展的权利。确保农村妇女享有与男子平等的土地承包经营权、宅基地使用权和集体收益分配权。"

为保障妇女实际参加工作的机会，减轻妇女的负担，国家致力于发展生活服务事业，提倡男女共同分担家务，为妇女走出家门创造条件。

各级政府采取开发公益性岗位、专设就业服务窗口、举办专场招聘会、组织专门培训、监控就业性别歧视等针对妇女的倾斜措施，帮助妇女特别是下岗失业妇女实现就业和再就业。政府制定和实施了扶持妇女自主创业政策，在职业培训补贴、小额担保贷款、税费减免等方面给予优惠，为妇女自主创业提供有利条件。在政府的支持下，各级妇联和工会等非政府组织创造性地开展妇女创业和再就业工作。1998—2003 年，各级妇联组织积极争取小额信贷，直接帮助 250 万妇女实现再就业。十年来，妇女就业数量和比例一直保持较高水平。2004 年底，全国城乡女性就业人数为 3. 37 亿人，占全部从业人员的 44. 8%；全国城镇单位女性就业人员为 4227 万人，占城镇单位就业人员总数的 38. 1%。

国家采取积极措施发挥妇女在农村经济中的重要作用。中国是一个农业大国，占农业劳动力 60% 以上的妇女是农村生产活动的主力。中国政府采取积极政策措施解决农业、农村、农民问题，加大农业投入力度，推进农村税费改革，实施科技兴农战略。各级政府有关部门与妇联组织合作开展"双学双比"活动，引导农村妇女学文化、学科技，比发展、比贡献，充分发挥农村妇女在振兴、发展农村经济中的重要作用。

政府积极维护农村进城就业妇女的合法权益，逐步减少和取消对农民进城就业的限制性规定，着力解决工资拖欠、职业安全、同工同酬、社会保障等问题，减少农村进城就业人员在户籍管理、子女就学等方面的困难，积极维护农村进城就业妇女的合法权益。同时，国家鼓励和支持通过建立培训学校、成立维权工作站和宣传典型侵权案例等途径，提高农村进城就业妇女的权利意识，增强其依法维权能力。

为积极促进劳动就业领域中的社会性别主流化，提高妇女就业和创业能力，近年来，中国政府有关部门开展了与联合国开发计划署、国际劳工组织等国际机构的合作，取得积极成效。目前，中国政府正从国情出发，加快联合国《就业和职业歧视公约》在中国的批准进程。

四　妇女受教育权利保障

旧中国 90% 的妇女是文盲的情况，为保障妇女受教育的权利，国家开展了扫盲教育。政府不断增加对农村义务教育的投入，改善农村地区义务教育环境，保障女童与男童平等地接受义务教育。2004 年用于农村义务教育的国家财政性教育经费达 1393.62 亿元，是 1995 年的 2 倍。国家多渠道筹集资金设立中小学助学金，并由政府拨款实行免书本费、免杂费、补助寄宿生生活费的“两免一补”政策，重点扶持中西部农村地区家庭经济困难学生就学。各级政府对贫困地区、民族地区女童教育制定了专门政策措施，努力提高农村地区女童的义务教育普及水平。

国家还制定专门政策，保障包括女童在内的农村流动儿童接受义务教育的权利。多年来，各级政府积极推动非政府组织开展捐资助学活动，努力改善女童受教育状况。中国青少年发展基金会和中国儿童少年基金会组织的“希望工程”和“春蕾计划”，资助了大量失辍学女童重返校园。

中国政府在全国普通高校推行国家助学贷款制度，并设立国家助学奖学金，为包括女性在内的贫困大学生提供贴息贷款和奖学金、助学金，帮助他们完成学业。同时鼓励企业、民间机构和个人捐资助学，支持家庭经济困难的女生接受各级教育。国家重视培养培训女教师，发挥女教师在促进女性教育中的作用。2004 年普通初中和高中女教师比例分别为 45.9% 和 41.7%，中等职业学校和普通高等学校专职女教师比例分别为 46.5% 和 42.5%。

多年来，中国政府重视扫除妇女文盲，遏制女性新文盲产生，防止脱盲女性复盲，并重点推进贫困地区和少数民族地区妇女的扫盲教育。政府有关部门和全国妇联共同开展了以妇女为对象的“巾帼扫盲行动”。2004

年，全国城镇地区15岁及以上女性文盲率为8.2%，比1995年下降5.7个百分点；农村地区15岁及以上女性文盲率为16.9%，比1995年下降10.5个百分点。全国青壮年妇女文盲率为4.2%，比1995年下降了5.2个百分点，超过总文盲率的下降幅度。

《中国妇女发展纲要（2001—2010年）》提出保障妇女受教育权利的主要目标包括：(1)保障女童接受九年义务教育的权利。小学适龄女童的净入学率达到99%左右，小学五年巩固率提高到95%左右，基本杜绝小学适龄女童失学。初中女童毛入学率达到95%左右。(2)高中阶段教育女性毛入学率达到75%左右，高等教育女性毛入学率达到15%左右。(3)成人妇女识字率提高到85%以上，其中青壮年妇女识字率提高到95%左右。(4)提高妇女的终身教育水平。(5)妇女平均受教育年限达到发展中国家的先进水平。

《中国妇女发展纲要（2011—2020年）》提出保障妇女受教育权利的主要目标进一步全面提高：(1)教育工作全面贯彻性别平等原则；(2)学前三年毛入园率达到70%，女童平等接受学前教育；(3)九年义务教育巩固率达到95%，女童平等接受九年义务教育，消除女童辍学现象；(4)高中阶段教育毛入学率达到90%，女性平等接受高中阶段教育；(5)高等教育毛入学率达到40%，女性平等接受高等教育，高等学校在校生中男女比例保持均衡；(6)高等学校女性学课程普及程度提高；(7)提高女性接受职业学校教育和职业培训的比例；(8)主要劳动年龄人口中女性平均受教育年限达到11.2年；(9)女性青壮年文盲率控制在2%以下；(10)性别平等原则和理念在各级各类教育课程标准及教学过程中得到充分体现。

五 妇女健康权利保障

中国政府把妇女健康作为促进性别平等与妇女发展的优先领域。国家在妇女发展纲要中提出妇女健康目标，不断增加妇幼保健的资金投入，逐步完善妇女保健服务网络。

同时，政府重视青少年健康和老年妇女健康，在各类学校和社区大力开展性知识和艾滋病预防知识宣传教育，提高女性青少年的性健康知识水平，增强她们的自我保护能力；采取多种途径宣传科学的保健方式，为老年妇女提供更多的健康咨询和服务的专科门诊，使老年妇女的生活质量有了较大提高。

此外，政府还积极采取措施降低孕产妇死亡率，确保母亲安全。2000—2001年，国家投资2亿元在378个国家级贫困县实施“降低孕产妇死亡率和消除新生儿破伤风”项目。2002—2005年中央财政和项目地区配套投入4亿元继续实施此项目，并扩展至全国1000个县，覆盖人口3亿多。几年来，数十万贫困孕产妇在项目支持下得到安全的接生服务。此外，中国政府还积极改善乡（镇）卫生院接生条件，通过开辟孕产妇急救绿色通道、实行贫困孕产妇救助等措施，提高农村孕产妇住院分娩率，改善母亲安全状况。

国家还积极开展以人为本的计划生育优质服务，保障妇女享有计划生育权利。1995年，中国政府从重视妇女的生殖健康权利出发，启动以人为本的计划生育优质服务项目，以育龄妇女的需求为中心，开展避孕方法知情选择、鼓励男性参与生殖健康等活动，并为青春期少女提供生殖健康咨询服务。努力为流动妇女提供卫生保健服务，维护她们的健康福祉。随着城乡流动人口的不断增加，国家努力遵循公平对待、合理引导、完善管理、优质服务的原则，为流动妇女提供与户籍人口同等的计划生育优惠政策和技术服务。妇女发展纲要强调将流动人口孕产妇保健纳入流入地孕产妇保健范围。各级政府有关部门积极探索流动妇女社区卫生保健服务模式，通过多种途径开展性与生殖健康教育和咨询服务，组织流动妇女进行健康检查，免费发放避孕工具，为贫困流动孕产妇实行免费服务，提高了流动妇女的健康水平。

国家高度重视艾滋病防治工作，成立国务院防治艾滋病工作委员会，加大了资金投入，使艾滋病防治工作切实取得成效。政府有关部门认真组织开展预防艾滋病的知识宣传和服务活动，推广使用安全套，提高男性参与的力度，降低妇女艾滋病感染率。支持非政府组织开展各种妇女健康项目，广泛开展国际合作。全国妇联开展了“母亲健康快车”等项目，在51个艾滋病综合防治示范区开展以“预防艾滋病，健康全家人”为主题的妇女“面对面”宣传教育活动。此外，中国政府与联合国人口基金、联合国儿童基金会、联合国妇女发展基金、世界银行、世界卫生组织以及联合国艾滋病规划署等国际组织在妇幼卫生、生殖健康和计划生育、艾滋病防治等领域开展了广泛合作，取得显著成效。

《国家人权行动计划（2012—2015 年）》提出："提高妇女生殖健康服务水平。完善城乡生育保障制度，生育保险覆盖所有用人单位。提高孕产妇住院分娩率，降低孕产妇死亡率。提高妇女常见病筛查率，提高宫颈癌和乳腺癌早诊早治率，降低死亡率。逐步为农村育龄妇女孕前和孕早期免费增补叶酸及多种营养素。推进免费孕前优生健康检查试点，为农村计划怀孕妇女提供孕前优生健康教育等免费技术服务。"

《中国妇女发展纲要（2011—2020 年）》在妇女健康权保障方面设定的主要目标包括：(1)妇女在整个生命周期享有良好的基本医疗卫生服务，妇女的人均预期寿命延长。(2)孕产妇死亡率控制在 20/10 万以下。逐步缩小城乡区域差距，降低流动人口孕产妇死亡率。(3)妇女常见病定期筛查率达到 80% 以上。提高宫颈癌和乳腺癌的早诊早治率，降低死亡率。(4)妇女艾滋病感染率和性病感染率得到控制。(5)降低孕产妇中重度贫血患病率。(6)提高妇女心理健康知识和精神疾病预防知识知晓率。(7)保障妇女享有避孕节育知情选择权，减少非意愿妊娠，降低人工流产率。(8)提高妇女经常参加体育锻炼的人数比例。

六　妇女婚姻家庭权利保障

新中国彻底改变了广大妇女被反动政权、族权、神权和夫权压迫，在婚姻家庭生活中被奴役的状况。妇女的婚姻自主程度明显提高，在家庭决策中的作用显著增强，人身、财产权利得到进一步保障。

政府有关部门在全国范围内开展"婚育新风进万家"活动，深入宣传男女平等、生男生女一样好等新型婚育观。2003 年启动"关爱女孩行动"，提出"消除性别歧视要从怀孕抓起，倡导男女平等要从娃娃开始"，通过广泛深入的宣传教育，逐步建立有利于女孩及其家庭发展的利益导向机制，改变男女不平等的生育偏好，维护女孩的合法权益，努力提高女孩的家庭地位。

2001 年 9 月，国家颁布《公民道德建设实施纲要》，提出在家庭生活中实现男女平等，尊重和保障妇女的合法权益，反对歧视和迫害妇女；实行恋爱自由，婚姻自主；树立"尊老爱幼、男女平等、夫妻和睦、勤俭持家、邻里团结"的文明新风。在政府的大力推动下，在家庭领域推进性别平等的良好环境正在逐步形成。积极开展家庭领域中的国际交流与合作。中国政府一贯积极参与联合国有关家庭问题的决议、磋商与活动。2001 年中国加入了世界家庭组织。2004 年，中国参加联合国国际家庭大会，赞同《多哈宣言》所倡导的婚姻双方忠诚和平等，谴责使用家庭暴力。同年，中国承办了世界家庭峰会，倡导性别平等从家庭开始，培育和谐的家庭伙伴关系。

针对家庭暴力问题，《国家人权行动计划（2012—2015 年）》提出："预防和制止针对妇女的家庭暴力。制定反家庭暴力法。完善预防和制止家庭暴力多部门合作机制，以及预防、制止和救助一体化工作机制。"《中国妇女发展纲要（2011—2020 年）》提出："预防和制止针对妇女的家庭暴力。推动预防和制止家庭暴力的立法进程。加强宣传教育，增强全社会自觉抵制家庭暴力的意识和能力，提高受家庭暴力侵害妇女的自我保护能力。完善预防和制止家庭暴力多部门合作机制，以及预防、制止、救助一体化工作机制。"

针对妇女在家庭中的财产权利问题，《中国妇女发展纲要（2011—2020 年）》提出："维护婚姻家庭关系中的妇女财产权益。依照有关法律规定，在审理婚姻家庭和继承案件中，体现性别平等；在离婚案件审理中，考虑婚姻关系存续期间妇女在照顾家庭上投入的劳动、妇女离婚后的生存发展以及抚养未成年子女的需要，实现公平补偿。"

针对性骚扰问题，《中国妇女发展纲要（2011—2020 年）》提出："有效预防和制止针对妇女的性骚扰。建立健全预防和制止性骚扰的法规和工作机制，加大对性骚扰行为的打击力度。用人单位采取有效措施，防止工作场所的性骚扰。"

第二节　儿童权利的政策保障

根据《儿童权利公约》，"儿童系指 18 岁以下的任何人"。在中国，"未成年人"的概念与联合国的"儿童"概念相当。中国现行《宪法》将未成年人界定在 18 周岁以下。同时，未成年人又按年龄分成"儿童"和"青少年"两部分：儿童是指较幼小的未成年人，一般把儿童年龄的上限划在 11—12 岁；而青少年的起始年龄约为 12—13 岁，指的是从儿童到成人的过渡时期。[①]

儿童既享有作为一般公民所享有的基本权利，也享有作为一个特殊群体依法享有的特殊权利。《世界人权宣言》第二十五条第二款规定："母亲和儿童有权享受特别照顾和协助。一切儿童，无论婚生或非婚生，都应享受同样的社会保护。"联合国《公民权利和政治权利国际公约》第二十四条规定："每一儿童应有权享受家庭、社会和国家为其未成年地位给予的必要保护措施，不因种族、肤色、性别、语言、宗教、国籍或社会出身、财产或出生而受任何歧视。"第十条第二款规定："被控告的少年应与成年人分隔开，并应尽速予以判决。"第三款规定："少年罪犯应与成年人隔离开，并应给予适合其年龄及法律地位的待遇。"第十四条第四款规定："对少年的案件，在程序上应考虑到他们的年龄和帮助他们重新做人的需要。"联合国《经济、社会和文化权利国际公约》第十条第三款规定："应为一切儿童和少年采取特殊的保护和协助措施，不得因出身或其他条件而有任何歧视。儿童和少年应予保护免受经济和社会的剥削。雇佣他们做对他们的道德或健康有害或对生命有危险的工作或做足以妨害他们正常发育的工作，依法应受惩罚。各国亦应规定限定的年龄，凡雇佣这个年龄以下的童工，应予禁止和依法应受惩罚。"第十二条第二款规定："减低死胎率和婴儿死亡率，和使儿童得到健康的发育。"1989 年第 44 届联合国大会通过的《儿童权利公约》概括了儿童应当享有的四项最基本权利：生存权、受保护权、发展权和参与权。1991 年，中国加入了《儿童权利公约》，并在此后的工作中对《儿童权利公约》中阐述的儿童基本权利进行了很好的贯彻与落实，积极履行对国际社会的承诺，致力于本国人权事业的发展和儿童权益保障体系的建立。

中国现行《宪法》明确规定："婚姻、家庭、母亲和儿童受国家保护，国家监督父母对未成年子女的抚养教育义务，并禁止虐待儿童"；"国家培养青年、少年、儿童在品德、智力、体质等方面的全面发展"。2006 年修订的《未成年人保护法》依据公约内容，明确了未成年人享有的权利，在总则中规定："未成年人享有生存权、发展权、受保护权、参与权等权利。国家根据未成年人身心发展特点给予特殊、优先保护，保障

① 王思斌主编：《社会工作概论》，高等教育出版社 2006 年版，第 173、192 页

未成年人的合法权益不受侵犯。”儿童生存权是儿童基本的生命权利的保障，提供给儿童生存所必需的最基本的生活条件，避免儿童的生存威胁和人身侵害；儿童受保护权是对儿童价值和地位的尊重，使得儿童的身体和人格发展获得来自家庭、学校、社会等的特殊保护；儿童发展权是儿童权利的核心内容，保证儿童在身体、智力、精神、道德、个性和社会性等诸方面得到充分的发展；儿童参与权是儿童参与社会生活的权利，它在儿童发展权得到保障的基础之上，确保了儿童话语权的实现。这四项基本权利既强调了儿童权利的基础性，也强调了权利保障的特殊性，体现了人权维护的基本原则，增强了人权的内容，同时对儿童权利的保护提出了全面、丰富而权威的指引。

一　儿童权利保障的总体规划

新中国成立以来，儿童的健康成长与发展一直受到党和政府、社会各团体及相关人士的高度重视，经过政策和实践上的不断探索，我国的儿童权利政策逐渐形成了自己的一套系统性、条理性的运作程序。

1949 年政府颁布的《中国人民政治协商会议共同纲领》第 48 条规定：“提倡国民教育，推广卫生医疗事业，并注意保护母亲、婴儿和儿童的健康。”

1992 年，参照关于儿童发展的全球 24 项指标与我国儿童生存和发展的实际情况，政府制定了《九十年代中国儿童发展规划纲要》（国发［1992］9 号），提出了儿童生存、保护和发展的十项主要目标：(1)将 1990 年的婴儿死亡率和五岁以下儿童死亡率分别降低三分之一。(2)将 1990 年的孕产妇死亡率降低一半。(3)使 1990 年五岁以下儿童中度和重度营养不良患病率降低一半。(4)到 2000 年，缺水地区农村饮用水（含水源型防氟改水）受益人口达到 95%。普遍提高生活污水、垃圾无害化处理率和卫生厕所普及率。(5)在全国普及初等义务教育，在城镇以及经济比较发达的农村基本普及初中阶段义务教育。三至六岁幼儿入园（班）率达到 35%。(6)在全国范围内基本扫除青壮年（15 至 40 周岁）文盲，同时大力开展扫盲后的继续教育，提高文化和技术素质，巩固和提高扫盲成果。(7)各省（自治区、直辖市）、各地（州、市）和 90% 的县要有一种以上儿童校外教育、文化、科技、体育、娱乐等活动场所。使 90% 儿童（14 岁以下）的家长不同程度地掌握保育、教育儿童的知识。(8)重点支持少数民族、边疆、贫困地区儿童工作的发展。(9)大幅度减少残疾儿童出生率，促进残疾儿童的康复与发展，使多数残疾儿童能够入学。改善儿童福利机构设施条件，强化其供养、教育、康复的功能，提高服务水平。(10)完善保护儿童合法权益的立法，健全相应的执法机构和队伍。

截至 2000 年，《九十年代中国儿童发展规划纲要》提出的主要目标基本实现：婴儿死亡率、5 岁以下儿童死亡率分别从 90 年代初的 51‰和 61‰下降到 2000 年的 32.2‰和 39.7‰；孕产妇死亡率从 1989 年的 94.7/10 万下降到 2000 年的 53.0/10 万；5 岁以下儿童低体重患病率从 1990 年的 21% 下降到 10%；基本普及了食盐加碘；儿童计划免疫接种率以县为单位达到 90% 以上；实现了无脊髓灰质炎的目标；农村改水受益人口覆盖率和卫生厕所普及率 2000 年分别达到 92.38% 和 44.84%；小学适龄儿童净入学率由 1990 年的 96.3% 提高到 2000 年的 99.1%，男女童入学差异由 1990 年的 2.91 个百分点下降到 2000 年的 0.07 个百分点；小学 5 年巩固率由 1990 年的 71.4% 提高到 2000 年的 94.5%，占全国人口 85% 的地区普及了九年义务教育；青壮年文盲率 2000 年下降到 5% 以下。

2001 年，国务院妇女儿童工作委员会制定并发布了《中国儿童发展纲要（2001—2010 年）》，从儿童健康、教育、法律保护和环境四个领域提出了儿童发展的主要目标和策略措施。该纲要提出："坚持'儿童优先'原则，保障儿童生存、发展、受保护和参与的权利，提高儿童整体素质，促进儿童身心健康发展。儿童健康的主要指标达到发展中国家的先进水平；儿童教育在基本普及九年义务教育的基础上，大中城市和经济发达地区有步骤地普及高中阶段教育；逐步完善保护儿童的法律法规体系，依法保障儿童权益；优化儿童成长环境，使困境儿童受到特殊保护。"

截至 2010 年，《纲要》确定的主要目标基本实现。儿童健康、营养状况持续改善，婴儿、5 岁以下儿童死亡率分别从 2000 年的 32.2‰、39.7‰下降到 13.1‰、16.4‰，孕产妇死亡率从 2000 年的 53.0/10 万下降到 30.0/10 万，纳入国家免疫规划的疫苗接种率达到了 90% 以上。儿童教育普及程度持续提高，学前教育毛入园（班）率从 2000 年的 35.0% 上升到 56.6%，小学学龄儿童净入学率达到 99.7%，初中阶段和高中阶段毛入学率分别达到 100.1% 和 82.5%。孤儿、贫困家庭儿童、残疾儿童、流浪儿童、受艾滋病影响儿童等弱势儿童群体得到更多的关怀和救助。

2011 年 8 月，国务院颁布《中国儿童发展纲要（2011—2020 年）》，明确了该时期儿童发展和权利保护的总目标："完善覆盖城乡儿童的基本医疗卫生制度，提高儿童身心健康水平；促进基本公共教育服务均等化，保障儿童享有更高质量的教育；扩大儿童福利范围，建立和完善适度普惠的儿童福利体系；提高儿童工作社会化服务水平，创建儿童友好型社会环境；完善保护儿童的法规体系和保护机制，依法保护儿童合法权益。"该纲要还确定了保障儿童权利的五项基本原则：(1)依法保护原则：在儿童身心发展的全过程，依法保障儿童合法权利，促进儿童全面健康成长。(2)儿童优先原则：在制定法律法规、政策规划和配置公共资源等方面优先考虑儿童的利益和需求。(3)儿童最大利益原则：从儿童身心发展特点和利益出发处理与儿童相关的具体事务，保障儿童利益最大化。(4)儿童平等发展原则：创造公平社会环境，确保儿童不因户籍、地域、性别、民族、信仰、受教育状况、身体状况和家庭财产状况受到任何歧视，所有儿童享有平等的权利与机会。(5)儿童参与原则：鼓励并支持儿童参与家庭、文化和社会生活，创造有利于儿童参与的社会环境，畅通儿童意见表达渠道，重视、吸收儿童意见。

为保证儿童发展规划纲要的实施，建立了国务院妇女儿童工作委员会。为保障科学实施，得到切实成效，中国政府努力建立科学、规范的监测评估机制，对儿童发展目标实施全面的监测评估。在全国建立了监测统计指标体系、监测评估机构和审评报告制度，在年度报告的基础上，分别进行了中期和终期评估，为掌握儿童发展状况、预测趋势和制定新的规划提供科学依据。①

二　儿童健康权利保障

《中国儿童发展纲要（2001—2010 年）》在儿童健康权方面规定的主要目标包括：(1)提高出生人口素质：婚前医学检查率城市达到 80%，农

① 陆士桢：《中国儿童权利保护议题》，中国经济社会理事会：http://www.china-esc.org.cn/news.asp? id=835。

村达到50%；减少出生缺陷的发生。(2)保障孕产妇安全分娩：孕产妇死亡率以2000年为基数下降1/4；农村孕产妇住院分娩率达到65%，高危孕产妇住院分娩率达到90%以上，农村消毒接生率达到95%以上；孕产妇缺铁性贫血患病率以2000年为基数下降1/3；孕产妇保健覆盖率在城市达到90%以上，在农村达到60%以上。(3)降低婴儿和5岁以下儿童死亡率：婴儿和5岁以下儿童死亡率以2000年为基数分别下降1/5；降低新生儿窒息和5岁以下儿童肺炎、腹泻等构成主要死因的死亡率；新生儿破伤风发病率以县为单位降低到1‰以下；免疫接种率以乡（镇）为单位达到90%以上。将乙肝疫苗接种纳入计划免疫，并逐步将新的疫苗接种纳入计划免疫管理。(4)提高儿童营养水平，增强儿童体质：5岁以下儿童中、重度营养不良患病率以2000年为基数下降1/4；低出生体重发生率控制在5%以下；婴幼儿家长的科学喂养知识普及率达到85%以上；婴儿母乳喂养率以省（自治区、直辖市）为单位达到85%，适时、合理添加辅食；减少儿童维生素A缺乏；合格碘盐食用率达到90%以上；儿童保健覆盖率在城市达到90%以上，在农村达到60%以上，逐步提高女童及流动人口中儿童保健覆盖率；中小学生《国家体育锻炼标准》及格率达到90%以上。(5)加强儿童卫生保健教育：减少未成年人吸烟，预防未成年人吸毒；预防和控制性病、艾滋病、结核病的蔓延和增长；提供多种形式的儿童心理健康咨询及不良心理矫正服务。

《中国儿童发展纲要（2011—2020年）》在保障儿童健康权方面规定的主要目标包括：(1)严重多发致残的出生缺陷发生率逐步下降，减少出生缺陷所致残疾。(2)婴儿和5岁以下儿童死亡率分别控制在10‰和13‰以下。降低流动人口中婴儿和5岁以下儿童死亡率。(3)减少儿童伤害所致死亡和残疾。18岁以下儿童伤害死亡率以2010年为基数下降1/6。(4)控制儿童常见疾病和艾滋病、梅毒、结核病、乙肝等重大传染性疾病。(5)纳入国家免疫规划的疫苗接种率以乡（镇）为单位达到95%以上。(6)新生儿破伤风发病率以县为单位降低到1‰以下。(7)低出生体重发生率控制在4%以下。(8)0—6个月婴儿纯母乳喂养率达到50%以上。(9)5岁以下儿童贫血患病率控制在12%以下，中小学生贫血患病率以2010年为基数下降1/3。(10)5岁以下儿童生长迟缓率控制在7%以下，低体重率降低到5%以下。(11)提高中小学生《国家学生体质健康标准》达标率。控制中小学生视力不良、龋齿、超重/肥胖、营养不良发生率。(12)降低儿童心理行为问题发生率和儿童精神疾病患病率。(13)提高适龄儿童性与生殖健康知识普及率。(14)减少环境污染对儿童的伤害。

《国家人权行动计划（2009—2010 年）》在保障儿童健康权方面提出的要求是："以 2000 年为基数，5 岁以下儿童中重度营养不良患病率下降四分之一。儿童保健覆盖率在城市达到 90% 以上，在农村达到 60% 以上，中小学生符合《国家体育锻炼标准》的及格率达到 90% 以上。"

《国家人权行动计划（2012—2015 年）》在保障儿童健康权方面提出的要求是："不断降低婴儿和 5 岁以下儿童死亡率。严重多发致残的出生缺陷发生率逐步下降，减少出生缺陷所致残疾。低出生体重发生率控制在 5% 以下。中西部城市和东部地区适龄儿童国家免疫规划疫苗接种率达到 95%，中西部农村地区达到 90%。实施农村义务教育学生营养改善计划。中小学生普遍达到《国家学生体质健康标准》的基本要求，耐力、力量、速度等体能素质明显提高。学生在校期间每天至少参加 1 小时的体育锻炼活动。控制中小学生视力不良、龋齿、超重或者肥胖、营养不良发生率。"

三　儿童受教育权利保障

《中国儿童发展纲要（2001—2010 年）》在儿童受教育权方面规定的主要目标包括：（1）全面普及九年义务教育，保障所有儿童受教育的权利：小学适龄儿童净入学率达到 99% 左右，小学 5 年巩固率提高到 95% 左右；初中毛入学率达到 95% 左右；发展特殊教育；流动人口中的儿童基本能接受九年义务教育；（2）适龄儿童基本能接受学前教育：发展 0—3 岁儿童早期教育；大中城市和经济发达地区适龄儿童基本能接受学前 3 年教育，农村儿童学前 1 年受教育率有较大提高。（3）有步骤地普及高中阶段教育：全国高中阶段毛入学率达到 80% 以上，大中城市和经济发达地区普及高中阶段教育。（4）提高教育质量和效益：建立适应 21 世纪需要的现代化基础教育课程体系；改革考试评价制度。（5）提高家庭教育水平：建立多元化的家长学校办学体制，增加各类家长学校的数量；提高儿童家长家庭教育知识的知晓率。

2010年7月，教育部发布《国家中长期教育改革和发展规划纲要(2010—2020年)》，明确提出，基本普及学前教育，巩固提高九年义务教育水平，加快普及高中阶段教育，到2012年实现国家财政性教育经费支出占国内生产总值比例达到4%的目标。为确保按期实现这一目标，促进教育优先发展，2011年6月，国务院发布《关于进一步加大财政教育投入的意见》，要求各地区各部门充分认识加大财政教育投入的重要性和紧迫性，落实法定增长要求，切实提高财政教育支出占公共财政支出比重，拓宽经费来源渠道，多方筹集财政性教育经费，合理安排使用财政教育经费，切实提高资金使用效益，加强组织领导，确保落实到位。

在保障儿童受教育权方面，《中国儿童发展纲要（2011—2020年)》规定的主要目标包括：(1)促进0—3岁儿童早期综合发展。(2)基本普及学前教育。学前三年毛入园率达到70%，学前一年毛入园率达到95%；增加城市公办幼儿园数量，农村每个乡镇建立并办好公办中心幼儿园和村幼儿园。(3)九年义务教育巩固率达到95%。确保流动儿童平等接受义务教育，保障残疾儿童接受义务教育。(4)普及高中阶段教育，毛入学率达到90%。(5)中等职业教育规模扩大，办学质量提高。(6)保障所有儿童享有公平教育，均衡配置教育资源，缩小城乡差距、区域差距、校际差距。(7)学校标准化建设水平提高，薄弱学校数量减少。(8)教育质量和效益不断提高，学生综合素质和能力全面提升。

四 儿童福利权利保障

《中国儿童发展纲要（2011—2020年)》在儿童福利权利方面规定的主要目标包括：(1)扩大儿童福利范围，推动儿童福利由补缺型向适度普惠型的转变。(2)保障儿童享有基本医疗卫生服务，提高儿童基本医疗保障覆盖率和保障水平，为贫困和大病儿童提供医疗救助。(3)基本满足流动和留守儿童基本公共服务需求。(4)满足孤儿生活、教育、医疗和公平就业等基本需求，提高孤儿家庭寄养率和收养率。(5)提高0—6岁残疾儿童抢救性康复率。(6)减少流浪儿童数量和反复性流浪。(7)增加孤儿养护、流浪儿童保护和残疾儿童康复的专业服务机构数量。全国地级以上城市和重点县（市）建立1所具有养护、医疗康复、教育、技能培训等综合功能的儿童福利机构和1所流浪儿童救助保护机构。

(8) 保障受艾滋病影响儿童和服刑人员未满 18 周岁子女的生活、教育、医疗、公平就业等权利。

2011 年 7 月 25 日，中央财政下拨 2011 年度孤儿基本生活费补助资金，对东、中、西部的补助标准分别由 2010 年的每人每月人民币 180 元、270 元、360 元提高到 200 元、300 元、400 元，提高幅度超过 10%。补助资金总额为 25 亿元，共有 65.5 万名孤儿从中受益。

2011 年 4 月，由民间爱心人士发起的“中国贫困山区小学生免费午餐”计划正式启动。计划初始以微博为平台，通过媒体发出联合倡议，在中国社会福利教育基金会的支持下，开展募捐活动，得到了广大网友的热烈响应。在半年时间里，计划已筹募资金 200 余万元，为 77 所学校 1 万多名孩子提供了免费午餐。计划的影响力持续扩大，10 月 26 日，国务院决定启动实施“农村义务教育学生营养改善计划”：中央每年拨款 160 多亿元，按照每生每天 3 元的标准为农村义务教育阶段学生提供营养膳食补助，普惠 680 个县市、约 2600 万在校学生。这项由民间发起的计划最终得到了政府的关注和回应，使得民间组织和政府在儿童营养救助上形成合力，共同致力于农村和中西部贫困地区儿童的身心健康发展，为促进儿童的生命健康权利和公共教育资源的均等化而努力。

《国家人权行动计划（2012—2015 年）》要求：“逐步扩大儿童福利惠及面。完善孤儿保障制度，提高孤儿的家庭寄养率和收养率。逐步将无人抚养儿童、患有重病、罕见病儿童和重残儿童纳入保障体系。提高 0—6 岁残疾儿童抢救性康复率。保障受艾滋病影响儿童和服刑人员未满 18 周岁子女的生活、受教育、医疗等权利。增加孤儿养护、流浪儿童保护和残疾儿童康复的专业服务机构数量。”

五 儿童发展权利保障

《中国儿童发展纲要（2001—2010 年）》在儿童发展权方面规定的主要目标包括：（1）改善儿童生存的自然环境：提高农村缺水地区供水受益率和农村改水受益率、自来水普及率；提高农村卫生厕所普及率；城市空气和水按功能区基本达到国家环境保护标准，提高城市垃圾无害化处理率和污水集中处理率；增加森林和绿地面积。（2）优化儿童发展的社会环境：尊重、爱护儿童，使儿童免受一切形式的歧视和伤害；为儿童提供必需的闲暇、娱乐时间，保障儿童参与家庭、社会和文化生活的权利；提高儿童食品、玩具、用具和游乐设施的质量，保证其安全无害；为儿童提供健康向上的精神产品，净化儿童成长的文化环境；各类媒体传播有益于儿童健康成长的社会、文化信息，保护儿童免受不良信息影响；为儿童成长创造良好的家庭环境；增加社区儿童教育、科技、文化、体育、娱乐等课外活动设施和场所，90% 以上的县（市）至少有 1 处儿童校外活动场所。(3) 保护处于困境中的儿童：提高残疾儿童康复率；改善孤儿、弃婴的供养、教育、医疗康复状况；基本达到每个地级市有 1 所具有养护、医疗康复、教育能力的儿童福利院。

《中国儿童发展纲要（2011—2020 年）》在儿童发展的社会环境方面规定主要目标包括：(1) 营造尊重、爱护儿童的社会氛围，消除对儿童的歧视和伤害。(2) 适应城乡发展的家庭教育指导服务体系基本建成。(3) 儿童家长素质提升，家庭教育水平提高。(4) 为儿童提供丰富、健康向上的文化产品。(5) 保护儿童免受网络、手机、游戏、广告、图书和影视中不良信息的影响。(6) 培养儿童阅读习惯，增加阅读时间和阅读量。90% 以上的儿童每年至少阅读一本图书。(7) 增加县、乡两级儿童教育、科技、文化、体育、娱乐等课外活动设施和场所，坚持公益性，提高利用率和服务质量。每个街道和乡（镇）至少配备 1 名专职或兼职儿童社会工作者。(8) 90% 以上的城乡社区建设 1 所为儿童及其家庭提供游戏、娱乐、教育、卫生、社会心理支持和转介等服务的儿童之家。(9) 保障儿童参与家庭生活、学校和社会事务的权利。(10) 保障儿童享有闲暇和娱乐的权利。

《国家人权行动计划（2012—2015 年）》要求：“保障儿童享有闲暇和娱乐的权利。在城乡社区建设为儿童及其家庭提供游戏、娱乐、教育、卫生、社会心理支持等服务的儿童服务场所。街道和乡镇配备 1 名以上专职或者兼职儿童社会工作者。保护儿童参与权利。根据儿童身心发展程度，鼓励并支持儿童参与家庭和社会生活，创造有利于儿童参与的社会环境。”

六　儿童受保护权利保障

《中国儿童发展纲要（2001—2010 年）》在对儿童的法律保护方面设定的主要目标包括：(1) 依法保障儿童生存权、发展权、受保护权和参与权。（2）依法打击侵害儿童合法权益的违法犯罪行为：控制并减少侵害儿童人身权利的各类刑事案件；禁止虐待、溺弃儿童，特别是女婴和病残儿童；禁止使用童工（未满 16 周岁）和对儿童的经济剥削。（3）预防和控制未成年人犯罪：控制未成年人犯罪率并减少重新犯罪率；中小学校普遍进行法律知识教育。（4）在诉讼中依法维护未成年人的合法权益：保障未成年人参加诉讼和辩护的权利；基层法院建立少年法庭，对未成年人犯罪案件和涉及未成年人犯罪案件不公开审理，或采取适当的回避制度。（5）建立法律援助机构，为儿童提供法律援助。

《中国儿童发展纲要（2011—2020 年）》在对儿童的法律保护方面设定的主要目标包括：（1）保护儿童的法律法规和法律保护机制更加完善。（2）贯彻落实保护儿童的法律法规，儿童优先和儿童最大利益原则进一步落实。（3）依法保障儿童获得出生登记和身份登记。（4）出生人口性别比升高趋势得到遏制，出生人口性别比趋向合理。（5）完善儿童监护制度，保障儿童获得有效监护。（6）中小学生普遍接受法制教育，法律意识、自我保护意识和能力明显增强。（7）预防和打击侵害儿童人身权利的违法犯罪行为，禁止对儿童实施一切形式的暴力。（8）依法保护儿童合法财产权益。（9）禁止使用童工（未满 16 周岁儿童）和对儿童的经济剥削。（10）保障儿童依法获得及时有效的法律援助和司法救助。（11）预防未成年人违法犯罪，降低未成年罪犯占刑事罪犯的比重。（12）司法体系进一步满足儿童身心发展的特殊需要。

2011 年 1 月，“随手拍照解救乞讨儿童”微博引起了全国各界人士的广泛关注，掀起了一阵“微博打拐”浪潮。一直屡禁不止的儿童乞讨和儿童拐卖问题被提上公众议程。热心网友纷纷将身边看到的乞讨儿童照片传上微博，供失踪孩子的父母查找，这一由现实进入网络，再由网络波及现实的行动，不仅帮助部分被拐儿童重新回到父母身边，更重要的意义在于公众对于公共问题的积极参与促进了政府权力的重视、公共资源的集中以及相关政策的完善。

2011 年 2 月，针对社会关注的街头未成年人乞讨问题，公安部有关部门负责人表示，解决组织、强迫、诱骗、拐卖未成年人乞讨问题，离不开社会各界的共同努力，群众的参与对于拓宽线索来源、打击震慑犯罪、解救未成年人及提供社会救助具有积极意义。公安机关呼吁广大群众发现有虐待、组织、强迫、利用未成年人街头乞讨嫌疑的，请及时拨打110报警，公安机关将认真核查，依法严厉打击。同时，公安部发出通知，要求各级公安机关高度重视打击组织、强迫、诱骗、拐卖未成年人乞讨等违法犯罪和解救受害未成年人工作，切实保障未成年人的合法权益。

2011年8月15日，国务院办公厅下发《加强和改进流浪未成年人救助保护工作的意见》。进一步完善流浪未成年人救助保护体系，切实加强和改进流浪未成年人救助保护工作。该意见包括“充分认识流浪未成年人救助保护工作的重要意义；流浪未成年人救助保护工作的总体要求和基本原则；加强和改进流浪未成年人救助保护工作的政策措施；健全工作机制，形成救助保护工作合力”等部分。

《国家人权行动计划（2012—2015年）》要求：“消除对女童的歧视。落实计划生育女孩家庭奖励扶助政策，试行贫困地区女孩家庭的扶助制度。禁止非医学需要的胎儿性别鉴定和选择性别人工终止妊娠行为。保护儿童人身权利。严厉打击拐卖、虐待、遗弃、利用儿童进行乞讨等侵害儿童人身权利的违法犯罪行为。保护儿童免遭一切形式的性侵犯。为被解救儿童提供身心康复服务，妥善安置被解救儿童。禁止使用童工和对儿童的经济剥削。依法严肃惩处使用童工和对儿童进行经济剥削的违法行为。完善未成年人刑事案件诉讼程序。建立附条件不起诉制度和犯罪记录封存制度。做好犯罪未成年人社区矫正工作。保障未成年人依法获得法律服务和法律援助。”

此外，为保护儿童的合法权利，国务院发布了《关于禁止使用童工的规定》（第364号令），公安部发布了《公安机关办理未成年人犯罪案件的规定》，最高人民法院也发布了《最高人民法院关于办理少年刑事案件的若干规定（试行）》，劳动部发布了《未成年工特殊保护规定》（劳部发［1994］498号）。

2014年12月23日，最高人民法院、最高人民检察院、公安部、民政部联合颁布了《关于依法处理监护人侵害未成年人权益行为若干问题的意见》。其中明确规定父母或者其他监护人性侵害、出卖、遗弃、虐待、暴力伤害未成年人，教唆、利用未成年人实施违法犯罪行为，胁迫、诱骗、利用未成年人乞讨，以及不履行监护职责严重危害未成年人身心健康等行为，均属于监护侵害行为，任何组织和个人都有权劝阻、制止或者举报。未成年人救助保护机构和其他监护人等单位和个人有权向人民法院申请撤销监护人资格，被申请人有下列情形之一的，人民法院可以判决撤销其监护人资格：性侵害、出卖、遗弃、虐待、暴力伤害未成年人的；将未成年人置于无人监管和照看等危险状态；拒不履行监护职责长达六个月以上致未成年人流离失所或者生活无着的；因吸毒、赌博或者服刑等原因无法履行监护职责且拒绝委托他人监护的；胁迫、诱骗、利用未成年人乞讨拒不改正的；教唆、利用未成年人实施违法犯罪行为情节恶劣的等。对公安机关受理举报、出警处置等工作提出具体要求，明确了紧急情况下公安机关可以将未成年人带离实施侵害行为的监护人。监护侵害行为可能构成虐待罪的，公安机关应当告知未成年人及其近亲属有权告诉或者代为告诉，未成年人及其近亲属没有告诉的，由人民检察院起诉。这些具体的规定显示中国的儿童保护开始迈入了新的阶段。

第三节　老年人权利的政策保障

老年人通常指年龄超过某一界限的人，不同的国家和地区在不同的历史发展阶段对此有不同的规定。目前国际上一般将60岁或65岁定义为老年人的界限。全国老龄工作委员会办公室副主任吴玉韶于2012年2月在全国老龄工作委员会办公室新闻发布会上的讲话中谈道："到2011年底，我国60岁及以上老年人口1.85亿人，占总人口的13.7%，比上年末提高0.47个百分点；65岁及以上老年人口1.23亿人，占总人口的9.1%，比上年末增加0.25个百分点；到2013年底，我国老年人口总数将超过2亿，到2015年，老年人口总数将达到2.21亿，占总人口的16%，人口老龄化形势严峻。"老龄社会将给该国家或地区带来特有的老年人问题，需要制定各种政策，采取各种措施加以解决，以维护经济和社会的稳定和发展。

《世界人权宣言》第二十五条第一款规定："人人有权享受为维持他本人和家属的健康和福利所需的生活水准，包括食物、衣着、住房、医疗和必要的社会服务；在遭到失业、疾病、残废、守寡、衰老或在其他不能控制的情况下丧失谋生能力时，有权享受保障。"

1991年12月16日，第46届联合国大会通过了《联合国老年人原则》（第46/91号决议），提出了老年人的五大基本权利：（1）独立：老年人应能通过提供收入、家庭和社会支助以及自助，享有足够的食物、水、住房、衣着和保健；老年人应有工作机会或其他创造收入的机会；老年人应能参与决定退出劳动力队伍的时间和节奏；老年人应能参加适当的教育和培训方案；老年人应能生活在安全且适合个人选择和能力变化的环境；老年人应能尽可能长期在家居住。（2）参与：老年人应始终融合于社会，积极参与制定和执行直接影响其福祉的政策，并将其知识和技能传给子孙后辈；老年人应能寻求和发展为社会服务的机会，并以志愿工作者身份担任与其兴趣和能力相称的职务；老年人应能组织老年人运动或协会。（3）照顾：老年人应按照每个社会的文化价值体系，享有家庭和社区的照顾和保护；老年人应享有保健服务，以帮助他们保持或恢复身体、智力和情绪的最佳水平并预防或延缓疾病的发生；老年人应享有各种社会和法律服务，以提高其自主能力并使他们得到更好的保护和照顾；老年人居住在任何住所、安养院或治疗所时，均应能享有人权和基本自由，包括充分尊重他们的尊严、信仰、需要和隐私，并尊重他们对自己的照顾和生活品质做抉择的权利。（4）自我充实：老年人应能追寻充分发挥自己潜力的机会；老年人应能享用社会的教育、文化、精神和文娱资源。（5）尊严：老年人的生活应有尊严、有保障，且不受剥削和身心虐待；老年人不论其年龄、性别、种族或族裔背景、残疾或其他状况，均应受到公平对待，而且不论其经济贡献大小均应受到尊重。

中国现行《宪法》第四十五条规定："中华人民共和国公民在年老、疾病或者丧失劳动能力的情况下，有从国家和社会获得物质帮助的权利。国家发展为公民享受这些权利所需要的社会保险、社会救济和医疗卫生事业。"第四十九条规定，"禁止虐待老人"。2012年修订的《中华人民共和国老年人权益保障法》第三条规定："国家保障老年人依法享有的权益。老年人有从国家和社会获得物质帮助的权利，有享受社会服务和社会优待的权利，有参与社会发展和共享发展成果的权利。禁止歧视、侮辱、虐待或者遗弃老年人。"该法从家庭赡养与扶养、社会保障、社会服务、社会优待、宜居环境、参与社会发展、法律责任等方面对老年人权利保障作出了具体规定。

一　中国老年人权利保障体系的发展

1992 年第 47 届联合国大会老龄问题特别会议通过的《1992 年至 2001 年全球老龄工作目标》要求各成员国“制定出人口老龄化方面的国家目标”。中国从国家实际出发，提出了“老有所养、老有所医、老有所为、老有所学、老有所乐”的工作目标，制定了保障老年人权利的中长期发展规划。

1994 年 12 月 14 日，民政部等十三部委联合印发了《中国老龄工作七年发展纲要（1994—2000 年）》（中老联字［1994］70 号），提出的老年人权利保障的基本原则是：（1）大力发展生产力，把经济建设搞上去，是解决老龄问题的根本对策。（2）坚持走积极养老的路子。（3）坚持家庭养老与社会养老相结合的原则。（4）坚持物质供养和心理调适相结合的原则。（5）坚持法治和教育相结合的原则。依法保障老年人的合法权益，大力弘扬中华民族尊老、爱老、养老的传统美德，形成敬养老人的良好社会风气。（6）坚持因地制宜，分层决策，面向基层，分类指导的原则。（7）重视农村老龄工作的发展。提出的主要任务目标包括：（1）积极推进老年立法，建立健全老年法规。（2）实现老有所养，建立起适合我国国情的国家、社区、家庭、个人相结合的社会养老保障体系。（3）实现老有所医，大力发展老年医疗保健康复事业。（4）实现老有所为，发挥老年人作用。（5）实现老有所学，保障老年人受教育的权利，不断提高老年人的素质。（6）实现老有所乐，丰富老年人文体生活。（7）增加老年福利设施，扩大老年社会化服务。（8）巩固发展老年福利企业，为振兴老龄事业提供物质条件。

2000 年，中共中央、国务院发布了《关于加强老龄工作的决定》（中发［2000］（13 号），要求“全党全社会必须从改革、发展、稳定的大局出发，高度重视和切实加强老龄工作”，并提出了老龄工作的指导思想、原则和目标。

2001 年 7 月 22 日，国务院《中国老龄事业发展“十五”计划纲要（2001—2005 年）》（国发［2001］26 号），提出的总体目标是：（1）初步建立适应社会主义市场经济要求、体现城乡不同特点的城市和农村养老保障体系；（2）建立以城市社区为基础的老年人管理与服务体系；

（3）进一步丰富老年人的精神文化生活，加强思想政治工作；（4）切实维护老年人的合法权益；（5）建立老龄事业的正常投入机制；（6）健全老龄工作体系。

2006年，国家发布了《中国老龄事业发展“十一五”规划纲要（2006—2010年）》，提出了保障老年人权利的四项基本原则：（1）坚持科学发展观，促进老龄事业与社会经济协调发展。以人为本，按照“五个统筹”的要求，兼顾当前与长远，把解决当前老龄问题和应对人口老龄化挑战严峻期的战略准备结合起来，促进老龄事业与经济社会的协调发展。（2）坚持以满足老年人的物质文化生活需求为出发点，提高老年人生活质量。在巩固家庭养老，完善养老、医疗等社会保障制度的同时，重视和解决“五保”老人、“低保”老人、残疾老人、高龄老人、空巢老人和老年妇女等特殊老年人的问题，努力使老年人共享社会经济发展成果。（3）坚持国家、社会、家庭和个人相结合，走中国特色的为老服务之路。在鼓励家庭成员为老年人提供服务的同时，加快建立以居家养老为主、机构养老为辅的为老社会服务体系，完善服务功能，提高服务质量，满足老年人的服务需求。（4）坚持统筹规划，分类指导。充分考虑不同地区社会经济发展的差异，统筹兼顾，制定相应的政策措施，发挥地区优势，稳步推进城市老龄工作，切实加强农村老龄工作，因地制宜地推动老龄事业协调发展。同时，该纲要要求健全、完善养老保险、医疗保险、社会救助、社区服务、住房保障、老年教育、法律援助等社会保障制度和措施。

2011年，国家发布了《中国老龄事业发展“十二五”规划》，提出的主要发展目标包括：（1）健全覆盖城乡居民的社会养老保障体系，初步实现全国老年人人人享有基本养老保障。（2）健全老年人基本医疗保障体系，基层医疗卫生机构为辖区内65岁及以上老年人开展健康管理服务，普遍建立健康档案。（3）建立以居家为基础、社区为依托、机构为支撑的养老服务体系，居家养老和社区养老服务网络基本健全，全国每千名老年人拥有养老床位数达到30张。（4）全面推行城乡建设涉老工程技术标准规范、无障碍设施改造和新建小区老龄设施配套建设规划标准。（5）增加老年文化、教育和体育健身活动设施，进一步扩大各级各类老年大学（学校）办学规模。（6）加强老年社会管理工作。各地成立老龄工作委员会，80%以上退休人员纳入社区管理服务对象，基层老龄协会覆盖面达到80%以上，老年志愿者数量达到老年人口的10%以上。

国务院及有关部门先后制定了100多件涉及老年人的行政法规、规章和政策文件。如：1999年文化部下发了《关于加强老年文化工作的意见》；全国妇联制定了《关于加强老龄妇女工作的意见》；民政部在2001年启动了“全国社区老年福利服务星光计划”；2001年，文化部、中组部、教育部、民政部、全国老龄工作委员会等五部委共同下发了《关于做好老年教育工作的通知》等。特别是进入21世纪，国家对人口老龄化越来越重视，重点解决一些突出问题，同时也开展着眼于法律体系建设的科学性、系统性，全面加强老龄法规政策体系建设。为了进一步加强老龄工作，2000年党中央、国务院发出了《关于加强老龄工作的决定》，提出21世纪老龄问题国家政策报告。“应对人口老龄化”写入中央“十一五”、“十二五”规划。2002年2月，在全国老龄工作委员会召开第四次全体会议上提出“党政主导、社会参与、全民关怀”的工作方针，成为老龄工作的指导方针。

1982年，中国成立了第一个全国性的老龄工作机构——中国老龄问题全国委员会，后更名为中国老龄协会。老龄工作部门制定了老龄工作规章、政策，如1990年的《关于加强宣传教育工作的意见》等。1999年，国务院成立了全国老龄工作委员会，统筹规划和协调指导全国的老龄工作，研究、制定老龄事业发展战略和重大政策，协调和推动有关部门实施老龄事业发展规划，指导、督促和检查各地老龄工作。全国老龄工作委员会主任由国务院副总理担任，成员单位由国家26个部门组成，委员由各成员单位一位副部长级领导担任。委员会下设办公室，负责日常工作。目前，全国已基本建立起省（自治区、直辖市）、地（市、州、盟）、县（市、区、旗）、乡镇（街道）各级老龄工作委员会及其办事机构，村（居）民委员会有专人负责老龄工作，初步形成从中央到地方的工作网络。

各涉老职能部门先后颁布了《关于加快养老保险社会化发放的通知》、《赡养协议公正细则》、《关于加强老年卫生工作的意见》、《老年人建筑设计规范》、《老年人社会福利机构基本规范》、《社会福利机构管理暂行办法》、《关于加强老年人文化工作的意见》、《关于做好老年教育工作的通知》、《关于对老年服务机构有关税收政策问题的通知》等一批政策性文件。2003 年 2 月，老龄委办公室、司法部、公安部联合下发了《关于加强维护老年人合法权益工作的意见》。另外有 29 个省（自治区、直辖市）出台了《老年人权益保障条例》或《〈老年人权益保障法〉实施办法》等地方性法规。

2006 年 12 月，国务院新闻办发布了《中国老龄事业的发展》白皮书，从老龄事业国家机制、养老保障体系、老年医疗保健、为老社会服务、老年文化教育、老年人参与社会发展和老年人合法权益保障七个方面总结了中国老年人权利保障的情况。

二　老年人社会保障权利的政策保障

2006 年 2 月，全国老龄委办公室经过一年多的调查研究，以全国老龄委名义出台了《关于加强基层老龄工作的意见》（全国老龄委发［2006］2 号），提出在城市要认真落实基本养老保险、基本医疗保险和最低生活保障制度各项政策，努力解决老年人的养老、医疗问题；在农村，要继续巩固家庭养老功能，有条件的地方要积极探索建立适合当地特点的农村养老保障制度、农村最低生活保障制度；要积极推动新型农村合作医疗制度、农村计划生育家庭奖励扶助制度的实施；要加大对城乡贫困老年人社会救助和医疗救助力度，切实保障贫困老年人的基本生活等。2006 年 3 月 1 日起正式施行的《农村五保供养工作条例》（中华人民共和国国务院令第 456 号）对农村五保供养对象、供养内容、供养形式及监督管理作了界定。

《中国老龄事业发展“十二五”规划》从四个方面对老年社会保障提出了要求。

在推进养老保险制度建设方面，该规划要求，实现新型农村社会养老保险和城镇居民养老保险制度全覆盖。完善实施城镇职工基本养老保险制度，全面落实城镇职工基本养老保险省级统筹，实现基础养老金全国统筹，做好城镇职工基本养老保险关系转移接续工作。逐步推进城乡养老保障制度有效衔接，推动机关事业单位养老保险制度改革。建立随工资增长、物价上涨等因素调整退休人员基本养老金待遇的正常机制。发展企业年金和职业年金。发挥商业保险补充性作用。

在完善基本医疗保险制度方面，该规划要求，进一步完善职工基本医疗保险、城镇居民基本医疗保险、新型农村合作医疗制度。逐步提高城镇居民医保和新农合人均筹资标准及保障水平，减轻老年人等参保人员的医疗费用负担。提高职工医保、城镇居民医保、新农合基金最高支付限额和政策范围内住院费用支付比例，全面推进门诊统筹。做好各项制度间的衔接，逐步提高统筹层次，加快实现医保关系转移接续和医疗费用异地就医结算。全面推进基本医疗费用即时结算，改革付费方式。积极发展商业健康保险，完善补充医疗保险制度。

在加大老年社会救助力度方面，该规划要求，完善城乡最低生活保障制度，将符合条件的老年人全部纳入最低生活保障范围。根据经济社会发展水平，适时调整最低生活保障和农村五保供养标准。完善城乡医疗救助制度，着力解决贫困老年人的基本医疗保障问题。完善临时救助制度，保障因灾因病等支出性生活困难老年人的基本生活。

在完善老年社会福利制度方面，该规划要求，积极探索中国特色社会福利的发展模式，发展适度普惠型的老年社会福利事业，研究制定政府为特殊困难老年人群购买服务的相关政策。进一步完善老年人优待办法，积极为老年人提供各种形式的照顾和优先、优待服务，逐步提高老年人的社会福利水平。有条件的地方可发放高龄老年人生活补贴和家庭经济困难的老年人养老服务补贴。

三　老年人医疗卫生保健权利的政策保障

我国老年人群体健康保健服务可分为医院与社区两部分，以社区服务为主，社区卫生服务的部分费用由国家补助。《关于城市社区卫生服务补助政策的意见》决定：政府对社区卫生服务进行补助，政府或社会力量举办的社区卫生服务机构按市（地）级以上政府的有关规定，为社区居民提供传染病、地方病、寄生虫病和有关慢性病预防控制，有关妇女、儿童、老年保健、健康教育、计划生育技术服务、卫生信息管理等公共卫生服务，列入政府补助范围；规定各省级政府要按照基本公共卫生服务均等化的要求，安排必要的专项转移支付资金，支持困难地区发展社区卫生服务；中央财政从2007年起安排专项转移支付资金，对中、西部地区按社区服务人口人均3元和4元并统筹考虑各地社区公共卫生服务工作的绩效考核情况给予补助。

《中国老龄事业发展“十二五”规划》对老年人医疗卫生保健提出了三个方面的要求：（1）推进老年医疗卫生服务网点和队伍建设。将老年医疗卫生服务纳入各地卫生事业发展规划，加强老年病医院、护理院、老年康复医院和综合医院老年病科建设，有条件的三级综合医院应当设立老年病科。基层医疗卫生机构积极开展老年人医疗、护理、卫生保健、健康监测等服务，为老年人提供居家康复护理服务。基层医疗卫生机构应加强人员队伍建设，切实提高开展老年人卫生服务的能力。（2）开展老年疾病预防工作。基层医疗卫生机构要为辖区内65岁及以上老年人开展健康管理服务，建立健康档案。组织老年人定期进行生活方式和健康状况评估，开展体格检查，及时发现健康风险因素，促进老年疾病早发现、早诊断和早治疗。开展老年疾病防控知识的宣传，做好老年人常见病、慢性病的健康指导和综合干预。（3）发展老年保健事业。广泛开展老年健康教育，普及保健知识，增强老年人运动健身和心理健康意识。注重老年精神关怀和心理慰藉，提供疾病预防、心理健康、自我保健及伤害预防、自救等健康指导和心理健康指导服务，重点关注高龄、空巢、患病等老年人的心理健康状况。鼓励为老年人家庭成员提供专项培训和支持，充分发挥家庭成员的精神关爱和心理支持作用。老年性痴呆、抑郁等精神疾病的早期识别率达到40%。

四　老年人享受社会服务权利的社会保障

2000年，财政部、税务总局发出《关于对老年服务机构有关税收政策问题的通知》（财税［2000］97号）中，确定了福利性、非营利性的老年服务机构的税收优惠政策。

2005年，全国老龄工作委员会办公室会同中宣部、全国总工会等21个中央、国务院有关机构及人民团体联合发出《关于加强老年人优待工作的意见》（全国老龄办发［2005］46号）。该意见提出，全社会应为老年人提供养老优待；对老年人提供医疗保健优待，城市“三无”老人、农村“五保”老人和城乡贫困老年人要按规定纳入医疗救助范围，医疗机构应为老年人就医提供方便和优先优惠服务，如减免老年人普通门诊挂号费和贫困老年人家庭病床出诊费、提供免费体检等；提供生活服务优待，采取多种措施，方便老年人日常生活；提供维权服务优待；提供文体休闲优待，努力丰富老年人的精神文化生活等。

2005 年，国家民政部出台的《关于支持社会力量兴办社会福利机构的意见》。

《中国老龄事业发展“十一五”规划》要求加强养老服务设施、机构、住房和生活环境建设。在养老服务设施建设方面，该规划要求加大老年福利服务设施建设的财政投入，鼓励社会资本进入老年福利服务设施建设领域，积极发展老年人社会福利事业。在养老机构建设方面，“十一五”期间，各省、市、县（区）要根据当地实际情况，建设一批设施齐全、功能完善的养老服务机构。农村“五保”供养服务机构要实现集中供养率 50% 的目标，新增供养床位 220 万张，使生活不能自理的农村“五保”供养对象的生活得到有效照料；要新增城镇孤老集中供养床位 80 万张，有效缓解城镇孤老安置床位紧张局面；开展以生活不能自理和半自理老年人为对象的“爱心护理工程”试点和示范工作，在大中城市建设一批“爱心护理院”。在社区为养老服务设施建设方面，要考虑老年人的需求差异，建设一批不同类型、不同层次的福利服务设施，缓解城市街居和农村乡镇老年人福利服务设施严重匮乏的矛盾，为居家养老提供支持，为老年人活动提供场所。在城市，把老年服务设施纳入街道、社区服务体系，统筹规划、合理建设；在农村，充分利用现有闲置资源，加大农村养老设施的资金投入，以农村“五保”供养服务机构建设为依托，加强农村乡镇敬老院、老年活动中心和综合性老年福利服务中心建设，争取使其覆盖 75% 以上的乡镇。西部地区的县、中东部地区的乡镇争取至少建一所设施齐备、功能完备、服务到位的老年活动中心。在住房和生活环境建设方面，该规划要求制定和完善各类老年设施的建设标准和技术标准，完善老年住宅、老年公寓、养老院、护理院、托老所等养老设施的标准规范。制定城市和村镇老龄设施规划规范和养老设施建筑设计规范，逐步形成老年服务设施建设标准体系。新建城市道路、公共建筑和养老场所要严格执行《城市道路和建筑物无障碍设计规范》，在规划、设计、施工、监理、验收等环节严格把关，新建城市道路和养老场所无障碍率达到 100%。对已建成并投入使用的与老年人生活、工作密切相关的居住区、城市道路、公共建筑和养老场所，要制订改造计划，增补无障碍设施，到

2010年养老场所无障碍改造率达到60%。省会以上大中型城市积极实施城市交通无障碍工程，加强道路改造，加快无障碍公共交通工具的研制开发工作，逐步提高公交设施无障碍的比例。

《中国老龄事业发展“十二五”规划》从四个方面对老龄服务提出了更加具体的要求。

首先，重点发展居家养老服务。建立健全县（市、区）、乡镇（街道）和社区（村）三级服务网络，城市街道和社区基本实现居家养老服务网络全覆盖；80%以上的乡镇和50%以上的农村社区建立包括老龄服务在内的社区综合服务设施和站点。加快居家养老服务信息系统建设，做好居家养老服务信息平台试点工作，并逐步扩大试点范围。培育发展居家养老服务中介组织，引导和支持社会力量开展居家养老服务。鼓励社会服务企业发挥自身优势，开发居家养老服务项目，创新服务模式。大力发展家庭服务业，并将养老服务特别是居家老年护理服务作为重点发展任务。积极拓展居家养老服务领域，实现从基本生活照料向医疗健康、辅具配置、精神慰藉、法律服务、紧急救援等方面延伸。

其次，大力发展社区照料服务。把日间照料中心、托老所、星光老年之家、互助式社区养老服务中心等社区养老设施，纳入小区配套建设规划。本着就近、就便和实用的原则，开展全托、日托、临托等多种形式的老年社区照料服务。

再次，统筹发展机构养老服务。按照统筹规划、合理布局的原则，加大财政投入和社会筹资力度，推进供养型、养护型、医护型养老机构建设。积极推进养老机构运营机制改革与完善，探索多元化、社会化的投资建设和管理模式。进一步完善和落实优惠政策，鼓励社会力量参与公办养老机构建设和运行管理。“十二五”期间，新增各类养老床位342万张。

最后，优先发展护理康复服务。在规划、完善医疗卫生服务体系和社会养老服务体系中，加强老年护理院和康复医疗机构建设。政府重点投资兴建和鼓励社会资本兴办具有长期医疗护理、康复促进、临终关怀等功能的养老机构。根据《护理院基本标准》加强规范管理。地（市）级以上城市至少要有一所专业性养老护理机构。研究探索老年人长期护理制度，鼓励、引导商业保险公司开展长期护理保险业务。

各省市结合本地实情制定了相应的落实措施，积极开展老年人群社会服务工作。如全国率先步入人口老龄化城市——上海，先后在《关于全面落实2005年市政府养老服务务实项目，进一步推进本市养老服务工作的意见》、《关于超过法定退休年龄的本市城镇户籍人员社会保险若干问题的通知》等方针、政策中，推出了养老服务设施建设与管理、养老财政补贴、支持养老机构、鼓励到养老机构就业及医疗政策等优惠政策和措施。

五　老年人教育、文化和体育权利的政策保障

《中国老龄事业发展“十二五”规划》对保障老年人受教育权利、文化权利和体育权利分别提出了要求。

在保障老年人受教育权利方面，该规划提出的要求是：“加强老年教育工作。创新老年教育体制机制，探索老年教育新模式，丰富教学内容。加大对老年大学（学校）建设的财政投入，积极支持社会力量参与发展老年教育，扩大各级各类老年大学办学规模。充分发挥党支部、基层自治组织和老年群众组织的作用，做好新形势下老年思想教育工作。”

在保障老年人体育权利方面，该规划提出的要求是：“加强老年文化工作。加强农村文化设施建设，完善城市社区文化设施。鼓励创作老年题材的文艺作品，增加老年公共文化产品供给。鼓励和支持各级广播电台、电视台积极开设专栏，加大老年文化传播和老龄工作宣传力度。支持老年群众组织开展各种文化娱乐活动，丰富老年人的精神文化生活。”

在保障老年人体育权利方面，该规划提出的要求是：“加强老年体育健身工作。在城乡建设、旧城改造和社区建设中，要安排老年体育健身活动场所。加强老年体育组织建设，积极组织老年人参加全民健身活动。经常参加体育健身的老年人达到50%以上。举办第二届全国老年人体育健身大会。”

六　老年人社会参与权利的政策保障

为了使有能力且有意愿的老年人继续为社会做出贡献，国家制定了关于暂缓离休退休的政策。1983年国务院发布的《国务院关于高级专家离休退休若干问题的暂行规定》（以下称《暂行规定》）第二条第四款规定：“学术上造诣高深、在国内外有重大影响的杰出高级专家，经国务院批

准，可以暂缓离休退休，继续从事研究或著述工作。”人事部《关于杰出高级专家暂缓离退休审批工作有关问题的通知》（人退发［1992］9号）进一步规定“杰出高级专家”是指：中国科学院学部委员；曾任全国人大常委、全国政协常委以及各民主党派中央副主席以上职务的高级专家；1983年底以前评定为四级以上的老专家；其他有突出贡献，学术上造诣高深，在国内外享有很高声誉的高级专家；现任全国人大常委、全国政协常委的杰出高级专家，在任届未满时，不需办理暂缓离退休的审批手续，任届期满后需暂缓离退休的，再按规定报批。

同时，对已退休的高级技术人员，国家还制定了回聘的政策。中国科学院1987年发布《关于离退休高级专业技术人员回聘的有关规定》，该规定指出：为了发挥离退休高级专业技术人员的作用，各单位根据科研任务的需要，可以回聘离退休的高级专业技术人员继续从事课题研究。原则上每次回聘聘期为一年，根据需要和本人情况可续聘。酬金从聘任的课题组的项目费中支出，非课题组回聘的高级专业人员的酬金从研究所经费中支出，聘金最高不得超过原工资（基础工资加职务工资）的35%。

《中国老龄事业发展“十一五”规划》提出根据经济社会发展和人才市场的需要，采取专项活动聘请、项目聘请、短期聘请等多种方式，支持老年人从事青少年教育、传播科学文化知识、咨询服务、医疗卫生、科技开发应用等具有专业特点的工作。该规划要求大力开发和培训老年人才市场，根据市场需求和老年人的志愿，积极搭建老年人才服务平台，开拓老年人特别是老年专业技术人员和老专家参与社会的渠道。老龄工作机构要积极配合有关部门定期举办各种形式的老年人才交流活动，各类人才市场、人才中介机构要积极把老年人才纳入服务范围。凡符合条件的老年人可以参加专业技术人员职业资格考试，考试合格取得证书者按照规定登记注册。要建立国家老年人才信息数据库和老年人才信息中心。有条件的地方，把老年人才的开发和利用纳入人才市场建设的总体规划之中，为老年人参与经济社会发展搭建平台，使他们继续为全面建设小康社会贡献经验、才智和力量。

《中国老龄事业发展“十二五”规划》对保障老年人社会参与权利提出的要求是：“扩大老年人社会参与。注重开发老年人力资源，支持老年人以适当方式参与经济发展和社会公益活动。贯彻落实《中共中央办公厅国务院办公厅转发〈中央组织部、中央宣传部、中央统战部、人事部、科技部、劳动保障部、解放军总政治部、中国科协关于进一步发挥离退休专业技术人员作用的意见〉的通知》（中办发［2005］9号），健全政策措施，搭建服务平台，支持广大离退休专业技术人员更好地发挥作用。重视发挥老年人在社区服务、关心教育下一代、调解邻里纠纷和家庭矛盾、维护社会治安等方面的积极作用。不断探索‘老有所为’的新形式，积极做好‘银龄行动’组织工作，广泛开展老年志愿服务活动，老年志愿者数量达到老年人口的10%以上。”

第四节　残疾人权利的政策保障

残疾人是指在心理、生理、人体结构上，某种组织、功能丧失或者不正常，全部或部分丧失以正常方式从事某种活动能力的人。① 残疾人包括视力残疾、听力残疾、言语残疾、肢体残疾、智力残疾、精神残疾、多重残疾和其他残疾的人。根据2006年全国第二次残疾人抽样调查，中国内地31个省、市、自治区共有残疾人8296万。其中视力残疾1233万人，占14.86%；听力残疾约2004万，占24.16%；语言残疾127万，占1.53%；肢体残疾2412万人，占29.07%；智力残疾约554万人，占6.68%；精神残疾614万人，占7.40%；多重残疾1352万人，占16.30%。

《世界人权宣言》第二十五条第一款规定：“人人有权享受为维持他本人和家属的健康和福利所需的生活水准，包括食物、衣着、住房、医疗和必要的社会服务；在遭到失业、疾病、残废、守寡、衰老或在其他不能控制的情况下丧失谋生能力时，有权享受保障。”

2006年12月13日，联合国大会通过《残疾人权利公约》，确认残疾是一个演变中的概念，残疾是伤残者和阻碍他们在与其他人平等的基础上充分和切实地参与社会的各种态度和环境障碍相互作用所产生的结果，残疾人包括肢体、精神、智力或感官有长期损伤的人，这些损伤与各种障碍相互作用，可能阻碍残疾人在与他人平等的基础上充分和切实地参与社

① 《中华人民共和国残疾人权利保障法》第二条。

会。该公约要求促进、保护和确保所有残疾人充分和平等地享有一切人权和基本自由，并促进对残疾人固有尊严的尊重。残疾人权利保护的一般原则是：（1）尊重固有尊严和个人自主，包括自由作出自己的选择，以及个人的自立；（2）不歧视；（3）充分和切实地参与和融入社会；（4）尊重差异，接受残疾人是人的多样性的一部分和人类的一分子；（5）机会均等；（6）无障碍；（7）男女平等；（8）尊重残疾儿童逐渐发展的能力并尊重残疾儿童保持其身份特性的权利。

中国现行《宪法》第四十五条规定："中华人民共和国公民在年老、疾病或者丧失劳动能力的情况下，有从国家和社会获得物质帮助的权利。国家发展为公民享受这些权利所需要的社会保险、社会救济和医疗卫生事业。国家和社会保障残废军人的生活，抚恤烈士家属，优待军人家属。国家和社会帮助安排盲、聋、哑和其他有残疾的公民的劳动、生活和教育。"

1987 年，我国批准加入 159 号国际劳工公约《残疾人职业康复和就业公约》。1991 年 5 月 15 日，中国颁布实施了《中华人民共和国残疾人保障法》，并于 2008 年 4 月 24 日修订。该法第三条明确规定："残疾人在政治、经济、文化、社会和家庭生活等方面享有同其他公民平等的权利。残疾人的公民权利和人格尊严受法律保护。禁止基于残疾的歧视。禁止侮辱、侵害残疾人。禁止通过大众传播媒介或者其他方式贬低损害残疾人人格。"该法从健康、教育、劳动就业、文化生活、福利、环境及法律责任七方面规定了对残疾人权利的保障。

一　残疾人权利保障的总体规划和机构建设

国家不仅制定了一系列法律法规来保障残疾人的权益，而且制订了促进残疾人事业的国家计划，规定了扶持保护残疾人的政策，建立了残疾人工作协调机构。

1988 年国务院制定了《中国残疾人事业五年工作纲要（1988—1992 年）》，1991 年制定了《中国残疾人事业"八五"计划纲要（1990—1995 年）》，1996 年制定了《中国残疾人事业"九五"计划纲要（1996—2000 年）》，2001 年制定了《中国残疾人事业"十五"计划纲要（2001—2005 年）》，2006 年制定《中国残疾人事业"十一五"发展纲要（2006—2010

年)》。这一系列法规政策的出台，保障了残疾人的合法权益，促进了残疾人事业与经济社会的协调发展。

《中国残疾人事业“十一五”发展纲要（2006—2010 年)》的各项任务指标得到全面完成，残疾人状况得到明显改善，政府和社会为残疾人服务的能力进一步提升：实施了一批重点康复工程，1037.9 万残疾人得到不同程度的康复。残疾人特殊教育学校达到 1704 所，在校残疾学生总数为 42.6 万人，残疾儿童少年义务教育入学水平明显提高；残疾人职业培训机构达到 4704 个，376.5 万人次残疾人接受职业教育和培训。残疾人就业服务机构达到 3019 个，城镇新就业残疾人 179.7 万人次；扶持 618.4 万人次农村残疾人摆脱贫困；城乡残疾人接受各种形式的社会救助分别达到 1623.7 万人次和 4237.6 万人次。残疾人法律服务机构达到 3231 个，为 57.9 万人次残疾人提供法律服务和法律援助。创建 100 个全国无障碍建设示范城市，城市无障碍环境显著改善。基层残疾人组织得到加强，残疾人综合服务设施网络初步建立，为残疾人服务的条件得到改善。

2008 年 3 月 28 日，国务院发布了《关于促进残疾人事业发展的意见》，对促进残疾人事业发展的指导思想、工作原则和目标任务做出了全新部署。

2011 年 9 月，国家制定了《中国残疾人事业“十二五”发展纲要(2010—2015 年)》，从社会保障、康复、教育、就业、扶贫、托养、文化、体育、无障碍环境、法治建设和维权、残疾预防等方面对残疾人权利保障作出了安排。“十二五”主要助残服务项目包括：（1）0—6 岁残疾儿童抢救性康复工程：为残疾儿童实施免费抢救性康复，建立残疾儿童抢救性康复救助制度和 0—6 岁残疾儿童筛查、报告、转衔、早期康复教育工作机制。（2）千万残疾人康复工程：开展白内障患者复明救治、精神病防治康复等国家重点康复工程，帮助 1300 万残疾人得到不同程度的康复。适配 500 万件辅助器具。（3）阳光助学计划：为贫困残疾儿童提供学前康复教育资助。（4）百万残疾人就业工程：扶持城镇新就业残疾人 100 万名。（5）阳光助残扶贫基地建设工程：扶持创建农村残疾人扶贫基地，带动农村贫困残疾人家庭发展生产、增加收入。（6）阳光家园计划：对残疾人托养服务提供 200 万人次补助。（7）阳光安居工程：继续使用彩票公益金支持中西部地区农村贫困残疾人家庭危房改造；有条件的地方要对贫困残疾人家庭无障碍改造给予补助。（8）残疾人文化建设工程：在城乡社区实施“残疾人文化进社区”项目。支持中西部地区设区的市、县两级公共图书馆盲人阅览室建设和省、市两级电视台开办手语节目。扶持特殊艺术人才培养基地。（9）残疾人自强健身工程：建设一批残疾人群众体育活动示范点，为基层残疾人体育活动场所、残疾人综合服务设施配置器材器械，推广适合残疾人的体育健身项目。（10）志愿助残阳光行动：开展志愿助残阳光行动，注册助残志愿者达到1000万人，受助残疾人达到1.5亿人次。

与此同时，国务院、国务院办公厅先后发布了一系列有关残疾人康复、教育、就业、文化、体育、生活保障、扶贫、辅助用具等方面的政策性文件。卫生、教育、劳动、民政等政府部门在制定政策时，根据残疾人的特殊需求，加大扶持力度，提供各种优惠，使残疾人的生存权、健康权、劳动权、受教育权等权益得到了全面改善。具体体现在以下几个方面：

为了加强对残疾人权利的保护力度，1993年，国务院正式成立了残疾人工作协调委员会，并于2006年4月正式更名为国务院残疾人工作委员会，其成员单位包括教育、卫生、劳动保障、建设、交通、财政、文化、司法等三十五个部门，由国务院领导同志担任主任，民政、教育、卫生和劳动等四个部委和中国残联的负责人担任副主任，具体负责研究制订残疾人工作计划和优惠规定，协调解决残疾人工作中的重大问题，从而进一步强化了各成员单位之间的协调与合作，在一定程度上强化了对于残疾人权利的保护。

同时，国务院残疾工作委员会还要求地方各级政府都要建立和完善残疾人工作委员会，以加强对基层残疾人工作的领导与协调。县级政府残疾人工作委员会主任由政府分管领导担任，乡、镇、街道残疾人工作委员会主任由分管乡、镇长、街道主任担任，从而形成了从中央到地方的残疾人工作机构体系，各成员单位之间分工负责，相互协调，共同促进了残疾人事业的发展。

二　残疾人最低生活水准权利

《中国残疾人事业“十二五”发展纲要（2010—2015年）》在保障贫困残疾人权利方面提出要加强农村残疾人扶贫开发，扶持1000万农村贫困残疾人改善生活状况、增加收入、提高发展能力，并提出了具体的政策措施。

第一，贯彻落实《中国农村扶贫开发纲要（2011—2020年）》，将贫困残疾人作为重点扶持群体纳入政府扶贫开发规划，统筹安排，同步实施，优先帮扶。制定并实施《农村残疾人扶贫开发规划（2011—2020年）》。完善贫困残疾人口的识别机制，将家庭年人均纯收入低于当地最低生活保障标准的农村贫困残疾人纳入农村低保范围，将有劳动能力的农村贫困残疾人纳入扶贫范围。帮助有劳动能力的贫困残疾人优先享受国家扶贫开发和惠农政策，做好农村低保制度和扶贫开发政策的有效衔接。中央和地方多渠道安排筹措资金，加大对农村贫困残疾人的帮扶力度。

第二，继续开展残疾人康复扶贫。增加中央康复扶贫贷款贴息资金。加大康复扶贫贷款管理体制改革力度，健全担保体系，简化贷款程序，提高贷款扶持贫困残疾人户的到位率和扶贫效益。加强对扶持贫困残疾人的能人大户和扶贫基地的信贷支持。开展产业化扶贫，实施“阳光助残扶贫基地建设工程”，扶持创建一批农村残疾人扶贫基地，带动贫困残疾人农户发展生产、增加收入。

第三，加强对农村贫困残疾人的培训。为100万农村贫困残疾人开展实用技术培训，合理设置适合不同类别残疾人的培训项目，使经过培训的残疾人至少掌握1—2门实用增收技术。政府举办或补助的面向“三农”的培训机构和项目免费培训残疾人。

第四，在移民扶贫和农村危房改造工程中对农牧区贫困残疾人家庭住房建设和改造予以优先安排。继续使用国家彩票公益金支持“阳光安居工程”——中西部地区农村贫困残疾人家庭危房改造项目。

第五，加强基层残疾人扶贫服务社建设，依托农村金融机构、供销合作社、农民专业合作社、贫困村互助社、各种行业协会组织等农村社会化服务体系，为残疾人提供多种形式的生产生活服务。

第六，广泛开展“帮、包、带、扶”活动，动员城乡基层组织、干部、群众、志愿者结对帮扶农村贫困残疾人。

三　发展托养事业，保障残疾人受照顾权

《中国残疾人事业“十二五”发展纲要（2010—2015年）》在残疾人托管方面提出的主要任务是：（1）初步建立残疾人托养服务体系；（2）继续

实施“阳光家园计划”，为残疾人托养服务提供200万人次补助。

为实现上述目标，该纲要提出了一系列政策措施。

第一，以智力、精神、重度残疾人为重点对象，组织开展托养服务需求调查，摸清底数，制订托养服务发展计划。

第二，建立健全以省级或省会城市托养服务机构为示范、设区的市和有条件的县托养服务机构为骨干、乡镇（街道）和社区日间照料为主体、居家托养服务为基础的残疾人托养服务体系。省级或省会城市、设区的市及有条件的县（市、区）建设一批残疾人托养服务骨干示范机构。引导支持社会组织和个人兴办非营利性残疾人托养服务机构。

第三，大力发展居家托养服务。通过政策和资金扶持，动员社会服务组织、志愿服务人员、家庭邻里等力量，依托社区和家庭，为更多居住在家并符合托养条件的残疾人提供生活照料、康复护理、生活和职业能力培训、精神慰藉、安全保护等方面的服务。

第四，坚持政府投入为主，鼓励通过社会募集等多种渠道筹措托养服务资金，逐步提高托养服务的补助标准，扩大受益面。

第五，制定实施残疾人托养服务机构建设标准和服务规范。加强行业管理，探索建立针对残疾人托养服务机构、提供残疾人居家托养服务的社会组织资助制度和服务质量监管制度。对规范达标的托养服务机构给予居民家庭水、电、气、暖费用同价优惠待遇。按照专职与志愿相结合的原则，加强托养服务队伍建设，培训管理和服务人员。

四 残疾人社会保障权利的政策保障

残疾人社会保障事业体现在旨在解决生存危机的社会救助和旨在化解各项生活风险的社会保险两大体系中。社会救助方面，1994 年开始实施的《国家“八七”扶贫攻坚计划》，将残疾人扶贫解困纳入其中；《残疾人扶贫攻坚计划（1998—2000 年）》，进一步明确了残疾人扶贫工作的目标、方针、途径和措施。从 1992 年起，国家设立康复扶贫贷款，先后投入数亿元，开展残疾人的专项扶贫。在传统的开发式扶贫之外，国家还发展城乡居民最低生活保障制度，建立制度化的生活保障制度，将特困残疾人纳入其中，并给予相关方面的优惠。在社会保险方面，工伤保险积极探索预防、补偿和康复相结合的保障方式；农村新型合作医疗和城镇居民医疗保险给予残疾群体更多参保的补贴，并且各地正在积极探索老年生活津贴制度，这有利于老年残疾人分享经济社会发展成果。

《中国残疾人事业“十二五”发展纲要（2010—2015 年）》在保障残疾社会保障权利方面提出了五个方面的措施要求。

第一，将残疾人普遍纳入覆盖城乡居民的社会保障体系并予以重点保障和特殊扶助，落实并完善针对残疾人特殊困难和需求的生活补助、护理补贴、社会保险补贴、生活救助等专项社会保障政策措施。

第二，将符合条件的残疾人全部纳入城乡最低生活保障制度，实现应保尽保；靠父母或兄弟姐妹供养的成年重度残疾人单独立户的，按规定纳入低保范围。提高对低收入残疾人的生活救助水平。地方可对符合条件的重度残疾人、一户多残、老残一体等困难残疾人家庭和低收入残疾人家庭给予临时救助。对城乡流浪乞讨生活无着的残疾人按规定给予及时救助和妥善安置。贯彻落实《关于优先解决城乡低收入残疾人家庭住房困难的通知》，将住房困难的城乡低收入残疾人家庭优先纳入基本住房保障范围。将符合条件的城乡贫困残疾人纳入医疗救助范围，逐步提高救助标准。开展残疾人康复救助，对贫困残疾人无法通过医疗保险和医疗救助渠道解决的康复费用予以补助。

第三，督促用人单位依法为残疾职工缴纳社会保险费，符合条件的残疾人按规定享受失业保险待遇。将残疾人纳入就业扶持和就业援助政策范围，对企业吸纳、灵活就业和公益性岗位安置的残疾人，按规定给予社会保险补贴。按规定落实城镇贫困残疾人个体工商户缴纳基本养老费补贴政策。支持符合条件的企业按规定为残疾职工办理补充养老保险和补充医疗保险。制定非公有制经济从业残疾人员、残疾农民工、被征地农村残疾人、灵活就业残疾人参加各类社会保险的优惠政策。对工（农）疗机构、辅助性工场等集中安置残疾人就业单位办理社会保险给予优惠政策。

第四，建立贫困残疾人生活补助和重度残疾人护理补贴制度。有条件的地方开展一户多残、老残一体等困难残疾人生活补助试点和重度残疾人护理补贴试点。有条件的地方对重度残疾人适配基本型辅助器具、残疾人家庭环境无障碍建设和改造、日间照料、护理和居家服务给予政府补贴。制定落实残疾人生活用水、电、气、暖费用，挂号费、诊疗费，泊车费，盲人、聋人手机短信和宽带费用以及农村筹资筹劳等方面的优惠政策。研究制定无民事行为能力和限制民事行为能力残疾人财产信托、人身和财产保险等保护措施。

第五，落实《伤病残军人退役安置规定》，做好伤病残军人移交安置工作，逐步提高伤病残军人保障待遇。保障伤病残军人优先享受康复、教育、就业、扶贫及文化、体育等公共服务。

五 残疾人康复权利的政策保障

改革开放以来，中国残疾人联合会协助政府有关部门制订实施了残疾人康复的一系列计划，国家每年拨专款开始有组织地开展大规模的抢救性康复工作。主要康复项目有：白内障复明手术、聋哑儿童语言听力训练、肢残矫治手术。此后，我国残疾人康复工作又扩展到“低视力康复”、“精神病防治康复”、“智力残疾康复”以及社区康复工作、残疾人用品用具供应服务等。

《中国残疾人事业“十二五”发展纲要（2010—2015年）》在保障残疾人康复权方面提出的任务目标是：（1）全面开展社区康复服务，实施重点康复工程，帮助1300万残疾人得到不同程度的康复；（2）构建辅助器具适配体系，组织供应500万件各类辅助器具，有需求的残疾人普遍适配基本型辅助器具。为实现这些任务目标，该纲要要求采取一系列政策措施。

第一，以专业康复机构为骨干、社区为基础、家庭为依托，发挥医疗机构、城市社区卫生服务中心、村卫生室、特教学校、残疾人集中就业单位、残疾人福利机构等的作用，建立健全社会化的残疾人康复服务网络，全面开展医疗康复、教育康复、职业康复、社会康复，提供功能技能训练、辅助器具适配、心理辅导、康复转介、残疾预防、知识普及和咨询等康复服务。重点解决中西部地区、农牧区和贫困残疾人康复服务的可及性问题。

第二，加强省、市、县三级专业康复机构的规范化建设。制定康复机构和精神病患者康复机构的建设标准和服务规范。建设一批专业化骨干康复机构以及综合医院康复医学科和康复医院。扶持一批有条件的省、市级康复机构成为区域性康复技术资源中心，扶持一批社区康复站成为基层康复工作示范点。加强综合医院、精神专科医院康复医学科室建设，规范康复医学服务行为，开展康复医疗与训练、人员培训、技术指导、康复技术研究等工作。加强民政福利机构康复设施建设。

第三，城市社区卫生服务中心、乡镇卫生院要根据康复服务需求设立康复室，配备适宜的康复设备和人员。建立示范性社区康复站。依托各级各类医疗、康复、教育机构，充分利用社区资源，加强社区康复服务能力建设，制定社区康复服务质量标准，开展规范化社区康复服务，实现康复进社区、服务到家庭，为残疾人提供基本康复服务。

第四，实施0—6岁残疾儿童免费抢救性康复项目，建立残疾儿童抢救性康复救助制度，有条件的地区逐步扩大康复救助范围。实施白内障患者复明救治、盲人定向行走训练、低视力残疾人康复、聋儿听力语言康复、肢体残疾人矫治手术及康复训练、麻风畸残矫治手术及防护用品配置、智力残疾人康复训练与服务、精神病防治康复等国家重点康复工程。

第五，制定国家扶持辅助器具产业发展政策，研究完善辅助器具等残疾人专用品进口税收优惠政策。构建辅助器具适配体系，完善辅助器具标准，实施《残疾人辅助器具机构建设规范》，发挥国家和区域残疾人辅助器具资源中心的作用，加强各级残疾人辅助器具服务中心（站）建设，推广辅助器具评估适配等科学方法，推进辅助器具服务进社区、到家庭。加强国家康复器械质量监督检验中心建设，强化辅助器具质量监督检验工作。扶持研发、生产一批残疾人急需的辅助器具，组织供应500万件辅助器具，提高适用性和使用率。完善中国残疾人辅助器具服务网，办好中国国际康复博览会。

第六，制定康复医学发展规划，加强康复医学学科建设，提高康复医学发展水平，不断提高康复服务质量。建立国家康复人才教育基地。实施康复人才培养“百千万”工程，使康复专业人才总量增加、结构合理、水平提高。逐步建立完善康复专业技术人员和技能人员职业资格评价体系和晋升体系。制定完善听力语言康复，脑瘫、智力残疾、孤独症儿童康复训练，精神病防治康复等技术标准。

六　残疾人就业权利的政策保障

我国政府高度重视残疾人的就业保障。在政策层面，国家实行集中与分散相结合的方针，采取优惠政策和扶持保护措施，多层次、多渠道、多种形式地安排残疾人就业。同时，国家鼓励残疾人自谋职业，并扶持农村残疾人参加各种形式的生产劳动。还大力开展残疾人职业培训，帮助残疾人掌握一技之长，提高就业能力。

2007 年 2 月 25 日，国务院发布了《残疾人就业条例》（国务院令第 448 号），提出国家对残疾人就业实行集中就业与分散就业相结合的方针，用人单位安排残疾人就业的比例不得低于本单位在职职工总数的 1.5%，集中使用残疾人的用人单位中从事全日制工作的残疾人职工，应当占本单位在职职工总数的 25% 以上。

《中国残疾人事业“十二五”发展纲要（2010—2015 年）》对保障残疾人就业权利提出了一系列政策措施。

第一，实施百万残疾人就业工程。切实落实按比例就业政策，党政机关、人民团体、事业单位及国有企业带头安排残疾人，促进更多残疾人在各类用人单位按比例就业，逐步建立残疾人按比例就业岗位预留制度；政府开发的适合残疾人就业的公益性岗位，应优先安排残疾人就业；落实完善残疾人就业促进税收优惠政策，鼓励用人单位吸纳残疾人就业；通过资金扶持、小额贷款贴息、经营场所扶持、社会保险补贴、税收优惠等措施，扶持残疾人自主创业和灵活就业。以社区便民服务、社区公益性岗位、家庭服务、电子商务等多种形式促进残疾人社区就业和居家就业。落实高校残疾人毕业生就业扶持政策。加强对外来务工残疾人、女性残疾人和少数民族残疾人的职业培训和就业服务。

第二，加强残疾人职业教育培训和职业能力建设。以就业为导向，鼓励各级各类特殊教育学校、职业学校及其他教育培训机构开展多层次残疾人职业教育培训，着力加强订单式培训、定向培训和定岗培训，强化实际操作技能训练和职业素质培养，着力提高培训后的就业率。建立残疾人职业培训补贴与培训质量、一次性就业率相衔接的机制。加强残疾人职业能力开发，建立健全残疾人职业技能人才奖励机制。举办全国残疾人职业技能竞赛，参加国际残疾人奥林匹克职业技能竞赛。

第三，全面实施《盲人医疗按摩管理办法》。组织好国家盲人医疗按摩人员资格考试，做好盲人医疗按摩人员执业资格和专业技术职称评审工作。扩建北京按摩医院。培养盲人医疗按摩人员。鼓励医疗机构录用盲人医疗按摩人员。帮助有执业资格的盲人开办医疗按摩所。制定盲人保健按摩管理办法，规范盲人保健按摩行业管理。培训盲人保健按摩人员并扶持就业。为听力言语残疾人提供培训，帮助听力言语残疾人就业。大力推进职业康复劳动项目，促进智力和精神残疾人辅助性就业。

第四，各地公共就业服务机构和基层劳动就业社会保障公共服务平台免费为残疾人提供有针对性的职业介绍、职业指导等就业服务。将就业困难残疾人纳入就业援助范围，通过即时岗位援助、公益性岗位安置、社会保险补贴等政策，加大就业援助力度。结合公共就业人才服务专项活动，为残疾人提供专门服务。采取有效措施积极引导经营性人力资源服务机构履行社会责任，为残疾人提供优质、高效、贴心的就业服务。加强劳动保障监察，督促各类用人单位认真遵守国家促进残疾人就业的法律法规，禁止针对残疾人的就业歧视和违法雇佣残疾人，维护残疾人公平就业权利。

第五，实施残疾人就业服务能力建设工程。加强国家残疾人就业服务指导中心建设，制定残疾人职业技能鉴定辅助标准，完善残疾人职业技能鉴定办法。加快推进残疾人就业服务机构规范化建设，县级以上残疾人就业服务机构具备独立开展就业服务的条件，建立残疾人职业指导、职业信息分析、职业能力评估和劳动保障协理相结合的专业就业保障服务队伍，为用人单位提供适合残疾人的就业信息发布和推荐残疾人就业等支持性服务，免费为残疾人提供职业指导、职业适应评估、就业和失业登记、职业介绍等服务。依托基层残疾人专职委员队伍，培训残疾人就业服务与社保协理员。加强残疾人就业服务信息网建设，将其纳入公共就业人才服务信息网络系统。

七　发展残疾人教育事业，保障残疾人受教育权利

残疾人教育保障是指国家和社会保障患有残疾的未成年人和成年人享有平等的初等、中等和高等教育机会，使残疾人教育成为教育系统的一个组成部分。提高残疾人受教育水平是残疾人全面实现自身价值的基本条件，是残疾人发展权力保障的重要措施。改革开放以来，我国大力发展残疾人基础教育、残疾人特殊教育、残疾人职业教育、成人教育和残疾人高等教育，使残疾人极大地提高了自身综合素质，缩小了与健全人的差距，并使他们较快地融入社会，增强了其生存能力。

《中国残疾人事业“十二五”发展纲要（2010—2015年）》在保障残疾人受教育权方面提出了一系列政策措施。

第一，将残疾人义务教育纳入基本公共服务体系。继续完善以特殊教育学校为骨干、以随班就读和特教班为主体的残疾儿童少年义务教育体系，加快普及并提高适龄残疾儿童少年义务教育水平。采取社区教育、送教上门、跨区域招生、建立专门学校等形式对适龄重度肢体残疾、重度智力残疾、孤独症、脑瘫和多重残疾儿童少年实施义务教育。动员和组织农牧区适龄残疾儿童少年接受义务教育，推进区域内残疾儿童少年义务教育均衡发展。建立完善残疾儿童少年随班就读支持保障体系，依托有条件的教育机构设立特殊教育资源中心，辐射带动特殊教育学校和普通学校，提高随班就读质量。支持儿童福利机构特教班建设。

第二，建立多部门联动的0—6岁残疾儿童筛查、报告、转衔、早期康复教育、家长培训和师资培养的工作机制，鼓励和支持幼儿园、特教学校、残疾儿童康复和福利机构等实施残疾儿童学前康复教育。实施“阳光助学计划”，资助残疾儿童接受普惠性学前康复教育。逐步提高残疾儿童学前康复教育普及程度。重视0—3岁残疾儿童康复教育。帮助0—6岁残疾儿童家长及保育人员接受科学的康复教育指导。鼓励、扶持和规范社会力量兴办残疾儿童学前康复教育机构。

第三，普通高中、中等职业学校要创造条件招收残疾学生。鼓励和扶持特教学校开设高中部（班），支持特教高中、残疾人中等职业学校建设，改善办学条件。扩大残疾人中等职业学校招生规模，拓宽专业设置，改革培养模式，加快残疾人技能型人才培养。帮助农村残疾人和残疾人家庭子女接受职业教育。残疾人教育机构、职业培训机构、托养机构、残疾人扶贫基地等要承担扫除残疾人青壮年文盲的任务和职责，探索残疾人青壮年文盲扫盲工作机制和模式。

第四，普通高校要创造条件扩大招收残疾学生规模，为残疾学生学习、生活提供便利。要尊重少数民族的风俗习惯，为少数民族残疾学生创造良好的学习生活环境。继续办好南京特殊教育职业技术学院、长春大学特殊教育学院、北京联合大学特殊教育学院、天津理工大学聋人工学院、滨州医学院特殊教育学院等高等特殊教育学院（专业），适当扩大招生规模，拓宽专业设置，完善办学机制，提高办学层次和质量。通过自学考试、远程教育等方式帮助更多的残疾人接受高等教育。完善盲、聋、重度肢体残疾等特殊考生招生、考试办法。聋人参加各类外语考试免试听力。

第五，加大特殊教育教师培训力度，提升特殊教育师资能力。高等师范院校普遍开设特殊教育课程，鼓励和支持高等师范院校和综合性院校举办特殊教育专业，加快特殊教育教师培养。根据国家规定落实并逐步提高特教津贴。在优秀教师表彰中提高特殊教育教师比例。推进中西部地区特殊教育学校建设。国家制定特殊教育学校基本办学标准，地方政府制定学生人均公用经费标准和教职工编制标准。改善特殊教育学校办学条件。深化课程改革，完善教材建设，加强教学研究，不断提高特殊教育教学质量和水平，全面提高残疾学生思想道德、科学文化、身心健康素质和社会适应能力。

第六，将手语、盲文研究与推广工作纳入国家语言文字工作规划，建立手语、盲文研究机构，规范、推广国家通用手语、通用盲文，提高手语、盲文的信息化水平。建立手语翻译员培训、认证、派遣服务制度。

八　残疾人文化体育权利保障

在文化权利保障方面，《中国残疾人事业“十二五”发展纲要（2010—2015 年）》提出：（1）各类公共文化场所免费或优惠向残疾人开放，提供设施及信息交流无障碍服务。群众艺术馆、文化馆、乡镇综合文化站、社区文化中心（街道文化站）、特殊教育学校、残疾人组织、社会福利机构、社会残疾人服务机构等组织残疾人开展形式多样、健康有益的群众性文化、艺术、娱乐活动。农家书屋、全国文化信息资源共享工程等国家公共文化服务重点项目中要有为残疾人服务的内容。在国家和地方各级政府组织开展的各项文化活动以及各类文化评奖、艺术比赛中，鼓励和吸纳残疾人或残疾人文化艺术团体参与。（2）以“残疾人文化周”为载体，开展基层群众性残疾人文化活动。在城乡社区实施“残疾人文化进社区”项目。扶持出版为残疾人服务的图书、音像制品。扶持残疾人题材的影视剧、戏剧、广播剧等文艺作品的创作、发行。建设网上中国残疾人数字图书馆，拓展面向各类残疾人的数字资源服务。扶持各种音像制品、网络视频和学习课件加配字幕。（3）各级公共图书馆应设立盲人阅览室，配置盲文图书及有关阅读设备，做好盲人阅读服务。资助中西部地区设区的市、县两级公共图书馆盲人阅览室建设。充分发挥中国视障文化资讯服务中心（中国盲文图书馆）资源辐射和公共文化服务作用。盲人读物出版规模比“十一五”翻两番，加强盲人信息化产品研发、生产和应用。(4) 扶持以特殊教育学校为主的残疾人特殊艺术人才培养基地。举办全国残疾人艺术汇演、全国特教学校学生艺术汇演和全国残疾人文化艺术博览会。鼓励扶持残疾人参加工艺美术、书画、文学、摄影等艺术活动和创作，培育残疾人文化艺术品牌。开展残疾人文化艺术国际交流。

在残疾人体育权利保障方面，《中国残疾人事业“十二五”发展纲要(2010—2015 年)》提出：(1) 公共体育设施免费向残疾人开放，为残疾人参加体育健身提供便利。社会体育指导员要积极组织、帮助残疾人参加体育健身活动。社区和社会福利机构、特殊教育学校、康复机构、托养服务机构等残疾人相对集中的基层单位要结合康复训练、职业培训、特殊教育等，广泛开展残疾人群众性体育健身活动。重视农村残疾人体育工作，引导农村残疾人因地制宜参加健身活动。推动残奥、聋奥、特奥均衡发展，经常参加特奥运动的智力残疾人发展到 120 万人。(2) 实施“残疾人自强健身工程”。推广适合残疾人身心特点的健身康复体育项目，举办全国性、区域性残疾人群众性体育展示活动。为基层残疾人体育活动场所和残疾人综合服务设施配置适宜的器材器械，建设一批群众体育活动示范点。积极做好残疾人体育健身服务，培养残疾人社会体育健身指导员。开展残疾人群众性体育促进康复健身效果的评估和科学研究。(3) 改革残疾人体育竞赛制度。实施残疾人运动员等级评定办法。建立优秀残疾人运动员集训队伍，培育残疾人体育技术人员、管理人员队伍。发挥国家残疾人体育训练基地的示范作用，进一步加强残疾人体育基地建设和管理。加强残疾人体育教育、科研工作和道德作风建设。解决退役残疾人运动员社会保障和教育、就业等问题。(4) 办好全国残运会、特奥会、聋人运动会等赛事。组团参加残奥会、特奥会、听障奥运会等重要国际赛事，争取优异成绩，为国争光。

九 加强无障碍环境建设，保障残疾人的社会参与权

无障碍设施是残疾人和老年人参与社会生活的基本条件。城市道路、建筑物和信息无障碍建设的全面推进，为残疾人走出家门、共享社会物质

文化成果和公共服务提供了便利，拓展了空间，可以更好地实现残疾人“平等、参与、共享”的目标。我国的残疾人无障碍环境建设取得了进展，大中城市的主要道路和商场、医院、宾馆、影剧院、博物馆、机场、车站等公共建筑场所及居民住宅设置和改建了一大批坡道、盲道、扶手、交通音响信号装置等无障碍设施。全国已建立助残志愿者联络站5万余个，社会各界理解、尊重、关心、帮助残疾人的环境逐渐形成。

《中国残疾人事业“十二五”发展纲要（2010—2015年）》在无障碍环境建设方面提出了三个方面的政策措施。

首先，制定实施无障碍建设条例，依法开展无障碍建设。完善无障碍建设标准体系，新建、改建、扩建设施严格按照国家相关规范建设无障碍设施，加快推进既有道路、建筑物、居住小区、园林绿地特别是与残疾人日常生活密切相关的已建设施无障碍改造。提高无障碍建设质量和水平，加强无障碍设施日常维护与管理。开展创建全国无障碍建设市、县、区工作。普及无障碍知识，加强宣传与推广。

其次，实施无障碍环境建设工程。将无障碍建设纳入社会主义新农村和城镇化建设内容，与公共服务设施同时规划、同时设计、同时施工、同时验收。航空、铁路及城市公共交通要加大无障碍建设和改造力度，公共交通工具要逐步完善无障碍设备配置，公共停车区要设置残疾人停车位。广泛开展残疾人家庭无障碍改造工作，有条件的地方要对贫困残疾人家庭无障碍改造提供补助。基本完成残疾人综合服务设施的无障碍改造。

最后，将信息无障碍纳入信息化相关规划，更加关注残疾人享受信息化成果、参与信息化建设进程。制定信息无障碍技术标准，推进通用产品、技术信息无障碍。推进互联网和手机、电脑、可视设备等信息无障碍实用技术、产品研发和推广，推动互联网网站无障碍设计。各级政府和有关部门采取无障碍方式发布政务信息。推动公共服务行业、公共场所、公共交通工具建立语音提示、屏显字幕、视觉引导等系统。推进聋人手机短信服务平台建设。推进药品和食品说明的信息无障碍。图书和声像资源数字化建设实现信息无障碍。

十　对残疾人展开法律援助

针对侵害残疾人权益现象不断发生的现状，司法行政部门为残疾人提供了强力的法律援助，司法部和中国残疾人联合会于 2004 年 10 月 8 日共同发布的《关于为残疾人提供无障碍法律服务和法律援助的通知》明确规定："各级司法行政部门和法律援助机构要将残疾人列为重点法律援助对象。"根据这些规定，我国各级司法行政机构组织、协调和整合律师、公证、基层法律服务队伍和资源，不断健全为残疾人提供无障碍法律服务的工作机制和工作网络，逐步建立起了以公证处、律师事务所、基层法律服务所为主体，以委托或指定的法律服务机构为骨干的残疾人法律服务网络，以社会志愿服务机构为补充的残疾人法律服务网络，通过发放"残疾人法律服务卡"，开设法律服务热线电话，组织或参与残疾人法制讲座，提供网上咨询和上门服务，开展律师助残和志愿者助残活动等多种渠道，依法为残疾人提供了优质、优先、优惠的无障碍法律服务。根据司法部公布的"2008 年全国法律援助工作统计分析"，2008 年共批准办理法律援助案件数为 546859 件，涉及残疾人的案件数为 45500 件，占案件总数的 8.3%；法律援助受援人总数为 670821 人次，其中残疾人受援人为 50075 人次，比 2007 年增长 24.1%。

第五节　妇女、儿童、老年人、残疾人权利保障政策的特色

一　妇女、儿童、老年人、残疾人权利保障日益受到重视

中国政府对妇女、儿童、老年人、残疾人权利的保障是一个由关注到重视并逐步深化的过程，对妇女、儿童、老年人、残疾人权利保障的政策法规体系建设经历了初步探索到不断完善、全面发展的过程。

在中国的人权保障政策中，主要涉及的群体包括妇女、儿童、老年人、残疾人、少数民族、生活贫困者、失业人群、农村和西部居民、农民工等。各种群体成为人权政策保障的最重要主体。保障妇女、儿童、老年人和残疾人等社会特殊群体的人权，是我国人权保障的重要内容。妇女、儿童、老年人和残疾人等社会特殊群体享有人权的程度，也是衡量我国人权保障水平的一个重要尺度。

近年来，中国提出全面建设小康社会的发展目标，并对社会弱势群体的生存状态、权益保护给予了极大关注，"以人为本"和"执政为民"理念的深入传播使得一系列有利于弱势群体利益的政策相继出台。随着科学

发展观的提出，社会福利意识形态中关注困难群体的取向也更加突出，对弱势群体、困难群体权益的保护被置于更加重要的地位，相应的社会政策也陆续出台和实施。2004 年 3 月我国第四次修改宪法，把“国家尊重和保障人权”明确地载入宪法。公民从此可以更加理直气壮地要求政府保障自己的人权，妇女、儿童、老年人和残疾人等社会特殊群体也理应享有其作为人的一切权利。然而他们由于其自身的特殊因素，面对权利实现的障碍时往往束手无策，权利保障对他们而言就显得更加必要和迫切。所以有学者认为：人权首先指涉的是社会弱势群体的人权，保障人权也首先应当保障的是弱势群体的人权。

自党的十六届四中全会首次正式提出“和谐社会”理论以来，建设和谐社会便明确地成为我国新时期社会建设发展的一个重要目标，弱势群体的人权保障问题必须引起整个社会的足够关注和认真解决，唯有如此，才能达到人的全面自由和发展，整个社会才能长治久安，社会发展才能实现真正的和谐。

明确了妇女、儿童、老年人和残疾人等社会特殊群体权利保障的重要性，国家人权行动计划单列了少数民族权利保障、妇女权利保障、儿童权利保障、老人权利保障、残疾人权利保障，并将上述权利归为社会特殊群体权利予以专门规定和保护，体现了中国政府在人权领域中对社会正义的正确理解。

二　权利保障政策的内容更加全面

改革开放以来，人民生活水平提高，国内人权事业不断进步，人权关注已经成为保证国家政治稳定和改革持续深入的重要因素。中国重视人民的生存权和发展权，提高人民享有经济、社会和文化权利的水平，自改革开放以来取得了全世界有目共睹的进步。

中国认为人权不只是公民权利和政治权利，而是既包括公民权利和政治权利，也包括经济、社会、文化权利。各项人权相互联系、相互促进。要实现经济、社会、文化权利，就必须有相应的公民、政治权利的发展。没有一定程度公民、政治权利的发展，经济、社会、文化权利的发展是无法想象的。中国妇女、儿童、老年人和残疾人的人权发展的历程恰好证明了这一点。

要真正地保障弱势群体的人权，不仅仅在于对其生存权的关注，更重要的是增加他们改变自身弱势地位与提高自身福祉的能力。国家是保障人权的基本主体，承担保护弱势群体人权的主要责任。政府要根据国家法律，建立必要的管理机构，制定具体的政策措施，如建立和完善社会保障制度、给予政策倾斜和提供公平就业机会等，并且运用法律手段保护弱势群体的权利和利益，保障弱势群体的生存权、发展权和民主政治权。同时建立能够促使弱势群体更好地进行政治参与的机制，保障弱势群体的民主选举、民主决策、民主管理和民主监督等权利。政府要加强社会事业的建设，尤其是保障教育公平，确保弱势群体教育权利。

与我国现阶段社会发展水平相适应，目前，我国对妇女、儿童、老年人和残疾人的人权的保障主要集中在生存权、发展权、劳动权、平等权等方面。

1. 生存权

生存权是指人的生命安全及生存条件获得基本保障的权利属于基本人权。[①] 1991 年中国政府发表《中国的人权状况》白皮书，强调"生存权是中国人民的首要人权"，把生存权列在了中国人权体系之首。生存权作为法律上的概念，不仅仅是指一个人的生命不受非法侵犯的权利，而且还指一个人要求社会创造条件使其生命得到延续的权利。没有生存权，其他一切人权均无从谈起。

1991 年 12 月 29 日，全国人大常委会批准了《儿童权利公约》以后相继签署并批准《儿童权利公约》的两个议定书。《儿童权利公约》第六条明确规定了儿童应享有的生存权。儿童最基本权利就是使自己的生命不受非法剥夺，同时维持与所处社会环境相当的生活水准。中国积极实施公约及其议定书，通过实施"降低孕产妇死亡率和消除新生儿破伤风"项目、启动"母亲健康快车"、加强儿童疾病的预防、积极开展儿童意外伤害的预防、提高儿童营养水平等切实有效的措施，中国儿童的生命健康权得到较好的保障。

2. 发展权

发展权是一项不可被剥夺的人权，基于这种权利，每个人均有权参

---

① 李步云：《人权法学》，高等教育出版社 2005 年版，第 118 页。

与、促进并享受经济、社会、文化和政治的发展。在这种发展中，所有人权和基本自由都能获得充分实现。[①]发展权包括政治发展权，即个人的选举被选举权等政治权利的充分发展；经济发展权，即社会成员通过劳动获取经济发展所带来的物质利益；社会发展权，即个人主体要求社会集体把社会事业和福利事业作为必须的职责，积极为个人和团体服务使之可以更好地发展。

1995 年颁布的《中国妇女发展纲要（1995—2000 年）》提出了中国妇女参政的具体目标以及政策和措施。2001 年 5 月正式颁布实施了《中国妇女发展纲要（2001—2010 年）》，在参与决策方面制定必要的政策保证妇女参政比例。从中央到省—地—县选拔女干部进入各级领导班子都有明确规定。2009 年中国第一次制定的《国家人权行动计划》对妇女政治权利保障提出了新要求："全面实现《中国妇女发展纲要（2001—2010 年）》规定的目标，促进妇女在各方面享有与男子平等的权利，保障妇女合法权益。"

3. *劳动权*

劳动权是指凡是具有劳动能力的公民，有获得参加社会劳动并按其提供的劳动数量和质量取得相应报酬的权利。劳动权的行使是人们赖以生存的基础，同时也是行使其他权利的物质前提。劳动权因具有生存权的属性，因而是人权的重要组成部分。

我国政府一直很重视对妇女劳动就业权的法律保护，并制定了一系列法律法规，形成了以《宪法》为根本，包括法律、部门规章、地方法规和规章在内的较为完整的保护妇女劳动权益的法律体系。如《国营企业招用工人暂行规定》、《中华人民共和国全民所有制工业企业法》、《女职工劳动保护法规》，以及《民法通则》、《婚姻法》、《继承法》，对妇女的劳动权和财产权益都作了保障规定。而且特别规定了同工同酬原则、凡适合妇女从事的劳动工种和专业应当招用女工的条款。

同样，我国政府高度重视残疾人的就业保障，首先从《宪法》的高度赋予残疾人劳动就业的权利。在政策层面，国家实行集中与分散相结合的方针，采取优惠政策和扶持保护措施，多层次、多渠道、多种形式地安

---

① 参见南京大学法学院《人权法学》教材编写组编《人权法学》，科学出版社 2005 年版。

排残疾人就业。同时，国家鼓励残疾人自谋职业，并扶持农村残疾人参加各种形式的生产劳动。还大力开展残疾人职业培训，帮助残疾人掌握一技之长，提高就业能力。

4. 平等权

平等权是指在法律面前，任何人不能因为出身、民族、信仰、财产状况等先天因素或现实生活中的经济、社会地位的不同而受到有差别的待遇；任何人的合法权益都一律受到平等保护的保护，对违法行为都一律予以追究；不允许任何人享有法律以外的特权。平等权作为权利主体参与社会生活的前提与条件，还包括人的尊严和价值平等、政治上的平等内容。平等权是弱势群体人权实现的基础和保证，而歧视是对平等权的根本否定。但在现实生活中的一个突出现象就是对弱势群体的歧视，比如户籍歧视、身份歧视、年龄歧视和就业歧视等。由此也引发了大量的矛盾和冲突。因此，将平等权作为弱势群体人权保障的基本理论和人权的内容具有重要意义。

我国《宪法》明文规定妇女享有婚姻自由和婚姻家庭生活中与男子平等的权利。《婚姻法》还对每项平等权利作了具体规定。2001 年中国颁布的《婚姻法修正案》重申男女平等基本原则，强调夫妻地位平等和婚姻家庭权利义务平等，有针对性地补充了禁止实施家庭暴力、禁止重婚等有利于维护妇女权利的条款。目前，妇女的婚姻自主程度明显提高，在家庭决策中的作用显著增强，人身、财产权利得到进一步保障。国家和社会保障患有残疾的未成年人和成年人享有平等的初等、中等和高等教育机会，使残疾人教育成为教育系统的一个组成部分。无障碍设施是残疾人和老年人参与社会生活的基本条件。城市道路、建筑物和信息无障碍建设的全面推进，为残疾人走出家门、共享社会物质文化成果和公共服务提供了便利，拓展了空间，可以更好地实行残疾人“平等、参与、共享”的目标。

三 权利保障政策制度化实施

为了保障妇女、儿童、老年人和残疾人的权利保障政策的有效实施，必须有相应的执行政策的组织体系。新中国成立以来，我国一直十分重视对社会弱势群体权益的保护，并制定了一系列相关法律，如《中华人民共和国残疾人保障法》、《中华人民共和国未成年人保护法》、《中华人民共和国妇女权益保障法》，这些法律的实施对我国弱势群体权益的保障起到了重要作用。

国家人权行动计划与《劳动和社会保障事业发展“十一五”规划纲要（2006—2010 年）》、《中国老龄事业发展“十一五”规划》、《中国残疾人事业“十一五”发展纲要（2006—2010 年）》、《中国农村扶贫开发纲要（2001—2010 年）》、《全国生态环境保护纲要》、《中国妇女发展纲要（ 2001—2010 年）》、《国家环境与健康行动计划（2007—2015 年）》、《中国反对拐卖妇女儿童行动计划（2008 —2012 年）》，以及“雨露计划”、“霞光计划”、“211”工程、“985”工程，还有正在酝酿中的《国家中长期教育改革和发展规划纲要》等等，保持着协调一致和相辅相成的关系。上述规划、纲要和计划为国家人权行动计划的实施奠定了坚实的政策基础。

另外，我国不仅依靠政府来对弱势群体的权利进行保障，还加强了非政府组织和社会在保障弱势群体权利方面的作用。例如，中国残联等非政府组织、社会志愿者以及各类慈善机构，在改善残疾人生活状况、维护残疾人权益等方面也发挥着不可低估的作用。

四　权利保障政策与国际接轨

中国在认同和尊重《世界人权宣言》的基础上，正在努力地在不同的人权观点中寻找交汇点。并不断尝试用国际公认的世界标准解释中国的人权问题，推进中国的人权事业。

中国的人权政策开始同国际上许多重要的政策接轨，许多内容开始参照、借鉴国外的经验，而且开始加入许多重要的国际人权公约。如《消除对妇女一切形式歧视公约》、《儿童权利公约》、《男女工人同工同酬公约》等等。

此外，中国还积极参与国际人权领域的交流与合作，致力于在平等和相互尊重的基础上，开展国际人权交流与合作，推动国际人权事业健康发展。国际人权领域的交流与合作构成中国人权事业的重要组成部分，对促进国内权利保障和人权国际化具有重要意义。

第六章　少数民族人权的政策保障

少数民族人权保障是国际人权研究中的重要领域，也是衡量一国人权状况的关键性指标。首先，少数民族人权保障是普遍人权的根本要求。“人权顾名思义就是人的权利，或者说，是人类每个成员可享受或有权享受的各种权利。”[①] 人仅仅因为是人就享有或应当享有人权，因此普遍性是人权的首要特征。1948 年联合国通过的《世界人权宣言》明确宣布：“每一个人都享有本宣言规定的一切权利和自由，不分种族、肤色、性别、语言、宗教、政见、国籍或社会出身、财产、出生或其他身份等任何区别。”少数民族人权是普遍人权中不可或缺的组成部分，保障少数民族人权是人权的应有之义，也是人权实现的必经之路。其次，少数民族人权保障推动了世界人权事业的发展。人权的国际保护发端于对少数民族人权的保护，一些早期的国际条约如《奥格斯堡和约》（*Peace of Augsburg*）和《威斯特法利亚和约》（*The Peace Treaty of Westphalia*）都涉及了少数民族宗教等方面权利的保护问题，为近代以来的少数民族权利保护的制度和实践定下了基调。[②] 而两次世界大战期间各国少数民族人权屡被严重侵犯的历史事实也催生了联合国的建立以及其后《世界人权宣言》和其他人权国际公约的形成，极大地推动了世界人权事业的发展。再次，少数民族人权保障具有重大的现实意义。当今世界逐步形成一个多民族国家组成的共同体，数千个民族生活在 200 多个国家之中，几乎每个国家都有大量的少数民族人口存在。“鉴于人类历史上族群之间的不宽容、仇视以及压迫一直对世界和平与安全构成威胁，而民族、宗教和语言上的少数人群体及其

---

① 刘复之主编：《人权大辞典》，武汉大学出版社 1993 年版，第 1 页。

② 周少青：《少数民族权利保护的价值理念问题》，《世界民族》2011 年第 5 期。

成员通常成为这些冲突中违反基本人权行为的最直接受害者。”[①] 从这个角度来讲，保障少数民族人权是人类文明进步的标志，是世界和平发展的基石，是国家统一与社会和谐的根本要求。

从世界范围来看，少数民族人权保障事业亟待加强。在理论方面，人们关于“少数人”的界定、“少数人权利”的法律和政治哲学基础等问题存在广泛的争论，以至于这一领域被称为“无结论的少数人权利问题”。[②] 在实践方面，少数民族人权保障在各个国家都面临着众多挑战，诸如人权保障内容、效果、方式、后果等问题在很多社会中都缺乏基本的共识。在制度方面，尽管联合国人权保护机制的不歧视原则在相当程度上就是为了保护少数群体的人的人权而制定的，然而为少数群体的人权做出特别安排而进行的标准制定工作却进展缓慢。一些人权批评家甚至认为，“在国际人权的法律框架内，少数群体的人权被边缘化了，这些最易受侵害群体的权利甚至被排除出国际人权法律体系的框架之外”。[③]

中国是一个历史悠久的多民族国家，千百年来各族人民繁衍生活在这片土地上，共同创造了丰富多彩的中华文明。中华人民共和国成立以后，为了使各少数民族真正实现民族平等，充分享受当家做主的权利，党和国家在全国范围内组织了大规模的民族识别工作，最终经中央政府确认的民族共有 56 个。由于汉族以外的 55 个民族相对汉族人口较少，习惯上被称为“少数民族”。2010 年第六次全国人口普查公报显示，各少数民族人口共为 113792211 人，占总人口的 8.49%。[④] 中国少数民族人口广泛分布于各省、直辖市和自治区中，并在长期的民族交往和民族流动过程中形成了“大杂居、小聚居”的交错居住格局。各民族共同生活共同发展，并最终成为了中华民族不可分割的一部分。尊重和保障少数民族人权是民族平等政策的首要原则，是多民族国家统一和社会和谐的基本要求，是社会主义国家性质的根本体现。中国政府高度重视少数民族人权保障工作，在

---

① 周勇：《少数人权利的法理》，社会科学文献出版社 2002 年版，“导论”第 1 页。

② 《无结论的少数人权利问题》，载《世界人权宣言：努力实现的共同标准》，中国人权研究会组织编译，1999 年版。

③ 信春鹰：《国际人权问题热点述评》，《中国社会科学》1994 年第 6 期。

④ 中华人民共和国国家统计局：《2010 年第六次全国人口普查主要数据公报（第 1 号）》。http：//www.stats.gov.cn/tjgb/rkpcgb/qgrkpcgb/t20110428_ 402722232.htm。

“民族平等、民族团结、各民族共同繁荣”的基本原则指导下，以民族政策与相关法律条文为基础，对少数民族的政治、经济、文化和社会权利实施全方位的保护。

中国保障少数民族人权的政策与实践有四个方面的突出特点：一是保障内容的全面性；二是以生存权和发展权作为保障的核心内容；三是以民族区域自治制度作为少数民族人权保障的基础；四是将权利的平等保障与特殊保护相结合。

第一节 中国少数民族人权保障内容的全面性

人权的内容设定对于人权保障具有决定性意义，人权内容的全面性也可以视作衡量一国人权状况的重要层面。早在人权国际保护事业发展的初期，西方发达资本主义国家阵营与发展中国家阵营就在人权内容问题上产生了尖锐的矛盾。前者认为基本人权仅包括公民权和政治权利，而后者则坚持社会、经济和文化权利也是基本人权的主要内容。一般而言，人权实践过程会受到历史社会现实和政治理念的影响，因此不同国家在本国人权保障的基本内容上会呈现差异。少数民族人权作为人权体系中一个重要而又敏感的部分，其内容设定更是与国家主流意识形态和民族政策息息相关。针对内容的差异，世界各国少数民族人权保障可以大致分成三种类型。第一种类型的国家不承认少数民族的独特性并在此基础上否定少数民族人权保障的必要性。例如法国宪法规定：法国只存在一个法兰西民族，任何具有法国国籍的人都属于法兰西民族。法国不承认少数民族的存在，自然也就不存在针对少数民族的人权保障内容，所有公民享受形式上平等内容统一的人权保障。第二种类型的国家承认少数民族的存在并将其视作与主体族群存在文化差异的群体。这种类型的国家往往以多元文化主义来应对民族族群问题，尤其注重对少数民族文化、宗教等方面权利的保护。第三种类型的国家往往是历史形成的多民族国家，其民族问题具有复杂性和长期性的特点。为了维护国家统一和民族和谐，这类国家对少数民族的政治、经济、文化和社会权利实施全方位的保障，力图通过特定的民族政策来实现事实上的民族平等和民族团结。

中国属于第三种类型的国家，保障内容的全面性正是中国少数民族人权政策与实践的首要特色。中国政府高度重视对少数民族政治权利、经济权利、文化权利和社会权利保障，制定了比较全面的保障政策，并采取了一系列切实的保障措施。

一 对少数民族政治权利的保障

在中国，各族人民以平等的地位参与国家大事和各级地方事务的管理，国家依法保障各少数民族平等参与管理国家事务和地方事务的权利。全国人民代表大会和全国政治协商会议是各族人民参政议政的重要平台，在全国人大代表和全国政协委员的选举过程中充分反映了对少数民族政治权利的尊重。《中华人民共和国全国人民代表大会和地方各级人民代表大会选举法》规定：在同一少数民族人口不到当地总人口15%时，少数民族每一代表所代表的人口数可以适当少于当地人民代表大会每一代表所代表的人口数，人口特别少的民族至少也应有一名代表。历届全国人民代表大会中，少数民族代表人数占全国人民代表大会代表总人数的比例均高于同期少数民族人口占全国总人口的比例。目前，55个少数民族都有本民族的全国人民代表大会代表和全国政治协商会议委员；人口超过100万的少数民族都有本民族的全国人民代表大会常务委员会委员。第十一届全国人民代表大会常务委员会161名委员中，少数民族人大常委为25名，占总数的15.53%。为了从根本上保障少数民族当家做主的权利，在国家的统一领导下，各少数民族聚居地方实行区域自治，设立自治机关，行使自治权。截至目前，中国共设立了155个民族自治地方，其中包括5个自治区、30个自治州、120个自治县（旗）。2000年第五次全国人口普查显示，在55个少数民族中，有44个建立了自治地方，实行区域自治的少数民族人口占少数民族总人口的71%，民族自治地方的面积占全国国土总面积的64%左右。全部民族自治地方的人民代表大会常务委员会中均有实行区域自治的民族的公民担任主任或者副主任；民族自治地方政府的主席、州长、县长或旗长均由实行区域自治的民族的公民担任。培养少数民族干部是实现少数民族政治权利的根本路径，党和国家高度重视这项工作。新中国成立之后，中央政府专门在全国各地创立了一批以培养民族干部为主要目标的民族院校，同时还开设了一系列少数民族干部培训班；国家十分重视培养和选拔少数民族干部，民族区域自治地方少数民族干部配备均达到一定比例，一大批优秀的少数民族干部走上了各级领导岗位。截至2009年，全国共有290多万少数民族干部，约占干部总数的7.4%。全国公务员队伍中，少数民族约占9.6%。

二　对少数民族经济权利的保障

各民族共同繁荣是中国民族政策的基本立场，推动少数民族地区发展、保障少数民族经济权利是实现民族共同繁荣的根本路径。新中国成立之前，绝大多数民族地区生产力水平极度低下，经济社会发展相当落后，基础设施建设很差，人民群众生活困苦不堪。为了保障少数民族的经济权利，国家把支持少数民族和民族地区的经济社会发展作为国家发展的重要内容，不断出台政策措施支持少数民族和民族地区发展。首先，国家通过优先安排大量建设项目的方式，为民族地区的发展提供了坚实的基础。一方面，国家高度重视民族地区基础设施发展，通过大批铁路、公路和邮电通信项目的建设，极大地改善了民族地区的生产生活条件及交通通信设施。另外，国家还把开发优势资源、发展现代工业，作为支持少数民族和民族地区加快发展的重大举措，系列大型建设项目推动了民族地区的发展。其次，国家重视消除民族地区贫困问题，努力改善和保障少数民族群众生产生活。多年来，国家采取一系列政策措施解决少数民族群众的贫困问题，从最初对具体生活困难的解决到如今对民族地区农村低收入人口全面实施扶贫政策。经过不懈努力，民族地区的贫困人口已由1985年的4000多万人减少到2008年的770多万人。再次，中央政府不断加大对民族地区财政支持力度，积极组织对口支援民族地区发展。统计显示，1978年至2008年，中央财政向民族地区的财政转移支付累计达20889.40亿元，年均增长15.6%。其中，2008年为4253亿元，占全国转移支付总额的23.8%。此外，国家大力组织实施经济发达地区对欠发达民族地区开展对口支援。1996年，国务院确定由15个东部发达省市对口帮扶西部11个省（自治区、直辖市），同时动员中央各部门对口帮扶贫困地区。以西藏自治区为例，1994年以来，国家先后安排60多个中央国家机关、全国18个省（直辖市）和17个中央企业对口支援西藏，截至2008年底，累计投入对口援藏资金达111.28亿元，安排6050个对口援藏项目。最后，国家积极制定系统化战略，推动民族地区发展。2000年实施西部大开发战略以来，国家把支持少数民族和民族地区加快发展作为西部大开发的首要任务。5 个自治区、30 个自治州、120 个自治县全部纳入西部大开发范围或者参照享受西部大开发的有关优惠政策。近年来，国家相继制定《关于进一步促进新疆经济社会发展的若干意见》、《关于近期支持西藏经济社会发展的意见》、《关于进一步促进宁夏经济社会发展的若干意见》和《广西北部湾经济区发展规划》，有力地促进了少数民族和民族地区经济社会发展。在这些因素的共同作用之下，民族地区经济社会发展取得了巨大成就，少数民族群众的经济权利得到了有力的保障。2008 年，民族地区经济总量由 1952 年的 57.9 亿元增加到 30626.2 亿元，按可比价格计算，增长了 92.5 倍；城镇居民人均可支配收入由 1978 年的 307 元增加到 13170 元，按可比价格计算增长了 30 多倍；农牧民人均纯收入由 1978 年的 138 元增加到 3389 元，按可比价格计算增长了 19 倍。

三　对少数民族文化权利的保障

在某种程度上，民族可以被视作一种文化实体，是历史上形成的具有同一语言、同一信仰、同一文化传统的社会共同体。民族文化既是民族形成中不可或缺的客观要素，也是民族存续中自我认同的基础。中国政府通过各种政策措施，尊重和保障少数民族文化权利，支持少数民族文化的传承与发展，鼓励各民族加强文化交流，积极推动少数民族文化事业的繁荣。一方面，民族语言文字是民族文化的基础要素，国家积极保护和发展少数民族文字，推动民族语言文字的教育及应用。20 世纪 50 年代，国家开展少数民族语言文字调查，建立民族语文工作和研究机构，帮助创制或改进民族文字。中国 55 个少数民族中，除回族和满族通用汉语文外，其他 53 个民族都有本民族语言，有 22 个民族共使用 28 种文字，其中壮、布依、苗等 12 个民族使用的 16 种文字是由政府帮助创制或改进的。为了保障少数民族学习、使用本民族语言文字的权利，国家切实在文化教育、行政司法、大众媒体等各领域推行少数民族语言文字。例如，国家在民族地区推行双语教育，目前接受双语教育的在校生人数超过 600 万人，在普通高等学校招生入学考试中也允许使用少数民族语言文字答卷。国家还采取各种措施促进少数民族语言文字规范化、标准化和信息处理工作的发展，开发少数民族语言文字的软件和网页，使少数民族群众共享信息化时代的成果。另一方面，国家积极抢救和保护少数民族文化遗产，繁荣和发展少数民族文化艺术事业。从20世纪50年代开始，国家组织3000多名专家学者，历时30多年完成了中国少数民族、少数民族简史丛书、民族语言简志丛书、民族自治地方概况丛书和少数民族社会历史调查资料丛刊等五种少数民族丛书的调查、编纂和出版，合计403册，1亿多字，发行50多万册。国家成立了全国少数民族古籍整理出版规划小组和办公室，对少数民族古籍进行挖掘、整理、保护。截至2008年底，已搜集少数民族古籍数百万种，整理11万余种。此外，国家还高度重视对少数民族物质文化遗产和非物质文化遗产的保护，投入重金对少数民族地区重点文物保护单位进行维修和维护，同时将大量的民族文化艺术列入国家级非物质文化遗产名录加以保护和传承。在保护少数民族历史文化遗产的同时，国家也投入大量人力、物力、财力来繁荣少数民族文化艺术事业。20世纪50年代初，国家建立了由各民族演员组成的中央民族歌舞团。近年来，国家通过实施万里边疆文化长廊建设，大力完善民族地区公共文化服务体系，截至2008年底全国民族文化事业机构达10282个。一些少数民族传统节日和传统技艺得到弘扬与发展，少数民族文艺人才辈出，民族题材的文学艺术创造日益繁荣，成为全国各族人民精神家园的重要组成部分。2009年6月，国务院召开“全国少数民族文化工作会议”，出台了《国务院关于进一步繁荣发展少数民族文化事业的若干意见》，全面部署了当前和今后一个时期的主要任务、目标举措和保障措施，为繁荣发展少数民族文化事业提供了有力保障。

四　对少数民族社会权利的保障

社会权利与社会成员生活息息相关，保障少数民族的社会权利是维护其基本人权的重要方面。中国政府制定了大量的公共政策来满足少数民族群众在教育、医疗卫生、社会保障以及特殊生产生活等方面的需求，充分保障其基本社会权利。在少数民族教育发展方面，中国法律明确规定了支持和帮助少数民族发展教育的条款，中央和地方各级政府教育行政部门中专门设立了民族教育行政管理机构，中央和地方设置民族教育专项补助经费，对民族地区和少数民族人口相关的义务教育、双语教育、高等教育等予以全面扶持。经过60年的努力，民族地方已形成从幼儿教育到高等教育的完整教育体系，少数民族人口的受教育年限显著提高，民族地区适龄儿童入学率达到98%。2000 年第五次全国人口普查表明，朝鲜、满、蒙古、哈萨克等14 个少数民族的受教育年限高于全国平均水平，维吾尔、回、朝鲜、纳西等十几个少数民族每万人平均拥有的大学生人数已超过全国平均水平。在少数民族医疗卫生保障方面，国家注重政策倾斜，给予优先安排，促进少数民族和民族地区卫生事业的快速发展。改革开放以来，国家在民族地区配套建设和改造了乡镇卫生院，建立了县级卫生防疫站和妇幼保健所，使民族地区卫生服务体系得到较大改善。西藏自治区 80%以上的县设立了防疫站，新疆维吾尔自治区少数民族卫生技术人员已占全区卫生技术人员的三分之一。近年来国家进一步加大民族地区公共卫生体系建设投入，2004 年至 2009 年，国家对民族地区的公共卫生体系建设、重点疾病防治、计划免疫、妇幼卫生、人才培养、农村合作医疗和民族医药等投入的资金累计达到 47 亿元。中央和地方政府也投入大量财力，初步构建了民族地区基本社会保障体系。西藏自治区目前已经从城市到农村都已初步建立起社会保障体系。2006 年西藏人均收入低于 800 元的农牧民全部纳入最低生活保障，在全国率先建立了农牧区最低生活保障制度；2008 年西藏“五保户”的供养标准达到 1600 元。新疆在改革开放以来也逐步建立覆盖各族群众的社会保障体系。2007 年 7 月起，新疆全面启动农村最低生活保障工作，确定对人均年收入低于 700 元人民币的农牧民给予补助，农村居民最低生活保障制度开始建立，2008 年新疆有 131 万名特困农牧民群众享受到了“低保”待遇。2008 年，新疆拥有城镇各种社区服务设施 799 个，基本养老保险、失业保险、医疗保险、工伤保险、生育保险等五大保险参保人数达 964.57 万人，城镇居民中有 63.80 万人得到政府最低生活保障救助。此外，新疆的社会福利事业和医疗救助工作等也得到快速发展。由于历史文化不同以及风俗习惯、宗教信仰的差异，中国的一些少数民族在生产和生活方面有一些特殊的需要。为尊重和满足这些特殊需要，国家实行优惠的民族贸易和民族特需商品生产供应政策，从 1963 年开始对民族贸易企业实行利润留成、自有资金、价格补贴“三项照顾”政策，此后还相继出台了专项贴息贷款、免除部分企业增值税、设立国家储备制度、扶持少数民族特需商品生产企业技术改造（推广、培训）等政策，对少数民族群众特殊生产生活必需品提供稳定的保障。

第二节　以生存权和发展权作为中国少数民族人权保障的核心内容

生存权，顾名思义是一种维持生命存在的权利，即活着的权利，指的是人的生命安全和生存条件获得基本保障的权利。① 而发展权作为生存权的一种延伸，指的是作为个体的人和作为人的集体的国家和民族自由地参与和增进经济、社会、文化和政治的全面发展并享受发展利益的一种资格和权能。② 生存权和发展权是首要的人权，也是享有其他人权的基础，没有生存权和发展权，其他一切人权均无从谈起。③ 这是中国人民从自己的历史和国情出发所得出的基本结论，也是中国政府在人权方面的基本主张。由于历史遗留原因，中国少数民族长期以来生存艰难、发展落后，基本人权缺乏保障更导致其他人权的全面缺失。新中国成立之后，中国政府积极发展民族地区经济，满足少数民族群众的基本生活需求，并在此基础上全面推进民族地区经济社会发展，从而实现了对少数民族人权的全面保障。

为了保障少数民族的生存权和发展权，政府采取了一系列专门的政策，主要包括改革部分少数民族的传统社会制度，大力发展民族地区经济，保障民族地区的生态环境，以及对人口较少的民族实施特殊扶持政策。

一　改革部分少数民族的传统社会制度

新中国成立初期，中国大部分的少数民族地区都处于前资本主义社会形态，一些民族地区在政治制度和政权形式上还保留着农奴制度、政教合一、土司制度、部落头人制和家支制度等。废除封建土地占有制度和经济剥削、废除人身依附的农奴制度和奴隶制度，是保障少数民族生命权、人

---

① 李云龙：《人权问题概论》，四川人民出版社 1998 年版，第 74 页。

② 江习根：《发展权含义的法哲学分析》，《现代法学》2004 年第 6 期。

③ 董云虎、常健编：《中国人权建设 60 年》，江西人民出版社 2009 年版，第 38 页。

身自由和人身安全的最根本措施。[①] 以民主改革之前的西藏为例，其社会形态基本特征是：政教合一的社会统治制度；三大领主（官家、贵族、寺庙上层僧侣）及其代理人占有绝大部分生产资料，并占有农奴人身；森严的等级制度，对农奴实行残酷的政治压迫和刑罚；农奴阶层承担沉重的赋税和差役，社会停滞不前、经济崩溃。占西藏总人口不足5%的农奴主占有着西藏绝大部分生产资料，垄断着西藏的物质精神财富，而占人口95%以上的农奴和奴隶没有生产资料和人身自由，遭受着极其残酷的压迫和剥削，挣扎在极端贫困的悲惨境地中，根本谈不上做人的权利。1959年，中央政府领导西藏人民进行民主改革运动，废除封建农奴制，废除政教合一制度，实行土地改革，解放百万农奴和奴隶，使他们成为土地的主人。这种社会制度上的改革不仅解放了西藏人民的生产力，促进了当地经济社会全方位的发展，更是从根本上为藏族人民的生存权和发展权提供了坚实保障。

二 大力发展民族地区经济

人权状况的改善与发展受诸多社会因素影响，其中经济因素居于基础性地位。[②] 经济发展是保障生存权和发展权的首要条件，积极推进民族地区经济发展才能从根本上解决少数民族生存权和发展权的问题。新中国成立之前，我国绝大多数少数民族社会经济基础都极端薄弱，普遍存在经济结构单一、生产力低下、生产方式落后的问题，在云南、西藏、海南等省区的一些少数民族地区甚至还保留着刀耕火种的原始生产方式。1949年，少数民族地区平均粮食亩产只有75公斤，工农业总产值仅为36.6亿元，只占全国总量的3.8%。[③] 少数民族群众的生活十分困苦，特别是广大山区和荒漠地区的少数民族，普遍缺吃少穿，几乎年年都有几个月断粮，吃野果充饥，披蓑衣御寒。少数民族发展受到严重阻碍，有的民族甚至濒临灭绝，其生存权受到了严重的威胁。新中国成立之后，中国共产党和中央

---

① 廖敏文：《国际人权法与我国少数民族人权的法律保护》，《西南民族大学学报》2004年第3期。

② 郎维伟、王允武：《中国民族政策与少数民族人权保护》，四川人民出版社2006年版，第301页。

③ 杨寿川：《我国民族经济政策与实践》，《思想战线》2000年第4期。

政府始终坚持支持少数民族和民族地区加快发展。针对民族经济的发展程度和少数民族人权的实际状况，中国共产党和中央政府推行民族经济政策，调动特殊资源，扶持、帮助少数民族发展经济，促进少数民族充分享有生存权和发展权。相关民族经济政策主要包括：优先安排大中型建设项目，升级民族地区基础设施，拉动民族地区经济发展；加大民族地区扶贫力度，投入大量资金保障和改善少数民族群众的生产生活水平；大力支援边疆地区和牧区等落后地区的发展，促进民族地区间和地区内的协调发展；加大财政转移支付支持力度，组织发达地区对民族地区进行对口支援和对口合作。经过全国各族人民的共同团结奋斗，民族地区经济社会发展取得了巨大成就，少数民族群众的生存权和发展权及其他人权保障获得了坚实的物质基础。一方面，少数民族生存权得到基本保障，且质量显著提高。2000 年全国人口普查资料显示，有 13 个少数民族的人均预期寿命高于全国 71. 40 岁的平均水平，7 个高于汉族 73. 34 岁的平均水平。西藏人均预期寿命由 1951 年和平解放时的 35. 5 岁增加到 67 岁；新疆每百万人口百岁老人数居全国之冠；赫哲族人口由新中国成立之初的 300 多人增加到 4000 多人。另一方面，少数民族及民族地区的发展权也取得巨大进步。2008 年，民族地区经济总量由 1952 年的 57. 9 亿元增加到 30626. 2 亿元，按可比价格计算，增长了 92. 5 倍；城镇居民人均可支配收入由 1978 年的 307 元增加到 13170 元，按可比价格计算增长了 30 多倍；农牧民人均纯收入由 1978 年的 138 元增加到 3389 元，按可比价格计算增长了 19 倍。内蒙古经济发展速度连续 7 年居全国之首，新疆经济发展速度连续 6 年保持两位数增长。西藏生产总值达到 395. 91 亿元，比 1959 年增长 65 倍。

三　保障民族地区的生态环境

环境权泛指个人、集体、国家在其生存的环境中所享有的权利和承担的义务；民族环境权是民族对其地缘内环境的占有、资源的利用和保护。[①] 环境权是第三代人权的重要内容，联合国《人类环境宣言》明确指出：“人类环境的两个方面，即天然和人为的两个方面，对于人类的幸福和对于享受基本人权，甚至生存权本身，都是必不可少的。”对于少数民

① 王光贤：《人权：民族与民族权利问题》，《广西大学学报》1999 年第 1 期。

族个体和少数民族集体而言，环境既是他们文化与文明的来源，也是他们生存与发展的保障。由于我国少数民族分布地区大多自然环境和气候条件较为恶劣，同时在民族地区经济社会发展过程中存在忽视环境保护的行为，目前民族地区的生态环境问题较为突出，主要表现为：森林覆盖日趋下降；水土流失严重；草原沙化、碱化、退化严重；植被稀疏，动物生长环境恶化；土地荒漠化日益突出；环境污染日趋严重。[①] 为了保护少数民族生存与发展的基础，国家高度重视民族地区生态环境的保护和建设。中国政府确定的《全国生态环境建设规划》中的四个重点地区和四项重点工程全部在少数民族地区。国家实施的“天然林保护工程”和退耕还林、退牧还草项目主要在少数民族地区。全国226个国家级自然保护区，接近半数在少数民族地区。特别是实施西部大开发战略以来，中央政府出台一系列政策措施，包括在大江大河上游禁止森林采伐，实行退耕还林还草、封山绿化以及以粮代赈等。国家妥善解决生态建设补偿问题，对退耕还林还草的农牧民国家给予粮食补助，对因禁止森林采伐而减少财政收入的地方国家给予财政补助。

四　对人口较少民族采取特殊扶持政策

在多民族国家中，人口规模较小的少数民族往往容易面临生存与发展的危机。在我国55个少数民族中，有22个少数民族的人口在10万人以下，统称为“人口较少民族”。由于历史、自然条件等方面的原因，这些民族的经济和社会发展总体水平还比较落后，贫困问题仍较突出。为了保障人口较少民族的生存权利和发展权利，国家从2000年起组织实施“兴边富民行动”，对人口较少民族采取特殊帮扶措施，重点解决边境地区、人口较少民族聚居地区的基础设施建设和贫困群众的温饱问题。2001年8月，国务院办公厅专门制定了扶持人口较少民族发展问题的政策，国家民委等有关部门和相关省区采取了相应措施，取得了良好成效。2003年国家首次将人口较少民族扶贫开发列入国家扶贫开发的重点，对于22个人口少于10万的少数民族约63万人口实行特殊扶持政策，力争在三至五年

---

① 朴今海：《民族地区的生态环境保护与可持续发展》，《中南民族学院学报》2002年第1期。

内使他们在生产生活、基础设施、文化教育、医疗卫生、通信交通等方面得到较大改善。近年来，中国政府对人口较少且比较困难的民族聚居地区加大了扶持力度。2005 年，国家多个部门联合制定实施《扶持人口较少民族发展规划（2005—2010 年）》[①]，重点扶持 640 个人口较少民族聚居村。这些具体政策措施的出台及实施，极大地促进了人口较少民族及其所在地区的经济社会发展，为保障其生存权和发展权提供了坚实的物质基础和政策支持。

第三节　以民族区域自治作为中国少数民族人权保障的制度基础

应然人权是人权的一种理想化状态，实然人权则是指人在社会现实生活中真正实现的人权。在任何国家和社会中，从应然人权走向实然人权都必须具备制度基础，没有制度基础的应然人权只是无法实现的虚幻和理想。“权利制度化是权利实现的首要环节。少数民族人权的实现，首先应在政治上解决好权利平等问题，其关键在于制度选择。”[②] 中国少数民族享有广泛的人权，这种人权的享有是以民族区域自治作为制度基础的。不在少数民族人口高度集中的民族地区实行民族自治，其人权保障就只是一句空话。中国法律关于各少数民族聚居的地方实行区域自治即少数民族享有自治权的规定，是国际人权文件中所没有的内容，体现出中国政府在少数民族人权保护方面的超前性。[③] 实行民族区域自治，体现了国家充分尊重和保障各少数民族管理本民族内部事务权利的精神，坚持民族区域自治制度是民族地区人权建设的可靠政治保障。

一　民族区域自治制度形成的历史

所谓民族区域自治，是指在国家的统一领导下，各少数民族聚居地方

---

① 目前已出台第二期《扶持人口较少民族发展规划（2011—2015 年）》。

② 郎维伟、王允武：《中国民族政策与少数民族人权保护》，四川人民出版社 2006 年版，第 177 页。

③ 白桂海：《〈公民权利与政治权利国际盟约〉与中国国内立法：少数民族的权利保护问题》，《北大国际法与比较法评论》2005 年第 2 期。

实行区域自治，设立自治机关，行使自治权。民族区域自治，是中国解决民族问题的基本政策，也是中国的一项基本政治制度。在历史上，由于统治者长期执行民族歧视和民族压迫的政策与制度，少数民族作为一个民族实体存在都难以得到承认，更无法享受平等的人权保护。中国共产党在革命探索之中就逐步形成了以民族区域自治来解决中国民族问题的制度设想，并与1947年建立了第一个省级民族自治地方——内蒙古自治区。中华人民共和国成立之后，中央政府在20世纪50年代组织大规模的民族调查和民族识别工作，最终确认55个少数民族，在尊重历史与现实的基础上坚持以民族区域自治作为解决民族问题、保护聚居少数民族人权的基本政策和制度形式。截至2013年，全国共建立了155个民族自治地方，包括5个自治区、30个自治州、120个自治县（旗）。第五次全国人口普查资料表明，55个少数民族中，有44个建立了自治地方，实行区域自治的少数民族人口占少数民族总人口的71%，民族自治地方的面积占全国国土面积的64%。鉴于一些少数民族聚居区域较小、人口较少并且分散，不宜建立自治地方，《宪法》规定通过设立民族乡的办法，使这些少数民族也能行使当家做主、管理本民族内部事务的权利。1993年，中国政府颁布《民族乡行政工作条例》，以保障民族乡制度的实施。截至2003年底，中国在相当于乡的少数民族聚居的地方共建立了1173个民族乡。11个因人口较少且聚居区域较小而没有实行区域自治的少数民族中，有9个建有民族乡。民族区域自治制度为少数民族人权的实现营造了良好的制度保障和稳定的社会环境，改善了少数民族人权的实现状况，凸显了民族区域自治政策与制度在保护少数民族人权实践中的优越性。

作为中国全面保障少数民族人权的制度基础，民族区域自治制度有一个历史的形成与完善过程。1949年中国人民政治协商会议通过了具有临时宪法作用的《中国人民政治协商会议共同纲领》，将民族区域自治确定为新中国的一项基本政策。1952年中央人民政府颁布《民族区域自治实施纲要》，对民族自治地方的建立、自治机关的组成、自治机关的自治权利等重要事项作出明确规定。1954年全国人民代表大会通过的《宪法》，以根本法形式确认并要求坚持实行民族区域自治制度。在总结民族区域自治历史经验的基础上，1984年第六届全国人民代表大会第二次会议通过《民族区域自治法》。2001年，根据社会主义市场经济体制建立的实际，全国人大常委会对《民族区域自治法》进行修订。2005年，国务院发布《国务院实施〈中华人民共和国民族区域自治法〉若干规定》，明确规定上级人民政府支持和帮助民族自治地方的职责。[①]

二 中国民族自治制度的基本特征

中国的民族区域自治具有政策、制度和法律三位一体的基本特征，在保障少数民族人权的实践中，逐步形成了较为系统和完善的少数民族人权保护政策法规体系，从内容构成上来看主要包括以下5个层次：（1）宪法，包括确认少数民族人权的条款，规定实行民族区域自治的条款，规定国家和上级国家机关在贯彻实施民族区域自治中的职责的条款；（2）民族区域自治法是实施宪法规定的民族区域自治制度的基本法律；（3）其他法律、行政法规、部门规章、地方法规和规章中，关于实施民族区域自治和保障少数民族人权的条款；（4）自治区、自治州和自治县的自治条例和单行条例；（5）有关机关和部门为贯彻实施民族区域自治，保护少数民族人权的具体政策文本。[②] 法律具有规范权威的特征，而政策则具有灵活及时的特点，中国的民族区域自治制度体现出鲜明的政策与法规相结合的特点。一方面宪法、民族区域自治法等有关法律针对少数民族人权保护做出系统规范的原则性规定；另一方面部委、地方政府政策性文件则提供诸多具体化和有操作性的措施。这样一套政策与法律相结合的制度体系，确认了少数民族在政治、经济、文化等方面应当享有的人权，规定了少数民族人权实现的基本方式和具体途径，构建了自治机关和国家政府部门保障少数民族人权的具体行为规范和行为准则。

三 民族自治地区的自治权利

民族区域自治制度的核心在于实现少数民族在民族地方的自治权利，让各民族通过自主决定本民族事务的方式来保障少数民族的基本人权。民族自治地方的自治权大致包括以下若干方面。

---

① 中华人民共和国国务院新闻办公室：《“中国的民族政策与各民族共同繁荣发展”白皮书》，2009。

② 郎维伟、王允武：《中国民族政策与少数民族人权保护》，四川人民出版社2006年版，第209页。

（1）自主管理本民族、本地区内部事务。政治权利是人权的核心要素，保障少数民族人权首要就是要维护其政治权利。民族自治地方各族人民行使选举权和被选举权，选出人民代表大会代表组成自治机关；民族自治地方人民代表大会常务委员会中主任或副主任、民族自治地区行政首长由实行区域自治的少数民族公民担任；大量培养少数民族各级干部和其他人才来保障自治机关充分行使管理本民族、本地区内部事务的政治权利；各民族还选出自己的全国人大代表和政协委员对国家事务进行参政议政。

（2）享有制定自治条例和单行条例的权力。《民族区域自治法》规定："民族自治地方的人民代表大会除享有一般地方国家权力机关的权力外，还有权依照当地民族的政治、经济和文化的特点，制定自治条例和单行条例。"截至 2008 年底，民族自治地方共制定了 637 件自治条例、单行条例及对有关法律的变通或补充规定。民族自治地方根据本地实际，对国家颁布的婚姻法、继承法、选举法、土地法、草原法等多项法律作出变通和补充规定。

（3）使用和发展本民族语言文字。民族自治地方的自治机关在执行公务的时候，依照本民族自治地方自治条例的规定，使用当地通用的一种或者几种语言文字；少数民族语言文字在国家政治生活和社会生活中得到广泛使用，中国共产党全国代表大会、全国人民代表大会和中国人民政治协商会议等重要会议都提供多种民族语言文字翻译。

（4）尊重和保障少数民族宗教信仰自由。中国少数民族大多有宗教信仰，一些民族中大部分群众信仰某种宗教，确保他们的宗教信仰自由是保障少数民族人权的重要方面。民族自治地方的自治机关根据宪法和法律的规定，尊重和保护少数民族的宗教信仰自由，保障少数民族公民一切合法的正常宗教活动。2003 年统计数据显示，西藏自治区共有 1700 多处藏传佛教活动场所，住寺僧尼约 4.6 万人；新疆维吾尔自治区共有清真寺 23788 座，教职人员 26000 多人；宁夏回族自治区共有清真寺 3500 多座，教职人员 5100 人。

（5）保持或者改革本民族风俗习惯。民族自治地方的自治机关保障各少数民族都有按照传统风俗习惯生活、进行社会活动的权利和自由。对少数民族服饰、饮食、居住、婚姻、节庆、礼仪、丧葬等风俗习惯，国家给予了充分尊重和切实保障。包括尊重少数民族生活习惯，尊重和照顾少数民族的节庆习俗，保障少数民族特殊食品的经营，扶持和保证少数民族特需用品的生产和供应以及尊重少数民族的婚姻、丧葬习俗等。

（6）自主安排、管理、发展经济建设事业。民族自治地方的自治机关根据法律规定和本地方经济发展的实际，合理调整生产关系和经济结构，自主地管理隶属于本地方的企业、事业单位。民族自治地方的自治机关依照法律规定管理和保护本地方的自然资源，有管理地方财政的自治权。在国家计划或规划的指导下，民族自治地方的自治机关根据本地条件，自主地制订经济社会发展计划、规划或目标，安排地方基本建设项目。民族自治地方依照国家规定，经国务院批准，可以开辟对外贸易口岸，民族自治地方的自治机关在对外经济贸易活动中，享受国家的优惠政策。

（7）自主发展教科文卫等社会事业。民族自治地方的自治机关根据国家教育方针，依照法律的规定，决定本地方的教育规划，各级各类学校的设置、学制、办学形式、教学内容和招生办法。民族自治地方的自治机关自主地发展具有民族形式和民族特点的文学、艺术、新闻、出版、广播、电影、电视等民族文化产业。民族自治地方的自治机关组织、支持有关方面搜集、整理、翻译和出版民族历史文化书籍，保护名胜古迹、珍贵文物和其他重要历史文化遗产，继承和发展优秀民族传统文化。民族自治地方的自治机关自主地决定本地方的科学技术发展规划，普及科学技术知识。自主地决定本地方的医疗卫生事业的发展规划，发展现代医药和民族传统医药。民族自治地方的自治机关自主地发展体育事业，开展民族传统体育活动。

四 中央政府对民族区域自治制度的尊重和保障

作为一项基本政治制度，民族区域自治的实施效果与中央政府的作为息息相关。中央政府以实际行动支持民族区域自治制度，从而为少数民族人权保障提供了坚实的政治保障。

其一，表现为中央政府对民族区域自治的尊重。《民族区域自治法》规定：“上级国家机关有关民族自治地方的决议、决定、命令和指示，应当适合民族自治地方的实际情况”，“上级国家机关在制订国民经济和社会发展计划的时候，应当照顾民族自治地方的特点和需要”。中央政府对民族地方自治权的尊重、在国家决策中尊重民族地区的需要，这本身就是对少数民族人权的一种尊重。

其二，表现为中央政府对民族自治地方的支持与帮助。由于历史原因，民族地区的经济和社会发展水平与发达地区相比差距明显，体现出基础设施落后、经济基础薄弱、教育设施不足、医疗卫生条件差等特点，这种客观现状必然危及到少数民族人权的实现。新中国成立以来，中央政府始终把少数民族与民族地区社会经济发展置于国家社会经济发展战略中的重要位置，并将其体现在相关法规和政策之中。为贯彻这一国家意志，中国政府采取了一系列举措。（1）把加快民族自治地方的发展摆到突出位置。中国政府于2000年开始实施西部大开发战略，全国5个自治区、27个自治州以及120个自治县（旗）中的83个自治县（旗）被纳入西部大开发的范围，还有3个自治州参照享受国家西部大开发优惠政策。（2）优先合理安排民族自治地方基础设施建设项目。中国政府自第一个五年计划（1953—1957年）开始，就在民族自治地方安排了一批重点建设项目；2000年以来，国家通过投资建设“西气东输”、“西电东送”、青藏铁路等一批重大工程，帮助民族自治地方进一步把资源优势转化为经济优势。（3）加大对民族自治地方财政支持力度。从1955年起，中国政府就设立“民族地区补助费”、“民族地区机动金”等专项资金，还专门增设了针对少数民族地区的政策性转移支付内容，实行政策性倾斜。（4）重视民族自治地方的生态建设和环境保护。中国政府确定的《全国生态环境建设规划》中的四个重点地区和四项重点工程全部在少数民族地区；国家实施的“天然林保护工程”和退耕还林、退牧还草项目主要在少数民族地区；全国226个国家级自然保护区，接近半数在少数民族地区。（5）采取特殊措施帮助民族自治地方发展教育事业。国家帮助民族自治地方普及九年义务教育和发展各类教育事业；举办民族高等学校和民族班、民族预科，招收少数民族学生；高等学校和中等专业学校招收新生的时候，对少数民族考生适当放宽录取标准和条件，对人口特少的少数民族考生给予特殊照顾。（6）加大对少数民族贫困地区的扶持力度。国家从2000年起组织实施“兴边富民行动”，对22个10万以下的人口较少民族采取特殊帮扶措施，重点解决边境地区、人口较少民族聚居地区的基础设施建设和贫困群众的温饱问题。（7）增加对民族自治地方社会事业的投入。国家加大对民族自治地方卫生事业的投入力度，提高少数民族地区人民群众的医疗保障水平；1998 年，中国政府开始实施“村村通”广播电视工程，大大改善了少数民族地区广播电视事业发展的状况。（8）扶持民族自治地方扩大对外开放。1992 年中国政府开始实行沿边开放战略，确立 13 个对外开放城市和 241 个一类开放口岸，设立 14 个边境经济技术合作区，其中绝大多数在民族自治地方。（9）组织发达地区与民族自治地方开展对口支援。从 20 世纪 70 年代末开始，中国政府开始组织东部沿海发达地区和西部地区的对口支援，帮助少数民族地区发展经济和社会事业。第十个五年计划期间，全国各地支援西藏建设项目 71 个，无偿投入资金 10.62 亿元人民币。（10）照顾少数民族特殊的生产生活需要。国家在 1963 年开始对民族贸易企业实行利润留成照顾、自有资金照顾、价格补贴照顾的“三项照顾”政策。截至 2003 年底，全国有少数民族特需用品定点生产企业 1378 家，享受流动资金贷款利率、技改贷款贴息和税收减免等优惠政策。

新中国成立 60 多年的实践证明，民族区域自治对促进民族地区经济社会事业的发展和人权建设起到了积极作用。在新的历史时期，加强民族地区人权建设力度，必须进一步加强和完善民族平等原则指导下的民族区域自治制度，这是促进民族地区人权建设事业发展的根本政治保障和制度保障。

第四节　平等保护与特殊保护相结合的中国少数民族人权保障路径

在少数人权利保护领域，国际上基本达成了两项共识：第一，尊重人权价值理念的核心是少数民族与多数民族一样，平等地享有一切基本权利和自由；[①] 第二，为确保在民族上属于少数群体的人能够在事实上有效地实现与其他民族的成员平等地享有某种权利，还必须采取特殊措施保护少数民族的各项权利。[②] 从两者的关系上来说，权利的平等保护是对少数民

① 周少青：《少数民族权利保护的价值理念问题》，《世界民族》2011 年第 5 期。

② 何立慧：《论少数民族人权的特殊保护》，《民族研究》2007 年第 4 期。

族权利特殊保护的前提和基础，而少数民族权利的特殊保护是实现实质意义上权利平等保护的途径和保障。平等保护与特殊保护相结合不仅是国际上对少数人权利保护的通用规则，更是中国少数民族人权保障的实现路径。平等保护上的彻底性与特殊保护上的超前性是中国少数民族人权保障政策的两大特色。

一 对少数民族权利的平等保护

平等是人权的本质属性和基本内容，人权意味着实质意义上的权利平等。平等之于人权就如灵魂之于生命，舍平等而言人权者未见，舍平等则人权必毁。[①] 现代人权的基本要求就是权利的平等对待，“平等对待是压倒一切的原则，即使人们之间存在肤色、种族、宗教、语言等差异，也应当一视同仁，而不应区别对待”。[②] 在人权领域，平等保护意味着“非歧视”原则。联合国的《关于增进和保护属于少数的人的权利的规定》中把“歧视”定义为“基于种族、肤色、语言、宗教、民族或社会起源、出身或其他身份的差别而采取的区分、排除、限制和优惠，其目的和效果是为了消灭或削弱所有人在平等基础上对权利和自由的享有和行使”。反对歧视是为了“防止任何阻碍个人或群体享有他们所期望得到的平等待遇的行为”。[③] 人权法的基本原则是对社会中的每个人的权利和尊严的平等地和非歧视地保护，每个主权国家有义务确保其所有的居民在平等和非歧视的基础上享有《世界人权宣言》中所规定的所有人权。[④] 在任何一个多民族社会中，政府或统治者都不应阻碍国家非歧视地确保其管辖范围内的每个个体享有人权，尤其是要确保那些在种族、族群、文化、宗教或语言上处于少数的个体的各项权利。《中华人民共和国宪法》规定：“中华人民共和国各民族一律平等。”在中国，各民族一律平等包括三层含义：一是各民族不论人口多少，历史长短，居住地域大小，经济发展程度如何，语言文字、宗教信仰和风俗习惯是否相同，政治地位一律平等；二是

① 闫国智：《现代法律中的平等——平等的主体条件、法律平等的本体及价值》，载《法学论坛》2003 年第 5 期。

② 王家福、刘海年：《人权与 21 世纪》，中国法制出版社 2000 年版，第 224 页。

③ UN Human Rights Fact Sheet No. 18 on Minority Rights（1998）.

④ 周勇：《少数人权利的法理》，社会科学文献出版社 2002 年版，第 19 页。

各民族不仅在政治、法律上平等，而且在经济、文化、社会生活等所有领域平等；三是各民族公民在法律面前一律平等，享有相同的权利，承担相同的义务。这种平等与非歧视的原则在中国少数民族人权保障的政策体系中得到了全方位的体现，民族平等已经成为中国民族政策与民族实践的基石。

经过60多年的实践和理论探索，中国已经基本形成了一个具有中国特色的对少数民族人权实施平等保护的政策法律体系。少数民族人权平等保护遍及公民权利、政治权利、经济、社会和文化权利各个领域。第一，全国各族人民的人身自由和人身权利不受侵犯。中华人民共和国成立之初，中央政府就废除了部分少数民族社会中普遍存在的奴隶制度和封建农奴制度，恢复了广大农奴和奴隶的人身自由。宪法和法律还规定，各民族公民的人身自由不受侵犯，禁止非法拘禁和以其他方法非法剥夺或者限制公民的人身自由。各民族公民人格尊严不受侵犯，其名誉权、姓名权、肖像权等受法律保护。禁止用任何方法对公民进行侮辱、诽谤和诬告陷害。第二，全国各族人民在法律面前一律平等。任何公民既一律平等地享有宪法和法律规定的权利，又一律平等地履行宪法和法律所规定的义务；公民的合法权益一律受到平等的保护，对违法行为和任何人犯罪都依法予以追究，在适用法律上一律平等，不允许任何人有超越法律的特权。第三，全国各族人民平等地享有管理国家事务的权利。《宪法》第三十四条规定："中华人民共和国年满十八周岁的公民，不分民族、种族、性别、职业、家庭出身、宗教信仰、教育程度、财产状况、居住期限，都有选举权和被选举权"。各少数民族与汉族以平等的地位参与国家事务和地方事务的管理；在少数民族人口较为集中的区域，中国政府还普遍性地建立自治区、自治州、自治县（旗）等民族自治地方以确保少数民族当家做主的权利；对于散杂居少数民族管理国家事务的权利，中央和地方政府也出台相关政策予以保障。第四，各族人民平等地享有宗教信仰自由。中国《宪法》明确规定公民宗教信仰自由，中央政府颁布了《宗教事务条例》以确保公民的宗教自由权利。少数民族信教群众的正常宗教活动都受到法律的保护，宗教活动场所分布各地，基本满足了信教群众宗教生活的需要。第五，各族人民享有使用和发展本民族语言文字的权利。《宪法》规定："各民族都有使用和发展自己的语言文字的自由。"在国家政治生活中，少数民族语言文字得到了广泛应用；民族自治地方的自治机关在执行公务时，都使用当地通用的一种或几种文字；少数民族语言文字在教育、新闻出版、广播影视、网络电信等诸多领域，都得到了广泛的应用和发展；中国人民币主币除使用汉字之外，还使用了蒙古、藏、维吾尔、壮四种少数民族文字。

二 对少数民族权利的特殊保护

联合国在对少数民族人权进行平等保护的长期实践中逐步认识到，“在平等的基础上享受权利和自由并不意味着在每一情况下的相同对待，当给予不同境遇的人以同等待遇，不但不能实现平等，反而是一种不公正的对待”。[①] 由于历史和现实的原因，与主体民族相比，少数民族大多处于结构上的弱势和被边缘化的境地，在政治、经济、文化上相对落后。在起点不平等的条件下，基于“非歧视”原则的平等保护原则，充其量能够实现的也只是少数民族人权保障上的形式平等而非实质平等。作为我国民族政策与民族制度的主要设计者，李维汉曾指出，由于历史上遗留下来的各少数民族在政治、经济和文化上的落后状态的影响，使其“在享受民族平等权利时，不能不在事实上受到很大的限制”。[②] 正如哈贝马斯所说，事实上的不平等影响了对平等分配的行动自由的利用机会，与法律上平等对待的要求是相抵触的，只有当国家补偿确立了平等地利用法律保障的行动能力的机会平等时，才有助于实现法律平等。[③] 平等作为现代法治的一种基本价值理念，必然要求某些情况下对权利进行特殊分配，对弱势群体的实际利益进行必要的补偿，做到“不同情况不同对待”，通过对弱势群体的倾斜性保护，达到维护其实质性利益的目的。[④] 这种视角正与马克思主义关于“从法律上民族平等走向事实上的民族平等”理论不谋而

① 杨芳：《国际人权法对少数民族人权的平等保障》，《西南民族大学学报》2011 年第 10 期。

② 李维汉：《有关民族政策的若干问题》，选自《李维汉选集》，人民出版社 1987 年版，第 256 页。

③ 哈贝马斯：《在事实与规范之间：关于法律与民主法治国的商谈理论》，童世骏译，三联书店 2003 年版，第 169 页。

④ 常健、刘坤：《论人权的平等保护与特殊保护》，《人权》2009 年第 3 期。

合，这种认识成为了我国少数民族人权特殊保护的理论依托。

从国际视野来看，对少数民族权利的特殊保护，依照其运作的领域和宗旨，可以区分为优惠政策与特殊措施两种。在主体民族与少数民族成员在平等的基础上依从共同的规则进行互动的“共同领域”中，为消除少数民族因历史和现实原因所导致的不利局面进而实现实质平等，所采取的特殊照顾称作“优惠政策”；而在社会中那些属于少数民族群体维持其群体特性和自我认同的“分立领域”中，出于保护文化多样性和群体延续的目的所采取的政策称为“特殊措施”。① 按照这种理论划分，中国政府对少数民族人权的特殊保护也是通过优惠政策与特殊措施来实现的。

为了在共同领域中创造和恢复平等，中国政府针对少数民族在政治参与、经济贸易、教育、就业、人口生产等领域推行了一系列民族优惠政策。在政治参与方面，国家设立民族自治地方以确保少数民族自治权利的实现，由本民族公民担任民族自治地方的行政长官，大力培养少数民族干部和人才，确保人口比例过小的民族拥有全国人大代表的席位等。在经济贸易方面，国家近年来加大了在民族地区项目投资和基础设施建设的步伐，加大了对民族地区的财政转移支付和转向转移支付力度，对民族地区的经济贸易活动提供巨大的税收优惠，优先在民族自治地方安排资源开发和深加工项目，鼓励民族地区经济贸易活动的发展。在教育文化方面，国家较大对少数民族教育投资，完善教育设施和教育配置，同时确保少数民族学生都能享受到教育优惠。例如《2008 年普通高等学校招生工作规定》中，边疆、山区、牧区、少数民族聚居地区的少数民族考生可以降低 20 分以内的录取分数线；散居在汉族地区的少数民族考生，在与汉族考生同等条件下可优先录取。作为基本国策的计划生育政策，对少数民族群众也予以变通执行，城镇居民的少数民族家庭可以生育两个孩子，农村、牧区的少数民族家庭可以生育三个孩子。在就业方面，中央政府规定应给予少数民族特殊照顾，在政府机关和事业单位的考试录用以及国有企业的招工考试过程中，都为少数民族预留了部分名额，同等条件下优先录取少数民族。

除以上这些民族优惠政策之外，中国政府还出台了若干属于“特殊

① 周勇：《少数人权利的法理》，社会科学文献出版社 2002 年版，第 19 页。

措施”的民族政策以确保少数民族权利。其一，在民族文化遗产传承方面。文化是民族的重要特征，是民族生命力、创造力和凝聚力的重要源泉。中国《宪法》规定，国家根据少数民族的特点和需要，帮助少数民族加快各项文化事业的发展。中央政府积极组织抢救和维护少数民族文化遗产，成立了全国少数民族古籍整理出版规划小组和办公室，对少数民族古籍进行挖掘、整理、保护。截至 2008 年底，已搜集少数民族古籍数百万种，整理 11 万余种。此外，中央和地方政府还高度重视保护少数民族非物质文化遗产，繁荣发展少数民族文化艺术事业，扶持民族医药事业发展。其二，在民族宗教信仰方面。中国的少数民族大多都拥有自己的宗教信仰，宗教信仰是其民族认同和民族文化的重要组成部分。中央政府除了从法律上确认少数民族宗教信仰自由权利外，还积极帮助宗教团体建立宗教院校，培养少数民族宗教教职人员，并对少数民族地区部分宗教活动场所维修给予资助，对生活困难的少数民族宗教界人士给予补贴。其三，在少数民族语言文字使用与保护方面。民族语言文字是文化表达的重要工具，也是一种文化能否得以存续的重要标志。使用本民族语言对于享有基本人权和自由至关重要。20 世纪 50 年代，中央政府开展少数民族语言文字调查，在摸清情况的基础上建立民族语文工作和研究机构，帮助创制或改进民族文字。目前，中国少数民族约有 6000 万人使用本民族语言，占少数民族总人口的 60% 以上，约有 3000 万人使用本民族文字。内蒙古、新疆、西藏等民族自治区，制定和实施了使用和发展本民族语言文字的有关规定和实施细则。国家还制定了蒙古文、藏文、维吾尔文、朝鲜文、彝文和傣文等多种文字编码字符集、键盘、字模的国家标准，开发出多种电子出版系统和办公自动化系统，帮助少数民群众共享信息化时代的成果。

第七章 农村居民权利的政策保障

由于历史的原因，在过去的很长时期内，中国农村居民享有的基本权利与城市居民相比还存在很多差距，尤其是在经济权利、社会保障权利、健康权利、受教育权、迁徙权利、选举权利的享受机会、条件、范围和程度等方面，差距是非常明显的，这使农村居民成为中国社会中的一个特殊的弱势群体。改革开放后，特别是进入 21 世纪以来，中国政府为实现农村居民平等权利做出了极大的努力，农村居民在权利享有上的平等程度大幅提高，而且还享受一些特殊的优惠和保障。

第一节 历史形成的城乡居民权利不平等

由于历史的原因，中国城乡居民在享有政治、经济、社会与文化权利方面存在着一定程度的差距，呈现出某种事实上的不平等。城乡二元社会结构是导致城乡居民权利不平等的根源。而城乡分割的二元社会结构的形成，则是诸多经济社会因素作用的结果，其中影响最为深远的则是以二元户籍制度为核心的一系列制度安排。

新中国成立初期，从 1949—1957 年，是一个短暂而宝贵的户口自由迁移时期。1949 年 9 月 29 日中国人民政治协商会议通过的起临时宪法作用的《中国人民政治协商会议共同纲领》第 5 条就把自由迁徙作为公民的十一项自由权之一。1951 年 7 月 16 日，经政务院批准，公安部颁布实施了《城市户口管理暂行条例》，首次规定在城市中一律实行户口登记。该条例第一条就指明制定户口管理暂行条例的目的是保障人民的“居住、迁徙自由”[①]。1954年9月20日第一届全国人民代表大会第一次会议通过的中华人民共和国第一部《宪法》第九十条第二款明确规定“中华人民共和国公民有居住和迁徙的自由”。

宽松的户口制度使大量农民流入城市，在1952—1957年中国“一五”计划时期，大约有2000多万农民流动进入城市[②]。为减轻城市压力，政府在1953年、1954年、1955年和1957年先后四次发出指示劝阻农民盲目流入城市，试图控制城市人口规模、限制农民进城。1957年12月18日，中共中央、国务院联合发出《关于制止农村人口盲目外流的指示》，要求城乡户口管理部门严格户籍管理，切实做好制止农村人口盲目外流工作。在此基础上，1958年1月9日，第一届全国人大常委会第91次会议通过了《中华人民共和国户口登记条例》。该条例第十条第二款规定：“公民由农村迁往城市，必须持有城市劳动部门的录用证明，学校的录取证明，或者城市户口登记机关的准予迁入的证明，向常住地户口登记机关申请办理迁出手续。”第十五条规定：“公民在常住地市、县范围以外的城市暂住三日以上的，由暂住地的户主或者本人在三日以内向户口登记机关申报暂住登记，离开前申报注销。”这样，限制农民进城的户籍制度开始以法规的形式确定下来。从此，中国进入了严格户口迁移特别是严格限制农民向城市迁移的时期。1963年公安部在人口统计中，按是否吃国家计划供应的商品粮作为划分标准，将户口性质分为农业户口和非农业户口。

国家还先后制定了一系列与户籍制度相配套的、在利益指向上向城市倾斜的成文与不成文的辅助性制度，户籍因素向社会生活的各个领域全面渗透。生活消费品和生产资料的供给，教育、就业、住房、劳保等社会福利的提供都以户口为依据。户口的登记注册功能向利益分配功能异化。二元户籍制度构筑了“农业户口”与“非农业户口”在实际利益上的不平等。由此，农民由一种职业变成了一种身份，农民与城市居民的权利在很多方面都产生了不平等，在税负、就业、教育和社会保障等方面存在着严重的城乡差别待遇。

---

① 万川：《户口迁移手册》，华中师范大学出版社1989年版，第13页。

② 温铁军：《我们是怎样失去迁徙自由的》，《中国改革》2002年第4期。

从1953年实行农产品统购统销，到1985年取消粮食统购，农民对工业化的贡献大约是6000亿—8000亿元。同时，国家又通过农业税收和其他税费从农村吸取超过农民承受能力的巨额资金。1995—2000年，农民年均缴纳农业税金254亿元，1999年农民缴纳农业特产税88.9亿元，缴纳屠宰税、耕地占有税、农村个体承担工商税1449.8亿元，1998年农民缴纳提留统筹费729.7亿元①。在“城市公益事业国家办，农村公益事业农民办”方针的指导下，国家对城市居民实行了十余项保障福利制度，除了保障就业以外，还包括住宅、粮油、副食品、燃料供应、教育、医疗、保险、劳动保护、婚姻、征兵等制度。农村实行的是国家救济和群众互助为主体的社会保障，实质上由农民自己承担了供给公共物品的责任。这也导致了农民负担过重，农村公共物品供给严重不足，农民的教育权、健康权、社会保障权等多项权益受损的现象。人民公社时期，这些公共物品主要由公社或生产大队负担，改革开放后，转变为乡统筹与村提留的形式。农民实际负担很重，享有这些资源却非常有限。

第二节　农村居民经济、社会和文化权利的政策保障

为改善农村居民经济、社会和文化权利的保障状况，政府采取了一系列政策措施，特别是免除农业税，改革农村土地制度、免除农村地区义务教育阶段的学费，建立新型农村合作医疗保险，建立和完善农村社会保障制度、开展农村文化建设等等，取得了显著的成效。

一　免除农业税，保障农民生存权和发展权

新中国成立后，中国政府依照有关规定，在广大农村地区征收农业税。1958年6月3日，第一届全国人民代表大会常务委员会第96次会议通过《中华人民共和国农业税条例》。该条例规定，全国农业税的平均税率为常年产量的15.5%。1983年开始，除农业税外，国务院还根据《农业税条例》的规定，决定开征农林特产农业税，1994年改为农业特产农

① 周作翰、张英洪：《解决“三农”问题的根本：破除二元社会结构》，《当代世界与社会主义》2004年第3期。

业税。1994 年 1 月 30 日，国务院发布《关于对农业特产收入征收农业税的规定》。凡从事农业生产、有农业收入的单位和个人，都是农业税的纳税人，牧区省份则根据授权开征牧业税。至此，我国农业税制实际上包括了农业税、农业特产税和牧业税等三种形式。

从 2000 年开始，中国政府开始积极探索农村税费改革，努力实现城乡税负公平。2000 年 3 月 2 日，中共中央、国务院下发《关于进行农村税费改革试点工作的通知》，率先在安徽全省进行农村税费改革试点。从 2004 年开始，农业税改革进入深化阶段。2004 年 1 月 1 日，中共中央发布“一号文件”，提出逐步降低农业税税率，今年农业税税率总体上降低一个百分点，同时取消除烟叶外的农业特产税。2004 年 3 月 5 日，国务院总理温家宝在十届人大二次会议上作《政府工作报告》时宣布：“从今年起，中国逐步降低农业税税率，平均每年降低一个百分点以上，五年内取消农业税。”2005 年 3 月 15 日，温家宝总理在第十届全国人民代表大会第三次会议上所做的《政府工作报告》中指出：2006 年将在全国全部免除农业税。

到 2005 年底，28 个省区市及河北、山东、云南三省的 210 个县（市）全部免征了农业税。2005 年 12 月 29 日，十届全国人大常委会第十九次会议通过了废止农业税条例的决定：自 2006 年 1 月 1 日起废止《农业税条例》，取消除烟叶以外的农业特产税、全部免征牧业税。2006 年，中国在全国范围内全面取消了农业税，标志着在我国已实行了长达 2600 年的这个古老税种从此退出了历史舞台。

免除农业税的意义是多方面的，既减轻了农民负担，又缓和了农村基层干群矛盾，促进了农村社会政治稳定。全面取消农业税后，与农村税费改革前的 1999 年相比，农民每年减负总额将超过 1000 亿元，人均减负 120 元左右。全面免除农业税，既彻底解决了农民负担过重的问题，又实现了城乡居民税负公平。

从历史的眼光来看，免除农业税对于促进城乡居民平等的意义更加深远。因为农业税（包括农业特产税）的设置本来就非常不合理。如果把农业税归为收益税的范畴，那么就存在着税基设置不符合税收原则的问题。在城市中，个人收入所得税有起征点，并不是所有的城市居民都能达到纳税的收入标准。但是农业税却具有人头税的性质，只要是农民都要缴纳农业税。也就是说，在免除农业税之前，中国城乡居民的收入和税负状况显示，收入多的城市居民因为达不到一定的收入标准不纳税，而收入少的农村居民却必须纳税，这是非常不公平的现实。因此，免除农业税对于促进城乡居民实现全面平等具有标志性的意义[①]。

二 努力提高农民收入，逐步缩小城乡收入差距

改革开放三十多年来，中国的发展取得了世界瞩目的成就，人民生活总体上实现了由温饱到小康的历史性跨越。但是，我们也清醒地认识到，处于转型期的中国，城乡居民收入差距仍然非常巨大。据统计，改革开放初期，城乡收入差距有所缩小，1978 年城乡收入差距比为 2.6∶1，1985 年降到了 1.9∶1。但此后情况逆转，1986 年城乡收入差距扩大到了 2.9∶1，从 1995 年到 2002 年，在经过一小段起伏后，城乡收入的差距进一步扩大到 3.1∶1，2003 年达到 3.2∶1。2007 年，农村居民人均纯收入实际增长 9.5%，为 1985 年以来增幅最高的一年，但城乡居民收入比却扩大到 3.33∶1，绝对差距达到 9646 元。2009 年，城乡居民收入比再次回到 3.33∶1，城乡居民收入的绝对差距（间距）更为明显，由 2008 年的 11020 元扩大到 12022 元。2010 年城乡居民收入差距虽然略有缩小，但仍高达 3.23∶1。2011 年城乡居民收入比为 3.13∶1。2012 年城乡居民收入比为 3.10∶1，城镇和农村居民的收入水平仍保持 3 倍以上的差距。收入水平决定消费水平，在收入差距居高不下的条件下，我国城乡居民的消费差距在进入 21 世纪后也仍然保持在 3 倍以上。

2011 年 3 月，国家发布的“十二五”规划纲要提出：“坚持工业反哺农业、城市支持农村和多予少取放活方针，充分发挥工业化、城镇化对发展现代农业、促进农民增收、加强农村基础设施和公共服务的辐射带动作用，夯实农业农村发展基础，加快现代农业发展步伐。”纲要要求要使“城镇居民人均可支配收入和农村居民人均纯收入分别年均增长 7% 以上”。为实现此目标，纲要提出要提高农民创收能力，拓宽农民增收渠道。提出一方面要巩固提高家庭经营收入，健全农产品价格保护制度，

---

① 程同顺、吕春廷：《中国农村税费改革的发展方向》，《中共长春市委党校学报》2004 年第 1 期。

稳步提高重点粮食品种最低收购价，鼓励农民优化种养结构，提高生产经营水平和经济效益；另一方面要努力增加农民的工资性收入，加强农民技能培训和就业信息服务，开展劳务输出对接，引导农村富余劳动力平稳有序外出务工或促进农民就地就近转移就业，提高农民工工资水平。同时，还要大力增加转移性收入，健全农业补贴制度，坚持对种粮农民实行直接补贴，继续实行良种补贴和农机具购置补贴，完善农资综合补贴动态调整机制。

胡锦涛在中共十八大报告中指出：解决好农业农村农民问题是全党工作重中之重，城乡发展一体化是解决“三农”问题的根本途径。要加大统筹城乡发展力度，增强农村发展活力，逐步缩小城乡差距，促进城乡共同繁荣。坚持工业反哺农业、城市支持农村和多予少取放活方针，加大强农、惠农、富农政策力度，让广大农民平等参与现代化进程、共同分享现代化成果。加快发展现代农业，增强农业综合生产能力，确保国家粮食安全和重要农产品有效供给。坚持把国家基础设施建设和社会事业发展重点放在农村，深入推进新农村建设和扶贫开发，全面改善农村生产生活条件。着力促进农民增收，保持农民收入持续较快增长。坚持和完善农村基本经营制度，依法维护农民土地承包经营权、宅基地使用权、集体收益分配权，壮大集体经济实力，发展农民专业合作和股份合作，培育新型经营主体，发展多种形式规模经营，构建集约化、专业化、组织化、社会化相结合的新型农业经营体系。改革征地制度，提高农民在土地增值收益中的分配比例。加快完善城乡发展一体化体制机制，着力在城乡规划、基础设施、公共服务等方面推进一体化，促进城乡要素平等交换和公共资源均衡配置，形成以工促农、以城带乡、工农互惠、城乡一体的新型工农、城乡关系。①

2014 年，中国农民人均纯收入达 9892 元，实现了连续十一年快速增长，增幅连续 5 年快于城镇居民人均可支配收入增速，城乡居民收入相对差距由 2009 年的 3.33∶1 缩小到 2014 年的 2.29∶1。②

---

① 胡锦涛：《坚定不移沿着中国特色社会主义道路前进 为全面建成小康社会而奋斗——在中国共产党第十八次全国代表大会上的报告》，2012 年 11 月 8 日。

② 顾仲阳：《农业部负责人答记者问：农民人均年收入近万，农产品质量总体安全》，《人民日报》2015 年 3 月 7 日第 9 版。

三　改革土地制度，保障农村居民的土地权利

土地是农民生存与发展的基础，对农村集体土地依法享有相关的权利是完善农民人权体系的内在要求。改革开放后，中共中央和国家有关部门制定了大量法律和政策，有力地保障了农民的土地权利。

改革开放前，农村的土地由人民公社统一经营，1978 年 11 月，安徽省凤阳县小岗村的农民，通过签订“大包干”合同，自发创造了家庭联产承包责任制。党的十一届三中全会后，在坚持集体所有的前提下，随着公社统一经营农村土地体制的解体，农民在农村土地经营中的自主权开始被肯定。1980 年 5 月 31 日，邓小平在谈农村政策问题时，肯定了包产到户的做法，他说：农村政策放宽以后，一些适宜搞包产到户的地方搞了包产到户，效果很好，变化很快①。此后，1980 年 9 月中共中央印发的《关于进一步加强和完善农业生产责任制的几个问题的通知》，1982 年 1 月《全国农村工作会议纪要》先后肯定了家庭联产承包责任制的做法。1982 年 9 月召开的中共第十二次全国代表大会再次肯定了包产到户的方向，同年 12 月，中共中央又制定了《当前农村经济政策若干问题》的文件，并于 1983 年作为中共中央“一号文件”印发，这一文件对包产到户给予了高度评价，认为包产到户是在党的领导下我国农民的伟大创造，是马克思主义农业合作化理论在我国实践中的新发展。基于以上文件的出台，家庭联产承包责任制的地位逐渐得到国家认可，意味着国家赋予了农民土地承包经营权。

为了进一步调动农民的积极性，鼓励农民增加对土地的投入，确保农业的可持续发展，中共中央先后出台了一系列的政策延长土地承包期，稳定土地承包关系，保障农民的土地承包权。1984 年《中共中央关于一九八四年农村工作的通知》规定：土地承包期一般应在十五年以上。生产周期长的和开发性的项目，如果树、林木、荒山、荒地等，承包期应当更长一些，在此基础上，1993 年中共中央《关于当前农业和农村经济发展的若干政策措施》规定：为了稳定土地承包关系，鼓励农民增加投入，

① 邓小平：《关于农村政策问题》，《邓小平文选》（第二卷），人民出版社 1994 年版，第 315—316 页。

提高土地的生产率，在原定的承包期到期后，再延长 30 年不变；开垦荒地、营林造地、治沙改地等从事开发性生产的，承包期可以更长，1985 年中共中央、国务院《关于进一步活跃农村经济的十项政策》，1998 年中共中央《关于农业和农村工作若干重大问题的决定》，2008 年《中共中央关于推进农村改革发展若干重大问题的决定》等都对稳定土地承包关系做出了肯定。2012 年中共中央"一号文件"《关于加快推进农业科技创新持续增强农产品供给保障能力的若干意见》进一步明确提出：要加快推进农村地籍调查，2012 年基本完成覆盖农村集体各类土地的所有权确权登记颁证，推进包括农户宅基地在内的农村集体建设用地使用权确权登记颁证工作，稳步扩大农村土地承包经营权登记试点，财政适当补助工作经费。2013 年 11 月 12 日，十八届三中全会通过了《中共中央关于全面深化改革若干重大问题的决定》，文中指出：坚持家庭经营在农业中的基础性地位，推进家庭经营、集体经营、合作经营、企业经营等共同发展的农业经营方式创新。坚持农村土地集体所有权，依法维护农民土地承包经营权，发展壮大集体经济。稳定农村土地承包关系并保持长久不变，在坚持和完善最严格的耕地保护制度前提下，赋予农民对承包地占有、使用、收益、流转及承包经营权抵押、担保权能，允许农民以承包经营权入股发展农业产业化经营。

改革开放后，基于城市化和工业化的需要，国家将大量的农村土地通过征收转化为建设用地，为了规范土地征收行为，维护农民的土地权益，1982 年全国人大常委会制定的《国家建设征用土地条例》，对土地征收的补偿范围、补偿标准、安置补助费、因征地造成的剩余劳动力的安置等做出了全面规定，1986 年全国人大常委会制定的《土地管理法》第四章对国家建设需要征用农村土地做出了一些新的规定。而按照 1998 年修改后的《土地管理法》第四十七条之规定，土地补偿、安置补偿等征地补偿有了一定提高。2004 年修改后的《宪法》和《土地管理法》同样也对土地征收做出了规定，2004 年修改后的《土地管理法》第四十七条第七款规定：国务院根据社会、经济发展水平，在特殊情况下，可以提高征收耕地的土地补偿费和安置补助费的标准。该规定为国家根据实际情况，加大土地征收补偿的力度预留了空间。此外，2006 年国务院《关于加强土地调控有关问题的通知》、《国务院办公厅转发劳动保障部关于做好被征地农民就业培训和社会保障工作指导意见的通知》等也对失地农民的社会保障、就业培训等做出了规定。需要特别提及的是2007年通过的《物权法》，不仅从法律上专门对土地征收补偿做出了规定，而且还明确规定要安排被征地农民的社会保障费用，保障被征地农民的生活，征收个人住宅的，还应当保障被征收人的居住条件，这表明国家已经认识到不能仅仅通过征地时暂时的补偿来确保农民的生存，还要采取通过将失地农民纳入社会保障体系，为其提供必要的住房等措施，确保失地农民能够住有所居并有较为稳定的生活来源。涉及保护农民土地权益的法律文件还有国务院2004年《关于深化改革严格土地管理的决定》，国务院1998年发布的《基本农田保护条例》，国土资源部1995年发布的《土地监察暂行规定》，国土资源部1996年制定的《土地违法案件查处办法》，国土资源部2004年印发的《关于完善征地补偿安置制度的指导意见》，监察部、人力资源和社会保障部、国土资源部2008年共同发布的《违反土地管理规定行为处分办法》，2010年国土资源部、农业部《关于划定基本农田实行永久保护的通知》，2010年国土资源部《国土资源部关于进一步完善农村宅基地管理制度切实维护农民权益的通知》，2011年国土资源部、财政部、农业部共同发布的《关于加快推进农村集体土地确权登记发证工作的通知》等。2012年3月，温家宝总理在第十一届全国人民代表大会第五次会议上所作的政府工作报告中，将制定出台《农村集体土地征收补偿条例》作为2012年国务院工作的一个主要任务，提出要真正保障农民承包地的财产权，进一步明确了提高农民在土地增值收益分配比例的改革走向。2012年11月，胡锦涛在中共十八大作报告中明确提出：改革征地制度，提高农民在土地增值收益中的分配比例。让广大农民平等参与现代化进程、共同分享现代化成果，促进城乡要素平等交换和公共资源均衡配置①。将"改革征地制度"写入党代会报告，尚属首次。

此外，为了加强被征地农民合法权益的保障，规范建设用地使用，根据《国务院关于深化改革严格土地管理的决定》，2006年7月国务院建立了国家土地督察制度，设立了国家土地总督察，向北京、上海、济南等地

---

① 胡锦涛：《坚定不移沿着中国特色社会主义道路前进为全面建成小康社会而奋斗》，新华社2012年11月8日电。

方派驻国家土地督察局，对各省、自治区、直辖市及计划单列市人民政府土地利用和管理情况进行监督检查。截至 2011 年底，国家土地督察机构已对全国 201 个地级以上城市、1531 个县（市、区、旗）土地利用和管理情况进行了全面监督检查；对违规批准设立或扩大开发区、违规占用基本农田、“以租代征”等违法用地开展了 83 次专项督察，通过各类督察发现违法违规用地 520 万亩，向 30 个省（区、市）、5 个计划单列市人民政府和新疆生产建设兵团发出 144 份督察意见书，督促查处纠正土地违法问题 3.5 万件，拆除没收违法建（构）筑物 1.08 亿平方米，复耕土地 32 万多亩，对部分地区征地补偿标准低、补偿不及时、社保资金未落实等损害被征地农民合法权益问题开展督察，其中仅 2009 年至 2011 年，就督促各地发放征地补偿款 29.66 亿元[①]。

四　免除农村义务教育学费，保障农村居民受教育权

由于历史的原因，中国政府在城乡之间的义务教育经费投入上存在较大差别，在城市是由政府承担教育的主要经费，在农村由村集体和农民个人承担教育经费。体现在城乡居民家庭的差别就是，在九年义务教育阶段，对城市孩子实行免费教育，对农村孩子实行收费教育。这明显是一种城乡之间的教育不平等现象，因此进入 21 世纪后，中国政府开始着手进行这方面的改革。

这次改革始于 2005 年底。2005 年 12 月 23 日，温家宝总理主持国务院常务会议，决定发出《国务院关于深化农村义务教育经费保障机制改革的通知》，要求按照“明确各级责任、中央地方共担、加大财政投入、提高保障水平、分步组织实施”的基本原则，将农村义务教育全面纳入公共财政保障范围，建立中央和地方分项目、按比例分担的农村义务教育经费保障机制。

这个改革的具体内容有四个方面：第一项内容是全部免除农村义务教育阶段学生的学杂费，对家庭贫困的孩子，国家免费提供教科书，对家庭贫困的寄宿生提供生活费的补助；第二项内容是要同步提高农村中小学的

---

① 徐绍史：《国家土地督察制度实施六年来的探索创新之路》，《国土资源通讯》2012 年第 20 期。

公用经费的保障机制；第三项内容就是要建立农村中小学校舍维修的长效机制；第四项内容就是要进一步坚固和完善农村中小学教师工资的保障机制，中央财政对于中西部地区以及中部部分地区农村中小学教师工资经费给予补助①。

在这个改革方针的指导下，中国在2006年免除了西部地区和部分中部地区农村义务教育阶段5200万名学生的学杂费，为3730万贫困家庭学生免费提供教材，对870万寄宿学生进行生活补助②。2007年把农村义务教育全面纳入国家财政保障范围，逐步建立中央和地方分担的农村义务教育经费保障机制，在全国范围的全部农村免除义务教育阶段学杂费、全部免费提供教科书，对家庭经济困难寄宿生提供生活补助，使1.5亿学生和780万名家庭经济困难寄宿生受益③。自此，城乡学生均享受到了免费的义务教育，基本实现了教育平等。

这次改革的实施，具有多方面的积极作用和进步效果。第一，使农村中小学义务教育阶段的办学经费和教师工资有了保障，提高了农村地区的办学条件和质量。第二，减轻了农民教育负担。据教育部门测算，仅免学杂费这一项，西部地区平均每个小学生减负140元，初中生平均减负180元；那些享受免费教科书的学生，小学生平均减负210元，初中生减负320元。总体来看，2008年免除学杂费后，农村义务教育阶段学生每个家庭平均减少支出770多元。同时，免除学杂费也使农村学校乱收费的行为得到有效遏制。改革实施以后，农村中小学的收费行为明显得到规范，从总体上看，在农村义务教育的阶段上学难、上学贵的问题基本得到解决。第三，农村中小学辍学率有了降低。因为免除学杂费，使一些原来因贫辍学的孩子得以重返校园。据初步的统计，西部地区大约有20万名辍学的孩子返回了校园。这表明在西部地区实施这项改革取得了非常好的成效。第四，实现了城乡居民教育公平。教育公平是社会公平的基础，只有实现了教育公平，才能保障城乡居民在社会经济发展方面的机会均等，才能最终全面实现城乡居民的权利平等。免除农村地区义务教育阶段的学费，把

---

① 参见2007年2月27日教育部例行新闻发布会的内容。

② 2007年《政府工作报告》，新华社北京2007年3月17日电。

③ 2008年《政府工作报告》，新华社北京2008年3月19日电。

农村地区中小学办学经费及教师工资纳入国家财政，虽然仅仅是实现教育公平的一个方面，但是对于经济收入水平不高的农村居民来说却无疑是雪中送炭，这极大地缓解了他们为子女教育而承受的经济压力，让更多的农村孩子能够有机会接受基本义务教育，促进了城乡教育平等的初步实现。

五　建立新型农村合作医疗，保障农村居民健康权

从2001年起，中国开始探索新型农村合作医疗制度。2001年5月24日，国务院办公厅转发国务院体改办等五部委联合提出的《关于农村卫生改革与发展的指导意见》，要求“地方各级人民政府要加强对合作医疗的组织领导。按照自愿量力、因地制宜、民办公助的原则，继续完善与发展合作医疗制度”[①]。2005年8月，国务院总理温家宝主持召开国务院常务会议，专题研究农村合作医疗经费补助问题，提出要进一步加大中央和地方财政支持力度，2006年将试点的县（市、区）由占全国的21%扩大到40%左右，中央财政对参加合作医疗农民的补助标准在原有每人每年10元的基础上再增加10元，同时将中西部地区农业人口占多数的市辖区和东部地区部分参加试点的困难县（市），纳入中央财政补助范围。地方财政要相应增加补助，不提高农民的缴费标准，不增加农民负担。2006年农村合作医疗试点范围扩大到1451个县（市、区），占到全国总数的50.7%，有4.1亿农民参加。2007年扩大到全国86%以上县市，惠及7.3亿农民。截至2008年3月底，全国开展新农合的县（市、区）共有2679个，占应开展有农业人口县（市、区）数的98.17%，占全国总县（市、区）数的93.57%[②]。2008年底新型农村合作医疗制度已经实现全覆盖。我国新农合全面覆盖所有含农业人口的县市区，参加新农合人口超过8.1亿，参合率达到91.5%。2009年新型农村合作医疗制度覆盖8.3亿人，参合率稳定在90%以上[③]。2010年国家对新农合的财政补助标准提高到120元，比上年增长50%，并适当提高个人缴费标准[④]。2011年，新农合参保人数达到8.32亿，参合率超过96%，政府补助标准达到每人每年

---

① 新华社2001年5月24日北京电。

② 新华社北京2009年7月10日电。

③ 张德江：《加强农村社会保障体系建设》，《行政管理改革》2010年第7期。

④ http://www.xmnn.cn/zt12/2012lh/tl33_49/201203/t20120305_2205700.htm

200元，政策范围内的住院费用报销比例达到70%，超过85%的统筹地区开展了门诊统筹①。2012年，全国参加新农合人数为8.05亿人，参合率超过98%，全年受益人次数达17.45亿人次，较2011年显著增加；各级财政对新农合的补助标准从每人每年200元提高到240元，全国实际人均筹资水平达到308.54元，比2011年提高了62.33元②。2013年，各级财政对新农合的补助标准从每人每年240元提高到每人每年280元③。截至2013年6月底，全国参合人口8.02亿人，参合率达99%，基金使用率约为49%，参合农民累计受益8.6亿人次，比2012年同期增长了16.2%④。

中国的新型农村合作医疗制度自试点实施以来，取得了阶段性的成果，它不仅完善了我国的社会医疗保障体制，初步建立了我国农村的医疗保障制度，而且也适度满足了农民的基本医疗需求，减轻了农民的医疗负担，其成效是十分显著的。2003—2007年，全国累计已有9.2亿人次享受到农合补偿，补偿资金591亿元。补偿中包括住院补偿5943万人次，补偿资金469亿元，平均每人次住院补偿达800元；有7.1亿人次享受到门诊医疗补偿，对1.6亿多人进行了健康体检⑤。

另据相关学者对2006年全国农业普查数据中西南某省8个县、250个乡、3975个村的590余万人的样本的调查研究，在未实施新农合的村庄中，婴幼儿死亡数为零的村庄为1062个，约占所有未实施新农合村庄的52.65%，而实施了新农合的村中，这一比例则约为61.75%。在未实施新农合的村，婴幼儿死亡率大于10‰的村约有745个，约占未实施新农合村数量的37%；而在实施新农合的村中，婴幼儿死亡率大于10‰的村只有582个，约占实施新农合村数量的30%。另外，根据数据分析，参加新农合的县在上学的儿童数量占其学龄人口比例为95%，未实施新农合的县在上学的儿童数量占其学龄人口比例为92%，参加新农合的县

① 《2012年国务院政府工作报告（附注）》，新华社，2012年3月15日。

② http://www.nhfpc.gov.cn/jws/s3582g/201305/1169f7580ef94f40801e7e6151aa61df.shtml

③ http://www.nhfpc.gov.cn/jws/s3582g/201309/49b26ecd6a884a848c14f508b841c2af.shtml

④ http://www.gov.cn/gzdt/2013-08/23/content_2472506.htm

⑤ 陈锡文等：《中国农村改革30年回顾与展望》，人民出版社2008年版，第316页。

的适龄儿童上学比例较高①。

可见，新型农村合作医疗的实施，不仅解决了中国农民看病难、看病贵的问题，极大地减轻了农民的医疗负担，改进了我国农村居民的健康状况，而且还在其他方面产生了积极的社会影响。

六　建立健全农村社会保障制度，保障农村居民社会保障权利

在长期的城乡二元结构体制下，中国农村的社会保障建设相对比较滞后。随着改革开放的深入和中国经济的发展，中国政府开始逐步在农村建立社会保障制度。2006 年中国发起开展社会主义新农村建设之后，农村的最低生活保障制度和养老保险制度的建设进入了一个快速发展期。

2006 年，25 个省（自治区、直辖市）、2133 个县（市、区）初步建立了农村最低生活保障制度，1509 万农民享受了农村最低生活保障。基本实现了农村“五保”从农民集体互助共济向财政供养为主的转变②。截至 2007 年底，农村最低生活保障制度在全国范围内普遍建立。全国各级财政投入农村低保资金 120 亿元，共有 3566.3 万人（1608.5 户）农村居民得到了最低生活保障，平均低保标准 70 元/人、月，全国共发放最低生活保障资金 109.1 亿③。截至 2009 年底，全国已有 2291.7 万户、4760.0 万人得到了农村低保，比上年同期增加 454.5 万人，增长了 10.6%；全年共发放农村低保资金 363.0 亿元，比上年增长 58.7%，其中中央补助资金 255.1 亿元（其中春节一次性生活补贴 39.6 亿元），占全国支出资金的 70.4%；全国农村低保平均标准 100.84 元/人、月，比上年同期提高了 18.54 元，增长了 22.5%；全国农村低保月人均保障水平 68 元，比上年提高 34.9%④。2010 年底，全国有 2528.7 万户、5214.0 万人得到了农村低保，比上年同期增加 454.0 万人，增长了 9.5%；全年共发放农村低保资金 445.0 亿元，比上年增长 22.6%，其中中央补助资金 269.0 亿元，占总支出的 60.4%；全国农村低保平均标准 117.0 元/人、月，比上年同

---

① 蔡洪滨等：《新型农村合作医疗的发展前景、管理体制及社会效果》，《中国卫生政策研究》2010 年第 4 期。

② 2007 年《政府工作报告》，中央政府门户网站，新华社北京 2007 年 3 月 17 日电。

③ 民政部：《2007 年民政事业发展统计报告》，中央政府门户网站，2008 年 1 月 24 日。

④ 民政部：《2009 年民政事业发展统计报告》，民政部门户网站，2010 年 6 月 10 日。

期提高了 16.2 元，增长了 16.1%。全国农村低保月人均补助水平 74 元，比上年提高 8.8%[①]。2011 年底，全国有农村低保对象 2672.8 万户、5305.7 万人，比上年同期增加 91.7 万人，增长了 1.8%；全年各级财政共支出农村低保资金 667.7 亿元，比上年增长 50.0%，其中中央补助资金 502.6 亿元，占总支出的 75.3%；全国农村低保平均标准 143.2 元/人、月，比上年提高 26.2 元，增长 22.4%；全国农村低保月人均补助水平 106.1 元（含一次性生活补贴），比上年提高 43.4%[②]。2012 年底，全国有农村低保对象 2814.9 万户、5344.5 万人，比上年同期增加 38.8 万人，增长了 0.7%；全年各级财政共支出农村低保资金 718.0 亿元，比上年增长 7.5%，其中中央补助资金 431.4 亿元，占总支出的 60.1%；全国农村低保平均标准 2067.8 元/人、年，比上年提高 349.4 元，增长 20.3%；全国农村低保月人均补助水平 104.0 元[③]。

与此同时，中国农村的养老保险制度也在中央政府的部署和指导下快速发展。2007 年末，全国已经有将近 2000 个县（市）开展了农村养老保险试点，参加农村养老保险人数为 5171 万人。全国共有 392 万农民领取了养老金，比 2006 年增加 37 万人，全年共支付养老金 40 亿元。截至 2009 年，中国已经普遍建立养老保险省级统筹制度，出台包括农民工在内的城镇企业职工养老保险关系转移接续办法。在 320 个县开展新型农村社会养老保险试点，首批试点覆盖面达到了 11.8%，受惠农村居民 1.3 亿人，农村地区约 1530 万 60 岁以上的老人开始按月领取国家发放的基础养老金[④]。截至 2010 年底，全国有 27 个省、自治区的 838 个县（市、区、旗）和 4 个直辖市部分区县开展国家新型农村社会养老保险试点；全国参加新型农村社会养老保险人数 10277 万人，其中领取待遇人数 2863 万人；全年新型农村社会养老保险基金收入 453 亿元，基金支出 200 亿元，基金累计结存 423 亿元[⑤]。截至 2011 年，2343 个县（市、区）开展新型农村社会养老保险试点，3.58 亿人参保，9880 万人领取养老金，

---

① 民政部：《2010 年民政事业发展统计报告》，民政部门户网站，2011 年 6 月 16 日。

② 民政部：《2011 年民政事业发展统计报告》，民政部门户网站，2012 年 6 月 21 日。

③ 民政部：《2012 年民政事业发展统计报告》，民政部门户网站，2013 年 6 月 19 日。

④ 张德江：《加强农村社会保障体系建设》，《行政管理改革》2010 年第 7 期。

⑤ 公安部：《2010 年度中国老龄事业发展统计公报》，2012 年 7 月 23 日。

覆盖面扩大到60%以上①。

加快健全农村社会保障是中国政府着眼于现代化建设和全面建设小康社会作出的重大战略决策，是实现发展成果由人民共享的一项重要制度安排，是坚持以人为本、贯彻落实科学发展观的具体体现，具有重要的历史和现实意义。首先，农村社会保障体系的建设，是实现社会公平正义的重要保障。在农村全面建立社会保障制度，使城乡人民群众都享有基本生活保障，是国民收入再分配的重要手段，是保障和改善民生的重要内容，有助于社会公平正义的实现。其次，农村社会保障体系的建设，有利于在中国农村构建社会主义和谐社会。加快建立健全农村社会保障体系，能够有效应对我国农村经济体制改革、农村人口老龄化、农民进城务工和农村传统养老方式变化等带来的新情况、新问题、新挑战，才能有效缓解城乡居民收入差距拉大和农村不同地区、不同人群之间收入差距拉大带来的各种矛盾，才能平衡不同社会群体之间的利益关系，才能保持农村和社会的稳定和谐。

七　开展农村文化建设，促进农村居民文化权利实现

1997年，文化部在《文化事业发展“九五”计划和2010年远景目标纲要》中提出，在“九五”期间，要继续加强县级图书馆、文化馆，乡镇文化站建设。采取中央与地方相结合的办法，解决文化站列编问题。建立和规范文化馆、站评估定级制度，实施分类管理。到2000年，全国50%的文化馆和乡镇文化站达到三级以上标准。加强社会文化事业管理人才培训，群艺馆、文化馆专业管理人员60%以上达到大专水平；中级以上职称人数占总人数50%以上。要以提高农民素质为目标，以建设小康文化为主要任务，进一步加强农村文化工作。各地要把农村小康文化建设纳入当地经济和社会发展总体规划。健全县、乡（镇）、村三级文化网络，巩固农村社会主义文化阵地。坚持开展文化下乡、文化扶贫、万村书库活动，继续实施“为农村儿童送戏工程”，发展流动文化车。加强对农村电影发行放映工作的管理，发展和巩固农村基层放映队。大力扶植群众业余演出队、民间剧社，到2000年，文艺队由“八五”时期的4万个增

① 《2012年国务院政府工作报告》，中央政府门户网站，新华社北京2012年3月15日电。

加到 5 万个；民间剧社发展到 6000 个；民间艺人增加到 2 万人。继续推进“文化先进县”创建活动，到 2000 年，有 500 个县（地区）进入全国和省级文化先进县行列，并建成 300 个各具特色的艺术之乡，100 个少儿文化艺术培训基地。继续推进一些省、区的文化工程。

1998 年，文化部发布了《关于进一步加强农村文化建设的意见》，提出到 2010 年，全国农村要实现县县有图书馆、文化馆或综合性文化设施，乡乡有文化站，有条件的村积极建立文化室或图书室，满足人们就近、经常和有选择地参加文化活动的需要；图书馆、文化馆的建设面积和综合服务能力基本达到各省、自治区、直辖市文化主管部门制定的标准；农民群众能定期观赏专业艺术团体演出和参加各种业余文化活动；农村电影放映达到全国每个行政村平均每月放一场电影；文化娱乐支出占生活支出的比例有较大增长，农民的文化生活质量有显著提高。

2005 年 11 月，中共中央发出了《关于进一步加强农村文化建设的意见》提出加强农村公共文化建设，包括大力推进广播电视进村入户，积极发展农村电影放映，开展农村数字化文化信息服务，推动服务“三农”的出版物出版发行，加强乡村文化设施建设，加大文化资源向农村的倾斜。同时，要丰富农民群众精神文化生活，包括开展多种形式的群众文化活动，着力发展农村特色文化，提供更多更好的农村题材文化产品。此外，要创新农村文化建设的体制和机制，包括加快公益性文化事业单位改革，逐步推动经营性国有文化事业单位转企改制，大力发展农村民办文化，加强对拓宽农村文化市场的政策调控，探索农村文化设施运行管理新机制新办法，规范农村文化市场。最后，要动员社会力量支持农村文化建设，包括继续开展文化科技卫生“三下乡”、文化对口支援活动，积极引导社会力量捐助农村文化事业，积极组织开展农村文化服务活动。

《国家“十一五”时期文化发展规划纲要》指出，要坚持城乡、区域文化的协调发展，按照建设社会主义新农村的要求，加大对农村及中西部地区的文化投入，形成城市带动农村和东中西优势互补、良性互动的发展格局。要在巩固县县有图书馆、文化馆的基础上，基本实现乡镇有综合文化站，行政村有文化活动室。要加强农村文化建设。认真落实《中共中央、国务院关于推进社会主义新农村建设的若干意见》和《中共中央办公厅、国务院办公厅关于进一步加强农村文化建设的意见》，增加政府投入，调整资源配置，着力推进农村文化建设重点工程，加大文化资源向农村的倾斜，建立农村文化建设的长效机制。

具体措施包括：（1）推进农村文化设施和重点工程建设。加快欠发达地区综合文化站的改扩建和农村危旧公共文化设施的改造，实施农村文化重点工程建设，改善、提升农村公共文化基础设施条件和服务水准，逐步改变城乡之间文化发展不平衡现象。（2）加大文化资源向农村的倾斜。合理配置公共文化资源，逐步增加为农村服务的资源总量。中央和省级党报、党刊、电台、电视台要加大农村和农业报道的分量，增加农村节目、栏目和播出时间。农业大省的党报、党刊、电台、电视台要创造条件开办农村版和农村频率、频道。市（地）党报和市（地）县电台、电视台要把面向基层、服务“三农”作为主要任务。加大对农村题材重点选题的资助力度，把农村题材纳入舞台艺术生产、电影、广播剧和电视剧制作、各类书刊和音像制品出版计划，保证农村题材文艺作品在出品总量中占一定比例。对重要文化项目和文化产品采取政府补贴，以政府采购的方式直接送到农村。购买适合农村的优秀剧本版权，免费供给基层艺术院团使用、改编并为农民演出。鼓励和组织专业文化工作者到农村辅导群众文化活动。加强“三农”读物出版工作，开发出版适合农村经济社会发展，农民买得起、看得懂、用得上的音像制品和图书等各类出版物。实施“送书下乡工程”，重点面向西部地区国家扶贫开发工作重点县的图书馆和乡镇文化站、农村文化室配送图书。县（市）图书馆逐步实行分馆制，丰富藏书量，形成统一采购、统一编目的图书配送体系，充分发挥县图书馆对乡镇、村图书室的辐射作用，促进县、乡图书文献共享。按照“政府资助建设，鼓励社会捐助，农民自我管理，市场运作发展”的要求，支持农民群众开办“农家书屋”。（3）建立农村文化建设的长效机制。农村公共文化建设要纳入各级政府重要议事日程和政府目标管理责任制，纳入创建文化先进县（市）、文化先进乡镇和创建文明村镇等相关评价体系，所需经费纳入政府财政预算。扩大公共财政覆盖农村的范围，保证一定数量的中央财政转移支付资金用于乡镇和村的文化建设，文化领域新增加的财政投入应主要用于农村。政府要保证文化馆（站）开展业务必需的经费、基层公共图书馆购书经费、广播电视发射转播台正常运转必需的经费、广播电视“村村通”运行维护经费和农村电影放映补助经费。建立健全基层文化单位的评价体系，将服务农村、服务农民作为基层文化单位工作的重要考核内容。

《国家“十二五”时期文化改革发展规划纲要》提出，要加快城乡文化一体化发展。增加农村文化服务总量，缩小城乡文化发展差距，以农村和中西部地区为重点，加强县级文化馆和图书馆、乡镇综合文化站、村文化室建设，深入实施广播电视村村通、文化信息资源共享、农村电影放映和农家书屋等重点文化惠民工程，扩大覆盖、消除盲点、提高标准、完善服务、改进管理。大力推进农民体育健身工程。加大对革命老区、民族地区、边疆地区、贫困地区文化服务网络建设支持和帮扶力度。引导企业、社区积极开展面向农民工的公益性文化活动，尽快把农民工纳入城市公共文化服务体系，努力丰富农民工精神文化生活。建立以城带乡联动机制，合理配置城乡文化资源，鼓励城市对农村进行文化帮扶，把支持农村文化建设作为创建文明城市基本指标。鼓励文化单位面向农村提供流动服务、网点服务，推动媒体办好农村版和农村频率频道，做好主要党报党刊在农村基层发行和赠阅工作。扶持文化企业以连锁方式加强基层和农村文化网点建设，推动电影院线、演出院线向市县延伸，支持演艺团体深入基层和农村演出。

农村文化建设的主要措施包括：

1. 广播电视村村通工程

推进广播电视进村放户，充分利用无线、卫生、有线、微波等多种手段，为广大农村地区提供套数更多、质量更好的广播电视节目。在“十一五”期间，全面实现20户以上已通电自然村通广播电视。在“十二五”期间，重点解决20户以下已通电自然村覆盖，完善高山无线发射台站基础设施，积极推进直播卫星广播电话公共服务，基本实现广播电视户户通，全国广播电视人口综合覆盖率达到99%。

2. 农家书屋工程

农家书屋是为满足农民文化需要，在行政村建立的、农民自己管理的、能提供农民实用的书报刊和音像电子产品阅读视听条件的公益性文化服务设施。切实解决广大农民群众“买书难、借书难、看书难”的问题，2007年3月，新闻出版总署会同中央文明办、国家发展改革委、科技部、民政部、财政部、农业部、国家人口计生委联合发出了《关于印发〈农家书屋工程实施意见〉的通知》，开始在全国范围内实施“农家书屋”工程。农家书屋工程按照“政府组织建设，鼓励社会捐助，农民自主管理，创新机制发展”的思路组织实施。工程计划在“十一五”期间在全国建立20万家农家书屋，到2015年基本覆盖全国的行政村。《国家“十二五”时期文化改革发展规划纲要》提出，到2012年实现覆盖全部行政村，建立出版物更新配送系统，提高配送图书的质量。

3. 农村电影放映工程

《国家“十一五”时期文化发展规划纲要》提出，做好农村电影拷贝配送工作，丰富电影片源，加快推进农村电影数字化放映，加强农村电影院更新改造，增加固定或流动放映点，基本实现全国农村一村一月放映一场电影。

4. 乡镇综合文化站建设

《国家“十一五”时期文化发展规划纲要》提出，在欠发达地区新建、改扩建2.5万个左右综合文化站，配备必需的设备，完成对农村危旧公共文化设施的改造，基本实现全国乡镇均建有综合文化站。

5. 流动综合文化服务车

《国家“十一五”时期文化发展规划纲要》提出，对西部及其他老少边穷等地广人希适宜开展流动服务的地区，为县乡配备流动文化服务车，流动电影放映车，开展影视放映、文艺演出、图片展览、图书销售和借阅、科技宣传为一体的流动文化服务。

6. 设立农村文化建设专项资金

《国家“十一五”时期文化发展规划纲要》提出，保证一定数量的中央财政转移支付资金和新增文化经费主要用于农村文化建设，同时设立农村文化建设专项资金。《国家“十二五”时期文化改革发展规划纲要》进一步明确，中央、省、市三级设立农村文化建设专项资金，保证一定数量的中央转移支付用于乡镇和村文化建设。

第三节　农村居民公民权利和政治权利的政策保障

在保障农村居民的公民权利和政治权利方面，最为重要的变化就是逐步改革城乡二元户籍制度，以及改革人民代表大会代表的选举制度。

一　改革二元户籍制度，保障城乡居民平等享有权利

改革开放以来，中国开始逐步改革户籍制度。[①]

首先是打破户籍对农村居民自由迁徙的限制，允许农村富余劳动力进入城市务工。1985 年中央“一号文件”明确提出，“在各级政府统一管理下，允许农民进城开店设坊，兴办服务业，提供各种劳务”。1987 年中央明确要求“调整产业结构，促进农业劳动力转移”，“允许农村剩余劳动力向劳力紧缺的地区流动”。[②]

其次是逐步开放城镇户籍，允许农民到城镇落户。1984 年 12 月 31 日，国务院发出《关于农民进入集镇落户问题的通知》，规定：“凡申请到集镇务工、经商、办服务业的农民和家属，在集镇有固定住所，有经营能力，或在乡镇企事业单位长期务工的，公安部门应准予落常住户口，及时办理入户手续，发给《自理口粮户口簿》，统计为非农业人口。粮食部门要做好加价粮油的供应工作，可发给《加价粮油供应证》。”[③] 1992 年 8 月，公安部发出通知，决定在小城镇、经济特区、经济开发区、高新技术产业开发区实行当地有效城镇户口制度，以解决要求进入城镇落户的农民过多与全国统一的计划进城指标过少之间的矛盾。[④] 1997 年 6 月，国务院批转了公安部《关于小城镇户籍管理制度改革的试点方案》，允许已经在小城镇就业、居住并符合一定条件的农村人口在小城镇办理城镇常住户口，以促进农村剩余劳动力就近、有序地向小城镇转移。2000 年 6 月 13 日，中共中央、国务院发布《关于促进小城镇健康发展的若干意见》（中发［2000］11 号）。根据这个文件，从 2000 年起，“凡在县级市市区、县人民政府驻地镇及县以下小城镇有合法固定住所、稳定职业或生活来源的农民，均可根据本人意愿转为城镇户口，并在子女入学、参军、就业等方

① 参见李云龙：《人口流动中公民迁徙权利的实现》，载李君如主编《中国人权事业发展报告（2012）》，社会科学文献出版社 2012 年版，第 208—229 页。

② 《把农村改革引向深入（中共中央政治局一九八七年一月二十二日通过）》，http：//news. xinhuanet. com/ziliao/2005 -02/05/content_ 2550976. htm。

③ 《国务院关于农民进入集镇落户问题的通知》，人民网法律法规库：http：//www. people. com. cn/item/flfgk/gwyfg/1984/112102198403. html。

④ 王海光：《当代中国户籍制度形成于沿革的宏观分析》，《中共党史研究》2003 年第 4 期。

面享受与城镇居民同等待遇，不得实行歧视性政策。对在小城镇落户的农民，各地区、各部门不得收取城镇增容费或其他类似费用。”① 2001 年 3 月 30 日，国务院批转公安部《关于推进小城镇户籍管理制度改革意见的通知》，具体落实了中共中央、国务院发布《关于促进小城镇健康发展的若干意见》中关于开放小城镇户籍的要求。根据公安部的规定，在县级市市区、县人民政府驻地镇及其他建制镇范围内，只要有合法固定的住所、稳定的职业或生活来源，就可以办理城镇常住户口。已在小城镇办理的蓝印户口、地方城镇居民户口、自理口粮户口等，符合上述条件的，统一登记为城镇常住户口。② 2006 年，国务院明确提出，“中小城市和小城镇要适当放宽农民工落户条件”。③ 2008 年 10 月 12 日，中共中央做出《关于推进农村改革发展若干重大问题的决定》，提出要“推进户籍制度改革，放宽中小城市落户条件，使在城镇稳定就业和居住的农民有序转变为城镇居民”。④ 2010 年，国务院批转发展改革委《关于 2010 年深化经济体制改革重点工作意见的通知》提出，“深化户籍制度改革，加快落实放宽中小城市、小城镇特别是县城和中心镇落户条件的政策”。⑤ 2011 年，国务院又进一步要求，“积极稳妥推进户籍管理制度改革，充分考虑当地

---

① 《中共中央、国务院出台〈关于促进小城镇健康发展的若干意见〉》，人民网：http：//www. people. com. cn/GB/channel1/10/20000704/129685. html。

② 《国务院批转公安部关于推进小城镇户籍管理制度改革意见的通知》，中国政府网：http：//www. gov. cn/gongbao/content/2001/content_ 60769. htm。

《中共中央、国务院出台〈关于促进小城镇健康发展的若干意见〉》，人民网：http：//www. people. com. cn/GB/channel1/10/20000704/129685. html。

《国务院关于解决农民工问题的若干意见》，中国政府网：http：//www. gov. cn/jrzg/2006 -03/27/content_ 237644. htm。

《国务院批转发展改革委关于 2010 年深化经济体制改革重点工作意见的通知》，中国政府网：http：//www. gov. cn/zwgk/2010 -05/31/content_ 1617026. htm。

《国务院批转发展改革委关于 2011 年深化经济体制改革重点工作意见的通知》，中国政府网：http：//www. gov. cn/zwgk/2011 -06/03/content_ 1876807. htm。

③ 《国务院关于解决农民工问题的若干意见》，中国政府网：http：//www. gov. cn/jrzg/2006 -03/27/content_ 237644. htm。

④ 《中共中央关于推进农村改革发展若干重大问题的决定》，中国政府网：http：//www. gov. cn/jrzg/2008 -10/19/content_ 1125094. htm。

⑤ 《国务院批转发展改革委关于 2010 年深化经济体制改革重点工作意见的通知》，中国政府网：http：//www. gov. cn/zwgk/2010 -05/31/content_ 1617026. htm。

经济社会发展水平和城市综合承载能力，把有稳定劳动关系并在城镇居住一定年限的农民工及其家属逐步转为城镇居民”。[①] 2011 年发布的《中华人民共和国国民经济和社会发展第十二个五年规划纲要》进一步要求“中小城市和小城镇要根据实际放宽落户条件”。[②] 国务院办公厅 2011 年 9 号文件（国办发［2011］9 号）要求开放小城镇户籍，在有稳定的职业和住所的条件下，允许农民落户小城镇，主要通过小城镇来转移农村人口。2014 年 7 月 29 日，国务院印发了《国务院关于进一步推进户籍制度改革的意见》进一步提出，到 2020 年，努力实现 1 亿左右农业转移人口和其他常住人口在城镇落户。全面放开建制镇和小城市落户限制，有序放开中等城市落户限制，合理确定大城市落户条件，严格控制特大城市人口规模。

最后，取消农业和非农业户籍的区分，实现公共服务全覆盖。2014 年 7 月 29 日，国务院印发了《国务院关于进一步推进户籍制度改革的意见》，明确要促进有能力在城镇稳定就业和生活的常住人口有序实现市民化，稳步推进城镇基本公共服务常住人口全覆盖。要进一步调整户口迁移政策，统一城乡户口登记制度，全面实施居住证制度，稳步推进义务教育、就业服务、基本养老、基本医疗卫生、住房保障等城镇基本公共服务覆盖全部常住人口。取消农业户口与非农业户口性质区分和由此衍生的蓝印户口等户口类型，统一登记为居民户口，建立与统一城乡户口登记制度相适应的教育、卫生、计生、就业、社保、住房、土地及人口统计制度。

二 修改选举法使城乡居民获得了平等的选举权

由于历史的原因，中国城乡居民的选举权长期以来是不平等的，来自农村的一个人大代表所代表的人口数是城市地区人大代表所代表人口数的数倍。进入 21 世纪以后，中国政府开始着手改革这个选举制度。

2007 年 10 月，胡锦涛同志在十七大报告中指出：为了更好地“扩大人民民主，保证人民当家做主”，“建议逐步实行城乡按相同人口比例选

---

① 《国务院批转发展改革委关于 2011 年深化经济体制改革重点工作意见的通知》，中国政府网：http：//www. gov. cn/zwgk/2011 -06/03/content_ 1876807. htm。

② 《中华人民共和国国民经济和社会发展第十二个五年规划纲要（全文）》，人民网：http：//politics. people. com. cn/GB/1026/14159537. html。

举人大代表”。2008 年 10 月，十七届三中全会召开，胡锦涛总书记在《中共中央关于推进农村改革发展若干重大问题的决定》中进一步明确提到：“逐步实行城乡按相同人口比例选举人大代表，扩大农民在县乡人大代表中的比例，密切人大代表同农民的联系。”2010 年 3 月 14 日，十一届全国人大三次会议表决通过了关于修改选举法的决定，这标志着我国社会主义民主政治又向前迈出了历史性的一步。新修改的《选举法》对于全国人大代表的名额问题明确规定：“全国人民代表大会代表名额，由全国人民代表大会常务委员会根据各省、自治区、直辖市的人口数，按照每一代表所代表的城乡人口数相同的原则以及保证各地区、各民族、各方面都有适当数量代表的要求进行分配。”① 对于地方各级人大代表的名额分配也规定：“地方各级人民代表大会代表名额，由本级人民代表大会常务委员会或者本级选举委员会根据本行政区域所辖的下一级各行政区域或者各选区的人口数，按照每一代表所代表的城乡人口数相同的原则，以及保证各地区、各民族、各方面都有适当数量代表的要求进行分配。”② 这一修改意味着农村人口在选举上及政治权利的实现上向平等原则迈出了一大步，促成宪法规定的平等原则的充分实现。

胡锦涛在中共十八大报告中进一步提出，要“提高基层人大代表特别是一线工人、农民、知识分子代表比例”；“完善党的代表大会制度，提高工人、农民代表比例”③。

① 《中华人民共和国选举法》第十六条。

② 《中华人民共和国选举法》第十四条。

③ 胡锦涛：《坚定不移沿着中国特色社会主义道路前进 为全面建成小康社会而奋斗——在中国共产党第十八次全国代表大会上的报告》，2012 年 11 月 8 日。

第八章　中国人权的对外政策与实践

第一节　国际交往中的人权问题

20 世纪 70 年代，联合国合法席位的恢复和改革开放政策的实施，标志着中国在政治、经济等领域全面融入国际社会，中国对外交往与合作的步伐日益加快，国际地位和作用显著提升。特别是进入 21 世纪以来，中国在实现国家现代化的道路上阔步前行，中国崛起已经成为当今国际政治最为显著的现象之一，曾经落后挨打的中国又一次站在了世界舞台的前端。回顾近几十年的对外交往历史，在绝大多数议题上，中国与外部世界都保持了合作的良好势头，但是有一个问题却格外突出，成为困扰中国外交的一个主要问题——人权。

一　人权问题的国际化

在传统的国际关系和外交领域，安全和经济议题一直占据着重要的地位，人权问题似乎一直被当作一国的国内事务，并没有成为处理国家间关系的重要问题。第二次世界大战结束以后，战争给人们带来的伤痛促使世界各国人民开始思考和重视人权，国际社会逐渐形成了以联合国宪章和国际人权宪章等国际法文件为基础和主要组成部分的国际人权规范，国际人权保护和发展取得了重要的成果。冷战的结束标志着国际社会的深刻变革，全球化和相互依赖成为国际关系的突出特点，人权问题进一步引起国家和国际组织的关注，成为国际关系中的热点问题。许多人认为，“人权已经不再必然或总是国家国内管辖的问题了”，“对人权的关注已经成为世界治理的一部分”。① 国家行为体和国际组织等非国家行为体利用各种

---

① David P. Forsythe, *Human Rights in International Relations*, Cambridge: Cambridge University Press, 2006, pp. 4 - 5.

外交政策工具促进国际人权，并越来越多地利用人权议题促进其他外交政策目标的活动，人权外交（human rights diplomacy）随之产生。①

二　人权在国际关系中的地位与作用

人权问题一直是国际关系理论与学者关注的重点话题之一。不同的理论流派对人权在国际关系中的地位和作用有着不同的认识。

新现实主义认为，国际权力结构深刻影响着国家行为。只要无政府的国际体系结构不变，国家的对外行为就不会发生变化。人权规范本身不具说服力，规范往往是国际体系中主导国家意志的体现，而且很容易被霸权国破坏。②

新自由制度主义宣称，人权普遍保护的国际规范可以通过设定权威标准来塑造国家的偏好，而这些权威标准对国家如何进行某些特定行为的成本收益分析具有重大的影响。③

建构主义认为，人权观念对国家如何定义其利益具有重要作用。一旦某种规范出现并占据主导，国家将会经历一种学习的过程，包括规范的逐步内化，身份的重构，国家利益的改变，最终导致国家行为的改变。④

以约翰·文森特（John Vincent）为代表的英国学派对人权的研究，

---

① Rein Müllerson, *Human Rights Diplomacy*, London: Routledge, 1997, p. 2.

② Kenneth N. Waltz, *Theory of International Politics*, Reading, Mass.: Addison - Wesley, 1979, p. 200; Kenneth Waltz and James Fearon, "A Conversation with Kenneth Waltz," *Annual Review of Political Science*, Vol. 15, June 2012, p. 12;［美］肯尼思·沃尔兹:《现实主义与国际政治》(张睿壮、刘丰译，张睿壮校)，北京大学出版社 2012 年版，第 346 页。

③ Jack Donnelly, "International Human Rights: A Regime Analysis," *International Organization*, Vol. 40, No. 3, Summer 1986, pp. 599 - 642.

④ Thomas Risse, Stephen C. Ropp, and Kathryn Sikkink, *The Power of Human Rights: International Norms and Demestic Change*, Cambridge University Press, 1999; Kathryn Sikkink, "The Power of Principled Ideas: Human Rights Policies in the United States and Western Europe," in Judith Goldstein and Robert O. Keohane, eds., *Ideas and Foreign Policy: Beliefs, Institutions and Political Change*, Ithaca, N. Y.: Cornell University Press, 1993, pp. 139 - 170; Kathryn Sikkink, "Transnational Politics, International Relations Theory, and Human Rights," *Political Science and Politics*, Vol. 31, No. 3, September 1998, pp. 516 - 523; Martha Finnemore and Kathryn Sikkink, "International Norm Dynamics and Political Change," *International Organization*, Vol. 52, No. 4, Autumn 1998, pp. 887 - 917;［美］玛格丽特·E. 凯克和凯瑟琳·辛金克:《超越国界的活动家：国际政治中的倡议网络》(韩召颖译)，北京大学出版社 2005 年版；［美］玛莎·芬尼莫尔:《国际社会中的国家利益》(袁正清译)，上海世纪出版集团 2012 年版。

经历了从强调主权和不干涉原则到强调人权的普世性和人类的共同价值的转变。[①] 赫德利·布尔认为，国际秩序高于国际正义，国际社会关注人的权利与义务，而有关人的权利与义务的观念可能会对特定人群所认同的国家构成挑战。实现人类正义理想的努力受到权力政治等因素的阻碍，世界正义或者全球正义的理想只有当存在着一个世界社会或者全球社会的情况下，才可以成为现实。[②]

三　西方国家的人权外交和对外政策

"对外政策是主权国家政府在一定历史时期内为处理与其他国家和非国家行为体关系以及影响国际环境所确定和遵循的基本原则、方针和行动准则。"[③] 一个国家的对外政策由政策目标和政策手段两个因素构成。人权之所以成为国际关系中最具争议和最为复杂的问题之一，一方面，是因为国际人权的侵犯和保护与国际社会的动荡和安全紧密相关，对人权的侵犯现在被定义为对国际和平与安全的威胁；另一方面，是因为它既可以成为一国对外政策的目标，也可以当作一国实现其对外政策目标的手段，在现实中往往难以将二者明确区分开来。

（一）人权作为各国追求的共同政策目标

首先，充分实现和享受人权是全人类追求的共同理想与目标，已经成为国际关系中各行为主体为之奋斗的最重要的政策目标之一。欧洲是近代人权思想和人权理论的发源地。早在20世纪70年代初欧洲政治联合提上日程以后，人权就作为欧共体成员国协调外交政策的公认价值基础，出现在1973年共同体通过的《哥本哈根欧洲认同宣言》中，宣言称成员国决心捍卫代议制民主、法治、社会正义和尊重人权的原则，这些源于西方文

---

① John Vincent, *Human Rights and International Relations*, Cambridge University Press, in association with The Royal Institute of International Affairs, 1986. 该书中文版于1998年出版，[英] R. J. 文森特著：《人权与国际关系》（凌迪、黄列、朱晓青译，林地校），知识出版社1998年版。关于英国学派的人权思想和论述，可参见张小明：《国际关系英国学派——历史、理论与中国观》，人民出版社2010年版。

② [英] 赫德利·布尔：《无政府社会：世界政治秩序研究》，张小明译，世界知识出版社2003年版，第70页。

③ 韩召颖：《美国政治与对外政策》，天津人民出版社2007年版，第4页。

化的共同价值被视为共同外交政策的基础。[①] 为了将欧洲政治合作纳入到法律框架中，从而克服缺乏有效约束力的不足。1986 年欧共体签署了《单一欧洲法案》，序言中再次提及民主和人权，从而使人权在欧洲政治合作及一体化过程中有了法律基础。1989 年欧洲议会通过了《基本权利和自由宪章》，1991 年欧洲理事会卢森堡会议发表《关于人权的声明》，再次声明尊重、促进和保护人权是欧共体对外关系的基础之一。1992 年《马斯特里赫特条约》（即《欧洲联盟条约》）的签署标志着欧盟的成立。共同外交和安全政策（Common Foreign and Security Policy，CFSP）成为欧盟的三大支柱之一。《欧盟条约》肯定了保护人权是其目标，强调欧盟是以自由、民主、尊重人权和基本自由以及法治原则为基础建立的，尊重人权作为欧盟的原则之一已经成为一个明确的加入前提；同时规定，共同外交和安全政策的主要目标之一是“发展并巩固民主、法治以及尊重人权和基本自由”。除此之外，《欧盟条约》还将欧盟的第一支柱——欧共体下的发展合作项目（development cooperation project）与人权挂钩，具体实践体现在诸如《洛美公约》、《科托努协定》一类的双边和多边条约的框架中。从 1995 年开始，在欧盟与第三国的所有双边贸易协定和其他条约中都要包括一个单独的人权条款（human rights clauses），理事会决议规定，尊重人权是欧盟对外贸易与合作关系中，从简单的双边贸易协定到具体的结盟条约中的“实质性因素”，共同体有权因对人权的系统侵犯中止或者结束一项条约，这就是欧盟双边关系中的所谓“人权条款问题”。进入 21 世纪后，欧盟进一步加强人权制度建设，深化人权外交实践。2009 年 11 月 1 日《里斯本条约》生效，标志着欧盟制宪危机结束的同时，也确立了全面人权外交战略。

一向以“上帝选民”自居的美国，自建国之初就将自己视为“民主”、“自由”、“人权”的维护者。一战后期，威尔逊以主持正义和维护人权的理由带领美国参战以及“十四点计划”的提出，对后来美国理想主义人权外交的形成奠定了基础。后来经过几任总统的发展，直到 1976 年美国第三十九任总统吉米·卡特上台后，人权明确成为了美国的外交政策目标。克林顿执政时期，更是将人权、民主和美国价值观的推广视为其

---

① 代秋影：《解析中欧关系发展中的人权因素》，《学习与探索》2011 年第 4 期，第 121 页。

外交政策的三大支柱之一。奥巴马时期的美国人权外交虽然在理念和实施手段上出现了诸多新的变化，但是奥巴马政府在人权目标的追求上并没有改变。[①]

（二）人权作为一些国家的对外政策目标

人权问题与国际稳定与安全息息相关。当今的世界政治仍然以政治实体（主要是国家）的争斗为特征，它们在一种全球无政府状态下为权力、声望和财富而争斗。核武器并未改变不恰当的诉诸武力；经济相互依赖还不能保证合作将取代冲突；全球共同体共同的价值观和世界观尚未取代国际无政府状态。[②] 国际无政府状态导致生存与安全是国家的首要目标，认识到这一点就意味着虽然冷战后规范结构和观念性因素在国际政治中所起的作用特别突出且越来越强，但这并不意味着国家对外行为选择的主要原因和目标是实现某种价值，出于安全和物质性权力的收益仍是国家的首要考虑。按照西方某些国家的逻辑，人权高于主权，民主的、尊重人权的政府对外政策趋于和平，而专制的、集权的无赖国家或政权构成了世界上不稳定的因素，国家主权意味着保护本国人民人权不受侵犯的责任，所以当主权国家不愿或不能尽此责任，发生了它们认为对国际社会和平与稳定构成威胁的侵犯人权事件或人道主义灾难的时候，无论是否征得当事国同意，它们都会采取行动。将人权与国家对外政策紧密挂钩、并将其作为国家对外政策主要内容的突出代表，就是美国在卡特担任总统时期所推行的“人权外交”。中国等广大的发展中国家则认为，主权是实现人权的前提和保障，人权是在稳定的社会、发展的经济和法治国家中得以实现的，如果不能将人权的普遍性和具体国家的国情相结合，世界各国不能平等相待、和平共处，借助人权问题肆意干涉别国内政，这种政策所造成的结果才是对世界和平最大的威胁。总之，对人权与安全关系的不同认识，导致了不同国家不同的对外政策。

（三）人权作为某些国家实现其他政策目标的手段和工具

人权不仅可以成为一国对外政策的目标，而且还可以成为某些国家实

---

① 李莉：《奥巴马政府人权外交评析》，第8—12页。

② ［美］罗伯特·吉尔平：《世界政治中的战争与变革》，武军等译，中国人民大学出版社1994年版，第226页。

现其他政策目标的手段和工具。“长期以来，人权问题一直被西方国家所曲解和利用。他们从政治需要出发，片面化、政治化和极端化地解释人权的内涵，为干涉别国内政提供所谓的理论依据。”[①] 在某种意义上而言，一国的对外政策是由不同动机糅合而推动的。维护和促进人权的动机将以不同的方式与国家其他目标进行互动，当这些动机或目标发生冲突时，根本国家利益具有至高无上、压倒一切的优先权；在不涉及根本利益时，民族的和政治的意识形态往往超越其他因素成为决策的操作指南。[②] “人权更多的是作为价值观和意识形态范畴。现实国际关系的运作，更多的不是取决于价值观和意识形态，而是来自于国家间的相互利益和实力之间的较量。当外交政策具体表现为国家间相互采取的行动时，这些行动不是目的，而是为了达到更高目的的手段。这个目的，就是国家利益。价值观和意识形态是国家利益的一部分，但并不是决定性的部分。”[③]

四　人权问题国际化对中国的影响

人权问题的国际化，对中国的对外政策产生了两个方面的影响。一方面，中国积极参与和推动国际人权事业的发展；另一方面，中国坚决反击西方国家的人权外交。

（一）中国积极参与和推动国际人权事业的发展

《世界人权宣言》发布和国际人权公约的制定和生效，使得实现充分的人权保障成为各国人民共同追求的价值目标，也成为中国政府和中国人民努力为之奋斗的崇高理想。长期以来，特别是改革开放以来，中国积极对外宣示国家的政策主张，开展双边和多边的人权对话，签署和批准数十项国际人权公约，积极履行公约的各项义务，并且与联合国人权机构密切合作，推进国际人权事业的发展。

（二）中国坚决反击西方国家的人权外交

必须看到，一些西方国家将人权作为实现自己国家利益和其他政策的

---

① 李英：《西方在人权问题上采取双重标准》，中国共产党新闻网，2012 年 10 月 16 日，http：//theory. people. com. cn/n/2012/1016/c136457 - 19274281. html（最后访问时间：2013 年 1 月 27 日）。

② 张睿壮：《不和谐的世界——国际问题研究文萃》，上海人民出版社 2010 年版，第 124 页。

③ 朱锋：《人权与国际关系》，第 126 页。

工具，在人权问题上采取双重标准，以人权为借口肆意侵犯他国主权。为了打压中国，罔顾改革开放以来中国人权状况不断改善的事实，全面抹黑中国的人权状况。

1989 年北京政治风波以来，以美国和一些欧洲国家为首的西方国家对中国采取了一系列的政治、经济和军事制裁措施，将中国的人权问题推向了国际舆论的风口浪尖。它们意图借助人权问题推广西方价值观，实现自己的全球战略，维护本国本地区的政治、经济和安全利益。西方国家开展对华人权外交最主要的目的不是为了改善中国国内的人权状况；最重要的因素在于它们可以借助人权口号促进自身国内团结，对中国施加压力，以压促变，改变中国的政治制度和意识形态；在国际社会置中国于道义上的不利地位，增加在国际社会中讨价还价的砝码，遏制中国发展和崛起，借助中国人权问题实现自身国家和地区的战略利益。

从历史阶段来看，西方国家攻击中国的人权状况呈现出两个高峰时段：一个是 1989 年北京政治风波之后一直到 90 年代末这一段时间，以美欧对中国的全面制裁和在联合国人权委员会的反华提案为标志；另一个是 2007 年以来一直到现在这一段时间，以美欧相关国家领导人多次会见达赖、指责中国的人权状况为标志。历史事实可以证明，这两段时期绝对不是中国人权状况最糟糕的时期，反而是中国改变对人权的态度和认识、中国人权事业取得积极进步的两个时期。为什么西方国家唯独这两个时期会对中国的人权格外关注呢？这里首先需要从国际格局的角度来考虑。1989 年之前，人权没有成为中国对外交往中的一个突出问题，是由于冷战时期美国和欧洲等国忙于遏制苏联，中国并没有成为它们人权外交和批判的主要对象。[①] 苏联解体以后，美国最大的威胁随之消失，所以将主要矛头对准了与其社会制度和意识形态相差最大的中国。美国意图借人权问题在国际上对中国施加压力，迫使中国进行所谓的民主改革，最终达到和平演变的目的。进入 21 世纪以后，中国的经济实力显著增强，中美实力对比尤其是在亚太地区发生深刻变化，美国需要借人权等问题来牵制中国，对中国进行道义上的孤立和围堵。而欧洲等国除了要考虑与美国政策一致以

---

① Roberta Cohen, "People's Republic of China: the human rights exception," *Human Rights Quarterly*, Vol. 9, No. 4, November 1987, pp. 447 – 549.

外，需要将人权、民主等价值作为协调欧盟共同对外政策的基础，促进欧盟各国的团结和一体化向前发展。除了国际层面的因素，国内政治也是导致中国在与西方国家的交往过程中产生人权分歧的原因。中美人权对话20多年以来时断时续，时常因为中美贸易摩擦、美国对台军售、达赖窜访等影响而中断。四年一次的美国总统大选更是成为美国领导人拿中国说事儿的最佳时机。

从中国的现实情况来看，20世纪90年代以来，中国政府一方面致力于改进国内的人权状况；另一方面加强与国际社会的人权合作，积极开展国际人权对话与交流。然而，欧盟和美国依然罔顾中国人权状况不断改善的事实，2008年以来欧盟以一种前所未有的密集和广泛程度对中国的人权状况提出强烈批评，2012年中美第17次人权对话结束后，美国国务院人权事务助理国务卿波斯纳更是批评中国整体人权状况持续恶化，这种与事实不相符合的行为和言论足以看出以美欧为首的西方国家人权外交的实质。

西方国家在人权问题上一直奉行双重标准政策。美国时常指责别国政府侵犯公民权利和政治权利，而自己却在国际国内肆意逮捕它认为对美国国家安全和利益构成侵犯的人，虐囚丑闻震惊世界；美国时常指责别国政府侵犯公民生命财产安全，而自己却失业率高居不下，枪支暴力和枪支致死率属发达国家中最高；美国时常指责别国政府控制新闻、网络自由，殊不知美国自身的新闻审查和网络控制何其严格；美国时常批评别国政府欺压少数民族，而美国国内黑人和少数族裔仍然受到非常不平等的种族歧视。此外，直到今天美国仍然拒绝加入《经济、社会、文化权利国际公约》、《消除对妇女一切形式歧视公约》、《残疾人权利公约》、《儿童权利公约》等众多国际人权公约。再来看一下欧盟的人权状况。欧盟成员国声明一直致力于在国家和国际层面鼓励和捍卫人权，然而根据俄罗斯外交部2012年12月5日发表的专门针对欧盟国家的人权状况报告显示，欧盟国家近年来在人权领域面临诸多挑战，人权状况进一步复杂化。其中最尖锐的问题包括：排外主义、种族主义、侵略性民族主义和新纳粹主义不断滋长；囚犯、难民、移民和心理疾病患者等的权益遭到侵害；缺乏对儿童的保护；性别不平等、侵犯个人隐私和警察滥用权力的现象增多。此外，一些欧盟国家还参与了美国的秘密监狱计划。一些欧盟国家尽管声明致力于遵守国际法和人权标准，但它们甚至不愿承担人权领域基础性多边条约所规定义务。即使在承担义务的情况下，欧盟国家也经常为自己设立众多保留条件。[①] 最后看一下西方国家盟友的人权状况。英国这几年因为经济欠佳、社会不公引发了大量的失业罢工、平民骚乱等社会问题；日本黑社会暴力持续存在，青少年犯罪连年上升；印度妇女地位低下、教派冲突时有发生……以美国为首的西方国家不仅在本国和别国人权状况、盟友和非盟友人权问题上，而且在人权内涵的阐释、本国人和外国人人权维护等问题上均采用“双重”标准。[②]

针对西方国家将人权作为实现自己国家利益和其他政策目标而全面抹黑中国人权状况的行径，中国政府坚决予以反击。在联合国人权会议上，驳斥西方国家对中国人权的无端指责；针对美国每年别国人权报告对中国人权状况的抹黑，中国每年发布《美国的人权纪录》，揭露美国自身存在的严重人权问题。

第二节 中国在国际人权领域的政策宣示

中国政府在国际领域积极开展政策宣示。在改革开放之前，中国对南非和美国的种族歧视和种族隔离制度明确表达了反对的态度。改革开放之后，中国政府通过白皮书等形式明确表达中国尊重和保障人权态度和立场。

一 新中国成立之初中国在人权问题上的对外政策宣示

中华人民共和国成立之初，中国政府将支持亚非拉人民的民族独立解放运动，作为外交政策的优先方向，支持各国人民反抗殖民主义和种族主义的斗争。

例如，对于南非当局推行的种族隔离制度，中国政府始终表达了坚定的反对态度。据 1995 年华东师范大学出版社出版的《非洲通史（现代

① 新华网 2012 年 12 月 5 日莫斯科电，http：//news. xinhuanet. com/world/2012 - 12/05/c_124053377. htm（最后访问时间：2013 年 2 月 7 日。）

② 李英：《西方在人权问题上采取双重标准》，中国共产党新闻网，2012 年 10 月 16 日，http：//theory. people. com. cn/n/2012/1016/c136457 - 19274281. html（最后访问时间：2013 年 2 月 7 日）。

卷)》记载：1950 年 9 月 13 日，毛泽东主席代表中国人民电复南非印度人大会联合书记梅尔，表示完全支持他们反对南非白人当局种族压迫的斗争。1952 年 1 月，周恩来总理也在给南非印度人大会的电报中指出："站起来了的中国人民完全理解并深切同情南非的非白色人民以及一切被压迫民族的苦难，相信他们一定能够在持久不渝的斗争中求得自由幸福与解放。"① 1984 年，中国国务院总理在纪念"消除种族歧视国际日"之际致电纽约联合国反对种族隔离特委会主席先生，代表中华人民共和国政府向反对种族隔离特委会表示声援和支持。信中写道："中国政府和人民一贯谴责南非当局推行的种族主义政策，坚决支持南非人民反对种族隔离和种族歧视、争取基本人权和种族平等的斗争。"② 1989 年 3 月 21 日，时任国务院总理李鹏致电纽约联合国反对种族隔离特委会主席加尔巴先生："值此联合国'消除种族歧视国际日'之际，我谨代表中国政府和人民向联合国反对种族隔离特委会表示声援和支持，对阁下领导的特委会为支援南非人民彻底根除种族歧视和种族隔离制度而进行的不懈努力表示赞赏。南非当局顽固坚持种族歧视和种族隔离制度，肆意践踏和剥夺广大黑人的基本权利，拒不执行联合国的有关决议，不断强化其反动政策，受到全世界人民的强烈谴责和反对。我们高兴地看到，经过南部非洲人民长期的斗争和国际社会的共同努力，南部非洲的局势正在朝着积极的方向发展。联合国安理会关于纳米比亚独立的 435 号决议将于今年 4 月 1 日开始实施，南非对纳米比亚的非法统治就要结束。南非当局应该顺应历史潮流，放弃不得人心的种族隔离和种族歧视政策。中国政府和人民强烈谴责南非当局的种族歧视和种族隔离制度，坚决支持南非人民争取种族平等和基本人权的正义斗争。我们坚信，在南非民族解放组织的领导下，在非洲和全世界人民的积极声援下，南非人民彻底根除罪恶的种族主义制度的正义斗争必将取得最后胜利。"③据中国国际问题研究所驻比勒陀利亚南非研究中心主任

---

① 张喆、黄翙：《曼德拉与中国》，《东方早报》2013 年 12 月 7 日，http://www.dfdaily.com/html/51/2013/12/7/1092912.shtml。

② 《就"消除种族歧视国际日"给联合国反对种族隔离特委会主席的电报》，《中华人民共和国国务院公报》，1984 年第 6 期。

③ 《李鹏总理致联合国反对种族隔离特委会的声援电》，《中华人民共和国国务院公报》，1989 年第 4 期。

谢志衡在2013年6月30日《人民日报》上以《永远的曼德拉》为题回顾中南建交过程时写道："1993年8月9日上午，曼德拉作为非国大领袖在办公室会见了我和两位同事。……他郑重地说，中国从50年代起就支持非国大反对南非种族隔离制度，给予了非国大所需的一切援助。非国大同中国的友谊将继续下去。"

再如，针对美国的种族歧视和种族隔离制度，毛泽东于1963年8月8日发表了《支持美国黑人反对美帝国主义种族歧视的正义斗争的声明》。[①] 针对黑人领袖马丁·路德·金被暗杀，毛泽东于1968年4月16日再次发表了《支持美国黑人抗暴斗争的声明》，指出"美国的种族歧视是殖民主义、帝国主义制度的产物"，并代表中国人民对美国黑人的正义斗争表示坚决的支持。[②]

但在20世纪80年代之前，中国政府在外交政策中并没有直接以"人权"的名义，主要原因是当时将人权视为资产阶级宣扬意识形态的词汇和工具，因此，不仅在宪法和法律上不使用"人权"概念，而且在思想理论上将人权问题视为禁区。"文革"时期，"人权"被当作资产阶级的口号和工具加以批判。十一届三中全会以后，国家工作重点转移到了社会主义现代化建设上来，为中国经济建设创造稳定、和平的国际环境成为新时期中国对外交往的重要任务，中国外交实现了"从体制外的革命外交向体制内的和平发展外交转型"[③]。在人权领域，中国开始积极了解国际人权规范，参与国际人权合作。

二 改革开放以来中国在人权问题上的对外政策宣示

改革开放以来，中国政府逐渐直接采用"人权"的表述进行对外政策宣示。

首先，大力宣传中国的人权观和人权实践，成为对外交往中的一个新原则。1985年6月6日，针对外国对中国人权政策的批评，邓小平指出"什么是人权？首先一条，是多少人的人权？是少数人的人权，还是多数

① 毛泽东：《支持美国黑人反对美帝国主义种族歧视的正义斗争的声明》，1963年8月8日。

② 毛泽东：《支持美国黑人抗暴斗争的声明》，1968年4月16日。

③ 赵可金：《建设性领导与中国外交转型》，《世界经济与政治》2012年第5期，第46页。

人的人权、全国人民的人权？西方世界的所谓‘人权’和我们讲的人权，本质上是两回事，观点不同。”① 1989 年至 1990 年，江泽民明确提出，要从思想上解决“如何用马克思主义观点来看待‘民主’、‘自由’、‘人权’问题”，“要说明我们的民主是最广泛的人民民主，说明社会主义中国最尊重人权”。据此，1990 年，党中央明确提出：“要理直气壮地宣传中国关于人权、民主、自由的观点和维护人权、实行民主的真实情况，把人权、民主、自由的旗帜掌握在我们手中。”② 1992 年 3 月 20 日，国务院总理李鹏在第七届全国人民代表大会第五次会议上所做的《政府工作报告》的国际形势和外交工作部分中指出，“人权是国际社会普遍关心的问题。我们认为，整个人类的人权和基本自由应得到普遍尊重。人权不仅包括公民的政治权利，而且包括经济、社会和文化权利。对于广大发展中国家来说，首要的是独立权、生存权和发展权。我们同意就人权问题进行正常的国际讨论。但是，把少数国家的人权标准和模式强加给全世界各国是不能接受的，借口人权干涉别国内政是不能允许的。”③ 1997 年 10 月 30 日，江泽民在访美时的一次演讲中指出，“人权问题具有普遍性的意义，从世界上存在众多国家这个现实出发，人权的实现要依靠各个国家的努力才行，因此从根本上讲，人权是一个国家主权范围内的问题；人权是历史的产物，它的充分实现，是同每个国家经济文化水平相联系的逐渐发展的过程；集体人权与个人人权，经济、社会、文化权利与公民、政治权利，是不可分割的。各国对人权问题的看法有分歧，应进行对话，而不应搞对抗。我们愿意同其他国家加强交流与合作，共同促进世界的人权事业”。④ 2008 年 12 月 10 日，《世界人权宣言》发表 60 周年之际，中共中央总书记胡锦涛在致中国人权研究会的信中指出，“要一如既往坚持以人为本，既尊重人权普遍性原则，又从基本国情出发，切实把保障人民的生存权、

---

① 邓小平：《搞资产阶级自由化就是走资本主义道路》，载《邓小平文选》（第三卷），人民出版社 1993 年版，第 125 页。

② 董云虎、常健主编：《中国人权建设 60 年》，江西人民出版社 2009 年版，第 26 页。

③ 《1992 年国务院政府工作报告》，中华人民共和国中央人民政府网，2006 年 2 月 16 日，http：//www. gov. cn/test/2006 - 02/16/content_ 200922. htm（最后访问时间：2013 年 1 月 31 日）。

④ 江泽民：《在美中协会等六团体举行的午餐会上的演讲》，《十五大以来重要文献选编》（上），人民出版社 2000 年版，第 65 页。

发展权放在保障人权的首要位置”，同时“中国人民将一如既往地加强国际人权合作，同世界各国人民一道，共同为推动世界人权事业健康发展，为建设持久和平、共同繁荣的和谐世界作出应有的贡献”。[①]

其次，在对外交往中，政府外交官越来越理直气壮地讨论人权问题。2012年5月4日，国务委员戴秉国在第四轮中美战略与经济对话框架下的战略对话中谈到人权问题时表示：“新中国成立以来，中国的人权事业取得了巨大的进步。在人权问题上没有国家尽善尽美。中国将继续沿着自己选择的正确道路前行，让中国人民生活得更加幸福、更有尊严，让社会更加公正、和谐。人权问题不应成为国家间关系发展的干扰因素，更不应成为干涉别国内政的借口。”[②] 2012年11月8日，中国常驻代表王民大使在联合国大会关于人权问题的发言中表示：“改革开放30多年来，中国经济迅速发展，人民生活水平不断提高，公民享有的各项权利和基本自由达到了前所未有的水平，成就有目共睹。实践证明，把人权普遍性原则和基本国情结合起来，才能制定求真务实的人权事业发展战略；把保障人民的生存权、发展权放在保障人权的首要位置，在推动经济社会又好又快发展的基础上，切实保障人民群众的合法权益，才能找到行之有效的人权改善途径。正是遵循这些基本经验，中国政府探索出一条中国特色的人权发展道路，不仅给中国人民带来了巨大福祉，也为世界人权事业发展做出了重要贡献。中国愿在平等和相互尊重的基础上，与世界各国加强人权领域交流与合作，求同存异，共同进步。”[③] 2013年11月12日，在中国第三次高票当选联合国人权理事会成员之后，中国常驻联合国副代表王民大使表示，中国政府高度重视促进和保护人权并取得了显著成绩，同时积极开展人权领域国际合作。此次高票当选充分说明国际社会对中国在人权领域取得巨大成就的高度肯定。王民说，中方感谢各国对中国竞选的宝贵支持。中国将积极深入参与联合国人权理事会工作，发挥建设性作用，推动对话、合作，反对对抗、施压，为国际人权事业的健康发展作出更大贡献。

---

① 胡锦涛：《胡锦涛致信中国人权研究会》，《人权》2009年第1期，第2页。

② 新华网北京2012年5月4日电。

③ 《常驻联合国副代表王民大使在第67届联大三委人权议题下的综合发言（议题69b&c)》，中华人民共和国常驻联合国代表团网，2012年11月8日，http：//www. china - un. org/chn/zgylhg/shhrq/rqsw/t987110. htm（最后访问时间：2013年2月1日。）

最后，中国国务院新闻办公室自 1991 年以来不定期发表中国人权白皮书，截至 2014 年已发表 11 部人权白皮书（见表 8—1）。

表 8—1　　中国历年发表的人权白皮书

编号	人权白皮书名称	发表年份
1	2013 年中国人权事业的进展	2014 年 5 月
2	2012 年中国人权事业的进展	2013 年 5 月
3	2009 年中国人权事业的进展	2009 年 9 月
4	2004 年中国人权事业的进展	2005 年 4 月
5	2003 年中国人权事业的进展	2004 年 3 月
6	2000 年中国人权事业的进展	2001 年 4 月
7	中国人权发展 50 年	2000 年 2 月
8	1998 年中国人权事业的进展	1999 年 4 月
9	1996 年中国人权事业的进展	1997 年 3 月
10	中国人权事业的进展	1995 年 12 月
11	中国的人权状况	1991 年 11 月

中国政府还不定期发表与人权有关的各种白皮书，主要涉及扶贫开发、减灾行动、医疗卫生、食品药品安全、知识产权保护和环境保护，互联网建设、宗教信仰自由和计划生育，反腐败、司法改革、法治建设和民主政治建设，妇女、儿童、老年人、少数民族和在押罪犯权利保护，以及和平发展等主题。自 1992 年以来共发布 40 余部（见表 8—2）。

表 8—2　　中国政府发表的与人权有关的白皮书

编号	白皮书名称	发表时间
1	中国的对外援助（2014）	2014 年 7 月
2	2013 年中国互联网发展状况	2013 年 4 月
3	中国的医疗卫生事业	2012 年 12 月
4	中国的司法改革	2012 年 11 月
5	中国应对气候变化的政策与行动（2011）	2011 年 11 月
6	中国特色社会主义法律体系	2011 年 11 月

续表

编号	白皮书名称	发表时间
7	中国农村扶贫开发的新进展	2011 年 11 月
8	中国的和平发展	2011 年 9 月
9	中国的反腐败和廉政建设	2010 年 12 月
10	中国互联网状况	2010 年 6 月
11	中国的民族政策与各民族共同繁荣发展	2009 年 9 月
12	中国的减灾行动	2009 年 5 月
13	西藏民主改革 50 年	2009 年 3 月
14	中国应对气候变化的政策与行动	2008 年 10 月
15	西藏文化的保护与发展	2008 年 9 月
16	中国的药品安全监管状况	2008 年 7 月
17	中国的法治建设	2008 年 2 月
18	中国的食品质量安全状况	2007 年 8 月
19	中国老龄事业的发展	2006 年 12 月
20	中国的环境保护（1996—2005）	2006 年 6 月
21	中国的和平发展道路	2005 年 12 月
22	中国的民主政治建设	2005 年 10 月
23	中国的性别平等与妇女发展状况	2005 年 8 月
24	中国知识产权保护的新进展	2005 年 4 月
25	中国的民族区域自治	2005 年 2 月
26	西藏的民族区域自治	2004 年 5 月
27	中国的就业状况和政策	2004 年 5 月
28	中国的劳动和社会保障状况	2002 年 4 月
29	中国的农村扶贫开发	2001 年 10 月
30	西藏文化的发展	2000 年 6 月
31	中国的少数民族政策及其实践	1999 年 9 月
32	西藏自治区人权事业的新进展	1998 年 2 月
33	中国的宗教信仰自由状况	1997 年 10 月

续表

编号	白皮书名称	发表时间
34	中国的粮食问题	1996 年 10 月
35	中国的环境保护	1996 年 6 月
36	中国的儿童状况	1996 年 4 月
37	中国的计划生育	1995 年 8 月
38	中国知识产权保护状况	1994 年 6 月
39	中国妇女的状况	1994 年 6 月
40	西藏的主权归属与人权状况	1992 年 9 月
41	中国改造罪犯的状况	1992 年 8 月

第三节　中国在国际人权领域的交流与对话

经过几十年的发展，中国的人权保障事业取得了历史性的进步，而大多数的西方国家民众不能亲身感受这种变化，依然对中国的人权状况不很了解。因此，中国积极开展了与世界各国的人权沟通、交流和对话，并取得了积极成果。

从 20 世纪末开始，中国与美国、欧盟、英国、挪威、荷兰、德国、瑞士、瑞典、匈牙利、日本、俄罗斯、古巴、墨西哥、秘鲁、智利等近 20 个国家或地区举行人权对话与交流，促进了中国与其他国家在人权问题上的相互了解与合作。主要的人权对话次数如表 8—3 所示。

表 8—3　　中国与其他国家进行的人权对话

对话双方	次数	第一次对话时间	最后一次对话时间
中国—美国	18	1990 年	2013 年 7 月 30 日至 31 日
中国—欧盟	32	1995 年	2013 年 6 月 24 日至 25 日
中国—英国	21	1997 年	2014 年 5 月 19 日至 20 日
中国—德国	11	1999 年	2013 年 5 月 14 日至 15 日
中国—澳大利亚	15	1997 年	2014 年 2 月 20 日
中国—瑞士	6	1991 年	2011 年 3 月 9 日至 10 日

续表

对话双方	次数	第一次对话时间	最后一次对话时间
中国—荷兰	8	1997 年	2013 年 12 月 18 日
中国—挪威	13	1998 年	2010 年 6 月 10 日至 11 日

中国民间组织积极开展的人权的国际交流，促进各国人民之间在人权问题上的相互理解。

中国人权研究会主办自 2008 年以来每年举办“北京人权论坛”，参加者来自多个国家和国际组织的人权专家和官员，它成为中国与世界各国在人权领域进行沟通的一个高层次交流平台，为增进中国与各国相互了解，推动国际人权事业健康发展发挥了积极作用。历届北京人权论坛的举办时间和主题如表 8—4 所示。

表 8—4　　历届北京人权论坛举办时间及论坛主题

届次	举办时间	论坛主题
第一届	2008 年 4 月 21 日—22 日	“发展、安全与人权”
第二届	2009 年 11 月 2 日—3 日	“和谐发展与人权”，下设“国际金融危机背景下的人权保障”、“以人为本的发展与人权保障”、“消除贫困和人权保障”三个分议题
第三届	2010 年 10 月 19 日—20 日	“人权与发展：概念、模式、途径再思考”，下设“科学发展与人权”、“文化多样性与人权”、“全球治理与人权”三个分议题
第四届	2011 年 9 月 21 日—23 日	“文化传统、价值观与人权”，下设“价值观与人权”“文化传统与人权”“人类尊严与人权”三个分议题
第五届	2012 年 12 月 12 日—13 日	“科技、环境与人权”，下设“科技发展与人权”、“信息时代与人权”、“环境与人权”三个分议题
第六届	2013 年 9 月 12 日—13 日	“建设可持续的人权发展环境”，下设“法治与人权”“社会建设与人权”“区域安全与人权”三个分议题
第七届	2014 年 9 月 17—18 日	“中国梦：中国人权事业的新进展”，下设“中国梦的人权意义”、“国家治理创新与人权保障”、“人权的跨文化交流”、“反恐怖与人权保障”四个分议题

除北京人权论坛外，还有其他各种形式的国际人权研讨会，如中欧国际人权研讨会、中加国际人权研讨会、中德国际人权研讨会等。其中，由中国人权发展基金会、中国国际交流协会、德国艾伯特基金会共同主办的中德国际人权研讨会自 1999 年以来至 2014 年已举办 12 届。

中国人权研究会和中国人权发展基金会组团出访其他国家，访问过的国家包括美国、英国、法国、德国、奥地利、比利时、荷兰、瑞士、意大利、西班牙、澳大利亚、新西兰、摩洛哥、埃及等，与这些国家的各界人士广泛进行了人权交流。

表 8—5　　中国与其他国家历年开展的人权对话和研讨

年份	双边人权对话的国家与地区名称和多边人权研讨会名称
1990	美国
1991	美国
1992	美国
1993	美国
1994	美国
1995	美国、欧盟、加拿大
1996	欧盟、挪威、瑞典、加拿大
1997	欧盟、日本、澳大利亚、加拿大
1998	欧盟、英国、德国、法国、澳大利亚、加拿大；秘鲁、卢旺达、刚果（布）、赞比亚； “面向二十一世纪的世界人权”研讨会
1999	美国、欧盟、英国、德国、挪威、澳大利亚、加拿大； 亚欧第二届人权研讨会、中加挪第二届人权研讨会
2000	美国、欧盟、英国、德国、瑞典、挪威、澳大利亚、加拿大
2001	美国、欧盟、英国、德国、挪威、瑞典、澳大利亚；尼日利亚
2002	欧盟、英国、德国、挪威、瑞士、澳大利亚、加拿大；斯里兰卡、泰国、加蓬、肯尼亚、津巴布韦、墨西哥、智利、秘鲁、阿根廷；“东方文化与人权发展”国际研讨会
2003	欧盟、英国、德国、荷兰、挪威、瑞士、澳大利亚、加拿大； 第五届中加挪人权研讨会
2004	欧盟、英国、德国、挪威、澳大利亚、加拿大；塞拉利昂、津巴布韦、老挝；第六届亚欧非正式人权研讨会、中非人权研讨会、中加挪人权研讨会

续表

年份	双边人权对话的国家与地区名称和多边人权研讨会名称
2005	欧盟、英国、瑞士、德国、匈牙利、荷兰、澳大利亚、加拿大；埃及、乌克兰、墨西哥、老挝；亚太人权研讨会
2006	欧盟、英国、瑞士、瑞典、德国、挪威、澳大利亚；巴西、阿根廷、委内瑞拉；第七届中加挪人权研讨会（加、挪、荷兰），“尊重和促进人权和建设和谐世界”国际研讨会
2007	欧盟、英国、瑞典、挪威、荷兰、匈牙利、澳大利亚；俄罗斯、越南、墨西哥； 第八届亚欧非正式人权研讨会
2008	美国、欧盟、英国、德国、瑞士、挪威、日本；秘鲁； 第一届北京人权论坛
2009	欧盟、英国、荷兰、挪威、澳大利亚、日本；俄罗斯、伊朗、老挝； 第二届北京人权论坛
2010	美国、欧盟、英国、德国、挪威、匈牙利、日本；俄罗斯、古巴； 第三届北京人权论坛；第十届亚欧非正式人权研讨会
2011	美国、欧盟、英国、德国、瑞士、瑞典、新西兰、日本；俄罗斯、古巴、巴基斯坦； 第四届北京人权论坛，第十一届亚欧非正式人权研讨会
2012	美国、欧盟、英国、德国、澳大利亚、瑞士； 第五届北京人权论坛；第十二届亚欧非正式人权研讨会
2013	美国、欧洲、德国、荷兰； 第六届北京人权论坛，第十三届亚欧非正式人权研讨会
2014	澳大利亚、英国； 第七届北京人权论坛，第十四届亚欧非正式人权研讨会

资料来源：根据以下文献及网上查询资料总结。（1）由中华人民共和国外交部政策规划司主编、外交部各地区业务司撰稿、世界知识出版社出版发行，每年出版一卷的《中国外交》系列丛书；（2）李君如主编：《中国人权事业发展报告》（蓝皮书）（2011—2014年），社会科学文献出版社，2011—2014年。

第四节　中国对国际人权义务的履行

一　加入人权公约并接受审议

（一）加入国际人权公约

中国已批准加入了27项国际人权公约，于1998年10月5日签署了

《公民权利和政治权利国际公约》（ICCPR），并一直积极稳妥推进立法、行政和司法改革，使国内法更好地与公约规定相衔接，为批准该公约做准备。表 8—6 为中国所批准的公约及其议定书。

表 8—6　　中国加入的国际人权公约及其议定书

	条约	签署日期	批准、加入或继承日期
1	《经济、社会及文化权利国际公约》	1997 年 10 月 27 日	2001 年 3 月 27 日
2	《儿童权利公约》	1990 年 8 月 29 日	1992 年 3 月 2 日
3	《儿童权利公约关于买卖儿童、儿童卖淫和儿童色情制品问题的任择议定书》	2000 年 9 月 6 日	2002 年 12 月 3 日
4	《儿童权利公约：关于儿童卷入武装冲突问题的任择议定书》	2001 年 3 月 15 日	2008 年 2 月 20 日
5	《残疾人权利公约》	2007 年 3 月 30 日	2008 年 8 月 1 日
6	《消除对妇女一切形式歧视公约》	1980 年 7 月 17 日	1980 年 11 月 4 日
7	《消除一切形式种族歧视国际公约》		1981 年 12 月 29 日（加入）
8	《禁止酷刑和其他残忍、不人道或有辱人格的待遇或处罚公约》	1986 年 12 月 12 日	1988 年 10 月 4 日
9	《防止及惩治灭绝种族罪公约》		1983 年 4 月 18 日（加入）
10	《禁止并惩治种族隔离罪行国际公约》		1983 年 4 月 18 日（加入）
11	《反对体育领域种族隔离国际公约》	1987 年 10 月 21 日	1988 年 4 月 21 日
12	《改善战地武装部队伤者病者境遇之日内瓦公约》		1956 年 12 月 28 日
13	《改善海上武装部队伤者病者及遇船难者境遇之日内瓦公约》		1956 年 12 月 28 日
14	《关于战俘待遇之日内瓦公约》		1956 年 12 月 28 日
15	《关于战时保护平民之日内瓦公约》		1956 年 12 月 28 日
16	《关于难民地位的公约》		1982 年 9 月 24 日（加入）
17	《关于难民地位议定书》		1982 年 9 月 24 日（加入）

续表

	条约	签署日期	批准、加入或继承日期
18	《1949年8月12日日内瓦的公约关于保护国际性武装冲突受难者的附加议定书》（第一议定书）		1983年9月14日（加入）
19	《1949年8月12日日内瓦的公约关于保护非国际性武装冲突受难者的附加议定书》（第二议定书）		1983年9月14日（加入）
20	《残疾人职业康复与就业公约》		1987年9月5日
21	《男女工人同工同酬公约》		1990年9月7日
22	《就业政策公约》		1997年12月17日
23	《最低就业年龄公约》		1998年12月29日
24	《禁止和立即行动消除最有害的童工形式公约》		2002年8月8日
25	《联合国人员和有关人权安全公约》		2004年8月28日（加入）
26	《消除就业和职业歧视公约》		2005年8月28日
27	《〈联合国打击跨国有组织犯罪公约〉关于预防、禁止和惩治贩运人口特别是妇女和儿童行为的补充议定书》		2009年12月26日
28	《〈经修正的1974年国际海上人命安全公约〉的修正案》		2010年7月1日
29	《〈经修正的1974年国际海上人命安全公约〉的修正案》（附件2）		2010年7月1日
30	《〈1974年国际海上人命安全公约1988年议定书〉的修正案》		2010年7月1日

同时，在1984年，中国政府承认了国民党政府（1930—1947年）批准的14个国际劳工公约，其中包括《确定准许儿童在海上工作的最低年龄公约》、《农业工人的集会结社权公约》、《工业企业中实行每周休息公约》、《确定准许使用未成年为扒炭工或司炉工的最低年龄公约》、《在海上工作的儿童及未成年人的强制检查公约》、《本国工人与外国工人关于事故赔偿的同等待遇公约》、《海员协议条款公约》、《海员遣返公约》、《制订最低工资确定办法公约》、《航运的重大包裹标明重量公约》、《船舶

装卸工人伤害防护公约》、《各种矿场井下劳动使用妇女公约》、《确定准许使用儿童于工业工作的最低年龄公约》、《最后条款修正公约》。中国政府还于1990年批准了《三方协商促进贯彻国际劳工标准公约》，2001年批准了《劳动行政管理公约》。①

（二）提交履约报告并接受审议

中国积极履行人权公约的义务，并先后就《儿童权利公约》及其议定书、《残疾人权利公约》、《消除对妇女一切形式歧视公约》、《消除一切形式种族歧视国际公约》、《禁止酷刑和其他残忍、不人道或有辱人格的待遇或处罚公约》和《经济、社会及文化权利国际公约》向联合国条约机构提交了履约报告并接受了审议（见表8—7）。中国政府本着真诚合作和负责任的态度，与各人权条约机构保持沟通与建设性对话，重视并充分考虑条约机构提出的意见和建议，尽可能结合中国国情加以采纳和落实。

表8—7　　中国提交履约报告并接受审议

条约	报告状况
《儿童权利公约》	1996年（第一次）、2005年（第二次）、2013年（第三、四次合并）
《儿童权利公约关于买卖儿童、儿童卖淫和儿童色情制品问题的任择议定书》	2005年（第一次）
《儿童权利公约：关于儿童卷入武装冲突问题的任择议定书》	2013年（第一次）
《残疾人权利公约》	2012年报告一次
《消除对妇女一切形式歧视公约》	1984年（第一次）、1992年（第二次）、1999年（第三、四次合并报告）、2006年（第五、六次合并报告）、2014年（第七、八次合并）
《消除一切形式种族歧视国际公约》	1983年（第一次）、1986年（第二次）、1990年（第三、四次合并）、1996年（第五、六、七次合并）、2001年（第八、九次合并）、2009年（第十、十一、十二、十三次合并）
《禁止酷刑和其他残忍、不人道或有辱人格的待遇或处罚公约》	1990年（第一次）、1993年（第二次）、1996年（第三次）、2000年（第四次）、2008年（第五次）、2014年（第六次）

① 常健等主编：《人权知识公民读本》，湖南大学出版社2012年版，第39页。

续表

条约	报告状况
《经济、社会及文化权利国际公约》	2005年（第一次）、2014年（第二次）

注：只有联合国体系内的人权条约存在履约报告制度。

二　与国际人权机构合作

（一）当选人权理事会成员

2006年联合国人权理事会创立后，中国积极参选人权理事会，并三次成功当选人权理事会成员（见表8—8）。

表8—8　　中国当选人权理事会成员情况

次数	时间	会议	得票	任期
1	2006年5月9日	第60届联合国大会	146	2006—2009年
2	2009年5月12日	第63届联合国大会	167	2009—2012年
3	2013年11月12日	第68届联合国大会	176	2014—2016年

（二）在各条约机构中任职

中国政府积极推荐中国人权专家参与联合国人权条约机构工作。表8—9为目前在联合国人权条约机构中任职的中国专家。

表8—9　　中国专家在联合国人权条约机构任职表

姓名	任职的联合国人权条约机构	担任职务	本届任期到期时间
丛军（女）	经济、社会及文化权利委员会	委员	2016.12.31
黄永安	消除种族歧视委员会	委员	2016.01.19
邹晓巧（女）	消除对妇女歧视委员会	委员	2016.12.31
张克宁	禁止酷刑委员会	委员	2017.12.31

此外，中国人权专家张义山当选联合国人权理事会咨询委员会成员，任期至2016年9月。

（三）参与国际人权公约的制定

中国与国际人权条约机制积极合作，积极参加国际人权公约，重视并积极参与人权领域国际规则的制定。

2011年2月，中国政府派代表出席《儿童权利公约》来文申诉程序任择议定书工作组第二次会议下半期会议，积极参与草案的磋商，并在人权理事会第17次会议和第66届联合国大会上参加协商一致通过《儿童权利公约关于来文申诉程序的任择议定书》。[①] 2011年9月，中国就联合国禁止酷刑委员会起草的《对〈禁止酷刑公约〉第14条的一般性意见》（工作文件）向委员会提交中国政府评论，对“受害人”及“补偿”的定义、缔约国的民事赔偿义务、实现获得补偿权利的障碍等内容提出意见。[②]

（四）与联合国人权高级专员办公室的合作

中国与联合国人权高专及其办公室一直保持良好合作关系。1998年，中国外交部与联合国人权高专办公室就技术合作项目签署了合作意向备忘录，此后开展了多年的合作项目，主要涉及人权教育、能力建设和建设法治国家等方面。中国政府持续向人权高专办捐款支持其工作，2010年起将每年捐款数额从2万美元增加到5万美元，2014年提升至80万美元。

（五）接待联合国特别工作组和特别报告员来访

自1994年以来，中国先后邀请和接待联合国多个人权问题特别工作组和特别报告员访华。（见表8—10）

表8—10 联合国人权问题特别工作组和特别报告员对中国的访问

访问者	时　　间
宗教信仰自由特别报告员	1994年
任意居留问题工作组	1996年
任意居留问题工作组	1997年10月6日—16日
教育权问题特别报告员	2003年9月9日—19日
宗教自由问题特别报告员	2004年发出邀请。最后一封要求确定日期的信件：2006年9月

① 《中国法制建设年度报告（2011）》，中国人权网，2012年7月18日，http://www.humanrights-china.org/cn/dt/gnbb/t20120718_915033_1.htm（最后访问时间：2013年2月14日）。

② 同上。

续表

访问者	时　　间
任意拘留问题工作组	2004 年 9 月 18 日—30 日
酷刑问题特别报告员	2005 年 11 月 20 日—12 月 10 日
粮食权问题特别报告员	2010 年 12 月 15 日—23 日
法律和实践中对妇女的歧视问题工作组	2013 年 12 月 12 日—19 日

三　参加联合国维和行动

中国作为联合国安理会常任理事国，一贯重视并支持联合国在《联合国宪章》宗旨和原则指导下，为维护国际和平与安全发挥积极作用。1988 年 9 月，中国正式申请加入联合国维持和平行动特别委员会，并于 1988 年 12 月第 43 届联合国大会一致同意。1990 年 4 月，中国向中东地区派出军事观察员，第一次参与联合国主导的维和行动。1992 年 4 月，中国第一支“蓝盔”部队——军事工程大队赴柬埔寨执行任务，这是中国首次派遣成建制非作战部队参与联合国维和行动。1999 年，中国政府正式宣布派遣维和警察参与联合国维和行动。2002 年 2 月，中国正式加入联合国维和行动第一级待命安排机制。据统计，截至 2011 年 5 月，中国军队共参加 20 项联合国维和行动，累计派出维和官兵 18515 人次。9 名维和官兵在执行任务中牺牲。中国是联合国安理会常任理事国派遣维和人员最多的国家。

表 8—11　　中国参加的联合国主要维和行动

中国派出的维和警察和部队	截至 2014 年批数
赴刚果（金）维和工兵、医疗分队	17
赴南苏丹瓦乌维和医疗队	12
赴黎巴嫩维和工兵分队	12
赴黎巴嫩维和医疗分队	11
赴苏丹（达尔富尔）维和部队	10
赴马里维和部队	2
赴利比里亚维和警察防暴队	1

续表

中国派出的维和警察和部队	截至 2014 年批数
赴利比里亚维和部队	3
赴海地维和警察防暴队	1
赴柬埔寨军事工程大队	1
赴波黑维和警察	1
赴东帝汶民事警察	1

四　接受联合国国别人权审议

2006 年 3 月，联合国大会决定建立人权理事会，并授权理事会设立国别人权审查工作组，定期审议每个国家履行人权义务和承诺的情况。

2009 年 2 月，中国首次接受联合国人权理事会国别人权审查。中国代表团在审议会议中全面介绍了中国人权事业的发展、面临的挑战和努力的目标，与各国进行了开放、坦诚的对话。许多国家肯定中国在人权领域所做的努力和取得的进步，并提出了有价值的建议。中国代表团以严肃和高度负责任的态度，认真研究了各国所提的建议，接受了所有符合中国国情、具有可行性的建议共 42 条。同年 6 月，人权理事会全会核可了工作组审议中国的报告。工作组的审议报告结论指出：国际社会希望中国继续发展和保护人权的努力，与其他国家分享中国减贫、发展等经验，继续在国际舞台上发挥积极的建设性作用，鼓励中国走符合本国国情的道路。

2013 年 10 月 22 日，中国第二次接受国别人权审查工作组的审议。中国接受国别人权审查代表团由来自中央政府 17 个单位以及香港、澳门特区政府代表组成。137 个国家代表在会上就中国人权状况发言并提出建议，中国代表团现场回答了这些国家提出的问题。2014 年 3 月 20 日，日内瓦万国宫举行的人权理事会第 25 次会议上，中国接受第二轮国别人权审查报告获得联合国人权理事会核可。中国代表团团长、中国常驻联合国日内瓦办事处和瑞士其他国际组织代表吴海龙表示，去年 10 月，人权理事会国别人权审查工作组会议对中国进行第二轮国别人权审查，各国在会上共提出 252 条建议。经慎重研究和努力，中方决定接受其中 204 条建议，占建议总数的 81%，涉及减贫、教育、司法改革等 20 多个领域，充分体现中国促进和保护人权的决心和勇气，显示了中方对各国建议的开放、积极和认真的态度。

第五节　中国在联合国人权机构开展的斗争

中国在与联合国人权机构的关系中，既有合作，也有斗争。本节选取了联合国人权委员会中的中国人权议题，有关联合国人权理事会的议题，联合国人权理事会中的叙利亚人权议题的典型案例，展示中国在联合国人权机构中与一些西方国家开展的斗争。

一　在联合国人权委员会中针对反华提案的斗争

1946 年，根据《联合国宪章》第六十八条的规定，联合国成立了下属于经济及社会理事会的人权委员会，成为联合国系统内负责处理人权问题的主要机构，总部设在瑞士日内瓦。人权委员会由经社理事会选举产生的成员国组成，起初为 18 个，1979 年扩大为 43 个，1992 年增至 53 个，按区域分配原则分别是亚洲 12 国，非洲 15 国，东欧 5 国，拉美 11 国，西方国家（包括西欧、北美洲和大洋洲）10 国。该委员会主要负责提供总的指导方针，研究人权问题，拟具建议和起草与人权有关的国际文书，向经社理事会报告有关国家的人权状况。每年春季的 3、4 月份，人权委员会在日内瓦举行为期 6 周的全体会议。

1971 年中国恢复联合国合法席位后并没有立即加入人权委员会。1979 年，西方国家酝酿在第 35 届人权委员会上提出一个谴责越南侵略柬埔寨、侵害人权的决议草案，应民柬政府要求，我国第一次以观察员身份参加人权委员会的会议，1981 年 5 月，在联合国经社理事会的春季会议上，我国正式要求参加人权委员会并以高票当选。[①] 1982 年第 38 届人权委员会上，我国成为人权委员会的正式一员。

中国与美国等西方国家在联合国人权委员会围绕反华提案的斗争始于 1990 年第 46 届人权会议。在这次会议上，包括美国在内的 18 个国家要求联合国秘书长向人权委员会提供中国人权的状况，一些国家和非政府组织则公开批评谴责中国。此后从 1990—2004 年间，以美国为首的多个国

---

① 吴建民：《外交案例》，中国人民大学出版社 2007 年版，第 222 页。

家先后 11 次在人权会议上提出所谓的中国人权问题议案，批评中国政府不关心人权，中国的人权纪录很糟。只有四个年度因为美国自身政治和外交的原因没有带头提出反华提案，分别是 1991 年海湾战争，1998 年克林顿访华，2002 年在人权委员会换届选举中落选而无资格提议案，2003 年伊拉克战争。

面对西方这种来势汹汹的人权攻势，中国外交家们做了多方大量细致而周密的工作，在坚定原则的情况下采取灵活的策略，对来自外部的批评做了有理、有利、有节的回应和外交斗争。① 中国利用经社理事会的议事规则提出不采取行动的动议（no action motion），联合观点相似的发展中国家（Like - Minded Group），通过会场发言反驳和揭露西方的观点论调，最终使得历次反华提案都未果而终。

二　围绕联合国人权理事会成立而展开的斗争

在 2005 年联合国进行改革的进程中，联合国秘书长安南在联大会议上作了题为《大自由：实现人人共享的发展、安全和人权》的报告，报告中正式提出了“用规模较小的常设人权理事会取代人权委员会，作为联合国大会的一个主要机构或附属机构，以赋予人权问题更崇高的地位，符合人权在《宪章》中所占的首要位置。②”2005 年 9 月，世界首脑会议在联合国总部纽约举行，会议决定“进一步加强联合国人权机制，决意创建人权理事会。③”2006 年 3 月 15 日，第 60 届联大会议以 170 票赞成、4 票反对、3 票弃权的表决结果通过一项决议，决议设立共有 47 个席位的人权理事会，以取代人权委员会。④

---

① 例如关于 1996—1997 年的日内瓦人权斗争的详细过程，可参见吴建民大使在《外交案例》第四部分多边外交中所讲述的内容。

② 联合国秘书长安南 2005 年 3 月 21 日在纽约联合国大会的发言：《大自由：实现人人共享的发展、安全和人权》，第 42 页，联合国文件中心：http：//www. un. org/zh/documents/，文件编号：A/59/2005。

③ 《2005 年世界首脑会议成果》，第 28 页，联合国文件中心：http：//www. un. org/zh/documents/，文件编号：A/60/L. 1。

④ 联合国大会决议：http：//www. un. org/documents/resga. htm，决议编号：A/RES/60/251。联大共有 191 个成员国，美国、以色列、马绍尔群岛和帕劳投了反对票，委内瑞拉、伊朗和白俄罗斯弃权，7 个成员国因拖欠联合国会费被取消表决权，另有几个国家未参加投票。

相比人权委员会而言，人权理事会在性质地位、工作原则、会员国制度、职能发展等方面都进行了改进和创新。就性质地位而言，人权理事会作为联合国大会的附属机构，成员由联大会员国直接选举产生，相对于附属于经社理事会的机构人权委员会而言，完成了由工作机构到权力机构的转变，因此更有权威；就工作原则而言，与委员会不同，理事会有更加详细和明确的工作原则；在会员国制度方面，人权机构规模有小幅度缩减，但成员构成有较大调整，尤其提高了亚洲等国家在联合国人权机构中所占的比重。此外，根据决议，理事会的成员资格向联合国所有会员国开放，而不仅仅是联合国经社理事会成员，人权理事会取消了人权委员会成员可连选连任的规定，明确人权理事会成员在连续两任后不能连任；在职能发展方面，为了纠正人权委员会在国别问题上选择性的做法，人权理事会设立了“普遍定期审查机制[①]”，在平等的基础上对所有会员国履行人权义务和承诺的情况进行审议，在这种体制下，每个会员国都将定期受到审查，具体体现了人权的普遍性和不可分割性，从而尽可能避免人权保护的政治化和选择性。

联合国人权理事会的成立并不是一帆风顺的，期间经历了成员国近半年30多轮的磋商，是国家之间妥协的产物。[②] 一直把在全世界促进人权和民主作为其外交政策主要目标的美国对设立人权理事会的决议表达了强烈不满，并在表决中坚定地投了反对票。与美国的态度相反，中国在成立人权理事会的磋商和最后表决过程中发挥了积极的作用。虽然人权理事会在制度设计和运作细节方面仍然存在一些问题，但是在包括中国在内的世界大多数国家的努力推动下，人权理事会对世界范围内的人权保护和促进工作具有非常大的积极意义。[③]

---

① “普遍定期审查机制”指“根据客观和可靠的信息，以确保普遍、平等地对待并尊重所有国家的方式，定期普遍审查每个国家履行人权义务和承诺的情况；审查应是一个基于互动对话的合作机制，由相关国家充分参与，并考虑到其能力建设需要；这个机制应补充、而不是重复条约机构的工作。”根据规定，经三分之二成员国同意，联大可中止严重违反人权国家的人权理事会成员国资格。联大于2011年3月1日通过决议，中止利比亚联合国人权理事会成员国资格。这是联合国大会首次中止人权理事会某一成员国的资格。

② 罗艳华：《联合国人权理事会的设立及其背后的斗争》，《人权》2006年第3期，第54页。

③ Rana Siu Inboden and Titus C. Chen, “China's Response to International Normative Pressure: The Case of Human Rights,” *The International Spectator: Italian Journal of International Affairs*, Vol. 47, No. 2, June 2012, pp. 53 - 55；罗艳华：《联合国人权理事会的设立及其背后的斗争》，第56页。

2006年5月9日，在第60届联合国大会上，中国以146票当选首届人权理事会成员。2009年5月12日，第63届联合国大会第83次全体会议改选联合国人权理事会18个成员国，191个联合国会员国的代表出席并投票。经过一轮投票，中国以167票成功连任人权理事会成员，任期自2009年至2012年。2013年11月12日，中国以176票第三次当选人权理事会成员。中国认真履行作为人权理事会现任理事国的义务，积极参加人权理事会的历次会议和各项工作，在理事会针对一些重大事件的表决中，积极参与相关问题的讨论并表明自己的立场，与人权理事会及下属机构保持着良好的合作关系。

三　联合国人权理事会就叙利亚问题展开的斗争

（一）叙利亚冲突与人道主义危机

叙利亚（The Syrian Arab Republic）位于亚洲大陆西部，地中海东岸。北靠土耳其，东南邻伊拉克，南连约旦，西南与黎巴嫩、巴勒斯坦地区接壤，西与塞浦路斯隔海相望，面积约18.5万平方公里，人口450万。这里的居民阿拉伯人占绝大多数（80%以上），此外还有库尔德人、亚美尼亚人、土库曼人等。居民中85%信奉伊斯兰教，14%信奉基督教。穆斯林人口中，逊尼派占80%（约占全国人口的68%），什叶派占20%，在什叶派中阿拉维派占75%（约占全国人口的11.5%）。叙利亚首都为大马士革（Damascus），总统是巴沙尔·阿萨德（Bashar Al－Assad）。①

自2010年底以来，中东地区的一些国家相继发生大规模的反政府社会运动，国内和地区局势持续动荡，民主改革的呼声和浪潮势不可当，西方媒体称之为“阿拉伯之春”。继突尼斯、埃及、利比亚、也门、巴林之后，2011年3月叙利亚境内爆发大规模反政府示威游行，要求政府实施政治经济改革，甚至要求现政权下台，导致冲突与对抗不断升级，持续至今。叙利亚危机是国内、国际各种复杂因素相互作用的结果。目前叙主要的政治反对派有境外的“叙利亚反对派和革命力量全国联盟”和境内的

① 关于叙利亚基本情况的介绍，参见中华人民共和国外交部网站：http://www.fmprc.gov.cn/mfa_chn/gjhdq_603914/gj_603916/yz_603918/1206_604810/（最后访问时间：2013年2月27日）。

"全国民主变革力量民族协调机构"等，武装反对派有"自由叙利亚军"等。由于冲突动荡持续存在，各方势力僵持不下，叙利亚境内出现了严重的侵犯人权事件和人道主义危机，并有持续恶化的趋势。

根据联合国叙利亚问题调查委员会的最新报告显示，在持续近两年的冲突中，叙利亚政府军及反政府方面都升级了对武力的使用，在双方各自控制的地区均发生过谋杀、酷刑、强奸、强迫失踪、任意拘捕、劫持人质、残杀儿童等非人道行为，双方均犯有危害人类罪、战争罪等罪行。[①]调查委员会主席2013年3月11日在日内瓦召开的第22次人权理事会会议上说，叙利亚冲突已经步入了第三个年头，然而国内的难民和流离失所者仍然成千上万，其中三分之二是妇女和儿童。[②]根据联合国人权高专办和人道主义事务协调厅的数据分析显示，叙利亚冲突已经造成6万多人死亡，叙利亚境内至少有400万人有待援助，而在约旦、黎巴嫩、伊拉克、土耳其和埃及等周边国家，还有110万叙利亚难民，这一数字还在以每天8000人的速度增加，叙利亚人道主义行动面临严重的资金短缺和各种困难。[③]

（二）人权理事会就叙利亚问题展开的争论

叙利亚发生动荡伊始，联合国人权理事会就开始密切关注叙利亚国内的人权发展状况，不定期的召开特别会议，并在每次例行会议上均讨论叙利亚人权问题，通过了多个涉叙决议。截至2012年12月，联合国人权理事会针对叙利亚人权问题，共召开了4次特别会议，3次例行会议，在2011—2012年两年间共通过8个决议。（见表8—12）人权理事会对叙利亚人权问题的高度关注、密切跟进、反应及时，充分体现了其相对于人权委员会会议机制的灵活性和适应性，这种运作方式有助于人权理事会应对

---

① Report of the independent international commission of inquiry on the Syrian Arab Republic, A/HRC/22/59, 5 February 2013, http://www.ohchr.org/EN/HRBodies/HRC/IICISyria/Pages/IndependentInternationalCommission.aspx（最后访问时间：2013年2月27日）。

② Statement by Paulo Sérgio Pinheiro, Chair of the Independent International Commission of Inquiry on the Syrian Arab Republic, at the HRC 22nd regular session, Geneva, 11 March 2013, http://www.ohchr.org/Documents/HRBodies/HRCouncil/CoISyria/StatementPSP11March2013.pdf（最后访问时间：2013年3月19日）。

③ 相关数据和详细内容参见联合国关注叙利亚局势网：http://www.un.org/zh/focus/northafrica/syria.shtml。

瞬息万变的世界各国人权情况的变化，也有助于理事会作为联合国人权机构解决人权紧急事务效率的提高。

表 8—12　　人权理事会关于叙利亚问题的决议和表决情况

会议名称	决议编号	表决时间	表决内容	表决结果	反对国家
第 16 次特别会议（16th Special session）	A/HRC/RES/S-16/1	2011. 04. 29	美国提出的，谴责叙利亚当局对和平抗议者使用致命暴力并敦促其停止侵犯人权	26 票赞成、9 票反对、7 票弃权	中国、古巴、俄罗斯、厄瓜多尔、巴基斯坦、马来西亚、孟加拉国、加蓬、毛里塔尼亚
第 17 次特别会议（17th Special session）	A/HRC/RES/S-17/1	2011. 08. 23	波兰代表欧盟提出的，向叙利亚派遣独立国际调查团	33 票赞成、4 票反对、9 票弃权	中国、古巴、俄罗斯、厄瓜多尔
第 18 次特别会议（18th Special session）	A/HRC/RES/S-18/1	2011. 12. 02	欧盟提出的，谴责叙利亚人权形势	37 票赞成、4 票反对、6 票弃权	中国、古巴、俄罗斯、厄瓜多尔
第 19 次例行会议（19th Regular session）	A/HRC/RES/19/1	2012. 03. 01	叙利亚严重侵犯人权行为不断升级、人道主义状况持续恶化、谴责叙政府	37 票赞成、3 票反对、3 票弃权	中国、古巴、俄罗斯
第 19 次例行会议（19th Regular session）	A/HRC/RES/19/22	2012. 03. 23	对叙利亚境内的人权和人道主义状况表示关切，谴责叙利亚政府	41 票赞成、3 票反对、2 票弃权	中国、古巴、俄罗斯

续表

会议名称	决议编号	表决时间	表决内容	表决结果	反对国家
第 19 次特别会议（19th Special session）	A/HRC/RES/S－19/1	2012. 06. 01	欧盟、美国等国提出的，叙利亚正在恶化的人权形势和胡拉镇屠杀事件	41 票赞成、3 票反对、2 票弃权	中国、古巴、俄罗斯
第 20 次例行会议（20th Regular session）	A/HRC/RES/20/22	2012. 07. 06	美国等国提出，对叙利亚境内的暴力及侵犯人权行为，特别是叙政府和亲政府民兵予以谴责	41 票赞成、3 票反对、3 票弃权	中国、古巴、俄罗斯
第 21 次例行会议（21st Regular session）	A/HRC/RES/21/26	2012. 09. 28	谴责叙利亚的人权形势、敦促叙政府与调查委员会合作	41 票赞成、3 票反对、3 票弃权	中国、古巴、俄罗斯

资料来源：根据联合国人权理事会网站 http：//www. ohchr. org/EN/HRBodies/HRC/Pages/Documents. aspx，及相关资料整理。

作为多边国际人权机构，理事会讨论并通过了多个谴责叙利亚政府和军队侵犯人权的决议，在相当大的程度上引起了国际社会公众对叙利亚人权局势的关注，也给当局政府施加了很大的舆论和政治压力，为保护叙利亚民众的人权起到了一定的积极作用。作为成员国的中国，除多次发表声明，敦促叙政府尊重人民要求变革的合法要求、停止使用暴力外，还与叙利亚反对派建立了联系，努力推动政治对话与和解。[①]

然而，叙利亚冲突不仅仅涉及人权和人道问题，也涉及中东地区安全

① 曲星：《联合国宪章、保护的责任和叙利亚问题》，《国际问题研究》2012 年第 2 期，第 16—18 页。

与稳定，牵涉到国际社会中许多国家的地缘政治和战略利益。叙利亚现已成为大国政治博弈的焦点，表现在人权理事会就是两种观点的巨大分歧，两种力量的巨大分裂。在关于叙利亚人权问题的8次表决之中，以美欧等成员国为首的西方国家多投赞成票，而以中俄为代表的国家均投反对票。最后通过的决议内容基本上代表了西方国家的主要观点。通过阅读历次决议案内容就会发现，大多数决议都措辞严厉，而且只是揭发和谴责叙利亚政府及其军队使用暴力侵犯人权的行为，对反政府武装的类似行为只字不提。这种决议不公正、不客观，理事会不顾中俄等国的强烈反对和意见，在成员国意见还存在巨大分歧的情况下强行通过涉叙决议，因此不具有代表性，决议的通过只能使当地动荡的局势进一步加剧，不利于危机的缓解和最终解决。

（三）中国在叙利亚人权议题上的表态

中国对待人权理事会决议的态度一向是鲜明的、坚决的。中国常驻联合国日内瓦办事处代表何亚非大使，在2011年4月19日人权理事会叙利亚人权状况第16次特别会议上发言时指出，中国反对在人权问题上采取施压和点名羞辱的做法，反对在人权理事会搞对抗，反对在人权问题上搞双重标准。① 2012年9月28日，中国代表团在人权理事会第21次会议通过“叙利亚人权状况”决议前作解释性发言时表示，国际社会应切实尊重叙利亚的独立、主权、统一和领土完整，尊重叙利亚人民自主选择政治制度和发展道路的权利。叙利亚的政治过渡进程必须由叙利亚人民主导，不能由外部强加。同时，叙利亚政府和反对派对恢复叙利亚的和平与稳定均负有责任，单方面施压的做法无助于解决问题。②

在针对叙利亚冲突中所产生的人权问题上，中国都面临着来自西方国家的巨大压力和挑战。中俄两国共同抵制联合国对叙利亚政府施压的做法

---

① 《何亚非大使在人权理事会叙利亚人权状况特别会议上的发言》，2011年4月29日，中华人民共和国常驻日内瓦办事处和瑞士其他国际组织代表团网：http：//www.china－un.ch/chn/rqrd/hfs/t819052.htm（最后访问时间：2013年3月2日）。

② 《中国代表团在人权理事会第21次会议对“叙利亚人权状况”决议草案（L.32）采取行动前的解释性发言》，2012年9月28日，中华人民共和国常驻日内瓦办事处和瑞士其他国际组织代表团网：http：//www.china－un.ch/chn/rqrd/hfs/t975997.htm（最后访问时间：2013年3月2日）。

招致了英、美等西方国家的批评。到2012年为止，人权理事会通过的所有关于叙利亚人权状况的决议投票中，虽然中俄等国都坚决地投了反对票，但是从结果上看并不能阻止决议的通过和实施。中国在理事会中的行动多次受到美欧等西方国家的指责。对历次理事会关于叙利亚问题决议的分析可以发现，这些决议并不公正，也不具有普遍性。从联合国理事会成员国构成而言，发展中国家的所占比例有所上升，其在理事会中的话语权也应该更大。这是联合国人权机构改革之后取得的一个重大进展。然而，理事会不顾中俄等国的强烈反对和意见，在成员国意见还存在巨大分歧的情况下强行通过涉叙决议，其结论和行为既不公正也不具代表性。这种结果既反映了联合国人权制度设计中人权问题政治化的现象仍然不能彻底消除，也反映了西方国际社会主导多边国际人权机构议事日程的现实。

在对待以叙利亚问题为代表的类似第三国人权问题，中国坚持主权平等，强调应该采取对话与谈判的政治解决方式，反对外部干涉和政权颠覆；美欧等西方国家则倾向于各种施压、制裁、禁运等强硬办法，强调大国介入对问题解决的关键作用。纵观当前国际局势，西方国家正在加紧将“保护的责任”等一整套人道干预理论付诸实践。它们打着“人道干预”的旗帜，名义上为了保护别国民众的安全，实质是想借保护人权颠覆现行以主权平等为核心的国际秩序，建立西方霸权，人道是假，干涉是真。[①]

四　联合国人权斗争的原因分析

联合国系统内的有关人权的外交活动，是中国开展多边对外交往的一个重要组成部分。从上述的分析中可以看出，国际人权领域充满了政治与外交斗争，各种各样的矛盾尖锐对立且不可调和，始终存在。

人权委员会成立的最初目的在于维护和实现《联合国宪章》中关于保护和尊重人权的宗旨和原则，但在实际的运作中，它在很多时候却成为国家之间互相指责的场所，沦为以美国为首的西方国家打着人权旗号打压发展中国家的政策工具。中国作为世界上最大的发展中国家和社会主义国

---

① 张睿壮：《“人道干涉”神话与美国意识形态》、《警惕西方列强以“人道干预”为名颠覆现行国际秩序》，载于《不和谐的世界——国际问题研究文萃》，上海人民出版社2010年版，第115—127页、第204—206页。

家，在冷战刚结束时恶劣的国际、国内形势下，自然成为被攻击的首要对象。从西方国家的外交行为上我们可以清楚地看到，人权并不是国家外交行为的首要考虑因素，当维护人权与自身的战略利益发生冲突的时候，人权总会退居次位，甚至沦为实现其他政策目标的工具，这一点在美国身上尤为明显。

20 世纪 90 年代，以美国为首的西方国家出于各种政治目的，屡次在人权委员会上搞反华提案，意图在多边国际场合利用所谓的中国国内人权状况联合打压中国。事实胜于雄辩。冷战后的 20 多年见证了中国经济、社会快速发展的历史奇迹，中国国内的人权建设比历史任何时期都发展得要快，取得的成果要多。中国等新兴国家对世界的影响越来越大，中国积极履行国际人权义务、参与国际人权合作的努力得到了越来越多的肯定和赞赏。世界霸主美国意图利用中国国内的人权问题施压和围堵中国的政策已经不得人心，更多的国家选择与中国开展建设性人权对话，跟随美国继续在国际多边领域指责中国人权的国家越来越少。因此，当西方国家“关心中国人权状况”的谎言被揭穿，当人权委员会因为人权政治化而出现“信誉赤字”的时候，合作的呼声就会盖过对抗，改革的要求便会成为必然。

西方构建的国际制度越来越不符合世界发展的需要，维护既有制度中的霸权和有利地位，争夺新的国际人权制度设计的领导权，成为世界各国斗争的重要目标。在此过程中，人权成为政治斗争的牺牲品或副产品，“维护与促进人权”便成为主导国家压制新兴国家、弱国小国的有力武器。美国可以根据自己的战略利益和偏好，随时决定是否加入国际人权组织机构，是否接受某个国际人权公约的义务和束缚，发展中小国则无论是否是国际人权机构的成员国、国际人权公约的缔约国，都只能坐在被告席上接受指责、审判和制裁，国际人权交往中的双重标准和冷战思维并没有在新的人权制度建设中得到有效解决。

总体而言，西方国家联合起来在联合国等多边国际场合攻击中国国内人权状况的历史已经过去。随着中国加入国际人权公约数量的不断增多，与国际人权条约机制的有关工作成为中国人权对外交往的一个重要内容。中国积极参与联合国人权条约机制的建立和完善，认真履行条约所赋予的责任，对中国的国内政治、法制建设和人权保障具有重要的影响作用。随着中国人权法制化的不断前进，这种国际规范的内化又必将对中国的人权对外交往产生深远影响。目前中国国内关于人权方面的法律法规建设和完善工作正在稳步推进。虽然在法律的有效实施和取得最终预期的效果方面还有不少的困难和很长的路要走[①]，但是实现整个社会的人权、民主与法制是历史发展的必然，也是中国共产党与中国政府致力追求的目标。作为联合国常任理事国之一，建设性的合作态度和负责任的履行行为将会为中国赢来良好的国际声誉，从而使西方国家意图利用人权问题在多边国际场合打压中国的图谋不攻自破。

第六节 中国在双边关系中的人权立场

除了在联合国机构中的人权斗争之外，中国在与其他国家的双边关系中也存在着人权议题。本节以中欧、中美关系中的西藏问题和达尔富尔问题为典型案例，分析中国在双边关系中的人权立场。

一 中欧、中美关系中的“西藏人权”议题

欧盟和美国作为世界上两个最重要的权力重心，是中国对外交往中出现人权问题的重要原因，也是中国处理双边人权关系、开展相关合作的重要对象。“西藏人权问题”的出现就与欧美有着密切的联系，而在该问题上的对抗与合作也成为几十年来中国人权对外交往面临的一个主要问题。

（一）“西藏人权问题”的由来和发展

所谓的“西藏人权问题”，是指由十四世达赖喇嘛为首的西藏分裂势力和美欧等西方国家就西藏宗教信仰、人身权利、藏民的政治司法权利、言论自由、计划生育等问题批评、指责中国政府，在国际社会上围绕中国西藏地区人权状况所发表的各种言论和从事的各项活动的总称。“西藏人权问题”与西藏的地位和宗主权问题、中国政府与达赖喇嘛为首的“西藏流亡政府”的谈判问题、西藏的传统文化和生态环境保护等问题一道

---

① Wan Ming, “Human Rights Lawmaking in China: Domestic Politics, International Law, and International Politics,” *Human Rights Quarterly*, Vol. 29, No. 3, August 2007, p. 752.

构成学术界和国际社会今天所称的“西藏问题”。[1] 随着国际形势的发展，中国在对外交往的过程中时常受到所谓“西藏人权问题”的困扰，美国国会、欧洲议会、美欧一些国家的政府领导人、西方国家的一些非政府组织屡屡就该问题责难中国政府。再加上达赖喇嘛在国际社会上的窜访、宣传、鼓动的作用，本属于中国主权管辖的国内事务国际化，本不存在的“西藏人权问题”被捏造、扭曲、放大而且引起了国际社会的广泛关注。“西藏人权问题”就是在这种内外势力共同作用的情况下始于20世纪50年代末60年代初，80年代末甚嚣尘上，进入新世纪2008年以来再次凸显。

1959年3月10日，一些西藏上层分裂分子发动全面武装叛乱，意图抵制中共中央的和平民主改革，维护旧的封建领主专政制度，将西藏分裂出中国，但很快被人民解放军平息。随后十四世达赖喇嘛及其追随者叛国逃亡到印度西北部喜马偕尔邦康拉县达兰萨拉镇，在印度当局和美国的暗中支持下建立了“西藏流亡政府”，该地区也成为达赖喇嘛从事分裂祖国、宣传“藏独”和“西藏人权问题”的大本营。围绕这次叛乱与平叛活动，此后一直到60年代以美国为首的西方社会首次提出了所谓的“西藏人权问题”。

1987年9月至1989年3月，拉萨多次发生骚乱，达赖先后访问美国和欧洲，提出解决“西藏问题”的“五点和平建议”和“斯特拉斯堡建议”。在达赖喇嘛极力开展国际人权外交的努力下，“西藏人权问题”再次沉渣泛起，80年代末成为美欧为首的一些西方议会、政府官员攻击打压制裁中国的借口。2008年3月14日，一群不法分子在西藏拉萨市区主要路段实施了打砸抢烧的严重暴力犯罪事件，一些西方政要在此前后相继会见达赖，并扬言以“涉藏问题”为由抵制中国举办奥运会，借西藏人权事务干涉我国内政，使得“西藏人权问题”近些年来再次成为我国对外交往中的重点问题。

（二）西方国家在西藏问题上对中国主权的挑战

在以上三个时期的所谓“西藏人权问题”，西方国家采取了一系列挑

---

① 郭永虎：《美国国会与中美关系中的“西藏问题”》，世界知识出版社2011年版，第7—9页。

战中国主权的行为。

第一，通过所谓的“西藏人权问题”决议。在美国的操纵下，1959年、1961年、1965年第14届、第16届和第20届联合国大会先后通过了所谓的“西藏人权问题”决议。[①] 从1987年6月通过的第一个有关“西藏人权问题”的法案开始，直到2010年美国国会先后通过200多项涉藏议案。[②] 据统计，2000—2010年间，欧洲议会每年都有涉华人权决议通过，这期间共通过了33件。欧洲议会通过的33件涉华人权决议，议题广泛，其中11件是有关西藏问题的决议，占总决议数量的33%以上。在欧洲议会看来，西藏问题的核心是人权问题，因此在其每年发表的世界人权报告中，将西藏问题决议视同为人权决议罗列其中。[③] 此外，澳大利亚等国议会也就西藏人权问题通过了决议案。

第二，邀请达赖喇嘛访问和演讲。由于欧盟国家在涉藏问题上根深蒂固的偏见，以及达赖集团的活动，加上媒体的炒作，欧盟在涉藏问题上不断给中国制造麻烦，其中表现最差的当属欧洲议会。[④] 欧洲议会为达赖集团在境外从事分裂祖国的活动摇旗呐喊、搭建舞台，并于1988年6月、2001年6月、2008年12月先后多次邀请达赖赴布鲁塞尔欧洲议会全会发表演讲。1987年9月，达赖以宗教活动为由出访美国并在国会众议院发表“五点和平建议”的演讲；2010年访美时在洛杉矶发表演讲。2012年11月，达赖窜访日本冲绳，并在那霸市发表英文演讲。

第三，国家元首或政府首脑以各种方式会见达赖。1991年4月16日，美国总统老布什在其私人住处与达赖会晤，突破了美国政府首脑不与达赖喇嘛接触的惯例，也为西方其他国家政府首脑接见达赖开了一个恶例。从此以后，美国历任总统在国会压力下都不得不接见达赖。2010年2月以及2011年7月，现任美国总统奥巴马在白宫地图室先后两次会见了

---

① United Nations General Assembly, “Resolution 1353 (XIV)”, 1959, “Resolution 1723 (XVI)”, 1961, “Resolution 2079 (XX)”, 1965, http://www.un.org/documents/resga.htm（最后访问时间：2013年2月16日）。

② 美国国会涉藏议案一览表（1987—2010），载郭永虎：《美国国会与中美关系中的“西藏问题”》，世界知识出版社2011年版，附录1，第253—274页。

③ 朱力宇、代秋影：《对欧洲议会涉华人权决议的回顾与若干评析》，《人权》2011年第1期，第43页。

④ 唐家璇：《劲雨煦风》，世界知识出版社2009年版，第316页。

窜访美国的达赖喇嘛。中方对美国历任总统会见达赖一事进行了多次的强烈反对和严正交涉。1991年12月，英国首相在唐宁街十号首相府会见了达赖。2007年德国总理默克尔不顾中方反对强行会见达赖，2008年欧盟轮值主席萨科齐也一改先前对华态度，于波兰会见了达赖，中国因此推迟了中欧首脑会议，欧盟则采取对中国部分商品进行限制的措施。北京奥运会前后，欧洲就人权问题对中国进行广泛的批评，并扬言联合抵制奥运会，使得中欧人权关系继1989年后又一次走低。2012年5月奥地利总理法伊曼不顾中方劝阻一意孤行会见了达赖。

第四，授予达赖喇嘛各种人权奖项和荣誉称号。1989年7月，美国国会授予达赖喇嘛沃伦伯格人权奖；10月5日，挪威诺贝尔委员会出于政治目的将1989年诺贝尔和平奖授予达赖；2007年10月，美国国会向达赖颁发具有象征民主、自由、人权的国会金质勋章；2009年6月7日，巴黎市政府授予达赖“荣誉市民”称号。

此外，出于各种各样的需要，有些西方国家的政要还时不时就西藏人权发表一些不负责任的言论，以混淆视听。无论采取何种形式，这些关心所谓“西藏人权问题”的人士都得出了近乎一致的结论：那就是西藏人权与基本自由、文化权利、宗教权利、生态环境受到了严重侵犯和破坏，国际社会需要向中国政府施加压力，促使中国改变政策，与达赖及其代表就西藏的未来进行无条件的谈判。

“西藏人权问题”与美国以及欧盟国家对华人权外交和政策有着密切的联系。长时以来，中美、中欧围绕“西藏人权问题”不断斗争，而该问题在中美和中欧双边关系中的产生和凸显有着深刻的历史背景和原因。

（三）“西藏人权问题”与中欧关系

中国与欧共体于1975年正式建立外交关系。冷战期间，出于两极对抗的国际战略格局，欧盟将注意力主要放在与东欧和苏联的关系上，人权问题在中欧关系中并不凸显。[①] 1989年苏东剧变，国际格局发生剧烈动荡，国际共产主义事业遭受巨大挫折，欧盟借机“六四政治风波”冻结

---

① Roberta Cohen, "People's Republic of China: the human rights exception," *Human Rights Quarterly*, Vol. 9, No. 4, 1987, pp. 447 - 549.

对华关系，对中国采取了包括中止与中国领导层的互访、中断共同体成员国与中国的军事合作、实行对华武器禁售等六项制裁措施，从而使中欧关系因为人权问题走到了历史最低点。但是随着中国改革开放所带来的经济快速发展，中国的国际地位和作用也越来越突出，欧盟在经济发展等一列问题上需要同中国合作，欧盟“以压促变”的强硬人权政策并没有持续太久。1995 年，欧盟发表首份对华政策文件——《欧盟—中国关系长期政策文件》，主张同中国建立长期、建设性的关系，全面加强双方在政治、经济等各个领域的合作。同一年中欧启动了包括外交层次、专家研讨会和技术合作项目在内的三轨人权对话，1998 年双方举行了首次欧盟——中国领导人会晤，并决定将双方的最高层会晤以机制化的形式固定下来。1998 年，欧盟对华政策文件《与中国建立全面伙伴关系》将中欧关系提升到了全面伙伴关系，强调加强与中国的关系符合欧盟的根本利益。2003 年前后，中欧关系的发展进入新的历史机遇期，中国发布了外交史上首份以地区为对象、公开发表的对欧政策文件，同一天欧盟也批准了第五份对华政策文件《走向成熟的伙伴关系》，中欧双方进一步将双边关系提升到“全面战略伙伴”关系的高度，自此中欧关系在广度和深度上都得到了前所未有的发展。这里需要指出的是，中欧关系得到快速发展的同时，人权问题并没有消失，反而一直成为影响双边关系健康发展的重要因素。

由于历史文化传统、政治制度、意识形态和经济发展水平等不同，中欧人权观存在较大差异，主要表现在个人主义与集体主义、普世主义和相对主义、权利与义务、主权和人权、制度与道德差异等五个方面。[①] 在对人权的理解上，双方不仅官方立场存在分歧，而且公众的人权观念也存在重要差异。[②] 在中欧经济贸易关系取得快速发展的同时，中欧的政治关系实质上因为人权问题发展很慢。中国强调主权独立和经济发展相对于政治改革的优先性，而欧盟更加注重联盟内外的人权和民主发展，彼此存在的

---

① 张弛、叶自成：《人权观差异与中欧关系》，共识网，2011 年 3 月 14 日，http://www.21ccom.net/articles/qqsw/zlwj/article_2011031431552.html（最后访问时间：2013 年 2 月 18 日）。

② ［比］邓肯·弗里曼，古斯塔夫·盖拉茨：《欧洲与中国的人权观差异》，朱鸣译，潘忠岐校，《欧洲研究》2011 年第 2 期，第 73—87 页。

这种巨大分歧成为中欧在许多双边和国际议题上合作的重大障碍。[①] 近年来，虽然中欧更加注重对话与合作，围绕人权问题的斗争相对淡化，中欧人权对话和交流进展顺利，但中欧就“西藏人权问题”所存在的分歧依然非常明显，一些欧洲国家的领导人不顾中方抗议与反对再三会见达赖，欧洲议会最近两年出台的涉藏人权问题决议在态度与观点上并没有发生实质变化。

例如，在最近通过的一份决议中，欧洲议会仍然认为西藏存在严重的人权侵犯，并就欧盟应该采取的政策和措施作出了明示。[②] 决议首先认为，“对人权、人身自由、宗教、文化和结社的尊重是欧盟及其对外政策的基础原则”。决议第二部分介绍了当前中欧人权关系的总体情况并详细列举了西藏地区所存在的人权问题。决议提到，欧盟在中欧第 31 轮人权对话中提出了西藏少数民族权利问题，然而该对话并没有促成藏族人权状况的任何实质性改变，达赖与中国政府的谈判没有任何具体结果而且限于停顿；2008 年抗议示威者遭到各种不公正待遇，2009 年以后发生数十起藏人自焚事件；汉族对藏人的语言、文化和宗教文明形成威胁等等。鉴于以上种种情况，欧洲议会决定，敦促欧盟委员会副主席及欧盟外交与安全政策高级代表在中欧人权对话框架内尽一切努力提高西藏地区人权状况；赞扬达赖流亡政府的民主化选举及新领导人继续遵循达赖的“中间道路”政策[③]；谴责、坚决要求中国当局停止对西藏的语言、文化、宗教侵犯，停止酷刑，释放政治犯等等。总之，从这份决议所反映的问题来看，西藏地区存在严重的人权问题，中国政府对此负有全部责任。这份决议在内容上和前几年的决议内容并没有太大的不同，都认为中国并没有采取什么具

---

① Jing Men, “Between Human Rights and Sovereignty—An Examination of EU - China Political Relations,” *European Law Journal*, Vol. 17, No. 4, July 2011, p. 545.

② “Resolution on the human rights situation in Tibet,” 2012/2685 (RSP), 14 June 2012, http://www.europarl.europa.eu/sides/getDoc.do? type = TA&language = EN&reference = P7 - TA - 2012 - 257（最后访问时间：2013 年 2 月 18 日）。

③ 所谓“中间道路”政策，是指达赖提出的，企图在“全面独立”和“完全归属”之间寻求“真正自治”的一种解决西藏地位问题的态度和办法，用达赖本人的话说，就是西藏应该建立自己的民主政府，同中国保持联盟的关系，西藏问题是西藏人的问题，政治、经济、社会体制应根据西藏人民的意愿来决定。“中间道路”的集中体现是 1988 年达赖访问欧洲时所提出的“斯特拉斯堡建议”。

体性行动，西藏人权状况没有任何实质性改变。

这里需要指出的是，欧洲议会在整个欧盟对外政策决策过程中，所占的地位和所起的作用都非常大。作为一个现有 27 个成员国的超国家权力组织机构，欧盟的政策制定和决策过程表现为一种多机构、多层级的复杂互动过程。从决策层级来讲，欧盟的政策制定跨越了超体系层级、体系层级和次体系层级三个层级，从多机构来讲，欧盟的政策制定由欧盟委员会、欧盟理事会（部长理事会）、欧洲理事会（又称首脑或高峰会议）、欧洲议会、欧洲法院、欧洲审计法院、欧洲中央银行、经济社会委员会、地区委员会等多个部门协同作出。在欧盟这个权力机构中，欧盟委员会、欧盟部长理事会以及欧洲议会是最重要的对外政策决策和执行机构，欧盟部长理事会肩负着协调成员国立场、制定一体化政策、推动欧洲一体化发展的重任；欧盟委员会作为欧盟超国家利益的代表，是欧盟国家共同政策的维护者，根据部长理事会的授权和指令，代表共同体同非共同体国家和集团以及国际组织建立联系和缔结协定，对于各种国际突发事件，委员会代表共同体发表声明、作出反应。欧洲议会作为欧盟三大机构之一，拥有共同立法权、监督权和人事批准权、预算决定权。欧洲议会不仅讨论通过大量关于西藏人权问题的决议案，同时敦促和监督欧盟委员会在中欧人权对话及交流中对中国政府施压，还通过其选举产生的欧盟外交与安全政策高级代表来对中国产生影响。更需要注意的是，随着欧盟有关条约的修订，欧洲议会的职权在逐步扩大，对欧盟对外政策产生的影响也将更大，鉴于欧洲议会在西藏人权问题上的偏执和不友好的立场，将来中欧关系的发展很有可能会受此问题干扰。

（四）“西藏人权问题”与中美关系

“西藏人权问题”自产生到后来的国际化，再到现在成为中国对外交往中面临的一个主要问题，美国应该是始作俑者。美国不仅挑起了所谓的“西藏人权问题”，而且给予达赖流亡集团最直接的支持，严重干涉中国内政，对中美关系产生了巨大的消极影响。经过多年的实践，美国对西藏人权状况的关注已渐渐形成了制度化，国会审议通过涉藏议案、邀请达赖访美、在联合国人权委员会提出谴责中国人权的提案、总统会见达赖等似乎成为美国历任政府和国会甚至每年都要做的事项。但是，人权问题并不一直是中美关系中最突出的问题，从历史发展来看，中美关系中“西藏人权问题”的凸显和消逝受到两国政治关系以及美国全球战略的影响和制约。

20 世纪五六十年代国际社会被划分为美苏为首的两大政治军事集团，意识形态的冷战如火如荼，中国经过三大改造之后基本确立了社会主义的基本制度，共产党成为领导中国社会主义建设的核心力量。美国作为西方资本主义阵营的霸主，仇视共产主义、社会主义，反对共产党政权，中美因意识形态不同而交恶，“西藏人权问题”的出现刚好为美国封锁遏制中国提供了机会。70 年代初尼克松访华使得中美关系正常化，为了共同应对军事实力日益庞大的苏联的威胁，两国从战略上达成合作，美国的全球战略以遏制苏联为首要目标，出于维护中美关系大局的考虑，美国停止对西藏分裂集团的各种秘密武装训练和协助，西藏人权问题并不构成中美关系中的一个话题。到了 80 年代末，国际局势发生剧烈变化，以苏联为首的社会主义国家相继发生动荡，美国加紧推行对社会主义国家的和平演变，随着苏联威胁的逐步消失，中国在美国全球战略中的位置也随之下降，加上中国国内西藏分裂分子和达赖喇嘛的一系列活动，“西藏人权问题”再次被美国利用，在国际上及中美双边关系中又一次凸显。改革开放三十多年后的今天，中国以经济实力为代表的综合国力大大提升，逐步成为在亚洲乃至全球具有重要影响力的世界大国。中美实力对比差距的缩小引起了美国的注意和惊恐，美国担心自己在地区以及全球霸权受到挑战。“西藏人权问题”正好可以成为美国干扰、防范、牵制中国的另一个砝码。

中美双边关系中“西藏人权问题”除了受到国际结构及美国全球战略的影响之外，也与美国国内政治和利益集团因素的影响密切相关。美国实行三权分立的政治制度，在对外关系的处理上，行政部门与立法部门的政策和立场也会出现不一致甚至冲突的时候，这一点在美国处理中美“西藏人权问题”上体现得特别明显。虽然自老布什以来美国历任总统都以各种正式或非正式的方式会见达赖，但大都出于美国国内舆论和国会的压力而不得不作出的一种姿态，美国白宫对于中美总体关系的政治现实主义考虑要高于人权等问题的理想主义考虑；而国会则不然，在“西藏人权问题”上表现更为积极和强硬，更热衷于人权、自由、民主等价值观和意识形态的倡导和输出。国会是中美“西藏人权问题”中的关键角色，

“亚洲观察”（Asia Watch）等人权组织和“国会人权联线”（Congressional Human Rights Caucus）等利益集团是“西藏人权问题”的重要推动因素。国会涉藏人权联线是指 1987 年众议员兰托斯（Tom Lantos）和波特（John Poter）发起成立的旨在关注和监督西藏人权问题的联盟，2008 年为纪念病逝的兰托斯，人权联线更名为“兰托斯人权理事会”（Tom Lantos Human Rights Commission）。涉藏人权联线在国会西藏问题的决策中具有重要的影响，是国会通过涉藏决议和议会活动，监督政府推动西藏问题国际化的主要力量和基本势力。[①]

自 1959 年“西藏人权问题”出现以来，经过 50 多年的发展，中美围绕该问题的斗争和沟通从未停止，中美人权对话时断时续，美国对西藏问题的政策也没有发生什么实质性的变化。美国敦促中国政府与达赖喇嘛或其代表举行对话，要求中国释放西藏政治和宗教犯人，支持西藏的经济发展、独特的宗教、语言和文化传统，赞扬达赖的“非暴力”运动和“中间道路”政策。[②] 美国通过各种方式和政策工具来表达她对中国西藏人权的关心，包括高级官员的公开声明、国会年度中国人权报告、双边人权对话、国会听证会、公开立法、国会授权的美国官方援助项目等等。但是，将人权问题置于中美双边整体关系的大局中看，从全球经济到朝鲜和伊朗核问题，美国需要借重中国在一系列更广泛的全球和区域问题上进行合作，在人权问题上牵制和影响中国的能力正在减小。[③]

（五）中国在西藏人权建设和对外交往方面的努力

西藏和平解放 61 年以来，在党和政府的领导下，先后经历了民主改革、自治区成立、社会主义建设和改革开放的伟大历史进程。虽然经受了来自达赖分裂集团和美欧等国家内外两种势力所鼓吹的“西藏人权问题”的长期困扰，但是无论在西藏本地区的人权建设，还是在关于西藏人权与文化的对外交往方面，中国都付出了很大的努力，而且取得了巨大的成就。

---

① 张植荣：《美国国会涉华联线体制分析——以西藏问题为中心》，《美国研究》2007 年第 2 期，第 101—111 页。

② Thomas Lum, “Human Rights in China and U. S. Policy,” *Congressional Research Service Report for Congress*, July 18, 2011, p. 24.

③ Susan V. Lawrence and David MacDonald, “U. S. – China Relations: Policy Issues,” *Congressional Research Service Report for Congress*, August 2, 2012, pp. 35 – 36.

几十年来中国政府一直对西藏地区加大人力、物力、财力上的支持，使得西藏人权建设不断迈上新的台阶。中央财政没有从西藏拿走一分钱，反而不断加大对西藏的财政转移支付力度，1952—2010 年中央对西藏的财力补助达 3000 亿元，年均增长 22.4%。60 年来，中央对西藏的直接投资超过 1600 多亿元，在不同时期相继安排了 43 项、62 项、117 项、188 项等一大批关系西藏长远发展和人民生活的重大工程项目，极大地改善了西藏的基础设施和人民生产生活条件。据统计，1994—2010 年，对口援藏省市、中央国家机关及中央企业分 6 批共支援西藏经济社会建设项目 4393 个，总投资 133 亿元，共选派 4742 名优秀干部支援西藏。[①] 经济发展是实现人权的重要保障，单就 2008—2012 年这 5 年，西藏地区生产总值连续突破了 400 亿、500 亿、600 亿、700 亿元，年均增长 12%；人均 GDP 突破 2 万元；农牧民人均纯收入达到 5645 元，城镇居民人均可支配收入达到 18056 元。[②] 西藏地区不仅经济建设日新月异，而且民族传统文化、宗教信仰自由得到了充分的保护与尊重。藏语文的学习、使用和发展受到法律保障，藏文已成为国家第一个具有信息技术、信息交换用文字编码国际标准的少数民族文字；西藏的传统手工技艺、民间美术、藏戏等 76 个文化项目已被列入国家级非物质文化保护名录，53 位传承人入选国家级非物质文化遗产项目代表性传承人名录；布达拉宫、大昭寺、罗布林卡列入联合国世界文化遗产名录，藏戏和“格萨尔”成功入选世界非物质文化遗产名录，独具特色的藏医藏药走向世界，藏学研究事业空前繁荣；目前西藏共有 1700 多处宗教活动场所，僧尼约 4.6 万人，僧俗信教群众每年都组织和参加萨噶达瓦节等各种各样的宗教和传统活动，每年到拉萨朝佛敬香的信教群众达百万人次以上。[③] 无论是物质上还是精神上，西藏地区的人权发展与保障都取得了长足的进步。但是，达赖集团和美、

---

① 《西藏和平解放 60 年》白皮书，中华人民共和国国务院新闻办公室，2011 年 7 月 11 日，http://www.scio.gov.cn/zfbps/dfwtbps/2011/201107/t953986.htm（最后访问时间：2013 年 2 月 20 日）。

② 白玛赤林：《西藏自治区政府工作报告（2013）》，2013 年 1 月 24 日，http://www.tibet328.cn/01/01/201302/t20130207_361598.htm（最后访问时间：2013 年 2 月 20 日）。

③ 《西藏和平解放 60 年》白皮书，中华人民共和国国务院新闻办公室，2011 年 7 月 11 日，http://www.scio.gov.cn/zfbps/dfwtbps/2011/201107/t953986.htm（最后访问时间：2013 年 2 月 20 日）。

英、德、法等国家罔顾事实，时不时拿“西藏人权问题”对中国说三道四，其险恶用心昭然若揭。

从对外交往方面来讲，中国政府也是越来越采取积极的态度，不仅鼓励西藏文化走出去，而且欢迎国际友人和外国朋友来到中国西藏，切身感受真实的西藏，亲眼目睹西藏地区人民生活所发生的变化。近些年来，关于西藏地区文化与人权的出访、演出、展览、来访等国际交流活动越来越多，形成了中外互动的局面。1995 年至 2003 年，西藏自治区先后派出包括藏族群众业余演出团在内的 66 个艺术团组，700 多人次，到世界五大洲 20 多个国家和地区进行演出，也组织文物、电影、摄影、美术等项目到日本、意大利及东南亚国家和地区举办展览和展映活动。[①] 目前，作为西藏开展对外文化交流，展示当代西藏的一个品牌性文化活动——“中国西藏文化周”，自 2001 年在澳大利亚墨尔本拉开序幕后，至“2012 年波兰·中国西藏文化周”，已先后在亚欧美 12 个国家举行，成为让外国民众了解当今西藏的政治、经济、文化、社会、宗教、环保以及当地人民生活等各方面情况的一个重要途径。除西藏代表团频繁出访交流外，近几年来，西藏各地市、各部门也先后接待了来自 20 多个国家和地区的访问团，近百批 500 多人次的各国官员、新闻记者和有关人士赴藏观光、采访。[②] 多方面的对外交往活动，展示了西藏独特的风土人情和悠久的民族文化以及西藏经济社会发展和各族人民安居乐业的生动景象，促进了国际社会对“西藏人权问题”的正确、客观认识。然而，需要注意的是，虽然相互间的交流和沟通有助于消除猜疑和误解，但是从结果上看，以美国为首的有关国家在对待中国的态度上并没有发生实质性的变化，就“西藏人权问题”对中国所采取的外交政策手段和攻势并没有明显减少。

所谓“西藏人权问题”，是以达赖喇嘛为首的西藏分裂势力和以美欧为首的一些西方国家共同炒作的结果。虽然中国为西藏人权建设和对外文

---

① 韩小兵、喜饶尼玛：《中国西藏藏族文化权利的法律保障——兼论“西藏文化灭绝论”的荒谬性》，载于中国人权研究会编：《中国改革开放与人权发展 30 年》，人民日报出版社 2009 年版，第 426 页；另可参见《中国西藏事实与数字 2006》，http：//info. tibet. cn/zt2006/zgxzssysz2006/zgxzssysz2006_ whjy/t20061221_ 191761. htm（最后访问时间：2013 年 2 月 20 日）。

② 《中国西藏事实与数字 2008》，http：//info. tibet. cn/zt2008/08xzssysz/jkwwt/200805/t20080513_ 380163. htm（最后访问时间：2013 年 2 月 20 日）。

化交流做出了不懈的努力，但是总体上西藏人权作为中国对外交往当中的一个主要问题并没有在中国与美欧等国家的双边关系中消除。“西藏人权问题”的出现和国际化有着深刻的国际和国内政治根源。

中美关系中的“西藏人权问题”既受到两国政治关系和美国全球战略的影响，也与美国国内政治密切相关。当美国的全球战略需要中国的合作与配合时，人权问题在中美双边关系中显得并不那么突出；当美国采取防范遏制中国的政策，两国政治关系形成对抗时，美国往往借助人权来牵制中国。总统选举、美国国会及其强大的利益集团、国内各种人权组织，是“西藏人权问题”出现不可忽视的重要因素。

与美国相比，中欧关系中的“西藏人权问题”更多的是由于文化观念上的差异以及欧盟本地区和成员国国内政治作用的结果。在人权发展的观念上，中国强调主权独立和经济发展相对于政治改革的优先性，而欧盟更加注重联盟内外的人权和民主发展。与“西藏人权问题”密切相关的欧洲议会，在整个欧盟对外政策决策过程中，所占的地位和所起的作用都非常大。有时出于国内政治斗争的需要，欧盟某些成员国的政要会时不时发表一些涉藏言论来争取国内民众的政治支持，转移国内矛盾和群众视线。

西藏和平解放以来，中国政府和人民为西藏地区的经济建设和文化发展付出了不懈的努力，当地民众的生活水平和精神面貌发生了巨大的变化。为了帮助外部世界了解真实的西藏，近些年来中国大力开展对外交流活动，开放程度不断提高。总体而言，中国近几年的努力取得了很大的成果，国际社会对西藏的认识更加全面、客观和真实。但是，以欧洲议会为代表的欧盟、美国国会、美欧一些国家的政要、人权组织在西藏人权问题上仍然固执和保持偏见，从中可以看出，西藏人权问题的产生不在于或不仅在于人权问题本身，更在于西方国家的利益需要。

中国需要谨慎看待西藏地区的人权发展和对外交流中所出现的问题。不可否认，西方国家的大多数民众仍然对西藏充满了神秘和好奇感，出于对当地生活状况和文化保护的良好意愿，在本国政府的宣传之下，很有可能对中国的某些政策产生误会和不满。但从国家的角度来讲，在对外政策的实施上现实主义国家利益的考虑始终占据着主导地位，人权仅仅作为国家对外政策的目标之一，很多时候难免沦为国家实现其他政策目标和国际政治斗争的工具和牺牲品。“西藏人权问题”的产生和国际化的主要原因是美欧等国的干预和炒作，但是也有来自中国国内的原因——“藏独分子”所进行的各种活动造成西藏地区局势不稳、中西部经济发展水平的不平衡、西藏人权事业有待进一步发展的事实，也有沟通交流缺乏造成西藏人权问题认识上的偏差和误读的原因——信息源的缺陷、流亡藏人的影响、认识和价值观因素、意识形态及语言因素①。因此，中国需要认识西藏人权问题的实质和产生的各方面原因，采取有针对性的措施，减少西藏问题在中国人权对外交流中产生的不良影响。

二　中西方在达尔富尔问题上的政策与斗争

冷战之后，许多国家由于自然灾害、国内治理不当或内部冲突爆发而引发的人道主义危机引起国际社会高度关注，西方国家借保护人权为名对所谓的“失败国家”进行政治、经济、军事干涉。随着中国国际地位的提高，全球利益和影响的增长，中国对待第三方国际人权危机的态度和政策也成为有关各方重点关注的对象。中国处理这些问题一向坚持不干涉他国内政的原则，主张尊重他国主权和人民的选择，通过政治途径和平解决危机，反对外部势力的卷入。而西方国家则主张“保护的责任”，批评中国的不作为和不负责任，中国在应对第三国国际人权危机的对外交往中面临着支持人道主义干预的持久压力。达尔富尔人道主义危机，在国际社会的共同努力下，特别是中国的建设性参与，与当事国、西方国家、国际和地区组织的多重双边互动，使得人道主义危机得到有效地缓解和管控，达尔富尔危机为中国在双边领域应对第三国人权问题积累了很好的经验。

（一）达尔富尔冲突与人道主义危机

达尔富尔（Darfur）位于非洲东北部、红海西岸的国家——苏丹西部，深处撒哈拉沙漠边缘地区，由北到南分别与利比亚、乍得、中非三国相邻，面积约51万平方公里，人口约700万。这里的居民包括阿拉伯人、富尔人和黑人等80多个部族，历史上相互间有过混血与杂居的漫长历史，宗教方面都属穆斯林，信奉伊斯兰教。由于历史上文明的逐步交汇和融合，中世纪以后的苏丹逐渐分化为伊斯兰——阿拉伯世界的北部（包括

① 杜永彬：《西方对西藏的误读及其原因》，《当代世界》2009年第4期，第5—6页。

信奉伊斯兰教的阿拉伯人和黑人各民族）与非伊斯兰教的南部（包括信奉基督教和各种土著宗教的黑人各民族）两大部分，在南方广大地区，依然长期保留着自己的非洲传统或黑人传统。2011 年 3 月，苏丹政府批准了达尔富尔新的行政区划，达尔富尔地区将由 3 个州变成 5 个州，即以杜艾因（El Daein）为首府的东达尔富尔州、以尼亚拉（Nyala）为首府的南达尔富尔州、以朱奈纳（Al - Junaynah）为首府的西达尔富尔州、以法希尔（Al - Fashir）为首府的北达尔富尔州和以扎林盖（Zalingei）为首府的中达尔富尔州。①

达尔富尔的历史，自古以来就与环境因素深深地交织在一起。在达尔富尔这样的非洲内陆干旱地区，各族群为争夺有限的水资源、草场、农耕土地，矛盾与冲突时起时落，早已成为当地生活的一种常态。② 为了在生存资源的争夺中保持优势，种族因素被动员起来作为争夺的工具与手段，资源争夺演变为种族政治对抗，甚至出现大规模的族群间的仇杀。③ 20 世纪六七十年代，苏丹西部与南部长期遭受严重旱灾，加之人口膨胀、放牧过度，这里的荒漠化现象不断加剧，惯于逐水而居的阿拉伯牧民因难以维持生计而被迫南迁，与南部的黑人居民争夺有限的水草资源，与当地黑人部落发生冲突，局势日益恶化。④ 2003 年 2 月，达尔富尔地区两个反政府武装组织——以富尔人为主体的“苏丹解放运动”（Sudan Liberation Movement）和以扎加瓦人为主体的“正义与平等运动”（Justice and Equality Movement），以政府未能保护他们免遭阿拉伯民兵袭击为由，要求实行地区自治，并用武力攻陷北达尔富尔州首府法希尔，随后一段时间，苏丹喀土穆巴希尔政府借助阿拉伯民兵武装金戈威德（Janjaweed）与叛军作战，由此，达尔富尔危机全面升级，冲突爆发。

随着冲突的升级，武装起来的阿拉伯游牧民与富尔人、扎卡瓦人、马

① 对苏丹比较全面和系统的介绍可参见刘鸿武、姜恒昆编：《列国志 · 苏丹》，社会科学文献出版社 2008 年版。

② 刘鸿武、李新烽主编：《全球视野下的达尔富尔问题研究》，世界知识出版社 2008 年版，第 41 页。

③ 同上。

④ 姜恒昆，刘鸿武：《种族认同还是资源争夺——苏丹达尔富尔地区冲突根源探析》，《西亚非洲》2005 年第 5 期，第 11 页。

萨里特人等黑人部族相互攻击，许多村庄被烧毁，许多人遭杀害，更多的成为流离失所的难民，苏丹达尔富尔地区出现了严重的人道主义灾难。据联合国估计，在冲突最为严重的2003年2月至2004年8月间，战乱造成了5万人死亡，100万人流离失所，其中20万难民逃往乍得境内，这一地区急需人道主义救援的人口高达200万人。[①] 关于达尔富尔人道主义危机情况，国际社会各方的报道情况存在很大差异。苏丹政府认为，冲突造成约1万人死亡和100万人流离失所，世界卫生组织以及联合国采用7万人死亡这个数字，西方媒体则常常报道20万人死亡，约250万人流离失所。虽然冲突导致的伤亡人数统计不一，但达尔富尔动荡与冲突加剧并出现大规模人道主义危机确是事实。[②] 据联合国的统计，截至2007年1月，达尔富尔有25000名新的国内流离失所者，因此达尔富尔三个地区的国内流离失所者的总数已超过了200万人。据了解，有来自达尔富尔的233000名难民目前居住在乍得东部，他们得到了难民署的支助。许多其他难民目前被安置在边界各社区。除了乍得之外，中非共和国也受达尔富尔波及而承担严重的后果。[③]

（二）中国建设性参与促进达尔富尔危机缓解

达尔富尔冲突及人道主义危机爆发以后，当地局势迅速引起了西方媒体、人权组织以及政界人士的关注。美、英、德、法等国以及联合国、欧盟、非洲联盟、阿盟等机构高管或领导人相继对苏丹展开访问，使得本属于苏丹一国内部事务的发生在达尔富尔地区的部族冲突上升成为世界性国际社会共同关注的热点问题。

以美国为首的西方国家，一方面，不断向联合国施加压力、威胁制裁苏丹政府，积极准备军事干预；另一方面，对中国开展有关外交活动，要求中国政府利用与苏丹密切的经济联系影响喀土穆政权的对外政策，接受西方国家解决达尔富尔人道主义危机的政策建议，一些西方人权组织和政府人士甚至以抵制2008年北京奥运会来警告中国。在他们看来，中国在与苏丹发展关系时，只强调自身的经济利益而不顾达尔富尔地区的人权，

---

① 余文胜：《苏丹达尔富尔危机的由来》，《国际资料信息》2004年第9期，第39页。

② 刘鸿武，李新烽主编：《全球视野下的达尔富尔问题研究》，第142页。

③ 联合国苏丹达尔富尔网：http：//www.un.org/chinese/ha/issue/sudan/#（最后访问时间：2013年3月1日）。

中国应当为达尔富尔地区的人道主义危机承担某些责任。

1959年2月4日中国与苏丹正式建交，此后两国在政治、经济、文教卫生和军事、外交等各个领域相互支持，相互帮助，双方关系不断发展。1989年巴希尔政府执政后，中国与苏丹双方政府官员互访频繁，两国在经贸、科技合作和石油开发领域的合作取得重大进展。2012年，中国继续保持苏丹的最大贸易伙伴国地位。根据苏丹南北内战双方2005年达成的《全面和平协议》和2011年1月南苏丹举行的全民公投结果，2011年7月9日，南苏丹共和国正式脱离苏丹独立建国，中国于南苏丹独立当日予以承认，两国正式建立外交关系。此后，两国关系平稳过渡，双边关系开局良好，各层次交往频繁，经贸合作全面展开。据南苏丹统计，中国是其最大的投资国。2012年2月28日，国家副主席习近平在会见苏丹外交部长卡尔提时指出，中苏建交半个多世纪以来，始终真诚相待，相互支持。近年来，两国高层交往频繁，政治互信不断巩固，经贸、能源等各领域合作成效显著。目前中苏关系持续发展，中方愿与苏方共同努力，推动中苏友好合作关系全面深入发展。[①] 中苏良好的政治外交关系和中国在苏丹的海外利益，成为美国和一些西方媒体、人权人士批评中国无所作为、助纣为虐的理由。但事实证明，在达尔富尔地区冲突及人道主义危机爆发以后，中国与苏丹当局保持了密切的沟通，为改善当地人民的生活条件做了大量的努力和工作，积极同有关各方和国际、地区性组织开展双边对话和合作，积极斡旋，为当地和平及达尔富尔地区人权状况的改善发挥了重要的作用。

从达尔富尔危机爆发不久后的2004年开始，中国就与苏丹政府开始了密切的沟通。中国国家主席特使吕国增、外交部长助理翟隽、中国非洲特别事务代表、中国政府达尔富尔问题特别代表刘贵今曾先后多次访问苏丹，并到达尔富尔地区进行考察，会见苏丹高级政府官员及总统巴希尔。所有这些官员都敦促苏丹政府改善该地区的人道主义状况、停止杀戮、为解决危机付出真正努力，而中国外交部长也多次表达了对达尔富尔人道主义状况恶化的忧虑和关注。在危机的最初阶段，中国接受了苏丹的官方说

① 《习近平会见苏丹外交部长卡尔提》，2012年2月28日，新华网，http://news.xinhuanet.com/politics/2012-02/28/c_111579797.htm（最后访问时间：2013年3月2日）。

辞，在很大程度上在安理会等国际机构和组织中支持苏丹政府，但中国很快明白苏丹政府所言与事实不符，由此，中国逐步改变自己的立场，加强对巴希尔政府的劝说和施压，适时提出了自己解决达尔富尔问题的政策主张。①

为了推动达尔富尔冲突尽快平息，人道主义危机尽快得到缓解，中国还积极与联合国等有关机构开展合作。2006 年 8 月，联合国安理会通过 1706 号决议，决定征得苏丹政府同意后向达尔富尔地区派遣联合国维和部队。紧接着 11 月，时任联合国秘书长安南提出了三阶段的部署方案，即“安南计划”。但是，苏丹政府对此方案的落实却有不同意见。为了劝说苏丹政府灵活接受此方案，中国政府做了大量的外交工作，并最终促使苏丹政府于 2007 年 6 月宣布无条件全面接受联合国和非盟在达尔富尔部署混合维和部队的行动方案。中国在此次斡旋中所起的至关重要和积极建设性作用得到了普遍赞赏。②

中国为达尔富尔人道主义危机的解决所付出的努力不光停留在政策表态上，更体现在对当地难民和贫民的实际的、大量的外交援助中。2007 年之前中国政府共向苏丹达尔富尔地区提供了 8000 万元人民币的人道物资援助，2007 年胡锦涛主席访问苏丹期间宣布再次对苏丹提供 4000 万元人民币的物资援助，2008 年苏丹塔哈副总统访华时，中国政府再次向苏丹政府提供 6000 万人民币的无偿援助。为落实这些协议，从 2006 年开始到 2010 年，中国共向苏丹提供了 6 批人道主义援助物资，且均已落实到位。除此之外，中国还向当地的供水、学校、电站等基础设施建设提供多次优惠贷款，中国驻苏丹维和官兵以及中国在苏丹的企业都为改善当地居民的生产生活条件、发展当地经济，从而从根本上解决达尔富尔问题作出了巨大的努力。

---

① ［苏丹］加法尔·卡拉尔·艾哈迈德：《试析中国在苏丹西部达尔富尔地区冲突中的立场》，《国际展望》2009 年第 2 期，第 114 页。

② 关于此次外交斡旋的详细情况，可参见翟隽：《中国积极推动解决达尔富尔问题》，《求是》2007 年 11 月，第 62 页；贺文萍：《苏丹达尔富尔问题与中国的作用》，《西亚非洲》2007 年第 11 期，第 11 页；余建华、王震：《中国在解决苏丹达尔富尔问题上的外交努力》，《阿拉伯世界研究》2008 年第 2 期，第 15 页；Jonathan Holslag, “China's diplomatic Manoeuvring on the Question of Darfur,” *Journal of Contemporary China*, Vol. 17, No. 54, February 2008, pp. 78 – 79.

除了与苏丹政府进行直接沟通、向达尔富尔地区提供人道援助、与联合国、非盟等国际和地区性组织协调之外，中国还积极同美国、欧盟合作，共同推动达尔富尔人道主义危机的解决。虽然中美在对冷战后兴起的对“失败国家”所谓的“人道主义国际干涉”，对达尔富尔问题性质的认定，处理达尔富尔问题的基本立场，联合国的作用等问题上存在不少的分歧，但是这并不阻碍中美在该问题上有限度的、富有成效的合作，在两国长时间的互动过程中，双方对对方在这个问题上的理念、利益、处境、做法也有了更多的理解，从而在政策协调上产生了更多的默契。[①] 与美国相比，中国与欧盟在对达尔富尔问题的性质、解决方法和程序上有较多共识，在政治解决达尔富尔问题、部署维和部队、提供人道援助方面，双方都进行了富有成效的合作。[②]

中方主张，在达尔富尔问题上，首先必须尊重苏丹的主权和领土完整；坚持通过政治途径即和平谈判化解分歧；积极支持政治进程及“混合维和行动”双轨战略；充分发挥联合国、非洲联盟和苏丹政府三方磋商机制的主渠道作用；努力倡导对达尔富尔地区的人道和发展援助，以综合手段寻求达尔富尔问题的妥善和长远解决。[③] 为推动政治解决达尔富尔问题，中国积极与苏丹政府沟通，与联合国、非盟等国际和地区组织、与美国和欧盟等多方行为体开展了建设性的双边沟通、对话和协调，为局势的缓和发挥了负责任和建设性的作用。

（三）达尔富尔问题上的外交压力与斗争

在针对达尔富尔冲突中所产生的人权问题上，中国面临着来自西方国家的巨大压力和挑战。一些西方媒体和人权人士则攻击中国只顾经济利益而不顾达尔富尔地区的人权，中国应当为达尔富尔地区的人道主义危机承担某些责任。事实证明西方这种对中国外交政策的无端批评和指责是站不

---

① 王建伟：《中美在处理苏丹达尔富尔问题上的冲突与合作》，《美国问题研究》2008 年第 7 期，第 43—70 页。

② 张春：《中国与欧盟在达尔富尔问题上的合作探析》，《西亚非洲》2008 年第 9 期，第 29—33 页。

③ 2007 年 2 月，国家主席胡锦涛访问苏丹时曾明确提出中国处理达尔富尔问题的四项原则，另外关于中国在苏丹达尔富尔问题中的立场可参见刘贵今特别代表为刘鸿武，李新烽主编的《全球视野下的达尔富尔问题研究》所写的序言。

住脚的，从多边外交到双边协调、从中国政府到中国企业、从政策建议到物资援助，中国在推动地区和平进程、缓解人权危机的过程中发挥了负责任大国的作用。在围绕如何应对第三方国际人权危机的问题上，中国之所以面临如此问题，与中国实力的不断增长所引起的国际权力结构的变化、美国霸权及其全球战略、大国之间的关系以及有关大国的自身利益密切相关。

达尔富尔地区的人道主义危机并不是在2003年之后才有，历史上苏丹分别在1955—1972年和1983—2005年间爆发了两次南北内战，战争给苏丹造成了巨大的人道主义灾难，只不过与2003年相比并没有引起西方国家的关注。但是在此次冲突之后，美国却迅速做出反应，认定苏丹政府纵容阿拉伯民兵对与其不同种族的黑人进行武装侵袭，意图引起世界各国关注，为军事介入创造条件。而欧盟中的主要成员英、法、德等国也积极做出军事部署和行动，表示对当地人道主义危机的关注。由此可见，人权状况本身并不是西方国家采取外交政策行动的决定因素，更重要的原因在于这种人权危机是否影响到了它们的利益。

在达尔富尔问题上，美国、欧盟国家除了人道主义目标之外，也有各自的利益考虑。国家安全、价格稳定的石油安全供应、扩展民主与人权一直被美国视为至关重要的国家利益。西方社会将非洲地区的失败国家及其人权问题视为自身利益的潜在重大威胁。美国的非洲政策直接服务于美国的全球战略和自身安全、政治、经济利益，欧盟通过积极参与地区和国家的人道主义危机的解决，可以展示欧洲一极的力量和人道主义使命感，增加欧盟成员国的道德认同感，提高欧盟在国际社会中作为重要成员的整体力量。

随着改革开放的进一步深化和经济实力的不断增强，中国逐步寻求向外扩展市场，增加进口能源和运输、对外投资和劳务输出保持强劲势头。中国的崛起和壮大，海外利益的不断扩展和延伸，维护利益的外交决心和军事力量，增加了美国等西方国家维护霸权和传统利益格局的紧迫感。所以，它们渲染中国威胁、强调中国责任，借助人权问题批评中国，在国际社会置中国于道义上的不利地位，增加在国际社会中讨价还价的砝码，争夺和维护地区利益，牵制中国的发展和崛起。因此，中国在人权问题的对外交往中面临的压力越来越大。

在对待达尔富尔问题上，中国坚持主权平等，强调应该采取对话与谈判的政治解决方式，反对外部干涉和政权颠覆；美欧等西方国家则倾向于各种施压、制裁、禁运等强硬办法，强调大国介入对问题解决的关键作用。纵观当前国际局势，西方国家正在加紧将“保护的责任”等一整套人道干预理论付诸实践。它们打着“人道干预”的旗帜，名义上为了保护别国民众的安全，实质是想借保护人权颠覆现行以主权平等为核心的国际秩序，建立西方霸权，人道是假，干涉是真。①

第七节　中国人权对外交往面临的挑战与未来

伴随着改革开放之后中国全面融入国际社会与国际秩序的步伐，中国的外交战略发生重大调整，人权问题成为中国对外交往中的一个主要问题。经过 30 多年的努力，中国的人权观念发生了重大的转变，国内人权保障和国际人权交往都取得了重大的突破。然而，作为在亚洲地区乃至全世界具有重要影响的政治经济大国，中国却始终成为西方人权运动攻击的目标。究其原因，本文认为，中国国内的人权建设仍然存在需要建设和完善的地方，关于人权问题的国际交流和对话也需要进一步加强，但根本原因不在于此，而是在于以美欧为首的西方社会借人权之名行霸权干涉之实，维护自身国家的战略利益才是其对外行动的最终出发点。新中国成立以来中国的巨大进步和内政外交实践证明了共产党领导下的中国特色社会主义道路的优越性，西方国家想借人权问题演变中国、改变中国政治制度的想法很难实现。进入新世纪后，在不放弃继续对中国国内的人权状况进行批判的同时，美国等西方人权斗士转而攻击中国在第三国人权危机中的政策和表现，意图在国际社会中置中国于道义上的不利地位，遏制中国的崛起与发展。中国人权对外交往面临着诸多挑战，对此中国应该认清问题的实质，采取相关行动，适时调整战略，从而赢得人权对外交往中的主动权。

---

① 张睿壮:《“人道干涉”神话与美国意识形态》、《警惕西方列强以“人道干预”为名颠覆现行国际秩序》，载于《不和谐的世界——国际问题研究文萃》，上海人民出版社 2010 年版，第 115—127 页、第 204—206 页。

一　中国人权对外交往面临的主要挑战

总的来说，中国人权对外交往受到来自内外两个方面因素的制约和挑战：从内部因素来讲，虽然近几十年国家大力发展经济、努力改善民生，中国的人权事业取得了历史性进展，但是人权的发展与保障是一个长期的历史过程，新时期、新的发展阶段提出了新的任务，中国的人权建设也面临着许多新的问题；从外部因素来讲，中国自身的人权发展观念与西方国家主导的国际人权标准存在许多差异，如何应对其他国家出现的人权问题，如何处理协调与其他国家在国际人权危机治理中的分歧与立场，如何回应西方国家施加给中国的人权压力，都将是中国人权对外交往面临的主要挑战。

在人权全球化快速发展的今天，一个国家内部的人权状况与该国在国际社会中的形象和声誉紧密相关，一个充分尊重和保障人权的政府才能保持良好的对外人权交往关系，而人权状况不佳、政府又没有意愿和能力去实现和维护人权的政府必然遭到外部的谴责甚至干预。中国作为一个快速发展的世界大国，国际影响力不断增强的同时，国内治理的如何也成为世界各国共同关注的焦点。改革开放30多年，中国各项人权事业取得了突破性成就，人民群众有切身体会，世界各国有目共睹。但是，在探索中国特色社会主义人权道路的过程中，我们党和政府也遇到过困难和挫折，在具体的人权保障工作中还存在着许多方面的不足，这些积累下来的旧问题和新时期出现的新问题共同构成我国人权建设的主要挑战，同时也深刻地影响着我国人权对外关系的发展。例如，在社会管理领域，近几年，因土地、环境等问题引发的群体性事件屡屡发生；在民生建设领域，一些体制性弊端仍然严重，公共服务领域欠账不少，看病难、就业难、上学难的“老三难”问题还没有效解决，养老难、入托难、出行难的“新三难”又摆在面前[①]；在公共安全领域，类似“毒饺子”、“毒奶粉”事件的食品药品安全问题、校园安全与校车安全问题、安全生产与社会治安等问题令人揪心；等等。这些问题有些是长期积累的，有些是经济社会发展过程中出现的，有政府治理不善、工作中的缺点和不足造成的，有的是个别的小

① 《全球视野下的两会热点》，《南方日报》2013年3月2日，第A04版。

概率事件，也有的是普遍的问题。不管怎么样，以上种种都不可避免地对我国的国际形象造成不好的影响，有些问题甚至成为西方国家借以攻击我国人权状况的口实，为我国人权对外交往蒙上阴影。

近些年来，虽然世界总体局势保持和平稳定，但是局部地区的动荡与冲突却一直不断。从巴以地区到科索沃、从达尔富尔冲突到缅甸反政府示威、从利比亚到叙利亚，各种问题此起彼伏。其中，人权侵犯与国际人权保护的问题最吸引世界各国人民的目光。面对此类问题，西方国家提出了一整套从“人道干预”到“保护的责任”等行动理念和纲领，并积极付诸实施。“在西方话语中，国际规范正在发生从强调主权原则的文明标准到强调民主、人权等原则的新文明标准的变迁过程。”[①] 随着中国国力的增强和步入全球化的进程，外部对中国担当起大国责任的呼声日益高涨，中国的人权保障主体和利益维护也向海外延伸，主客观因素促使中国必须对国际社会中的重大事件作出回应。中国处理国际关系的原则一向是坚持尊重国家主权、互不干涉内政的“和平共处五项原则”，在人权问题上，中国认为世界各国是独立平等的，人权普遍性原则必须同各国国情相结合，人权本质上是一国内部管辖的事情，稳定是实现人权的前提，针对分歧应该开展对话与合作，反对对抗和强加于人。中国的这种人权观念与西方国家的人权主张形成了矛盾与分歧。国际社会的现实是国际规范的建构和国际话语权由西方国家主导，在崛起和发展并融入当前国际体系的过程中，中国所坚持的不干涉原则面临着海外利益的维护和实现以及在相关主权与人权争议上保持正当立场的双重挑战。[②]

表 8—13　　人权问题上中国不干涉原则面临的双重挑战

	第一重挑战	第二重挑战
目标	基于领土之内的消极目标	超越领土范围之外的积极目标
性质	维持主权和领土完整	扩展国际影响力
现有立场	本国内政不容干涉	不干涉别国内政

① 张小明：《中国的崛起与国际规范的变迁》，《外交评论》2011 年第 1 期，第 47 页。

② 陈琪、黄宇兴：《国际干涉的规范维度》，《世界经济与政治》2009 年第 4 期，第 11—12 页。

续表

	第一重挑战	第二重挑战
内部压力	国内稳定、政治改革	维护海外利益
外部压力	人权攻击、“颜色革命”	“中国责任论”、“新殖民主义”
改变政策风险	政治混乱、分离主义上升	能力不足、第三世界的批评
案例	西藏等中国国内人权问题	达尔富尔、叙利亚人道主义危机

资料来源：陈琪、黄宇兴：《国际干涉的规范维度》，《世界经济与政治》2009年第4期，第12页，略有修改。

二　中国人权对外交往的未来

中国的人权建设与发展还有很长的道路要走，国际政治中围绕人权的分歧和斗争不会很快停止，人权作为中国对外交往中的一个主要问题将会继续存在下去，中国人权对外关系的发展依然面临着很多问题和挑战。但是，这并不意味着中国的前进道路会因此受阻，事实上，中国的人权行动有着详细稳定的规划，在处理相关人权国际问题的过程中也表现得更为积极灵活。在党和政府的领导下，中国应该更好的统筹国内国际两个大局，努力实现十八大提出的“人权得到切实尊重和保障”的目标，维护国家的核心利益和正当利益，以更加积极的姿态参与国际人权领域的合作，发挥负责任大国的作用，共同应对全球性挑战，努力为中国和世界的人权发展与保护作出贡献。

第一，在当前全球发展不平衡加剧、霸权主义、强权政治和新干涉主义总体上升的国际形势下，涉及到国家核心利益的重大问题时，中国应该坚持原则，坚决斗争，维护国家尊严与国际公平正义。冷战结束以来，西方国家将矛头指向中国，加大了对中国的人权攻势，其首要出发点不是为了中国人民，而是借助所谓的中国人权状况，夸大甚至歪曲有关事实，向中国施加压力，推广西方价值观，意图改变中国的政治制度和发展模式；同时在国际场合利用人权问题对中国和一些发展中国家说三道四，从而遏制和阻滞中国的发展和崛起，削弱非西方力量在国际社会中的影响力。面对这种情况，中国要勇于斗争和反抗，始终坚持国家不分大小一律平等，尊重国家主权，反对以大压小、以强凌弱。在西藏、新疆等问题上坚决维护国家主权、安全、领土利益，不屈服于任何外来压力；在叙利亚、达尔富尔等国际问题中反对打着保护人权的旗号动辄使用武力或以武力相威胁，肆意推翻别国合法政权，干涉别国内政。

第二，继续坚持和倡导“对话与合作”的问题解决方式，更加积极主动的参与国际人权活动。在多边国际领域，我国应该进一步推动国际人权机制向更加合理、公正的方向发展，从制度设计和外交实践两方面努力降低人权问题的政治化、反对“双重标准”；同时要构建和完善我们国家的人权话语，增强我国在国际社会中的代表性和话语权。在双边关系领域，充分发挥传统外交、公共外交、民间交流的联动作用，实现政府间、政府与民众、民众之间多层次的交流与互动，使各国官方与非官方人士都能了解历史的、真实的、发展的中国。在关于中国国内的人权问题和建设方面，面对国际社会的合理关切，应该以开放包容的大国姿态，积极坦诚地予以回应，真诚交流和沟通，减少误解和分歧，利用多种方式和途径，树立我国尊重和保障人权的良好国际形象。在涉及人权问题的区域性和全球性重大事务方面，既要坚持一贯倡导的尊重主权、独立自主、和平合作的外交路线和原则，又要在新形势下对我国海外利益，特别是人员生命财产安全、乃至其他国家无辜民众构成重大威胁的人道主义危机爆发时，认真积累中国近几年在处理达尔富尔、缅甸等问题上的经验和教训，积极探索建设性介入的可能性和方式，发挥负责任大国的作用。

第三，“打铁还需自身硬”。清醒认识国内经济建设和人权发展中存在的矛盾和问题，加强人权建设，推动内政与外交两个轮子同时转。国内人权建设的如何，深刻影响着中国的人权对外交往，中国国内的人权变革和进步是中国在国际人权领域有底气、敢作为的重要保障，只有自己发展的好在国际舞台上的话语和举措才更能令人信服。近些年来，中国的国际地位和影响力得到了很大的提升，中国国内社会发展所取得的成就为世界瞩目，越来越多的外国人愿意到中国来旅游、居住、留学便是一个证明。但同时，我国在发展中所凸显的一些问题也暴露在全世界人民的面前，如果不及时认真对待和想办法解决，这些问题很有可能成为我国人权对外交往中的障碍，而且一经媒体的错误报道、相关人士和组织别有用心的歪曲宣传，就会成为外界批评甚至干涉我国内政的依据。尊重和保障人权是现代文明国家的重要标志，也是我国建设和谐社会，实现国家长期、和平、稳定发展的内在要求。我国的人权已经进入了法制化建设的进程，改革开放三十多年的努力已经使我国的人权面貌发生了翻天覆地的变化。我们应该在此基础上进一步增加我国的信息透明度和开放度，熟悉国际人权条约的贯彻落实机制，认真研究如何将国际人权标准转化为符合本国国情的实践，认真履行相关义务，为人权对外交往展示一个良好的国内状态。充分实现人权是一个长期的、渐进的过程，国内人权建设的进步与成就并不能完全消除中国对外交往中面临的所有人权问题，需要将内政和外交结合起来，共同开创中国人权对外交往的新局面。

第九章　人权保障政策与法律的互补与转化

政策是“国家、政党为实现一定历史时期的路线和任务而规定的行动准则”[①]；法律是指“法的整体，包括法律、有法律效力的解释及其行政机关为执行法律而制定的规范性文件（如规章）。”[②] 政策和法律是一个国家用来达成公共秩序的两种重要的方式。就人权保障而言，人权保障政策泛指国家、政党为提高人权保障水平或客观上改变了人权保障状态的相关规划、计划或公共决策；人权保障法律是指对人权保障产生影响的相关法律、法规和规范性文件。具有不同文化传统、处于不同经济社会发展阶段的国家对人权保障政策和人权保障法律的运用也各不相同。本文将重点讨论在当代中国社会语境下人权保障政策与人权保障法律之间的关系。[③]

第一节　人权保障政策与法律在当代中国的不同适用情况

政策和法律作为两种最重要的社会调整和规范机制，二者在指导思想、基本原则、社会目标等方面具有高度一致性。同时，这两种形式又有各自独特的一面，适用于不同的社会情况。为了增强对人权保障政策与人权保障法律在当代中国的不同适用情况分析的具体性，避免使讨论流于空泛，本文以《中国人权在行动（2008—2009 年）》、

---

① 王邦佐等：《政治学辞典》，上海辞书出版社 2009 年版。

② 张文显：《法理学》，高等教育出版社、北京大学出版社 1999 年版，第 43—44 页。

③ 本章的内容和资料请参见许尧《论人权保障政策与人权保障法律的关系》，《辽宁行政学院学报》2014 年第 9 期，该文是本课题研究阶段性成果。

《中国人权在行动（2010 年）》、《中国人权在行动（2011 年）》[①] 三本书中所记录从 2008 年到 2011 年 4 年间的人权保障事件来作为具体的统计分析和讨论对象。当然，本文的主旨是通过这些具体的分析来研究在这些具体事件、案例背后的人权保障政策与人权保障法律之间的关系，这就需要一方面要进入具体事件和案例，深入观察该事件或案例的具体情况；另一方面，在提炼理论观点时，又要超越这些具体的案例或事件。

从现实来看，中国人权保障在具体推进途径上主要有三类：（1）政策途径，即以公共政策为主的推进策略，具体方式包括：制定规划、纲要、计划，实施某种举措、项目、办法、行动，进行政策试点，颁布暂行办法等；（2）法律途径，具体包括法律制定与实施、征求意见，法律修改，执法检查，法律援助，案件审判等；（3）其他途径，具体包括：召开学术研讨会、举办人权培训班、出版书籍（著作、宣传册等），针对保护海外华人权益的外交斡旋，在危机状态下的综合处置措施，发布人权统计报告、白皮书，举办人权相关的仪式、展览，成立人权保障的相关组织、机构，推进或实施有利于人权保障的科技创新、工程建设创新，民间协会的人权保障活动，基层调查、民主参与、网络监督等。

从《中国人权在行动（2008—2009 年）》、《中国人权在行动（2010 年）》、《中国人权在行动（2011 年）》三本书对 2008—2011 四年间中国人权事业进展的记录条数来看，人权保障的政策途径、法律途径和其他途径在四年间各自的记录量如下，见表 9—1。[②]

---

① 参见《中国人权研究会编》，《中国人权在行动（2008—2009 年）》，五洲传播出版社 2011 年；《中国人权研究会编》，《中国人权在行动（2010 年）》，五洲传播出版社 2011 年；《中国人权研究会编》，《中国人权在行动（2011 年）》2012 年。《中国人权在行动》系列丛书由中国人权研究会编写，以年度的方式具体记录了中国人权所取得的进展或发生的典型事件。尽管存在着难以避免的对人权事件的遗漏，但总体上看，基本能够体现和涵盖中国人权事业发展的基本情况。同时，该书系主要记录全国层面的法律、政策和典型案件，对地方层面的公共政策与法律极少关注。

② 作为旨在持续记录中国人权事业发展变化的系列丛书，这些记录基本上能够表现出中国人权保障相关途径和手段的特点，但同时不容回避的是，这些记录也未必就能够涵盖所有的典型事件或政策法律措施。在下述统计表中，特殊群体权利、人权教育培训、国际人权交流内容未被列入统计范围。

表 9—1　2008—2011 年间《中国人权在行动》对人权保障途径的记录数量

人权保障途径及手段		2008—2009		2010		2011		四年合计
		经社文权利	公民、政治权利	经社文权利	公民、政治权利	经社文权利	公民、政治权利	
政策途径	制定规划、纲要	3	1	2	—	10	—	16
	举措、项目、办法、行动	33	9	20	3	17	2	84
	政策试点	2	—	1	—	2	—	5
	颁布暂行办法	1	—	1	—	—	—	2
法律途径	法律制定与实施、征求意见	16	7	4	4	6	5	42
	法律修改	3	3	1	5	3	4	19
	执法检查	1	1	—	—	2	1	5
	法律援助	1	—	—	—	—	—	1
	案件审判	4	11	—	2	6	4	27
其他途径	会议、培训、出版	8	2	6	—	7	—	23
	外交斡旋、援助	2	—	—	2	—	1	5
	应急综合处置	9	—	3	—	—	1	13
	发布统计报告、白皮书	7	5	1	3	7	1	24
	举办仪式、展览	3	—	3	—	1	—	7
	成立机构、改革组织	2	—	2	—	—	—	4
	科技、工程创新	1	—	1	—	1	2	5
	民间协会	2	—	—	—	2	1	5
	基层调查、民主参与、网络监督	—	8	—	—	—	—	8

从这些记录的分布来看，当前中国在人权事业保障的途径和手段选择上具有如下一些基本的特点。

第一，政策途径更多的被用来保障公民的经济、社会和文化权利，从上述统计来看，在经社文权利保障途径选择中，政策途径中的相关手段适用最多，为 92 条，占到经社文权利相关记录总数 207 条的 44.4%，其他途径次之，为 68 条，占总数的 32.9%，法律途径相对较少，为 47 条，占总数的 22.7%。具体见表 9—2。

表 9—2　　2008—2011 年不同权利保障时采用的不同途径

权利领域	年度	政策途径	法律途径	其他途径
经社文权利	2008—2009	39	25	34
	2010	24	5	16
	2011	29	17	18
	四年总计	92	47	68
公民权利和政治权利	2008—2009	10	22	15
	2010	3	11	5
	2011	2	14	6
	四年总计	15	47	26

第二，法律途径更多地被用来保障公民的政治权利和公民权利。从上述统计来看，在政治权利和公民权利保障方面，更多地使用了法律途径，相关记录为 47 条，占总数 88 条的 53.4%，其他途径次之，为 26 条，占总数的 29.5%，政策途径最少，为 15 条，占总数的 17.1%。具体数据见表 9—2。

第三，在政策途径中，最常用的手段是针对一类问题，颁布相关措施，采取某种专项行动，实施某种项目，在四年间记录的 107 条公共政策途径相关记录中，有 84 条主要是这类人权保障方式，占到了所有政策手段总记录数的 78.5%。占到了四年间所有人权记录总数 295 条的 28.5%。

第四，在法律途径中，法律的制定、颁布、征求意见、修改是最常见的促进人权保障的方式，共有 61 条记录采取了这些手段，占到了法律途径 94 条记录的 64.9%，占到了总记录数 295 条的 32.0%。同时，在法律促进人权的途径中，通过典型案件审判来推进人权理念的提高，人权制度的革新也是一种常见的方式。在 294 条记录中，共有案件审判的记录 27 条，占总数的 9.2%。

第五，如果以人权保障的具体方式来进行常用程度排序，按照最常用到最不常用的标准来进行排序，则最常用的方式包括：采取举措、项目、办法、行动，制定与实施法律，案件审判等，这些手段的排序及其占所在途径的比例和占总数的比例如表 9—3 所示。

表 9—3　人权保障手段的常用程度排序

顺序	手段	途径	条数	占所在途径比例(%)	占总数比例(%)
1	举措、项目、办法、行动	政策	84	78.5	28.5
2	法律制定与实施、征求意见	法律	42	44.7	14.2
3	案件审判	法律	27	28.7	9.2
4	发布统计报告、白皮书	其他	24	25.5	8.1
5	会议、培训、出版	其他	23	24.5	7.8
6	法律修改	法律	19	20.2	6.4
7	制定规划、纲要	政策	16	15.0	5.4
8	应急综合处置	其他	13	13.8	4.4
9	基层调查、民主参与、网络监督	其他	8	8.5	2.7
10	举办仪式、展览	其他	7	7.4	2.4
11	政策试点	政策	5	4.7	1.7
12	科技创新、工程建设	其他	5	5.3	1.7
13	民间协会	其他	5	5.3	1.7
14	外交斡旋、援助	其他	5	5.3	1.7
15	执法检查	法律	5	5.3	1.7
16	成立机构、改革组织	其他	4	4.3	1.4
17	颁布暂行办法	政策	2	1.9	0.7
18	法律援助	法律	1	1.1	0.3

第二节　人权保障政策与人权保障法律的联系与区分

一　人权保障政策与人权保障法律的联系

从中国近些年实施的人权保障政策和人权保障法律来看，二者的共同点主要包括以下四个方面。

第一，人权保障法律和人权保障政策都在中国人权事业发展中占据重要地位，是国家推进人权事业的主要手段或途径。改革开放后30余年的社会转型具有非常明显的一个特征就是政府主导性，国家公共权力在社会转型的方向、路径、举措等方面具有比较明显的主导地位。具体到人权事业发展而言，政府在很多方面进行了高屋建瓴的顶层设计，表现为制定了一系列的规划、纲要，制定、修改了一系列法律、法规，对人权保障水平的系统、持续的提高起到了重要作用。因此，相对于西方国家，人权的进步主要依赖于底层社会的抗争而言，我国人权事业的发展更多具有政府主动而为的特点。当然，来自民间社会的抗议也具有一定作用，但主要而言，是政府的主动行为。相对于西方社会的自然演进特点，中国社会的人权事业发展更具有一些创设的、人为干预的特点。在这种政府主导的推进过程中，政策与法律犹如鸟之两翼，共同在人权事业发展中起到了关键性的支柱性的作用，上文中对人权政策、人权法律和其他途径的统计分析也充分地表明了这一点。

第二，人权政策与人权法律在根本目标定位上的一致性。作为国家进行社会管理的工具和手段，人权保障政策和人权保障法律在根本目标定位上具有一致性，即都通过对社会管理的某种调整、规范或者控制，来试图达到保障人权的目标或功能。在这种共同的定位之下，往往围绕特定的问题或在特定的社会关系领域，人权保障政策和人权保障法律往往同时存在，相互补充，也有可能根据特定的社会情境，先使用政策来进行规范，等政策和社会条件相对成熟后再上升为法律。

第三，人权保障法律与人权保障政策在内容上的互通性。作为国家的基本政策的大政方针，往往会具体体现在宪法和各项法律法规之中，同时，具体的政策也会以相关法律法规的具体规定为依据，所以，人权保障政策与人权保障法律在内容上具有互通性和一致性。这种互通性由于我国坚持中国共产党的领导而得到了更坚实的保障。体现在社会现实生活中，往往会出现一方面的改进引起其他方面的相应的改革，比如国家尊重和保障人权被写进宪法后，相关内容便体现在了国家规划的执行和党章的修改等一系列事件上。

第四，人权保障政策与人权保障法律在功能上的互补性。人权保障政策和法律由于各自的属性不同、程序不同、强制力不同，它们往往适用不同的社会情境，由此表现为二者在功能上的互补性。比如，针对宗教、道德、民族等方面的问题，很难用强调一致性的法律来进行调整，就需要更多地发挥政策灵活性强等优点。针对一些根本性的涉及基本权利义务关系的领域则更适用稳定性强、权威性高的法律来进行调整，从而增强这种关系的规范性和使公民在相关事务上形成比较稳定的预期。

二 人权保障政策与人权保障法律的不同点

人权保障政策与人权保障法律在具有上述联系或共同点的同时，也具有很多明显的不同点，这些不同点的存在是在实际生活中有选择地采取不同的途径来保障人权的内在基础。

第一，从内容上看，人权保障政策更多用于保障公民的经济、社会和文化权利，人权保障法律更多用于保障公民的政治权利和公民权利。上文中对《中国人权在行动》记录内容的分析也表明了这一点。如果从逻辑上进行分析，作为“公民参与并影响政治生活从而得以在社会的政治生活领域实现人的内在需要的权利”[①]，公民的政治权利更多涉及到人们主体间的关系的调整，涉及到参与国家政治生活、管理国家以及在政治上表达个人见解和意见，这种关系往往与具体的社会情境关系不大，具有普遍性和根本性，更多地适用于通过法律来进行规范和调整，公民权利则主要涉及到公民个体的一些基本性的自由和被尊重的权利，与具体的社会情况关系不是很密切，所以，公民权利和政治权利往往更适合以人权保障法律的形式进行规定。相对而言，公民的经济、社会和文化权利则与社会发展的状态和水平具有较强的关联性，也更容易随着社会的发展变化而出现新的调整，其保障的水平也与社会经济、社会发展，发展的水平具有动态一致性，这些特点决定了经济、社会、文化权利在现实中更多地是通过更具有动态性和灵活性的人权保障政策来加以实现。

第二，从定位上看，人权保障政策重在积极实现某种权利，人权保障法律重点防止某种权利被侵犯。尽管人权保障政策是针对现实问题的，但它们是对未来的一种安排和筹划，一般会具有预见性特征，包括了政策目标，即解决政策问题所要达到的目的、结果和状态。所以，人权保障政策

---

① 李琦：《公民政治权利研究》，《政治学研究》1993年第3期，第35页。

往往具有一定的超前性，往往在于积极地通过整合相关资源、谋划实现路径来充分地实现对某种权利的有效保障。人权保障法律则更多在于通过对社会关系、社会问题的细致分析，区分相关主体间的权利和义务关系，从而防止某种权利被侵犯。当然，这种区分是相对而言的，也是程度上的不同。政策与法律从整体上都兼具积极实现和消极保护两个方面。

第三，从稳定性上看，人权保障政策相对更为灵活，人权保障法律则相对更稳定。人权保障的根本政策具有较高稳定性，但具体的人权保障政策往往具有较大的灵活性，往往会随着社会形势和社会需要的变化而随时调整，否则，就会无法发挥其及时的指导作用。相反，人权保障法律则具有很高的稳定性，一般会在较长的时间内保持不变，如果变动周期过短，就会不利于树立和维护法律的威严，不利于人们建立稳定的预期，从而无法建立起良好的法律秩序。

第四，从主体上看，人权政策的主要推动者是政府，人权法律的主要维护者是立法机关、各级法院和具有行政立法权限的政府或政府部门。从当前中国现实来看，政府在制定、实施、评估各种人权保障政策中占据主导地位，尤其表现为各项专项行动、各种计划的制定和实施，往往是采取多部门联合，制定期限集中解决某种突出问题。

第五，从适用对象来看，人权保障政策的适用对象范围往往窄于人权保障法律。政策可能是针对某类人群的，比如党内部的纪律就是一种政策，但它只对于党员具有约束力；还比如针对特殊群体的一些政策，等等。但法律是适用于任何人的，法律面前人人平等是一种基本的理念和原则。所以，不以具体的政策或法律作为讨论对象，整体而言，法律的适用对象往往更具有普遍性。

第六，从导向偏重看，人权保障政策往往是问题导向的，旨在迅速地解决某一类问题，人权保障法律则往往以一类社会关系的调整为重点，具有一定的逻辑导向性。从近几年实施的人权保障政策来看，多数集中于扶贫、就业、住房、医疗、教育、环境等领域，多数政策，尤其是专项行动计划，都将解决某种突出问题，作为该项公共政策的直接目标或出发点。人权保障法律尽管也会面对较为突出的社会问题，但是法律所要规范的主要是一类社会关系，法律的制定和实施要解决某种突出问题，但更重要的是它们更着眼于理顺在某种社会关系中的权利和义务，从而达到对此种关系的长期的有效规范作用。

第七，人权保障政策与人权保障法律的强制力不同。公共政策的执行有国家强制力作为最后的保障，但这种政策的灵活性掌握在政府相关部门，具有一定弹性，也就是说在具体的政策实施过程中，允许相关利益主体进行一定范围内的谈判和协商，从而在最大程度上达成主体间的合意。法律是一种明确的意思表示，尽管也有自由裁量的空间，但这种自由裁量性的范围要远远窄于政策的范围。同时，法律也有国家强制力的保障，相对而言，刚性更强。

第三节 人权保障政策与人权保障法律的三种关系模式

政策与法律本身没有优劣之分，一种社会关系是由政策来调整，还是由法律来调整，一方面取决于这种社会关系的性质和特点；另一方面，也要看国家所处的阶段和面临的历史任务。从现实中看，人权保障政策和人权保障法律主要呈现出三种不同的关系模式。

一 "法律定向 + 政策细化"模式

法律规定基本的原则或方向，政策进行细化的规定或落实，二者是一种宏观与具体的关系，有三种具体的情况。

第一，社会管理方向性的规定。比如，2004 年，"国家尊重和保障人权"被写入宪法，2005 年中国共产党十六届五中全会及通过的"十一五"规划建议，以及《中华人民共和国国民经济和社会发展第十一个五年规划纲要》，都明确了"尊重和保障人权，促进人权事业全面发展"这一战略任务。后来，国家连续制订了《国家人权行动计划（2009—2010年）》、《国家人权行动计划（2012—2015 年）》，系统全面地对各项人权的推进做出了整体部署和详细的要求。

第二，应急综合处置。对于紧急的重大灾害，先制定一个比较宏观的方向性的条例，再出台相关具体的政策措施或方案。比如，汶川地震发生后，2008 年 6 月 4 日，国务院第十一次常务会议通过了《汶川地震灾后恢复重建条例》，提出了"以人为本、科学规划、统筹兼顾、分布实施、自力更生、国家支持、社会帮扶"的指导方针，为灾后重建指明了方向。

2008 年 6 月 29 日，国务院发布了《关于支持汶川地震灾后恢复重建政策措施的意见》，对财政支出政策、税收政策、政府性基金和行政事业收费政策、交融政策、产业扶持政策、土地和矿产资源政策、就业援助和社会保险政策、粮食政策等提出了具体的要求。

第三，政策作为法律的细化操作性规定。比如，2008 年 1 月起，《就业促进法》正式实施，同时，国务院出台并实施的还有《就业服务与就业管理规定》作为配套，对公平就业进行了细化规定，对就业项目、就业服务、就业援助等内容进行了操作化的规定。2008 年 2 月 3 日，发布了《国务院关于做好促进就业工作的通知》，就就业工作作出了具体的部署。2011 年 12 月，国务院常务会议讨论通过了《促进就业规划(2011—2015 年)》。这些政策都可以视为对法律的细化操作性或贯彻落实性的规定。

二　“先政策后法律”模式

在制定相关人权保障法律之前，先制定人权保障的公共政策，在政策实施过程中，一方面等待社会条件的成熟；另一方面，进一步完善公共政策的相关内容，从而为人权法律的制定创造条件。

改革开放以来，中国社会进入了一个长期的全面的深刻转型过程中，市场经济体制建设和社会主义民主法制建设成为经济领域和政治领域最重要的改革内容。在这种改革过程中，出现了一系列的问题，这些问题或是由于社会发展出现了新的事务，或是由于市场经济发展出现了新的关系形态，或是由于社会改革促使资源分配格局出现了大的调整，但这些问题的共性是缺乏相应的有效的法律或政策来规范，而问题的集中出现又不允许走严格的法律程序来对相关事务进行系统的规范，这时便往往先用某项政策来实现对问题或关系的初步调整，等相关问题逐步呈现，治理的经验逐步积累后，再在适当的时机采用法律的途径来进行规范。比如，针对一些地区在农村征地和房屋拆迁中，相继发生多起致人死伤事件，群众反映强烈，社会影响十分恶劣的问题，国务院于 2010 年 5 月颁布了《关于进一步严格征地拆迁管理工作切实维护群众合法权益的紧急通知》，对征地拆迁中出现的问题进行了分析，对工作的要求进行规范。其后，2011 年 1 月，又颁布了《国有土地房屋征收与补偿条例》，对此类关系进行了系统的规范。

“先政策后法律”的这种治理模式具有两个突出的优势。一方面，这种模式适应了迅速发展变化的中国社会情况，提高了政府应对问题的能力，能够及时对不断出现的社会问题进行了有效的管理，防止了情况的恶化，突出表现为近年来针对食品安全、生产安全、环境污染、拐卖妇女儿童等问题采取的专项行动，集中优势资源对相关问题进行了迅速的处理，防止了社会矛盾的积累和扩散。另一方面，“先政策后法律”的治理模式使政府能够有机会观察相关情况的发展，积累相关方面治理的经验，提高了立法的质量，增进了法律的权威。可以认为，这种模式综合了法律和政策的不同优点，既灵活及时有效地实现了对社会问题的回应和管理，也提高了立法的质量和水平，保证了法律的稳定性。

三 “法规＋政策→法律”模式

法律与政策的关系不仅仅是二元的简单的线性的关系，它们往往在现实中，相互交融，相互补充。针对某一类社会关系，先用位阶较低的行政法规加以规范，在现实公共管理中，用相关的政策（包括地方政策）来进行较为灵活的管理，等到社会条件适宜时，再采取立法的形式，替代原来较低位阶的法规，整合相关政策，颁布更高位阶的法律，也是一种常见的方式。比如1991年制定实施了《关于企业职工养老社会保险政策改革的决定》、1995年颁布实施了《关于深化企业职工养老社会保险政策改革的通知》、1997年颁布实施了《关于建立统一的企业职工基本养老金保险政策的决定》等，而这些规定相对来说，具有较高的灵活性，与实际的社会情况具有较强的关联性。直到2011年，颁布实施了《社会保险法》，则对相关关系的调整具有了更规范、更权威、更系统的规定。“法规＋政策→法律”的模式也在一定程度上表明，公共政策与法规在一定程度上的模糊性。事实上，在不同的研究中，定义较宽的公共政策往往包含了低位阶的法律，定义较宽的法律也包含了一些公共政策。这些模糊性并不影响我们将政府治理的从灵活性高、权威性低的手段到灵活性低、权威性高的手段的一种类似谱系的认识。

第四节　人权保障政策上升为人权保障法律的条件分析

由于中国地域辽阔、情况复杂，各种社会问题也在社会转型期集中出现，所以，为了有效地对中国社会问题作出及时的回应，往往是先用政策手段来保障相关主体的人权，等条件成熟后再用法律手段进行系统的规范。但并不是所有的人权保障政策都会上升为人权保障法律，这种上升需要具备一些基本的条件。总体上看，人权保障政策与人权保障法律之间的上升具有以下一些基本的规律。

一　社会关系条件：长期性、结构性、普遍性的社会关系更容易上升为法律

法律来调整的往往是基本的社会关系，这种社会关系具有长期性、结构性和普遍性。相对而言，一些具有偶然性的临时的社会关系不易成为法律调整的对象。比如，随着中国城市化、工业化的迅速推进，大批的农民进入城市务工，产生了一系列相关问题，政府也采取了一系列的相关政策性举措来保障其相关权益的实现。可以说，农民工的相关问题是当代中国转型中的一个关系全局的大问题，需要政府采取足够的政策手段和投入大量的资源来进行治理，我们在现实中看到，每到年底，经常会有相关政府部门通过发布通知、制定政策或加强仲裁等措施来督促推进农民工的工资落实工作。但我们同时需要看到的另一面是，农民工的相关问题可能会随着中国城市化水平的提高及公民素质的大幅提高而趋于弱化，也就是说，这种问题不是长期性的问题，也就不需要专门针对农民工进行立法。相对而言，劳动关系是一种具有长期性、结构性、普遍性的关系，需要对劳方、资方基本的权利关系进行明确的规定，就需要通过基本的法律来进行规范。还比如，为了遏制快速上升的人口，我国长期实行了计划生育政策，甚至被提升为基本国策，这对于我国对社会人口的控制是十分必要的，但人口过多、增长过快并不是一个永恒的社会问题，而是具有一定的时期性，所以，尽管人口控制很重要，但却没必要上升为法律来进行规范和调整，只要用政策来加以规范，这样等社会条件变化后，再做出相应的政策调整即可。总体而言，一项政策要上升为法律，其调整的关系便需要

具备长期性、结构性、普遍性的特点。局部的、临时的、偶然的关系形态或社会问题只需要相应的公共政策来进行调整就可以了。

二　社会背景条件：趋于稳定的社会背景中的相关关系更易上升为法律

任何社会问题总是镶嵌在具体的社会背景中，社会背景既是这种社会问题存在的原因和条件，提供了社会问题可能得以解决的路径和资源，又决定了社会问题可能发展的趋势与走向。这种社会背景既包括在该时间点（段）上，人们的思想、文化背景，也包括社会整体的政治、经济、社会制度与发展状况。由于法律具有稳定性和程序严格性，而政策具有灵活性和更易变化性，在变动不居的社会背景下，更适宜用政策来对相关社会事务进行调整，只有在社会背景趋于稳定，短期内不会有剧烈的变化时，相关社会关系才会趋于定型，也才更适宜用法律来对相关社会关系作出规范性、长期性的调整。由于中国社会在转型过程中，新事务、新问题不断涌现，所以，在此过程中制定了大量的公共政策，来对这些新的社会关系及时作出规范和调整。等社会背景条件趋于稳定，相关问题形态基本呈现时，再用法律的形式进行规范和调整。

三　治理经验要件：相关问题基本呈现，治理经验基本成熟时更宜用法律来规范

由于法律具有稳定性和权威性，不宜频繁地做出调整，所以，制定法律时也特别谨慎。但与此相对的是，社会总是变化不居的，社会问题也会随着周边环境的变化而表现出不同的状况。在这个意义上说，法律的稳定性和滞后性与社会情况的变化性形成了一对结构性的矛盾。公共政策对于缓解这种矛盾具有关键性的意义，一方面，公共政策可以相对灵活地制定和执行，能够满足对社会问题及时治理的需要；另一方面，也可以在社会治理中等待问题的全面呈现，加深对相关规律的认识和把握，同时可以积累对相关关系调整和治理的经验。等到该领域社会问题基本呈现，各种规律性也有所认知，各种关系形态趋于稳定时，再在既有政策经验的基础上出台相关的法律，从而实现对相关关系的规范性、权威性的调整。比如，我国居民在改革开放前及开放后的一段时期，长期居住于单位建立的社区

中，各种关系形态基本上附属于单位的管辖，90年代开始，购买商品房逐渐成为人们最主要的选择，人们居住的社区与单位出现了越来越明显的分离，相互不认识的陌生人生活在一起，构成了新的居住形态，随之而来的是，业主与开发商、物业管理者的矛盾也不断涌现，但作为新生事物，权力机关无法对相关关系作出准确的预测和调整，这时，便需要先鼓励的方针对具体的问题出台具体的办法，先进行尝试，等最后，问题不断涌现，社会条件趋于稳定时，再对其作出法律层面的规范和调整。2007年颁布的《中华人民共和国物权法》就对业主、业委会等相关关系作出了明确的规定。

参考文献

一　中文著作

1. 常健:《当代中国权利规范的转型》，天津：天津人民出版社 2000 年版。

2. 常健:《人权的理想·悖论·现实》，成都：四川人民出版社 1992 年版。

3. 常健:《中国人权在行动》（2012），北京：五洲传播出版社 2013 年版。

4. 常健等:《人权知识公民读本》，湖南：湖南大学出版社 2012 年版。

5. 常健等：《中国人权在行动（2013）》，北京：五洲传播出版社 2014 年版。

6. 陈波:《马克思主义视野中的人权》，北京：中国社会科学出版社 2004 年版。

7. 董云虎、常健：《中国人权建设 60 年》，南昌：江西人民出版社 2009 年版。

8. 董云虎、陈振功、王林霞主编：《人权与世界和平》，北京：团结出版社 2007 年版。

9. 董云虎、王进军、常健等:《中国人权在行动》（2006—2007），北京：五洲传播出版社 2008 年版。

10. 董云虎、王进军、常健等:《中国人权在行动》，成都：四川人民出版社 2005 年版。

11. 董云虎、王进军等:《中国人权在行动》（2005），北京：五洲传播出版社 2006 年版。

12. 冯建仓:《国际人权公约与中国监狱犯罪人权保障》，北京：中国检察出版社 2006 年版。

13. 哈书菊：《人权视域中的俄罗斯行政救济制度》，北京：中国社会科学出版社 2009 年版。

14. 韩云川：《中美人权之争》，银川：宁夏人民出版社 2003 年版。

15. 洪国起、董国辉：《透视美国人权外交》，北京：世界知识出版社 2003 年版。

16. 劳森：《人权百科全书》，汪弥、董云虎等译，成都：四川人民出版社 1997 年版。

17. 李步云：《论人权》，北京：社会科学文献出版社 2010 年版。

18. 李君如主编：《中国人权事业发展报告》（2011），北京：社会科学文献出版社 2011 年版。

19. 李君如主编：《中国人权事业发展报告》（2012），北京：社会科学文献出版社 2012 年版。

20. 李君如主编：《中国人权事业发展报告》（2013），北京：社会科学文献出版社 2013 年版。

21. 李君如主编：《中国人权事业发展报告》（2014），北京：社会科学文献出版社 2014 年版。

22. 李卫海：《紧急状态下的人权克减研究》，北京：中国法制出版社 2007 年版。

23. 李云龙、张妮妮：《民主·自由·人权·正义》，郑州：河南人民出版社 2002 年版。

24. 林喆：《当代中国人权保障法律制度研究》，济南：山东人民出版社 2007 年版。

25. 刘楠来主编：《发展中国家与人权》，成都：四川人民出版社 1994 年版。

26. 刘萱等：《中国人权在行动》（2008—2009），北京：五洲传播出版社 2011 年版。

27. 刘萱等：《中国人权在行动》（2010），北京：五洲传播出版社 2011 年版。

28. 刘萱等：《中国人权在行动》（2011），北京：五洲传播出版社 2012 年版。

29. 卢建平等：《国际人权公约与中国刑事法律的完善》，北京：中国人民公安大学出版社 2010 年版。

30. 玛雅：《美国的逻辑：意识形态与内政外交》，北京：中国经济出版社 2011 年版。

31. 苗贵山：《马克思恩格斯人权理论及其当代价值》，北京：人民出版社 2007 年版。

32. 莫纪宏：《国际人权公约与中国》，北京：世界知识出版社 2005 年版。

33. 谭世贵主编：《国际人权公约与中国法制建设》，武汉：武汉大学出版社 2007 年版。

34. 唐健飞：《国际人权公约与和谐人权观》，北京：社会科学文献出版社 2010 年版。

35. 唐纳利：《普遍人权的理论与实践》，王浦劬等译，北京：中国社会科学出版社 2001 年版。

36. 吴忠希：《社会主义与人权》，上海：学林出版社 2007 年版。

37. 吴忠希：《中国人权思想史略》，上海：学林出版社 2004 年版。

38. 谢建社：《中国农民工权利保障》，北京：社会科学文献出版社 2009 年版。

39. 徐显明主编：《人权研究》（第 1—14 卷），济南：山东人民出版社 2001—2014 年版。

40. 杨宇冠主编：《联合国人权公约机构与经典要义》，北京：中国人民公安大学出版社 2005 年版。

41. 曾庆敏：《老年人权益保障与社会发展》，北京：社会科学文献出版社 2008 年版。

42. 张驰：《人权观差异与中欧关系》，北京大学博士论文，2008。

43. 张东：《人权理论若干重大问题研究》，中共中央党校博士论文，2009。

44. 张宏毅：《意识形态与美国对苏俄、中国的政策》，北京：人民出版社 2011 年版。

45. 张华：《欧洲联盟对外关系中的“人权条款”问题探究》，北京：法律出版社 2010 年版。

46. 郑杭生、谷春德主编：《马克思主义人权理论与实践》，北京：中国检察出版社 1997 年版。

47. 中国人权研究会编：《东方文化与人权发展》，北京：东方出版社 2004 年版。

48. 中国人权研究会编：《中国改革开放与人权发展 30 年》，北京：人民日报出版社 2009 年版。

49. 钟瑞添：《当代中国与人权》，桂林：广西师范大学出版社 1998 年版。

50. 周琪：《人权与外交：人权与外交国际研讨会论文集》，北京：时事出版社 2002 年版。

二 中文论文

1. 布庆荣、乌日丽歌：《美国式民主、自由、人权——美国对外输出的价值观》，《呼伦贝尔学院学报》2007（2）。

2. 常健：《辩证看待人权利益论与自由论之争》，《人民日报》海外版，2011 年 9 月 23 日 02 版。

3. 常健：《国家治理现代化推进公民和政治权利保障》，《人权》2014（6）。

4. 常健：《价值内涵与实现方式》，《人权》2011（1）。

5. 常健：《科学理解和把握中国人权保障政策》，《理论探索》，2013（5）。

6. 常健：《理清四类治理规范结构关系和协调机制》，《行政改革内参》，2014（11）。

7. 常健：《利益与自由：人权的两个维度》，《广州大学学报》（社会科学版），2011（11）。

8. 常健：《劣迹斑斑的美国人权纪录》，《光明日报》，2014 年 3 月 1 日 08 版。

9. 常健：《美国的人权模式有问题》，《光明日报》，2012 年 5 月 26 日 04 版。

10. 常健：《美国人权保障的多重背反》，《人民日报海外版》，2014 年 3 月 1 日 01 版。

11. 常健：《美国人权观的偏狭与傲慢》，《人民日报海外版》，2013年4月22日01版。

12. 常健：《浅析环境保护与环境权保护之立法》，《人权》，2013（2）。

13. 常健：《人权保障“中国梦”的世界影响力》，《人权》，2014（3）。

14. 常健：《人权保障与公共冲突化解》，《人权》，2014（1）。

15. 常健：《人权保障中国梦及其实现方式》，《人民日报海外版》，2014年6月28日04版

16. 常健：《人权教育需要明确的六个定位》，《人权》，2012（1）。

17. 常健：《人权理念在中国的本土化进程——兼论《人权》杂志创刊10年的重要贡献》，《人权》，2012（6）。

18. 常健：《人权理念在中国特色社会主义价值体系中地位的提升》，《人权》，2012（5）。

19. 常健：《人权入宪十年对中国社会产生的深刻影响》，《光明日报》，2014年12月30日03版。

20. 常健：《新时期中国人权发展的挑战与战略选择》，《人权》，2010（4）。

21. 常健：《中国人权事业进步不容抹煞》，《人民日报》，2012年5月28日03版。

22. 常健：《中国人权事业进入新阶段》，《人民日报海外版》，2012年6月12日01版。

23. 常健：《中国特色社会主义人权发展道路、理论和制度》，《中国人权评论》，2013（2）。

24. 常健：《中国在国际人权领域的学习、交流与合作》，《人权》，2013（1）。

25. 常健：《中西人权观之差异》，《时事报告》，2012（7）。

26. 常健：《走向更全面、更公平的经济和社会权利保障》，《人民日报》，2014年5月27日12版，光明日报，2014年5月27日07版。

27. 常健、赵玉林：《人权普遍性的学科间争论》，《南开学报》，2014（5）。

28. 陈暄：《关于人权的比较分析——基于两个公约和中国〈宪法〉》，《法制与社会》，2009（3）。

29. 程同顺：《快速城市化进程中的农村社会管理》，《学术界》，2013（1）。

30. 程同顺、杜福芳：《城市化进程中的新农村社区建设——以天津市华明街为例》，《湖南社会科学》，2012（3）。

31. 程同顺、黄晓燕：《中国农民组织化问题研究：共识与分歧》，《教育与研究》，2003（2）。

32. 程同顺、魏宇明：《户籍制度的嵌入关系研究》，《长白学刊》，2014（4）。

33. 程同顺、张国军：《民主的回归——从选举民主到过程民主》，《探索》，2012（1）。

34. 程同顺、赵学强：《村务公开的路径障碍与制度改进——兼评新《村民委员会组织法》的修改》，《学习与实践》，2013（4）。

35. 《村民自治的时代特征及未来趋势》，《人民论坛》，2013（26）。

36. 董云虎：《西方对中国人权认知的偏差及其原因》，《人权》，2010（5）。

37. 冯卓然：《以人为本与社会主义人权建设》，《中共天津市委党校学报》，2005（4）。

38. 谷春德：《30 年来的中国人权理论研究与创新》，《高校理论战线》，2009（2）。

39. 谷春德：《关于建构中国特色社会主义人权理论体系的几点思考》，《人权》，2011（1）。

40. 谷盛开：《美洲区域性人权机制研究》，国家社会科学基金项目，青年项目，编号：04CFX025。

41. 郭道晖：《人权六十年：从否定到回归》，《炎黄春秋》，2011（4）。

42. 郝亚明：《城市与移民：西方族际居住隔离研究述论》，《民族研究》，2012（6）。

43. 郝亚明：《论中华民族共有精神家园的功能定位》，《北方民族大学学报》，2011（2）。

44. 郝亚明：《美国的各族居住隔离：理论与现实》，《世界民族》，2013（1）。

45. 郝亚明：《试论民族概念界定的困境与转向》，《民族研究》，2011（2）。

46. 郝亚明：《中国少数民族人权保障的政策与实践特色》，《广西民族研究》，2013（3）。

47. 郝亚明：《中华民族认同：中华民族共有精神家园的建设目标》，《广西民族研究》，2011（1）。

48. 郝亚明：《种群分化影响美国公共产品供给》，《中国社会科学报》，2014年9月3日B1版。

49. 郝亚明：《种族歧视是美国人权保障中的痼疾》，《人民日报》，2014年8月26日03版。

50. 何志鹏：《人权国际化基本理论研究》，《吉林大学博士论文》，2004。

51. 黄楠森、云翔：《挖掘中国传统文化中的人权思想》，《人权》，2002（5）。

52. 黄晓燕：《城市新移民社会融入的行动研究——以天津市华章里社区为例》，晋阳学刊2011（1）。

53. 黄晓燕、万国威：《中国城市新贫困群体社会保障困境的分析范式》，《山东经济》，2011（2）。

54. 黄晓燕、许文青：《区域性贫困地区儿童福利服务的思路与实践——以中国儿童福利示范区项目为例》，《社会工作》，2012（11）。

55. 黄晓燕、许文青：《事实孤儿社会支持研究：基于三类主体的分析——四川省凉山州的实地调查》，《南开学报》，2013（1）。

56. 金永丽：《从贱民问题的解决看印度的人权政策》，《烟台大学学报》，2006（2）。

57. 黎尔平：《人权及中国人权模式》，《学术界》，2011（2）。

58. 柳华文：《论人权在中国的主流化与本土化》，《学习与探索》，2011（4）。

59. 罗豪才：《人权保障的“中国模式”》，《人权》，2009（6）。

60. 蒲俜：《中国对外关系中的人权政策》，《教学与研究》，

2004（9）。

61. 齐延平：《和谐人权——中国精神与人权文化的互济》，《法学家》，2007（2）。

62. 齐延平：《论中国人权精神的建设》，《文史哲》，2005（3）。

63. 秦正为：《马克思主义人权理论及其中国实践》，《学术界》，2010（9）。

64. 沈雅梅：《二十世纪九十年代以来中国国际人权政策及其演变》，《国际问题研究》，2004（1）。

65. 孙宇：《人权视野下的欧盟公民自由流动权》，《北京大学研究生学志》，2005（2）。

66. 汤恩佳：《论儒家的人权思想》，载陈启智主编《儒家传统与人权·民主思想》，济南：齐鲁书社2004年版。

67. 王达全、谢昌荣：《论有中国特色人权发展道路的特点》，《南方冶金学院学报》，2002（3）。

68. 王恒：《西方人权的政治属性对我国人权法律化的影响》，《前沿》，2011（14）。

69. 王林霞：《浅谈中国人权发展的独特模式及其经验意义》，《人权》，2009（1）。

70. 吴双全、申伟：《“人权与中国传统”论争中的若干前设反思》，甘肃社会科学，2009（3）。

71. 徐显明，和谐权：《第四代人权》，《人权》，2006（2）。

72. 徐显明、齐延平：《中国人权制度建设的五大主题》，2002（4）。

73. 许尧：《“国家人权行动计划”研究现状评述》，《广州大学学报》（社会科学版），2014（5）。

74. 许尧：《论人权保障政策与人权保障法律的关系》，《辽宁行政学院学报》，2014（9）。

75. 薛进文：《中国高等教育的发展对人权事业的贡献》，《人权》，2009（5）。

76. 闫广芬、吴俊：《中国义务教育发展轨审视——从教育法制建设看义务教育权利的保障》，《中国法学教育研究》，2011（4）。

77. 张宏毅、茹莹：《“美国病”和人权——美国等西方国家书刊摘编》，《高校理论战线》，1992（5）。

78. 赵新元：《新时期中国人权发展的三个阶段》，《人权》，2009（5）。

79. 赵玉林：《从〈世界人权宣言〉看人格尊严与人权间的内在联系》，《人权》，2011（8）。

80. 赵玉林：《人权“政治性”与“超政治性”的平衡——审查和改进人权发展战略的尺度》，《人权》，2011（2）。

81. 中国政法大学人权所、浙江大学法学院：《“国家人权机构与少数者权利保护”》，《国际学术动态》，2009（5）。

82. 钟声：《美国在人权问题上充满偏见》，《人民日报海外版》，2012年5月26日01版。

83. 周叶中、杨蓉：《论人权保障的逻辑进程》，《人权》，2010（5）。

三　外文文献

1. Chang Jian. China' s Housing Security System and Housing Rights Security for Citizens, Human Rights, 2008 (3)

2. Giuseppe Balducci, The Limits of Normative Power Europe in Asia: The Case of Human Rights in China, East Asia, 2010, Volume 27, Number 1, pp. 35 – 55

3. Guan Xinping, Equal rights and soc Equal rights and social inclusion: Actions for improving welfare access by rural migrant workers in Chinese cities, China Journal of Social Work, V. 1 No. 2, July 2008

4. Han S. Park, Correlates of Human Rights: Global Tendencies, Human Rights Quarterly, Vol. 9, No. 3 (Aug., 1987), pp. 405 – 413

5. Jiing – Lih Farh, Chen – Bo Zhong and Dennis W. Organ. Organizational Citizenship Behavior in the People's Republic of China. Organization Science, Vol. 15, No. 2 (Mar. – Apr., 2004), pp. 241 – 253

6. Randall Peerenboom, Law and Development of Constitutional Democracy: Is China a Problem Case? Annals of the American Academy of Political and Social Science, Vol. 603, Law, Society, and Democracy: Comparative Perspectives (Jan., 2006), pp. 192 – 199

7. Sonia Cardenas, Norm Collision: Explaining the Effects of International Human Rights Pressure on State Behavior, International Studies Review, Vol. 6, No. 2 (Jun., 2004), pp. 213 -231

8. Sumner B. Twiss. History, Human Rights, and Globalization, The Journal of Religious Ethics, Vol. 32, No. 1 (Spring, 2004), pp. 39 -70

9. Vanessa L. Fong, China's One - Child Policy and the Empowerment of Urban Daughters, American Anthropologist, New Series, Vol. 104, No. 4 (Dec., 2002), pp. 1098 -1109

10. Xu Qingwen, John F. Jones. Community welfare services in Urban China: A public - private experiment, Journal of Chinese Political Science, 2004, Volume 9, Number 2, pp. 47 -62

11. Yuan Guiren, Dong Lihe. On Value and Culture. Frontiers of Philosophy in China, Vol. 1, No. 2 (Jun., 2006), pp. 237 -244

后　记

本书是薛进文主持的国家社科重大项目“中国特色人权发展道路研究”（批准号：11&ZD072）子课题一“中国特色人权保障政策研究”的研究成果。

本研究团队的成员主要来自南开大学周恩来政府管理学院和南开大学人权研究中心人权政策研究室，课题组组成人员如下：

课题组负责人：

常　健：南开大学周恩来政府学院教授，博士，博士生导师，副院长，南开大学人权研究中心副主任

课题组成员：

韩召颖：南开大学周恩来政府学院教授，博士，博士生导师，国际关系系主任，南开大学人权研究中心兼职研究员

程同顺：南开大学周恩来政府学院教授，博士，博士生导师，政治学系主任，南开大学人权研究中心兼职研究员

闫广芬：天津大学教育学院教授，博士，博士生导师，院长，南开大学人权研究中心兼职研究员

郝亚明：南开大学周恩来政府管理学院副教授，博士，硕士生导师，南开大学人权研究中心研究员，人权政策研究室主任

黄晓燕：南开大学周恩来政府管理学院副教授，博士，硕士生导师，南开大学人权研究中心兼职研究员

张志红：南开大学周恩来政府管理学院副教授，博士，硕士生导师，南开大学人权研究中心兼职研究员

徐晓日：南开大学周恩来政府管理学院副教授，博士，硕士生导师，南开大学人权研究中心兼职研究员

许　尧：南开大学周恩来政府管理学院副教授，博士，南开大学人权研究中心行政与科研助理

刘　明：南开大学周恩来政府管理学院讲师，博士，南开大学人权研究中心研究员

赵玉林：浙江工业大学政治与公共管理学院讲师，博士

本报告各章节分工如下：

序　言：常健

第一章：常健

第二章：常健

第三章：第一—四节：常健

　　　　第五节：闫广芬　许衍琛

　　　　第六—七节：常健

第四章：郝亚明

第五章：黄晓燕

第六章：郝亚明

第七章：程同顺　王凯

第八章：李伟　韩召颖

第九章：许尧

全书统稿：常健

再次向课题组所有成员为本书所作出的贡献表示感谢，同时感谢中国社会科学出版社冯春凤主任为本书的出版所作出的努力。

常健

2015 年 11 月于南开大学